W0220866

ROMANCE

Nicole C. Vosseler

LA LUNA COLOR ZAFFERANO

Romanzo

Traduzione di Alessandra Petrelli

CORBACCIO

Titolo originale: *Unter dem Safranmond*

Traduzione dall'originale tedesco
di *Alessandra Petrelli*

Per essere informato sulle novità
del Gruppo editoriale Mauri Spagnol visita:
www.illibraio.it
www.infinitestorie.it

PROPRIETÀ LETTERARIA RISERVATA

Copyright © 2008 by Bastei Lübbe GmbH & Co. KG, Köln

Casa Editrice Corbaccio è un marchio di Garzanti Libri S.p.A.
Gruppo editoriale Mauri Spagnol

© 2012 Garzanti Libri S.p.A.

www.corbaccio.it

ISBN 978-88-6380-241-2

Avessi del cielo i ricamati drappi
di dorata e argentea luce intessuti,
le stoffe azzurre e pallide e scure
dell'ombra della penombra della luce,
ai tuoi piedi le stenderei:
ma, siccome povero, ho soltanto i miei sogni.
I *miei sogni ho steso ai tuoi piedi;*
cammina leggera, perché stai camminando sui miei sogni.

WILLIAM BUTLER YEATS

Per tutti i cuori selvaggi
di questo mondo,
che non si lasciano mai spezzare veramente.

Prologo

Oxford, aprile 1842

Le campane della chiesa di St. Giles in fondo alla strada, a poche case di distanza, scandivano le ore di quella notte primaverile. *Tre, quattro, cinque*, contò Maya in silenzio. *Sei, sette, o forse era già l'ottavo rintocco?* Ancora assonnata, la bambina si era confusa e, quando l'ultimo rintocco si spense, non sapeva se fossero le undici oppure già mezzanotte. Con un sospiro, la piccola di quasi nove anni si rigirò nel letto e afferrò la coperta che nel sonno aveva gettato lontano da sé. Faceva fresco nella stanza. Sebbene di giorno il sole fosse già caldo, le notti erano ancora piuttosto rigide. Ma dai Greenwood, famiglia che in ogni generazione aveva dato i natali ad almeno un medico, c'era la consuetudine di tenere la finestra socchiusa, inverno o estate che fosse, per temprare il corpo con l'aria fresca. Era sempre stato così, a memoria di Maya.

Si concentrò ad ascoltare i rumori nella stanza. I respiri profondi e regolari le rivelarono che la sua sorella minore dormiva profondamente come al solito. Le abitudini di sonno di Angelina, perfettamente adeguate ai desideri della madre e della bambinaia, al contrario della sorella, non erano l'unica caratteristica che distingueva le due bambine. Chi vedeva Martha Greenwood per la prima volta con le figlie non poteva fare a meno di lanciare occhiate perplesse e incerte dall'una all'altra. Angelina e sua madre sembravano l'una la copia dell'altra: delicate, diafane e bionde, con gli stessi grandi occhi azzurro scuro, simili a bambole di porcellana. Maya, invece, dava un'impressione di robustezza, a confronto della figura minuta di sua sorella. Persino in pieno inverno il suo incarnato manteneva un lieve colorito. E per quanto andasse fiera di avere, al contrario di Angelina, boccoli naturali, la sua chioma scura come caffè ristretto era difficilmente riducibile in una delle elaborate acconciature tanto amate da bambine e ragazze. La caratteristica più inconsueta di Maya però erano gli occhi: l'iride marrone chiaro brillava dorata, come ambra scura oppure miele illuminato da un raggio di sole. Chi conosceva più da vicino la famiglia e sapeva che Gerald Greenwood s'era sposato due volte, spesso credeva inizialmente che Maya fosse figlia del primo matrimonio, come il fratello maggiore Jonathan.

I Greenwood si erano trasferiti da più di tre anni in St. Giles Street lasciando la piccola casetta di Turl Street. Due stanze al pianterreno erano state occupate dal nonno di Maya, quando aveva abbandonato l'attività medica all'età di quasi settant'anni. Un giorno, mentre la casa era ancora piena di scatoloni da svuotare, Maya era stata relegata sul divano del nonno con un bicchiere di latte e dei biscotti, in modo che non stesse tra i piedi agli operai che dovevano ancora sistemare alcune delle stanze, mentre Angelina, da brava, dormiva di sopra. A Maya non dispiaceva trascorrere del tempo con il laconico nonno. Apprezzava il suo silenzio, rispetto alle chiacchiere di Angelina e le incessanti ammonizioni della mamma e della bambinaia affinché si comportasse bene, camminasse a passi più piccoli e parlasse a voce più bassa.

Dondolando piano le gambe, si era guardata intorno nella stanza arredata di fresco con le grandi finestre dai vetri colorati affacciate sulla strada. Il suo sguardo era stato catturato da un ritratto con la cornice dorata di cui non si era mai accorta prima. Probabilmente proveniva da una delle stanze nella casa del nonno, dove ai bambini era vietato entrare durante le loro visite domenicali. Per lo stesso motivo Maya era sempre stata convinta che il nonno dormisse sul divanetto in pelle che era nell'ambulatorio, dove trascorreva del resto gran parte del tempo finché, in occasione del trasloco, aveva visto il pesante letto di quercia che veniva spinto di traverso oltre l'uscio da due facchini. Doveva trattarsi di un ritratto davvero importante per il nonno, perché lo aveva fatto appendere subito, ancor prima di sistemare tutti i suoi amati libri di medicina. Raffigurava una donna con un antiquato abito svolazzante che non aveva niente a che fare con le voluminose gonne che Maya era abituata a vedere indosso a sua madre e per le strade. I capelli nerissimi della donna erano raccolti morbidamente e davano a Maya l'impressione di essere vagamente spettinati a paragone delle sculture di boccoli accuratamente ordinate e rigide di sua madre. Guardando meglio, si era accorta che sotto la patina del tempo che sbiadiva i colori, la donna aveva occhi singolari come i suoi. Nessun altro in famiglia ce li aveva così.

«Nonno», gli aveva allora chiesto, «chi è la donna del quadro?» Le mani ossute del vecchio si erano strette sul pomello del bastone da passeggio, mentre il dottor John Greenwood fissava prima a lungo il dipinto e poi Maya. «Quella è tua nonna Alice, mia cara. È morta tanto tempo fa. Prima che nascessi tu e anche Jonathan. Le somigli molto.» Lo aveva detto con una voce così triste che Maya non aveva saputo come rispondere e, impacciata, si era messa a sgranocchiare un biscotto. Da allora però era stata felice di sapere di avere ereditato gli occhi della nonna, anche se non era più viva.

Le campane di St. Giles suonarono nuovamente e Maya si girò sospirando sull'altro lato, tirando fuori una gamba da sotto le coperte perché sentiva di nuovo caldo. Il nonno se n'era andato in cielo l'inverno precedente. Esattamente come la mamma di Jonathan, di cui lui però non si ricordava.

A sua madre non piaceva che dicesse «morto» anziché «in cielo»: era una maleducazione da medici, le ripeteva sempre brontolando. Maya si sforzava di correggersi, anche se non ne capiva il motivo. Era lo stesso per tante altre cose, su cui la madre la correggeva. Non capiva neppure come mai venisse rimproverata molto più spesso di Angelina. A volte, quando si svegliava di notte dal suo sonno irrequieto, rifletteva su tutto questo, sulla morte e sul cielo. Anche sui rapporti nella sua famiglia, che le apparivano così confusi da darle il capogiro, e su Jonathan, che con i suoi quindici anni le sembrava già tanto adulto e che vedeva così di rado da quando frequentava la scuola a Winchester. In realtà era solo il suo fratellastro. Chissà se gli avrebbe voluto ancora più bene se fosse stato il suo «vero» fratello. Angelina era la sua «vera» sorella, eppure Maya non provava per lei il bene che voleva a Jonathan, nemmeno sforzandosi. Altri nuovi pensieri, altre nuove domande. Non c'era da meravigliarsi se al mattino era sempre così stanca e non voleva alzarsi, mentre Angelina balzava giù dal letto sempre fresca e riposata.

Maya ormai era del tutto sveglia. A volte, quando la sua mente era occupata da tali riflessioni, le giovava parlarne con il padre. Mentre il resto della famiglia dormiva già da tempo, lui spesso era ancora al lavoro nel suo studio al mezzanino oppure in biblioteca al pianterreno. Nonostante questo, usciva di casa prima che la bambinaia riuscisse a strappare Maya da sotto le coperte.

Da giovane il padre aveva viaggiato molto, in Italia e in Grecia, fino all'Asia Anteriore. In tutta la casa erano distribuiti vasi e piatti antichi, monete ricoperte di verderame e reperti di legno consumati e incisi. Erano tutti molto preziosi e per questo venivano tenuti sotto chiave, al sicuro dalle dita curiose di Maya. Gerald Greenwood era un esperto di antichità, insegnava storia agli studenti del Balliol College e nonostante questo era ancora animato da una grande sete di sapere. Ma per Maya trovava sempre un momento, a qualsiasi ora. Senza indugio scostava di lato documenti e libri, se la metteva a sedere sulle ginocchia e l'ascoltava con attenzione, fumando pensoso la pipa, prima di risponderle.

Maya alzò con cautela la testa. Da sotto la fessura della porta trapelava un alone di luce dorata. Esitò per un istante, poi si alzò, attraversò la stanza a piedi nudi e sgusciò fuori in silenzio, sforzandosi in tutti i modi di non svegliare la sorella.

Avanzò a tentoni nel corridoio in penombra, evitando abilmente ogni punto scricchiolante delle assi sotto la spessa passatoia. Sua madre si lamentava in continuazione di quella «vecchia e odiosa topaia», come definiva spesso Black Hall. Maya invece amava quella casa, proprio perché era piena di anfratti e recessi polverosi perfetti per rabbrividire al buio. Nonostante lo spazio a disposizione, la madre riteneva uno sperpero dare a ciascuna figlia una stanza. Così le altre camere da letto restavano a disposizione degli ospiti, professori da Cambridge, da Londra oppure dall'estero, che di tanto in tanto pernottavano lì e restavano a discutere tutta la notte con il padre e qualche studente. Spesso c'era un frenetico andirivieni e la madre brontolava sempre per il lavoro che questo le comportava. Maya però notava anche come le luccicavano gli occhi quando si muoveva affaccendata avanti e indietro, ordinava di preparare leggeri spuntini o le camere, sistemava i fiori nei vasi e poi accoglieva gli ospiti con abiti eleganti.

A ogni gradino che Maya scendeva, la luce aumentava. Il chiarore proveniva dallo studio del padre. La porta era semiaperta e lasciava intravedere un lembo del tappeto rosso scuro con il motivo di tralci chiari e la parete laterale della imponente scrivania. Il padre non era solo: al mormorio della sua voce tanto nota, se ne sovrapponeva un secondo, allo stesso modo in cui il profumo dolciastro di pipa si mescolava a un odore più acre. Maya provò un tuffo al cuore. *Richard! È arrivato Richard!*

Richard Francis Burton, studente del secondo anno al Trinity College, era un ospite molto gradito a Black Hall, da quando aveva conosciuto Gerald Greenwood a casa di un medico amico di famiglia dal quale soggiornava durante il suo primo anno di università. Mrs. Greenwood arrossiva come una scolaretta quando Richard la ringraziava per l'invito a cena con complimenti galanti. Sovente lo si poteva vedere che passeggiava instancabile con Gerald in giardino, entrambi immersi in una conversazione su lingue e culture straniere, oppure nella rievocazione dei ricordi di paesaggi e persone in Francia e in Italia, dove Richard era cresciuto. Spesso si attardavano fino a notte fonda a bere qualche bicchiere di brandy nello studio di Gerald, come adesso. E mentre Gerald non avrebbe mai rinunciato alla sua pipa, Richard non poteva fare a meno dei suoi sigaretti. Ma nessuno in famiglia gli voleva altrettanto bene come Maya.

Scivolò fino al gradino all'altezza della porta dello studio e si accovacciò, abbracciando il montante tornito e premendovi contro il viso, per non perdere neppure una parola e magari riuscire a gettare un'occhiata a Richard.

«... convincere il mio vecchio che non ha senso volermi costringere alla carriera ecclesiastica. L'onta di una temporanea espulsione dall'università sul mio curriculum mi è parsa quindi un'ottima motivazione», sentì dire Maya da Richard con una nota divertita nella voce profonda e leggermente rauca. «È stata una fortuna che la lezione coincidesse con l'inizio della corsa a ostacoli. Invece di restare ad ascoltare il sermone del professore, mi sono incontrato dietro il Worcester College con un paio di compagni e siamo partiti con una carrozza a noleggio, per le corse!»

«Scommetto che la vostra impresa non è rimasta nascosta», mugugnò Gerald dietro la pipa.

«No, infatti.» A Maya sembrò di cogliere un impeto di rimorso. «Siamo stati convocati dal decano che è stato magnanimo e ci voleva dare solo una ammonizione. Allora io ho fatto un passo avanti e ho obiettato che non era moralmente riprovevole assistere come spettatori a un evento sportivo del genere. Mi sono mostrato risentito del fatto che l'università ci trattasse come scolaretti, vietandoci di frequentare simili manifestazioni. Ho abbellito il mio discorso con espressioni retoriche del tipo 'la fiducia crea fiducia', e così ci sono riuscito: espulsione immediata.»

Seguì una breve pausa, durante la quale probabilmente Gerald si caricò di nuovo la pipa. Poco dopo infatti una nuvola di fumo fresco uscì dalla stanza e lui si schiarì la voce. «L'università consente che queste corse vengano organizzate solo all'esterno dei suoi confini e fissa preventivamente importanti lezioni nel medesimo orario per la vostra sicurezza. È capitato già che uno spettatore ignaro sia finito sotto le ruote o gli zoccoli dei cavalli. Non si tratta di una questione di principio o di limitazione della libertà.» Gerald Greenwood non amava i predicozzi tonanti. Era convinto che il buon senso desse a una persona la capacità di comprensione e il suo modo di argomentare pacato e concreto spesso portava l'interlocutore a vergognarsi profondamente dei propri errori, come a Maya era capitato di sperimentare di persona. «Viceversa», si affrettò a proseguire Gerald per prevenire un'eventuale obiezione di Richard, «è vero che ti dai molto da fare per mostrarti all'altezza della tua fama di persona stravagante e originale, ogni volta che ti è possibile. Mi permetto di ricordare le tue feste chiassose e le maligne caricature di professori e tutori. Inoltre nel primo trimestre hai sfidato a duello un altro studente: solo per questo ci vuole una buona dose di insolenza.»

Quell'episodio era diventato leggendario tra gli studenti di Oxford. Si era appena iscritto all'università, quando uno studente più anziano lo aveva deriso per i baffetti che Richard portava secondo la moda italiana, sottili e con lunghe punte verso il basso. Lui si era inchinato educatamente, aveva porto il proprio biglietto da visita e aveva invitato l'avversario a scegliere l'arma. I duelli erano ufficialmente proibiti e lo studente più anziano non accettò il guanto della sfida di Richard. Tuttavia quel gesto era bastato perché Richard Burton si guadagnasse fin dal principio una notevole fama presso quella rispettabile università.

«Chi è cresciuto sul continente, come me, sa apprezzare certe raffinatezze del comportamento cavalleresco che evidentemente qui sono del tutto ignorate», si difese Richard con enfasi.

Gerald tuttavia non si mostrò incline ad approfondire l'argomento. «Che ne è stato dei tuoi compagni che hanno assistito alla corsa insieme a te?»

«Espulsione dal college fino al termine del trimestre. Nient'altro.» Richard sembrava deluso.

«Già, mio caro», sospirò Gerald comprensivo, poi aggiunse, «evidentemente hai superato l'obiettivo che ti eri prefissato. Posso capirti, anche mio padre non si dimostrò felice quando all'epoca decisi di non seguire la tradizione di famiglia diventando medico come lui. Allo stesso modo, c'è voluto parecchio tempo prima che capissi che mio figlio, nonostante gli ottimi voti in latino e greco, dimostra più interesse per ciò che striscia e salta nell'erba che per le lingue antiche.» Tirò due sonore boccate di pipa. «E così dunque abbandoni queste nobili sale con disonore. Peccato. Un vero peccato. Mi era capitato di incontrare ben pochi studenti dotati della tua intelligenza e delle tue capacità. Viceversa, uno spirito libero come te non è adatto a una simile istituzione. Che cosa conti di fare adesso?»

«Mi darò da fare, nelle colonie dell'Australia meridionale, nel Queensland, nel nuovo Galles del sud, oppure nelle province unite del Canada. Per quanto mi riguarda andrebbero benissimo anche le Guardie svizzere a Napoli oppure la legione straniera, basta che sia lontano da questa fredda e umida isoletta e dai suoi meschini abitanti!» Aveva parlato con un tono così furioso e disperato che Maya si commosse profondamente. «La mia meta preferita però sarebbe l'India. Spero di riuscire a convincere mio padre ad acquistarmi una nomina a ufficiale, prima che la guerra nelle montagne dell'India nordoccidentale finisca. Forse sono buono soltanto per farmi ammazzare per pochi spiccioli al giorno dagli afghani.» Le sue parole tradivano una intensa amarezza. «Ardo dal desiderio di dare una bella lezione agli afghani, se non altro per il massacro di soldati e civili della guarnigione di Kabul a gennaio! Anche in guerra bisognerebbe avere un codice d'onore.»

«Ma nell'esercito, Richard.»

«Lo so», ribatté Richard sarcastico, «anche lì dovrei sacrificare il mio *spirito libero*», pronunciò queste due parole in tono sprezzante. «In nome della disciplina. Ma se non altro avrei modo di imparare le lingue. Lingue per le quali non esiste ancora nessun vocabolario e nessuna grammatica e con le quali potrei mescolarmi alle persone del luogo come se fossi uno di loro, per studiarne usi e costumi. Se fossi abbiente, potrei permettermi il lusso di viaggiare a spese mie e...»

«Non dovresti origliare», sibilò una voce sottile alle spalle di Maya, facendola trasalire. Due gradini più su c'era Angelina, con la stessa camicia da notte bianca che portava anche Maya. Con i lucenti capelli biondi avvolti in innumerevoli striscioline di carta, sembrava un angioletto, o meglio un angelo indispettito, data la sua espressione di mortale rimprovero.

«Ma è Richard», bisbigliò Maya nel debole tentativo di difendersi. «Devo ascoltare quello che ha da raccontare. Quando diventerò grande, sarò esattamente come lui, coraggiosa e audace e libera e...»

«Non è possibile», la interruppe Angelina sprezzante. «Tu sei una femmina!»

Maya si sentì invadere dalla collera e balzò in avanti, con le mani strette a pugno. «Vedrai se sarà possibile!» esclamò più forte del previsto.

«Che cosa succede?» Gerald Greenwood comparve sulla porta e guardò le due candide figurette con un misto di perplessità e divertimento. Angelina risalì le scale in un lampo e scomparve nell'oscurità del pianerottolo superiore. Maya abbassò la testa colpevole, nascondendo le dita dei piedi sotto la passatoia della scala.

«Non sapevo che Black Hall fosse infestata da un fantasma notturno così incantevole.» Al suono della voce di Richard, Maya scoccò un'occhiata furtiva verso la porta. Lo vide in piedi accanto al padre, che superava in altezza di tutta la testa, alto e muscoloso com'era. Nonostante la cravatta e i capelli con la scriminatura, nel suo complesso somigliava più a un italiano o a uno zingaro del mercato di St. Giles che a un inglese. La sua vista, l'ombra del sorriso che gli illuminò il volto solitamente tetro, fece arrossire di piacere Maya.

«Non mi merito un saluto, principessa?» Oltrepassò la soglia, si inginocchiò e spalancò le braccia. A cuor leggero Maya scese di corsa i pochi gradini restanti e si gettò nel suo abbraccio. Il viso premuto contro la sua giacca, aspirò l'odore di tabacco, lana, sapone e brillantina e quell'aroma denso e legnoso così tipico di Richard.

«Richard è venuto a salutarci. Domani partirà da Oxford e non tornerà in Inghilterra per molto tempo.» Maya alzò la testa e lanciò un'occhiata confusa al padre, che chiaramente soffriva a doverle dare una notizia così brutta. Tornò a fissare il volto cesellato di Richard, con i suoi zigomi sporgenti, lo implorò guardandolo negli occhi scuri, tanto vicini ai propri, nell'assurda speranza che fosse solo uno degli scherzi che lui era solito fare per prendersi gioco di lei. Lui ricambiò il suo sguardo serio, quasi scusandosi.

Da quando Jonathan tornava a casa solo per le vacanze, Richard era diventato l'unico e preferito compagno di giochi per lei. Angelina voleva sempre giocare soltanto con le sue stupide bambole e, dopo che Maya aveva rotto per sbaglio una tazza del servizio da tè di porcellana, non le era stato più permesso neppure avvicinarsi alla stanza delle bambole. Richard aveva combattuto insieme a lei duelli con spade di legno in giardino e, ogni volta che lei andava a segno con un fendente, stramazzava nell'erba contorcendosi in una finta agonia. Era lui che la spingeva sull'altalena sotto il melo, sempre più in alto, fin dove suo padre non aveva mai osato spingerla, sino a farla strillare di gioia e di paura. Sul pavimento della biblioteca si erano chinati entrambi sul grande atlante, le mani infantili di Maya e le dita sorprendentemente affusolate di Richard avevano seguito insieme le rotte di Marco Polo sulle pagine. Così avevano organizzato le loro spedizioni in Oriente, da cui sarebbero tornati in Inghilterra carichi di sete, tè, spezie, oro e pietre preziose. E ora tutto questo doveva finire? *In India*, pensò, con un singhiozzo. Un brivido freddo la percorse e un crampo le strinse lo stomaco.

«Se non mi fossi svegliata», bisbigliò terrorizzata, «non ti avrei più rivisto.»

«Vedi», Richard fece un profondo respiro e le accarezzò dolcemente la schiena, «non sono molto bravo con gli addii. Preferisco accogliere le persone.»

«Non puoi andare via!» sbottò lei. Affondò le dita nella stoffa della sua giacca, come se bastasse questo per trattenerlo. Date le circostanze decise, nonostante tutto, di rivelargli il segreto che custodiva più gelosamente nel cuore. Gli gettò le braccia al collo, gli posò la guancia sulla tempia, dove era più forte il suo profumo, quasi di liquirizia, e gli sussurrò all'orecchio: «Io voglio sposarti».

Subito dopo si alzò e si staccò da lui, piena di vergogna, temendo di essere presa in giro. Richard però rimase a fissarla stupefatto, quasi allibito. Poi la strinse di nuovo a sé. Con la bocca premuta contro il suo orecchio, solleticandola a ogni parola con la punta dei baffi, le rispose sottovoce: «La tua è una proposta molto sorprendente e stravagante, Majoshka». La sua voce vibrava bonaria. «Come marito però non sarei un granché, è meglio che ci rifletti bene. Comunque sarò lieto di tornare sull'argomento quando ci rivedremo. Nel frattempo», si staccò da lei e le toccò la punta del naso con un dito, «sii brava e fa' sempre tutto ciò che ti dice tuo padre. Sai che non mi piacciono le donne sciocche! Ti scriverò tutte le volte che mi sarà possibile. D'accordo, mia piccola lady?» Maya annuì quasi meccanicamente e Richard si alzò.

«Professore, vi ringrazio. Di tutto.» I due uomini si scambiarono una stretta di mano breve ma vigorosa. «Non c'è bisogno che mi accompagnate, conosco la strada.»

In preda a un senso di assoluta impotenza, le dita gelate racchiuse nella mano calda del padre, Maya vide Richard Burton scendere la scala e scomparire dal suo piccolo mondo.

I

All’ombra delle torri

I pazzi osano dove gli angeli temono d'andare.
ALEXANDER POPE

«I pazzi osano dove gli angeli temono d'andare!»
Angeli e pazzi hanno in comune
di seguire la loro naturale inclinazione,
senza aspettarsi elogi, senza temere critiche.
RICHARD FRANCIS BURTON
The Kasidah of Haji Abdu El-Yezdi

1

Oxford, pochi giorni prima del Natale 1853

«Maya! Torna subito qui! Non ho ancora finito con te! *Maya!*» La voce di Martha Greenwood risuonò carica di collera, riecheggiando stridula dalla galleria all'ultimo piano fino ai recessi più remoti di Black Hall.

«Io con te sì, però, mamma», obiettò Maya scendendo impetuosamente le scale e gettandosi la mantellina sulle spalle.

Nell'ingresso rischiò di scontrarsi con Hazel, che riuscì appena in tempo a salvare il vassoio con tè e biscotti che teneva in mano. La cameriera seguì Maya con sguardo sbigottito, mentre la ragazza la superava di corsa senza salutarla, spalancava la porta a vetri che dava sul giardino posteriore e si precipitava fuori. Una folata gelida entrò dalla porta trasportando con sé qualche fiocco di neve vorticante. Hazel rimase in ascolto. Da sopra le giungeva ovattata la voce ancora alterata di Mrs. Greenwood e quella più calma di Miss Angelina che tentava di tranquillizzare la madre. Con un sospiro Hazel posò il vassoio sul tavolino di servizio accanto alla scala. Tenendo in mano il pomello della porta, osservò Maya che camminava battendo i piedi sulla neve in giardino: un'ombra scura e indistinta nella fioca luce del pomeriggio invernale, ogni passo evidente espressione di collera e ribellione.

«Poverina», mormorò Hazel piena di compassione. «Sua signoria di certo non le rende facile la vita di questi tempi.» Chiuse la porta in silenzio e si affrettò a portare di sopra il tè prima che si raffreddasse.

Maya calpestava rabbiosa i mucchietti di neve davanti a sé, incurante di infradiciarsi le scarpe e l'orlo dell'abito. Si fermò solo davanti al vecchio melo, spazzò lo strato di neve dal sedile dell'altalena che ormai non utilizzava più, e vi si lasciò cadere. Con le braccia strette al corpo, i talloni piantati nel suolo gelato, si dondolò avanti e indietro, aggrottando la fronte. Sbatteva le palpebre con grande tenacia per scacciare le lacrime che le bruciavano negli occhi e guardava fisso davanti a sé. Che ingiustizia!

Tirò fuori dalla scollatura quadrata dell'abito la lettera che aveva strappato in precedenza a sua madre e che era stata la causa dell'odierno litigio. La soppesò assorta tra le mani, poi la spiegò.

Il Cairo, 4 dicembre 1853, Shepheards' Hotel

Micina mia,

non angustiarti: ciò che mi ha costretto a letto l'ultima volta che ti ho scritto non era niente di grave, ma nemmeno cosa appropriata da riferire a una giovane fanciulla. Mi sento già meglio e ho ripreso le forze e questo forse grazie anche alla tua lettera, carissima Maya.

Ho sfruttato il forzato riposo lavorando agli schizzi, eccetera, realizzati alla Mecca e a Medina; qui ci sono artisti in grado di aiutarmi, in India no. La stesura del racconto del mio hajj*, il mio viaggio travestito da pellegrino alla Mecca e a Medina, tuttavia procede molto lentamente. Scrivere affatica la mente e a sua volta la mente il corpo.*

Ho incontrato il dottor Johann Krapf e ho così potuto farmi raccontare le sue esperienze sulle sorgenti del Nilo Bianco, sul Kilimangiaro e le Montagne della Luna. Ciò che ho saputo da lui, insieme alle storie dei mercanti arabi raccolte da me, hanno dato sostanza a una rivelazione avuta leggendo Tolomeo. Egli scrive infatti: nei pressi di Aromata, alla destra dei cavernicoli, dopo venticinque giorni di marcia, i laghi dove scorre il Nilo... questa è la soluzione all'enigma, Maya, l'uovo di Colombo, lo squarcio nel velo di Iside! Per 3000 anni gli esploratori hanno cercato di seguire il Nilo controcorrente alla ricerca delle sue sorgenti, finora invano. Chi ci riuscirà entrerà nella storia!

Sono pronto a esplorare le regioni interne dell'Africa per la prossima stagione, non appena mi verranno concesse delle ferie. Se ottenessi dal governo i mezzi finanziari per un paio di bravi compagni (uno per le misurazioni geografiche, l'altro per la botanica), non dubiterei più del nostro grandioso successo. Ho visitato molto dell'Arabia. Viaggiare lì è una gioia e niente potrebbe arrecarmi maggiore felicità che partire per tre o quattro anni per le sue regioni orientali. Ma non ne verrebbe altro che ulteriori scoperte di valli desertiche e tribù locali. Niente cavalli, niente spezie e solo una tiepida fama, dato che il libro di Wredes – ridicolo il modo in cui lo ha realizzato, se si deve dar credito alle voci che circolano da queste parti – la fa da padrone su questo tema.

Sono felice che ti sia piaciuto l'altro libro che ti avevo indicato, ti aprirà nuovi orizzonti. Mi raccomando, non farti scoprire a leggere certe opere; la tua cara madre potrebbe temere per la tua virtù! A Natale prega per la mia anima nera e non dimenticare il tuo vecchio briccone.

Per sempre tuo

Richard

Era l'ultima della lunga serie di lettere che aveva accompagnato Maya per tutta l'infanzia e gli anni dell'adolescenza. Lettere da Bombay, dal Gujarat e dal Sindh, dalle spiagge di Goa e dalle montagne azzurre di Nilgiri, da Hyderabad e Alessandria. Nomi che già di per sé profumavano di zafferano e coriandolo, di cannella e pepe, che recavano il calore del sole e l'avventura. Lettere da cui ci si aspettava che aprendole scivolassero fuori granelli di sabbia, polvere di spezie rossa e di henna verde. Scritte su carta intrisa del sale dei mari del mondo, che aveva catturato nelle proprie fibre i suoni di un *bazaar* orientale e il silenzio di vette solitarie.

Invece, se fosse stato per sua madre, la lettera che teneva tra le mani avrebbe dovuto essere l'ultima. La fama precedeva Richard Burton e nel frattempo era diventata più che discutibile.

Si era guadagnato ammirazione per il suo coraggio e la sua determinazione, il suo talento per le lingue e il suo spirito d'esplorazione. Ma un *Sahib* che non solo era in confidenza con gli abitanti del luogo, bensì conviveva apertamente con la sua attuale amante indiana, oltrepassava i limiti del buon gusto e dimostrava l'assoluto disprezzo per i costumi e gli usi dell'epoca. Stando a una voce in circolazione, egli avrebbe addirittura svolto indagini su una casa di piacere frequentata da soldati inglesi in qualità di agente segreto per incarico del generale Napier. Il suo resoconto sarebbe stato così dettagliato da non lasciare dubbi sul fatto di aver partecipato personalmente a tutte le dissolutezze, compresi «atti contro natura» con fanciulli, come si mormorava con sgomento di nascosto. E l'estate precedente, travestito da arabo, si era recato nei luoghi sacri dell'Islam, compiendo un pellegrinaggio oltraggioso e blasfemo per qualsiasi buon cristiano, durante il quale si diceva che avesse addirittura ucciso un uomo.

Martha Greenwood apprezzava Richard Burton come persona e come amico di suo marito. Tuttavia non era una compagnia adatta alla sua primogenita, neppure per corrispondenza. La sua primogenita, che sarebbe stata un'impresa disperata far maritare. Nonostante le lezioni di ballo, di pianoforte e di equitazione, nonostante lo sforzo di trascinarla a ogni ricevimento cittadino, era semplicemente impossibile trovare un pretendente valido per Maya. Persino i pallidi topi di biblioteca, che partecipavano ai circoli di discussione del professor Greenwood, perdevano ben presto l'interesse quando Maya si intrometteva con foga nei discorsi e sbatteva in faccia ai giovani il suo sapere senza troppa grazia muliebre. Per questo Martha aveva ritenuto un dovere materno aprire la lettera contrariamente alle sue abitudini quando Hazel l'aveva portata insieme al resto della corrispondenza e poi aveva convocato la figlia maggiore per un confronto. Con i suoi vent'anni Maya era già in là con gli anni e non più un ottimo partito; a maggior ragione sua madre si preoccupava che la sua reputazione rimanesse immacolata. Non ci sarebbero più stati ulteriori contatti tra la figlia e Richard Burton, questo era sicuro.

Maya ripiegò il foglio con espressione preoccupata, se lo strinse tra i palmi delle mani e appoggiò le labbra sulla punta delle dita, come in preghiera. «Torna indietro, Richard», mormorò con la voce arrochita dalla nostalgia, «torna indietro e portami via da qui!»

Le sue lettere rappresentavano il tesoro più prezioso che avesse. Erano lettere che conosceva a memoria parola per parola, per quante volte le aveva rilette. Rappresentavano anche la via d'accesso a un mondo pieno di colori nel quale poteva rifugiarsi ogni volta che le sue giornate erano troppo grigie e sconsolate. Queste lettere erano il suo unico legame con Richard e ciascuna di esse recava con sé la sua voce, che le sussurrava da migliaia di chilometri di distanza:

Quanto sono meravigliose queste notti orientali... il dolce aroma delle pipe hukkah *aleggia ovunque e dappertutto fumerie, oppio e canapa... stoffe sontuose destinate alla principessa di una favola, oppure a te, mia piccola Maya... e poi il mio maestro indù mi ha concesso ufficialmente di indossare lo* janeo, *il cordone sacro dei bramini... l'incessante tam-tam e lo stridio della musica locale si mescola con le voci minacciose e arrabbiate degli abitanti, l'abbaiare e il latrare di cani randagi e le strida dei gabbiani affamati che si contendono brandelli di pesce morto, unendosi a formare un insieme assolutamente alieno sulla pelle di tamburo... mi è tornata in mente la nostra gita in barca, quando, a forza di remi, portai «noi due entrambi», come eri solita dire tu, lungo il corso del Cherwell, mentre i lillà erano in fiore... l'aria era morbida e profumata, e nel contempo abbastanza fresca da essere piacevole. Un sottile strato di nebbia era sospeso sul terreno e si spingeva fino a metà della collina, lasciando scoperta la vetta rivestita di palme che catturava la luce argentea dell'alba... che meravigliosa premonizione hanno avuto i tuoi genitori nella scelta del tuo nome! «Maya», la dea dell'illusione, che seduce e incanta lo spirito umano. Così come tu ora mi appari nient'altro che un'illusione al di là del tempo e dello spazio, pur sapendo che esisti veramente; così come il ricordo di te mi seduce e mi incanta, Maya, Majoshka...*

Chiuse gli occhi. Aveva le guance in fiamme, di rabbia e di freddo. Ma con un po' di fantasia riusciva a immaginare che fosse il sole a farle ardere la pelle. Un sole che riscaldava l'aria, scioglieva la neve e insieme i mesi trascorsi da quel giorno d'estate di due anni prima, e spingeva Maya nel regno dei ricordi...

Maya era seduta nel suo posto preferito, l'altalena sotto il melo, la schiena appoggiata a una delle funi. Teneva una gamba piegata vicino al corpo, usandola come appoggio per il libro; con l'altra si spingeva a ritmo regolare sul terreno. Aveva lasciato le scarpe nell'erba e le calze appoggiate sopra disordinatamente. Era come stare in una grotta verde. Arbusti frondosi – lillà, oleandri, ligustro – riparavano l'albero dagli sguardi curiosi provenienti dalla casa. Il lato interno del muro, a pochi passi di distanza, era coperto di edera bicolore, che sfoggiava orgogliosa i suoi fiori. Oltre la cancellata in ferro battuto che dava su Black Hall Road si sentiva lo scalpiccio regolare di zoccoli e il cigolio delle ruote sulla ghiaia che si allontanava in un armonioso concerto con il cinguettio degli uccelli. Maya provò un fremito al naso, come le capitava sempre quando era contenta. Le piaceva sentire la miscela di steli d'erba freschi e lisci e terra asciutta e ruvida sotto i piedi e tra le dita. I volant del chiaro abito estivo le solleticavano le gambe nude quando l'altalena ondeggiava avanti e indietro. Chiuse le palpebre per un attimo, reclinò la testa all'indietro, lasciando che sul volto le si dipingesse un motivo di luci e ombre nel gioco tra il sole e le foglie dell'albero, poi si chinò nuovamente sulle pagine stampate e addentò la mela aspra. Un'ombra colta con la coda dell'occhio le fece alzare lo sguardo. Il libro le scivolò di mano e finì con un tonfo nell'erba mentre lei soffocava un grido.

C'era un uomo in giardino, stringeva in mano un panama stropicciato, aveva una sacca ai piedi e la osservava chissà da quanto tempo. Tutto in lui era scuro, trasmetteva una sensazione di minaccia nonostante l'abbigliamento ricercato: la chioma nera, la barba, il lampo negli occhi. Eppure Maya non era impaurita, sebbene i ricordi sbiaditi, ravvivati e sontuosamente abbelliti nel tempo, non le consentivano di riconoscerlo. La febbre e il digiuno rituale lo avevano asciugato, sole e monsoni, caldo e polvere gli avevano essiccato e ispessito la pelle. Quel poco di morbidezza giovanile che un tempo gli aveva ingentilito i tratti del volto era stato spazzato via dal deserto e dai Tropici. La disciplina militare e l'insaziabile sete di esperienze e di impressioni aveva lasciato tracce più che evidenti per ognuno degli anni trascorsi. Un sorriso gli illuminò il viso, così radioso da risultare quasi molesto sui suoi lineamenti per natura poco inclini alla tenerezza. «Non mi merito nemmeno un saluto, principessa?»

Lei aveva immaginato migliaia di volte come sarebbe stato. Come le sarebbe comparso davanti un giorno e gli sarebbe corsa incontro e lo avrebbe abbracciato, esattamente come aveva fatto quella notte d'aprile una bambina di nove anni per l'ultima volta. Invece adesso rimase a fissarlo, incapace di muoversi. Quell'apparizione era troppo irreale, sembrava un sogno o un miraggio. E non osava neppure credere al proprio cuore che le batteva impazzito nel torace.

«D'accordo, se la montagna non va al profeta, dovrà essere il profeta a raggiungerla», osservò Richard avanzando verso di lei.

Maya riuscì a uscire dal proprio stato di paralisi e scese lentamente dall'altalena. Lasciò cadere la mela sbocconcellata e si lisciò di nascosto l'abito. Quando Richard le fu davanti, le prese le mani e la guardò intensamente, senza parlare. La sua barba ebbe un fremito, come se fosse divertito, quando si avvicinò la sua mano, ancora appiccicosa di succo di mela, alle labbra. «E poi ditemi se non è questo», mormorò contro il palmo della sua mano, «il gusto del paradiso!» Maya si sentì avvampare, voleva staccarsi da lui, ma non ci riusciva. Lui le passò il pollice sugli zigomi, accarezzando con gli occhi ogni particolare del suo viso, e il suo sguardo tornò immediatamente serio. «Sei troppo giovane per queste ombre angustiate, Majoshka! Dov'è finita la bambina spensierata che ho sempre portato nel mio cuore?»

Una lacrima solitaria gli scivolò sulla mano, e poi Maya scoppiò a piangere: di felicità perché la sua attesa finalmente si era conclusa, e di sollievo, per il fatto che con Richard era arrivato qualcuno che conosceva la solitudine di chi era diverso da come la società si aspettava che fosse. «Non piangere», mormorò lui, stringendola forte, cullandola per darle conforto. «Sono tornato. Il tuo vecchio briccone è tornato!» Posandole le mani ai lati del viso, le fece inclinare leggermente la testa all'indietro. Premette dolcemente le labbra sulla sua fronte, sulle tracce bagnate su guance e mento e poi, dopo un attimo di esitazione, sulla sua bocca. Sapeva di sale, era quasi amara, di fumo e di Richard e dei luoghi esotici da cui proveniva. Maya sussultò quasi impercettibilmente quando lui le spinse la lingua tra i denti. La barba profumata di brillantina le solleticò gli angoli della bocca mentre lui rideva piano. «Non avrei mai sognato di essere il primo a cadere in questa tentazione.» Continuò a baciarla fino a lasciarla senza fiato, la baciò finché lei credette di sciogliersi, tra il sole e la terra tiepida.

«Maya! *Ma-ya!*» Maya sussultò e sbirciò oltre i rami spogli coperti di neve degli arbusti nella direzione da cui proveniva la voce. Sulla veranda riconobbe il vestito di velluto color lavanda di Angelina. «Maya? Sei da qualche parte là sotto?» Tipico di Angelina, non sforzarsi di mettere neppure piede in giardino, per paura che la neve le rovinasse le scarpe. Si alzò invece in punta di piedi, allungandosi e protendendo il collo. Sebbene la sorella non avesse letto più di una manciata di libri in vita sua, era leggermente miope. Ma Angelina avrebbe preferito sacrificare un dito, piuttosto che portare gli occhiali. «Gli occhiali sono roba da *bas-bleu*, da donne intellettuali e saccenti, e nessun uomo che si rispetti vorrebbe farsi vedere in giro con una donna del genere», era il suo sprezzante commento in materia. Come se proprio Angelina corresse davvero il pericolo di essere etichettata con questo nomignolo, riservato alle donne istruite, fautrici dell'indipendenza e dell'equità, pensava spesso Maya in un impeto di benefica perfidia. In effetti era vero che gentiluomini di qualunque età trovavano incantevole quando Angelina arricciava il naso e assumeva quell'espressione un po' velata tutte le volte che si sforzava di mettere a fuoco a distanza. Ma bisognava ammettere che tutto ciò che faceva o diceva Angelina era giudicato incantevole.

Maya si affrettò a nascondere la lettera, balzò in piedi e sgattaiolò di soppiatto fuori dal cancello del giardino. Nonostante l'altisonante nome di Black Hall Road, la strada era poco più di un viottolo di campagna, una specie di orlo cucito a filo grosso ai margini della città, sterrata e ammantata di neve a parte poche rare scie di carro. Al di là della strada campi e prati dormivano protetti da una coltre di neve. Contro il cielo di piombo all'orizzonte si stagliavano i rami spogli e contorti dei carpini dalla corteccia grigia mentre isolati cespugli di biancospino dispiegavano le loro esili fronde. Ai piedi di Black Hall, gruppi di casette quadrangolari, com'era abitudine costruirne al principio del secolo, potevano permettersi di affacciarsi con rilassata indifferenza sulla alberata ed elegante St. Giles Street: sapevano che i retrostanti giardini erano protetti dalle volpi che di notte scendevano per i campi grazie agli alti muri di cinta. Muri incrostati di rampicanti come corazze di tartaruga, lungo i quali ora Maya procedeva, in direzione della città, verso l'unico luogo che poteva offrirle un rifugio indisturbato.

2

Due giovanotti avanzavano nell'imponente salone della Euston Station, l'uno con la divisa rosso scarlatta della Compagnia delle Indie Orientali, l'altro con un'uniforme cachi. Entrambi portavano una sacca gettata sulla spalla e schivavano i facchini in livrea che trascinavano pacchi o che spingevano bauli e valigie caricati sui carrelli. I due fendevano veloci la folla di viaggiatori che, contrariamente a loro, avevano ancora tempo e incedevano comodamente. Ne superarono altri, appena arrivati, che cercavano con gli occhi parenti e amici venuti a prenderli. Per evitare uno scontro all'ultimo istante, due anziane dame con espressione torva fecero qualche passo all'indietro, provocando così un pericoloso ondeggiamento delle loro ampie gonne. Un uomo con la barba grigia e il cilindro li minacciò con il bastone da passeggio, rivolgendo loro improperi a voce alta. «Scusatemi», gridò di rimando il giovane vestito di rosso, «desolato», gli fece eco il suo compagno, poi si rimisero a correre, con la velocità che permettevano loro le gambe, e imboccarono un sottopassaggio che conduceva ai binari.

Il fischio acuto del capostazione si levò dal marciapiede ammantato di nebbia, salì fino alle vetrate del tetto sostenute da una rete di pilastri metallici come filigrana e riecheggiò sonoro verso il basso. La locomotiva gli rispose con una nota più bassa, poi sbuffò un altro getto di vapore e si mosse arrancando. I due ritardatari balzarono di slancio sul predellino dell'ultimo vagone e l'ultimo treno della giornata della London & North Western Railway lasciò la stazione.

«Ce l'abbiamo fatta!» Jonathan Greenwood sistemò la sacca sulla reticella portabagagli. Si gettò ansimando sul sedile imbottito color prugna e allungò davanti a sé le gambe doloranti calzate nei lunghi stivali.

«Per un pelo!» fu il commento del suo accompagnatore, che ansimava non meno di lui sul sedile di fronte. «Se quel... quel dannato piroscafo avesse ritardato qualche minuto ancora, ci saremmo dovuti trovare un posto per la notte.»

«Ciononostante, la P&O Steam Navigation Company è stata all'altezza della sua fama e ci ha portato da Alessandria a Londra con due giorni d'anticipo. E, comunque, avremmo trovato senza fatica il modo di trascorrere una notte a Londra», osservò Jonathan ammiccando. Un eloquente movimento di due sopracciglia bionde fu la risposta, accompagnata da un suono gutturale, a metà tra un ringhio e un ronzio, prima che entrambi scoppiassero in una fragorosa risata.

Il treno accelerò e superò uno scambio sferragliando con uno scossone. La moderna vetrata panoramica, oltre la quale scorrevano le facciate delle case nella luce azzurrognola del crepuscolo, rifletteva debolmente l'immagine dello scompartimento. Jonathan esaminò con aria critica la propria immagine evanescente e leggermente sfumata, mentre si passava una mano sulla fronte imperlata di sudore. Di natura folta e riccia, a causa del severo taglio militare la sua chioma castana mostrava ora soltanto onde, pur sempre difficili da domare se non con abbondante uso di brillantina. Dopo la corsa trafelata per le strade di Londra, alcune ciocche ribelli gli spuntavano ai lati della testa come corna di diavolo. Si passò i palmi delle mani sulle tempie, nel tentativo di abbassarle, ma i suoi sforzi restarono vani: i riccioli tornarono a sollevarsi come molle elastiche. Nonostante i colori sbiaditi del riflesso sul vetro, la sfumatura rossiccia dei suoi capelli si mescolava al rosso scarlatto dell'uniforme. Jonathan trattenne un sospiro e subito dopo si sentì scoperto in questo suo momento di vanità, quando con la coda dell'occhio colse uno sguardo divertito.

«Ridi, ridi pure», si difese agguerrito, «tu sembri sempre appena uscito dall'uovo!»

Con una punta d'invidia, il benevolo Jonathan aveva scrutato il tenente entrato dopo di lui nella cabina che avevano spartito durante la traversata da Calcutta a Suez, esattamente il tipo di uomo in grado di accendere uno scintillio trasfigurato negli occhi delle giovani dame con il suo aspetto ordinato e aristocratico. L'uniforme cachi con le mostrine rosso scuro sul colletto e sul risvolto delle maniche si intonava perfettamente ai capelli color sabbia e all'incarnato leggermente abbronzato e lui la indossava con eleganza naturale e spavalda. Jonathan, al contrario, sembrava condannato per sempre a fare la parte dell'amico sincero sulla cui spalla le leggiadre damigelle si rifugiavano a piangere tutte le volte che un uomo come il tenente spezzava il loro cuore. Bisognava poi riconoscere che le fossette che gli si formavano ai lati della bocca quando sorrideva e la fessura tra gli incisivi che, nonostante i quasi trent'anni d'età, gli dava l'aspetto di un monello, non lo favorivano di sicuro.

Ma la disarmante schiettezza negli occhi grigi del tenente quando gli aveva porto la mano destra presentandosi come Ralph Garrett aveva ammorbidito subito l'ostilità di Jonathan. Quando poi il suo interlocutore si era identificato, dato il colore della sua uniforme, come ufficiale del *Corps of Guides*, Jonathan ne era rimasto addirittura impressionato.

Chi apparteneva a questo reggimento d'élite dell'esercito di Sua Maestà in India non poteva essere sicuramente un rammollito imboscato! Cosa che venne ben presto confermata, perché con Ralph si facevano ottime bevute e si potevano scambiare aneddoti sul servizio militare in India. E persino un tipo come Ralph Garrett conosceva quella specie di pene d'amore contro le quali serviva soltanto una gran quantità di whisky. Prima ancora che la *Precursor* avesse fatto rotta verso il mare aperto, tra i due era nata una sincera amicizia.

«Come, prego?!» Ralph si guardò con aria irritata. Aveva i calzoni aderenti macchiati, gli stivali impolverati, la giacca dell'uniforme sudata sotto le ascelle. E intuiva che i suoi capelli, di solito impeccabilmente pettinati, erano scompigliati e alcune ciocche sparse gli si erano appiccicate alle tempie roventi. «Vuoi scherzare, amico mio! Oppure sei cieco?» rimproverò Jonathan bonariamente. Si strofinò i polpastrelli sulla barba ispida che gli copriva il mento e le guance, producendo un fruscio sordo. «I tuoi genitori strabuzzeranno gli occhi quando stasera busseremo alla loro porta come due vagabondi.»

Jonathan sorrise e nei suoi occhi verdi si accese una scintilla maliziosa. «Sono abituati alle sorprese.»

«Pensi davvero che non ci siano problemi se trascorro una notte a casa vostra?» volle accertarsi Ralph per l'ennesima volta. Jonathan gli rivolse un cenno sbrigativo. «Ma certo. Casa nostra è sempre aperta agli ospiti. Mia madre è ben contenta di prendersi amorevolmente cura dei viaggiatori stanchi e affamati che bussano alla porta senza preavviso.» Ralph annuì riconoscente, rimase in silenzio per qualche istante, poi socchiuse gli occhi. «Come devo presentarmi alla tua famiglia?»

«Aspetta.» Jonathan tirò fuori un portafoglio dalla tasca interna della giacca e ne estrasse una fotografia virata seppia un po' macchiata, strappata su un lato e con gli angoli accartocciati. Era stato il regalo d'addio dei Greenwood quando avevano lasciato partire a malincuore il loro unico figlio e fratello per l'India, dove avrebbe prestato servizio militare come medico dell'esercito della Compagnia delle Indie Orientali. Jonathan aveva sempre portato con sé il ritratto, come portafortuna.

«Ho il piacere di presentarvi», annunciò con un gesto tra Ralph e la fotografia, «il tenente Ralph Garrett del *Corps of Guides*, secondogenito del terzo barone di Chelten, *ahi*!» Ralph gli assestò un calcio negli stinchi per ricordargli che non dava importanza a quelle «scemenze aristocratiche», come le chiamava lui.

«Tipico», mormorò Jonathan massaggiandosi la parte lesa. «Nobiltà, soldi e una sontuosa dimora di famiglia, ma un comportamento da scaricatore di porto!» Con una risata schivò l'ennesimo calcio di Ralph. «Allora, posso presentarti la mia famiglia oppure no?» Ricevuto uno scontroso mugugno da parte di Ralph, Jonathan si sporse sul ciglio del sedile, girò la foto e indicò l'una dopo l'altra le persone ritratte. «Mio padre Gerald

Greenwood, professore di storia antica e filologia al Balliol College. Mia madre Martha Greenwood, nata Bentham. La nostra piccola Angelina...» Ralph gli strappò di mano la foto e la osservò con attenzione. Emise un fischio di apprezzamento tra i denti. «*In-can-te-vo-le!* Nel frattempo deve essersi trasformata in una autentica bellezza. È ancora libera?»

«Ti avverto! Tieni le zampe lontane da lei, cascamorto», esclamò Jonathan divertito cercando di riprendersi il ritratto di famiglia. «E poi è lunatica e ha la puzza sotto il naso. Nemmeno tu saresti all'altezza della mia cara sorellina», lo punzecchiò, mentre si contendevano la fotografia. Alla fine Ralph ebbe il sopravvento e alzò in aria il cartoncino mentre con l'altro braccio teneva Jonathan a distanza di sicurezza. «Io non ne sarei tanto sicuro!» ribatté con un ghigno malizioso. «Sarei in grado di conquistarla e di domarla in men che non si dica.»

«Non credo proprio, ma non voglio toglierti le speranze fin da ora», ribatté Jonathan cambiando posto e gettandosi a sedere accanto a Ralph, che nel frattempo si era messo a esaminare di nuovo con attenzione il gruppo di famiglia. Indicò la quarta figura, una ragazza giovane e mora che si teneva un po' in disparte dagli altri, i pugni stretti seminascosti tra le pieghe dell'abito. «E chi sarebbe questa creatura dallo sguardo truce?»

Con le sopracciglia aggrottate, la fanciulla fissava rabbiosa l'osservatore, come se fosse stata costretta con la forza a mettersi in posa davanti all'obiettivo. Il mento proteso con arroganza non si addiceva alla sua posa impacciata e la serietà quasi ostinata del suo volto era tutt'altro che muliebre.

«Questa è mia sorella Maya.» Nella voce di Jonathan affiorò una nota di tenerezza. «È una persona a posto, il contrario di Angelina. I libri sono il suo mondo. Sarebbe disposta a vendere anche l'anima per poter studiare all'università, e non riesce ad accettare che essa sia riservata ai maschi.» Con improvvisa serietà girò lo sguardo verso il finestrino, ormai trasformato in uno specchio con il calare della sera, e osservò il riverbero delle lampade accese nel corridoio. Sembrava fissare un punto lontano al di là del vetro, visibile solo a lui. «A volte sono preoccupato per il suo futuro. È così trasognata e spesso così infelice.

Come se per lei non esistesse un posto dove mettere veramente radici...»

Non sapendo come rispondere, Ralph gli restituì il ritratto senza parlare e gli batté amichevolmente sulla spalla. Mordendosi il labbro inferiore, Jonathan rimise a posto la fotografia e si alzò. Si portò le mani ai lati del viso e le appoggiò di taglio contro il vetro freddo per schermarsi dalla luce interna e guardare fuori.

«*Nevica*», mormorò alla fine rapito. «Mi ero completamente dimenticato dell'aspetto che ha la neve.»

3

Il paesaggio attraversato da Maya era desolato e solitario. Il crepuscolo avanzava piano e la neve sembrava letteralmente brillare, fredda e misteriosa. I rami dei giovani tigli ai lati della strada si piegavano sotto il peso della crosta ghiacciata. Più in là riposavano quiete le vaste distese verdi che appartenevano ai complessi in pietra più venerabili tra i college: Wadham sulla sinistra, St. John's e Trinity sulla destra. Maya sussultò quando una cornacchia spiccò il volo agitando le ali da una siepe e si innalzò in uno spruzzo di polvere bianca lasciandosi dietro solo l'eco del suo stridulo richiamo.

Nonostante il caldo abito di lana e le sottogonne di flanella, rabbrividì di freddo. Le dita dei piedi protette dalle calze negli stivaletti abbottonati erano già intorpidite. Se la prese con se stessa per non aver pensato di indossare un mantello più caldo o almeno i guanti, ma adesso tornare indietro era fuori discussione. Continuò a camminare imperterrita, soffiandosi a tratti sulle mani intirizzite che poi metteva al riparo sotto le ascelle. Quando sentì che l'ennesima forcina le scivolava via dai capelli, scrollò la testa involontariamente finché anche l'ultimo fermaglio capitolò e la chioma le ricadde sciolta sulla schiena. Che la gente pensasse pure quello che voleva! Sua madre l'avrebbe comunque punita, per essersi allontanata da sola al buio. Ormai era irrilevante che portasse il cappello oppure no. A maggior ragione quel giorno.

Quella sera, prima di cena, Maya avrebbe dovuto consegnare a sua madre volontariamente tutte le lettere di Richard collezionate nel corso degli anni. L'idea che la madre leggesse ogni singola riga destinata solo a lei era intollerabile. Era decisa a opporsi a quel provvedimento e se sua madre avesse dato corso alla minaccia di frugare in tutti gli angoli della sua stanza e, se necessario, di mettere a soqquadro l'intera Black Hall, Maya allora preferiva gettare lei stessa nel camino il voluminoso fascio di corrispondenza. Ma questo pensiero da solo bastava a straziarle il cuore. Strinse i denti rimpiangendo di non poter andare più lontano che la fine di Park Street.

La facciata del Wadham College, con il tetto a cuspide e le merlature come una fortezza medievale, guardava ostile la strada dalle sue finestre buie. Solo dietro uno degli alti vetri suddivisi a riquadri c'era ancora la luce accesa. Probabilmente un professore troppo zelante, che non conosceva riposo, mentre gli studenti avevano già lasciato il college da alcuni giorni carichi di bagagli per trascorrere le vacanze in famiglia. A Natale, oppure all'inizio delle lunghe ferie estive, Oxford respirava sollevata non appena le schiere di giovani scatenati si allontanavano. Una placida quiete si adagiava allora sulla città, senza schiamazzi notturni nei vicoli, senza risse nelle osterie e senza goliardie: innocenti temporali che servivano a scaricare l'energia vitale traboccante accumulata nella rigida routine quotidiana scandita da preghiera mattutina, lezioni, studio ed esami. Esisteva un rapporto di odio e amore tra *town and gown*, i cittadini e gli studenti con le loro lunghe vesti nere, che in epoche passate aveva portato addirittura a scontri armati. Tuttavia la popolazione era fiera della fama ormai leggendaria di Oxford come culla del sapere e della conoscenza, e l'immagine delle strade nei periodi di vacanza sembrava incompleta senza il viavai di studenti trafelati che con gli ampi mantelli somigliavano a inquiete farfalle svolazzanti.

Maya si dondolò nervosa da una gamba all'altra, nell'attesa che due carrozze in fila voltassero in Broad Street. Lungo l'ampio viale i lampioni a gas gettavano già aloni chiari nella luce sempre più fievole del tramonto e i muri in pietra delle case erano sostituiti dai primi rettangoli dorati delle finestre illuminate. Attraversò frettolosa l'incrocio tra Park Street e Catherine

Street: gli zoccoli dei cavalli e le ruote dei carri avevano trasformato la neve in una poltiglia fangosa in alcuni punti già ghiacciata. Lo sguardo di Maya accarezzò pieno di nostalgia le vetrine illuminate e invitanti al pianterreno della semplice casa d'angolo e senza comignoli. Persino il *Bagg's Coffee House* quella sera era praticamente vuoto, con due soli tavoli occupati da signori di mezza età. Come sempre, tutte le volte che ci passava davanti, il locale esercitava un fascino quasi irresistibile su Maya. Oltre ai tramezzini con manzo freddo, formaggio e sottaceti per accompagnare tè e caffè, c'erano a disposizione anche giornali e riviste inglesi, francesi e d'oltreoceano. Da Bagg's studenti e professori si riunivano per mangiare un boccone e scambiarsi le ultime notizie, gli articoli, le caricature e i romanzi a puntate, per fare quattro chiacchiere o animate discussioni di politica, storia, letteratura, economia e sulle condizioni di studio all'università. Discussioni che non venivano interrotte dalle occhiate ammonitrici di una madre, né dalle insistenti richieste affinché Maya andasse in cucina a preparare altro tè sebbene la teiera fosse ancora mezza piena e quello fosse in realtà compito di Hazel, discussioni in un'atmosfera di libertà che l'animo di Maya anelava intensamente e che invece le restava preclusa. Infatti, come le facoltà universitarie, anche Bagg's era vietato alle donne, persino alla figlia di un rispettabile professore del Balliol College. Perché tutto ciò che stimolava l'intelletto doveva restare appannaggio degli uomini?

Maya attraversò la strada. Il portone con colonnato del Clarendon Building era in ombra, nell'edificio aveva sede la segreteria dell'università. Le statue delle nove muse intorno al tetto a capanna, che avevano affascinato Maya fin da piccola, sembravano essersi gettate addosso mantelli con cappuccio ritagliati dal grigio lavanda del cielo. Avanzò lungo l'alta inferriata con le sbarre sottili, superò di slancio il cancello aperto e si affrettò attraverso lo spiazzo sul retro del Clarendon. Era ancora possibile distinguere i contorni del Sheldonian Theatre, un edificio ovale che sembrava tagliato di netto nella facciata posteriore liscia, dove si tenevano concerti, lezioni e ricevimenti della vita universitaria. Una volta Maya era salita insieme al padre fino alla cupola del teatro su per una scala a chiocciola. Da lassù aveva ammirato uno splendido panorama dalle grandi finestre: la distesa di tetti grigi, le torrette e le guglie, le merlature e le cupole della città; i muri, di giorno così caldi e dorati, al chiaro di luna rilucevano argentei; i prati curati, i giardini e i due fiumi luccicanti che lambivano Oxford, il Cherwell e l'Isis che un paio di chilometri più avanti si gettavano nel Tamigi, e più oltre le colline boscose. Erano edifici come lo Sheldonian e il Clarendon che, con le loro reminiscenze di stile greco e romano, conferivano a Oxford la sua atmosfera di eternità. Edifici come quelli dei college, con le loro ampie ali laterali e le delicate decorazioni. Era come se il tempo lì si fosse fermato, su quell'isola di centenaria tradizione nell'era progredita della regina Vittoria.

Allo stesso modo, l'imponente complesso di edifici con torrioni e guglie, verso il quale era diretta Maya, dava l'impressione che fosse passato solo un battito di ciglia dall'epoca dei Tudor e degli Stuart in cui era stato costruito. I passi della ragazza riecheggiarono sonori quando attraversò un androne e sbucò nel cortile quadrangolare. La fioca luce che filtrava da qualche finestra piombata illuminava il cammino di Maya sulle lastre di pietra che un solerte portinaio aveva liberato da neve e ghiaccio. La facciata dell'edificio a quattro piani si ergeva imponente con le sue pietre intagliate per dare l'impressione di essere tavole di legno. La meta di Maya non era il portone principale sotto l'ampio finestrone a tutto sesto, bensì uno dei due avancorpi quadrangolari simili a torri che lo fiancheggiavano. Era tardi, troppo tardi, e Maya si lasciò sfuggire un sospiro di sollievo quando vide che la porta di legno sotto l'iscrizione in latino era insperatamente aperta. Salendo due alla volta i bassi gradini in pietra, aprì con una spinta la porta a vento rivestita di ciniglia verde con due oblò rotondi e varcò la soglia della stanza lunga e stretta. Si fermò ansimando. Un piacevole calore e il familiare odore di vecchi libri – un misto di muffa, polvere con una leggera nota metallica – la circondarono come una morbida coperta di cachemire, offrendole consolazione. Nella penombra, la stanza con l'alto soffitto a travi somigliava a una galleria che lei attraversò con passo lento, quasi si trovasse in un luogo sacro, e in un certo senso era così. Superò alcune vetrine che custodivano esemplari dell'arte libraria particolarmente rari, e scaffalature fino al soffitto che occupavano entrambe le pareti piene zeppe di libri. Maya lasciò vagare lo sguardo verso l'alto, dove dalla galleria del matroneo la fissavano i ritratti a olio degli uomini che nei secoli precedenti erano stati custodi di questa camera del tesoro. Primo fra tutti Thomas Bodley, ideatore, sotto la regina Elisabetta I, di questa biblioteca che ora portava il suo nome. I grandi finestroni a tutto sesto lasciavano entrare la fioca luce dell'esterno sul tavolo occupato da strumenti di scrittura e fogli di carta. Dietro, la vetusta sedia a schienale alto del bibliotecario era vuota. Maya si guardò intorno.

«Professor Reay?» bisbigliò, sussultando al suono della propria voce prima che venisse inghiottita dalle ombre della stanza. Si schiarì la gola imbarazzata, ritrovò il coraggio e ripeté un po' più forte, «Professor Reay?»

«Mi rincresce, abbiamo già...» risuonò amichevole una voce dietro una delle librerie disposte di traverso in mezzo alla stanza, prima di bloccarsi a metà della frase. Una testa canuta spuntò tra gli scaffali e due occhi fissarono Maya perplessi e insieme contenti sopra gli occhiali scivolati sul naso. «Ma guarda un po'!»

Sollevata, Maya si affrettò verso di lui, che le venne incontro reggendo in ciascuna mano il dorso di un libro, mentre la toga troppo larga ondeggiava intorno alla sua figura ossuta e curva. «Abbiamo chiuso più di un'ora fa, Miss Maya», spiegò senza traccia di rimprovero nella voce. Non rimproverava mai nessuno il professor Stephen Reay, uno dei due vicebibliotecari della Bodleian Library. «Non avevo ancora chiuso di sotto perché prima volevo rimettere a posto questi», sollevò allegramente i due volumi, «che il decano del Trinity aveva lasciato in giro.»

«Professor Reay», esclamò precipitosamente Maya, «in via del tutto eccezionale, potrei...» affidò la tacita richiesta allo sguardo che posò sul vecchio bibliotecario.

Il viso del professor Reay si illuminò di un sorriso malizioso che per un istante spianò in parte le sue rughe. «Venite spesso *in via del tutto eccezionale*, Miss Maya! Un giorno o l'altro Bandinel vi scoprirà. E allora, che il cielo abbia pietà di noi.» Impacciata, Maya chinò lo sguardo sulla punta dei suoi stivali. Il dottor Bulkeley Bandinel, custode del patrimonio della «Bod», come veniva affettuosamente chiamata la biblioteca, era temuto da tutti coloro che oltrepassavano la porta a vento verde. Con implacabile severità sorvegliava il rispetto delle regole della biblioteca: l'accesso durante le poche ore di apertura era riservato ai professori e agli studenti con specifica autorizzazione del corpo docente. Non c'erano lampade a causa dell'elevato rischio di incendi. Erano previste pene pecuniarie per chi faceva un uso improprio dei libri, per esempio appoggiare i gomiti sul volume aperto, oppure lasciare annotazioni proprie. Il principale divieto della Bodleian Library, però, era questo: nessun prestito. Il fatto che nel lontano passato persino un Oliver Cromwell e un re Carlo I avessero dovuto sottostare a tale regola, mentre Bandinel se ne asteneva magnanimamente, dimostrava soltanto quale fosse il potere da lui detenuto. La sola presenza di Maya in quel luogo sacro sarebbe stata interpretata da Bandinel come un sacrilegio paragonabile alla sua visione del mondo dopo il crollo dell'impero britannico.

«Vi prego, ci metterò poco! Devo solo controllare velocemente una cosa», insistette Maya.

Il professor Reay si ficcò uno dei volumi sotto l'ascella, si sollevò gli occhiali sul naso con la nocca dell'indice ossuto e tirò fuori da sotto la toga un orologio da taschino. Fissò concentrato il quadrante. «Temo che il dottor Bandinel voglia passare in rassegna prima del suo tè. Vi basta una mezz'ora?»

«Grazie», bisbigliò Maya e il bibliotecario le rispose con un cenno di complicità che mise ancor più in evidenza le sottili rughe intorno agli occhi. Il povero Reay, sempre affabile, sempre disponibile, che aveva per tutti una parola cortese, era il bersaglio favorito su cui Bandinel sfogava la propria cattiveria. Da tempo Maya nutriva il sospetto che Reay le permettesse di frequentare di nascosto la biblioteca non solo perché gli stava simpatica, bensì anche perché era il suo modo silenzioso e segreto di vendicarsi del dottor Bandinel.

Scese con passo lieve i gradini che portavano all'antica sala da lettura, sotto gli sguardi severi dei busti di Bodley e di Carlo I. Simile all'asta di una gigantesca H, il salone collegava gli altri due ambienti della biblioteca separati dall'edificio principale intorno al cortile interno: la *Arts End* all'ingresso e la *Selden End* all'estremità opposta. Le librerie collocate ai lati della stanza rivestita di stuoie di giunco creavano nicchie occupate da comode poltrone Windsor per piacevoli ore di lettura. Le finestre, rivestite all'esterno da tralci di edera, non gettavano più alcuna luce e la galleria superiore già normalmente fosca era nella più completa oscurità. A ogni passo Maya sentiva scivolare via da sé tutte le preoccupazioni e tutta la collera e, raggiunta la *Selden End*, si sentì protetta e libera in quella quiete tiepida e morbida che solo i libri potevano darle.

Anche qui i volumi erano distribuiti su due piani: di sotto, dietro archi e pilastri di legno; di sopra, lungo una galleria che correva appena sotto il soffitto a cassettoni dipinto. Al centro della sala c'era un tavolo fiancheggiato su entrambi i lati da una grande scaffalatura con opere di consultazione. Maya si avvicinò a quella di destra, che conteneva la collezione dell'orientalista Mr. Selden, da cui prendeva nome la sala. Accarezzò affettuosamente con la punta delle dita i dorsi di cuoio rosso, giallo, blu e verde, i titoli a caratteri d'oro e il legno che circondava questi tesori. Con lo sguardo individuò quello che cercava, estrasse il volume e lo aprì a caso. Sulle pagine si dispiegavano le linee flessuose, i riccioli e le volute dell'alfabeto arabo inframmezzati da gancetti e punti. Erano i complessi caratteri di una lingua complessa che Maya aveva cominciato a studiare quando Richard Francis Burton era partito per la Mecca.

La Mecca, città natale del profeta Maometto, la città sacra dei musulmani, «l'ombelico del mondo islamico nella madre di tutte le città», preclusa ai fedeli di altre religioni. Molti cristiani erano stati spinti ad affrontare l'avventura di un pellegrinaggio sotto mentite spoglie, e quasi tutti erano stati scoperti, trascinati nel deserto, decapitati sul posto e fatti a pezzi. Solo una manciata di loro era riuscita a tornare indietro e a raccontare la propria esperienza, tra essi ora anche il capitano Richard Francis Burton. Avvolto in una lunga veste svolazzante, il cranio rasato e la barba lunga, il volto scurito con succo di nocciolo, aveva percorso lo stesso logorante cammino pieno di insidie che schiere di fedeli affrontavano ogni anno di quei tempi. Giungevano da tutto il mondo islamico, dall'Africa, dalla penisola arabica, dall'impero ottomano e dal subcontinente indiano per inginocchiarsi a pregare davanti alla Kaaba, il cubo senza finestre nel cortile della moschea principale eretto, secondo la leggenda, da Abramo nell'angolo sudorientale, con una pietra nera che il profeta aveva ricevuto dall'arcangelo Gabriele. Lì aveva pregato Richard Francis Burton, divenuto già in India studioso della mistica islamica del sufismo, ora sufi egli stesso, più vicino all'Islam di quanto fosse mai stato al cristianesimo. Pregava in arabo, lingua imparata quando era ancora studente a Oxford, che padroneggiava con disinvoltura come il greco antico e il latino, il francese e l'italiano, l'industani, il gujarati, il maharati, il sindhi e il persiano, le lingue del subcontinente indiano di cui aveva insegnato i fondamenti a Maya nelle lettere di quel periodo. L'arabo tuttavia era quella che lui definiva la sua «lingua materna».

Era la lingua che il professor Reay, titolare della cattedra di arabo, insegnava a Maya due volte alla settimana a Black Hall. Martha Greenwood aveva manifestato le sue perplessità circa l'assurdità di queste lezioni, ma era ammutolita con una smorfia contrariata agli angoli della bocca quando Gerald aveva deciso di esaudire il desiderio della figlia. La bontà di cuore del professor Reay e la sua amicizia nei confronti del collega professor Greenwood erano tali da non sentirsi sminuito per il fatto di insegnare a una ragazza.

Richard... gli occhi le si riempirono di lacrime, che deformarono le lettere sulla pagina, fino ad annebbiarle completamente. Il ricordo di quel giorno d'estate di due anni prima, che poco prima in giardino l'aveva assalita con tanta foga, era di nuovo vivo dentro di lei. E indissolubilmente legato a quello della notte successiva...

La notte estiva si riversava nella stanza attraverso la finestra aperta. Maya era a letto e fissava il buio a stento rischiarato da una falce di luna. Quando il frinire dei grilli s'interruppe per un istante, lasciando il posto a un silenzio quasi fastidioso, risultò tanto più piacevole la ripresa di quella lieve melodia. Sul muro di cinta il profumo di miele e vaniglia sparso dai fiori bianchi del caprifoglio si mescolava all'odore delle pietre che rilasciavano nell'aria di seta il calore accumulato durante il giorno.

Grande era stata la gioia dei Greenwood quando Richard aveva fatto il suo ingresso in casa a fianco di Maya, e da allora non avevano più avuto un istante per stare da soli. Durante la cena Maya non aveva quasi osato alzare lo sguardo dal bordo del piatto, giocherellando con i bocconi di agnello con salsa di menta. Temeva che sua madre oppure Angelina potessero leggerle negli occhi ciò che era accaduto in giardino. Quasi che i baci di Richard – quei baci rubati, così inappropriati, così fantastici – potessero lasciare tracce visibili. Quando avvertiva lo sguardo di Richard su di sé, di tanto in tanto lanciava un'occhiata da sotto le palpebre socchiuse. Allora veniva invasa da una felicità così intensa che le toglieva quasi il respiro. Aveva ascoltato solo distrattamente i racconti di Richard sull'India, mentre Gerald, Martha e persino Angelina pendevano incantati dalle sue labbra: ai loro occhi lui rappresentava un legame con Jonathan di cui sentivano tutti la mancanza.

Richard aveva raccontato dei pavoni tra i rami delle querce che lanciavano il loro richiamo stridulo al disco rosso del sole al tramonto, seminascosti dietro le volute azzurre di fumo del fuoco del letame che, mescolato all'aroma di spezie e di olio di cocco, creava un odore penetrante ma per niente fastidioso. Aveva descritto il suo bungalow nel reggimento di Baroda, simile a una stalla, aveva narrato del principe di Gaikwar, che era solito intrattenere i soldati della caserma con combattimenti tra due elefanti e una tigre o un bufalo, e aveva raccontato delle battute di caccia a dorso d'elefante. Aveva descritto la fitta giungla impenetrabile delle regioni interne e aveva parlato dei suoi studi sulle lingue, gli usi e i costumi del paese e della sua attività di traduttore, e di come aveva poi affrontato la sua missione di esploratore travestito da mercante iraniano arabo sotto il nome di «Mirza Abdullah», confessando la delusione provata quattro anni prima quando la sua domanda di essere trasferito al fronte nella guerra contro i sikh nel Punjab era stata rifiutata. Infine aveva illustrato le tre opere che aveva compilato dopo il suo ritorno e che stavano per essere date alle stampe: *Goa and the Blue Mountains*, *Scinde or the Unhappy Valley* e un trattato sulle etnie locali. Le ore erano passate in fretta, finché Martha Greenwood aveva spedito a letto le figlie ed entrambe avevano augurato la buonanotte a Richard con una educata riverenza mentre gli uomini si erano trasferiti a gustare un brandy e un sigaro come ai bei vecchi tempi nello studio di Gerald, dove si trovavano ancora.

Dal piano inferiore salì un brusio di voci maschili, e una risata, la risata roca di Richard. Poi dei passi, i passi decisi del padre che salivano la scala, si avvicinavano, per poi allontanarsi lungo il corridoio. La porta della camera da letto dei genitori, dove Martha Greenwood si era ritirata da tempo, si aprì piano e attutì i suoni già lievi dei preparativi di Gerald per la notte.

Maya aveva il cuore in gola, per quanto si sforzasse di tenerlo a bada. Aveva aspettato con ansia quel momento, quando tutti si sarebbero ritirati per la notte e la casa sarebbe stata avvolta dal più completo silenzio. Scese leggera dal letto e scivolò fuori dalla stanza che aveva tutta per sé da quasi un anno.

Per mettere fine ai bisticci tra le due ragazze che oramai si concludevano quotidianamente in lacrime, e per riguardo dei propri nervi, Martha Greenwood aveva deciso di trasferire Angelina nella ex camera degli ospiti all'altra estremità del corridoio. La figlia aveva accettato il cambiamento più che volentieri. La camera era molto più spaziosa e inoltre disponeva di un enorme armadio a muro sufficientemente grande per ospitare il sontuoso guardaroba della giovane. Da parte sua, Maya era ben lieta di poter leggere e scrivere fino a notte fonda a lume di candela senza dover litigare tutte le volte con Angelina che preferiva dormire. Era felice inoltre di non inciampare in continuazione nelle scarpe sparse sul pavimento, né di dover liberare il letto dagli indumenti di Angelina o ripescare i libri sotto una caterva di fermagli per capelli, calze, pettini di tartaruga e orecchini.

Quella notte inoltre Maya era doppiamente riconoscente della nuova sistemazione: in questo modo poteva uscire di nascosto dalla camera senza temere di svegliare inavvertitamente la sorella e dover rispondere a spiacevoli domande.

Rinunciò a infilarsi la vestaglia e scese in silenzio le scale con indosso solo la camicia da notte senza maniche. Si fermò ad ascoltare sul pianerottolo, poi avanzò a tentoni nel corridoio buio, tastando le porte. Si fermò davanti a quella della camera verde, arredata con tende, tappeti e rivestimenti nelle tonalità smeraldo, giada e malachite. Per un attimo Maya rimase con la fronte e le mani appoggiate al legno. Il cuore le batteva forte nel petto, aveva la gola secca e le mani sudate. Raccogliendo tutto il coraggio, ruotò il pomello di metallo e si infilò nella fessura della porta. Solo dopo aver richiuso delicatamente la porta ed essersi appoggiata contro essa, osò dare un'occhiata intorno a sé.

Richard era davanti alla finestra aperta, la camicia slacciata, le bretelle penzoloni. Quando era entrata si era girato verso di lei, guardandola a lungo con un'espressione imperscrutabile negli occhi. Aspettativa, forse, di sicuro anche sorpresa. Abbastanza a lungo perché lei osservasse il fumo del sigaretto che saliva in lente volute, verso la falena che svolazzava davanti alla finestra, indecisa se abbandonarsi alla tentazione rappresentata dal lume acceso sulla scrivania. Abbastanza a lungo perché lo sguardo di Maya si posasse per qualche trepidante battito di cuore sui cuscini e sulle lenzuola ancora intonse, che le apparivano invitanti e minacciose al tempo stesso. Lentamente Richard posò il sigaretto nel portacenere di cristallo appoggiato sul davanzale e andò verso di lei. Per un battito di ciglia Maya provò l'impulso di scappare. Di scappare da ciò che leggeva nello sguardo di Richard e per cui era andata lì: ciò che lui le aveva scritto nelle sue lettere delle cose che accadono tra uomini e donne. Cose che non era concesso sapere alle ragazze perbene dell'età di Maya. Cose che lei aveva letto dapprima incredula e disgustata, poi con crescente curiosità e struggimento.

Non lo fece. Rimase nella stanza dove riecheggiava il frinire di grilli e i colpi sordi delle ali della falena contro il paralume di vetro.

Lui le accarezzò dolcemente le guance con il dorso della mano e Maya fu assalita da un brivido irresistibile. Si sporse in avanti e la baciò. Cauto, le chiese quasi il permesso, e lei glielo accordò con trasporto, come aveva imparato a fare quel pomeriggio in giardino. Sapeva che lui aveva avuto molte donne, in Italia, in Inghilterra, in India, sapeva che Richard non incontrava difficoltà a conquistare i loro cuori e a portarle nel suo letto. I pettegolezzi avevano ali leggere e correvano lontano, e Richard stesso non aveva mai negato le sue avventure. Ma in quel momento lei gli perdonò tutto insieme alle notti trascorse a piangere in silenzio sul cuscino per colpa sua. D'ora in poi lui le sarebbe appartenuto, come aveva saputo fin da bambina. Era tornato, e lei non lo avrebbe lasciato ripartire. Un sorriso le illuminò furtivo il volto quando lui affondò i denti dolcemente nell'incavo del suo collo, le sfiorò la clavicola con le labbra e poi risalì verso la bocca provocandole una serie di ondate di calore in tutto il corpo. «Maya, Majoshka», mormorò contro la sua pelle. I suoi baci si fecero famelici, febbrili, quasi dolorosi e insieme irresistibili. La schiacciò contro la porta con tutto il peso del suo corpo. Il calore della sua mano sembrò fondere la sottile stoffa della camicia da notte quando scese a cingerle la vita, a premerle il bacino contro il proprio. Un anelito sconosciuto si impossessò di Maya, la spinse ad accarezzargli le braccia, forti e muscolose per il regolare esercizio fisico. Tastando alla cieca con gesti impazienti, lei gli tirò un lembo della camicia, gli strappò i bottoni, mentre premeva il volto contro il suo collo poi lo lasciava scivolare nella scollatura della camicia che cingeva il petto possente ricoperto di peli scuri. Richard aveva il respiro corto e Maya inspirò voluttuosamente l'aroma della sua pelle, denso e terroso, che conosceva tanto bene fin dall'infanzia e che oggi assaporava per la prima volta. «No», lo sentì gemere, «no», mentre la allontanava impetuosamente da sé. Lo guardò confusa, mentre lui le prendeva il volto tra le mani e la fissava intensamente negli occhi con l'espressione feroce e spietata di un leopardo preso in trappola.

«No, Maya. Non così. Non qui.» Lo sentiva tremare, era chiaro che lottava con tutte le sue forze contro qualcosa e i suoi occhi neri lampeggiarono. Ma forse fu solo il riverbero della fiamma del lume sulle pareti, che per un attimo balenò tremulo quando le ali della falena presero fuoco crepitando.

«Ma io lo voglio, Richard», replicò lei con voce roca, la bocca secca che anelava a ben altro che acqua. «Lo voglio da tanto tempo! Sono venuta per questo da te.»

Lui curvò un angolo della bocca in una specie di sorriso, un impeto d'ironia. «Sarò anche un poco di buono, ma non sono un mascalzone depravato. Domani voglio poter guardare tuo padre negli occhi come ho sempre fatto. E soprattutto voglio che tu conservi sempre un'opinione rispettabile di me.»

«Nelle tre lettere mi hai scritto che non c'è niente di male a farlo!» Gli strinse i polsi, per un istante incerta anche lei se allontanarlo da sé o trattenerlo. Il sorriso gli illuminò tutto il viso, dandogli un aspetto tenero, quasi vulnerabile. Lui scrollò piano la testa, appoggiò la fronte contro la sua.

«Infatti, Majoshka, non c'è niente di male a farlo. Tuttavia non sarebbe giusto. E poi c'è sempre un dopo. E *dopo* io me ne andrò di nuovo e non voglio lasciarti così.»

«Allora portami con te.» Maya pronunciò quelle parole con un filo di voce, il respiro tremante. Richard l'abbracciò, ma Maya non avvertì alcuna consolazione. Il crepitio della falena che veniva divorata dalla fiamma sembrava essere l'eco di ciò che stava accadendo a lei.

«Non posso e non voglio farlo. Ho in programma un viaggio d'esplorazione in Arabia, e non è un paese per te.»

«Nemmeno come tua, tua...» Non riuscì a pronunciare ad alta voce ciò che da bambina le era risultato così facile dire.

«Non ho mai dimenticato quello che mi dicesti quando ci separammo», mormorò lui contro la sua tempia. «Non lo dimenticherò mai. Ma non posso sposarti, Maya. Non ora. La mia paga è ridicola, e i proventi dei miei viaggi e dei miei studi non sono sufficienti per vivere. Ci vorrà ancora del tempo prima che riesca a crearmi una solida posizione.» Maya cercò di allontanarlo da sé, mentre si preparava a obiettare. Richard la bloccò teneramente, ma con decisione, mentre una lieve risata divertita accompagnava i suoi gesti. «Guai a te se provi a offrirmi la tua dote! Conosco voi Greenwood da abbastanza tempo per sapere che siete agiati ma di sicuro non siete ricchi. Al massimo potresti ricevere lo spillatico. E inoltre», con la barba le solleticò lo zigomo quando glielo baciò, «inoltre sono orgoglioso almeno quanto te. Orgoglioso di ciò e di chi sono, orgoglioso di fare sempre ciò che voglio. Io, che sono più irlandese che inglese e nemmeno quello giusto. Chi vuole fare strada in questa nazione di bottegai deve aver frequentato Eton e Cambridge, deve avere sempre una rete di suoi pari alle spalle e più ci si finge inglesi, meglio è, fino al taglio dei capelli. Quando mio padre decise di non iscrivere mio fratello e me a una scuola inglese, bensì di tornare in Francia con noi, sancì definitivamente il mio destino di emarginato.» Si staccò da lei, le accarezzò dolcemente le guance e il mento. «Ed è proprio questo che ci lega, Majoshka: siamo due navigatori solitari, estranei soprattutto nella nostra patria.»

Lei deglutì ripetutamente, prima di riuscire a pronunciare «allora... che ne sarà di noi?»

«Dobbiamo chinarci al nostro destino. *Kismet*, come dicono gli arabi. Forse potrò chiedere a tuo padre un colloquio a quattr'occhi.» La baciò teneramente sulla fronte, la tenne tra le braccia ancora per un meraviglioso istante troppo breve, poi afferrò la maniglia e la spinse fuori dalla camera. «Adesso torna a dormire. Ci vediamo domani.»

Quando la porta si fu richiusa, Maya rimase per qualche istante immobile prima di tornare di sopra come un automa e coricarsi nel letto che nonostante il tepore della notte le sembrò freddo e vuoto. La rabbia, l'ansia e un desiderio inestinguibile la tennero sveglia, finché cominciò a consolarsi con il pensiero che alla luce del giorno tutto sarebbe stato diverso, più positivo e meno minaccioso. Non succedeva forse sempre? *Lui troverà una soluzione*, si disse per farsi coraggio, man mano che il corpo e lo spirito venivano sopraffatti dalla stanchezza. *Parlerà con mio padre, tutto si sistemerà, domani...*

Ma quando scese a far colazione dopo essersi vestita, Richard se n'era andato. Aveva lasciato la casa alle prime luci del giorno, senza salutare nessuno dei membri della famiglia. *Come un ladro*, avrebbe pensato Maya in seguito.

Trascorsero mesi prima che lui tornasse a scriverle con la familiare tenerezza di un tempo. E in nessuna delle sue lettere accennò agli avvenimenti di quella notte né alla possibilità di matrimonio.

Maya trasalì sentendo un rumore di passi. Dal loro suono strascicato e leggermente irregolare comprese che doveva trattarsi sicuramente del professor Reay, venuto a prenderla. Si strofinò precipitosamente le guance bagnate con il dorso delle mani e richiuse il libro, accingendosi a metterlo al suo posto. Ma poi esitò. Un secondo, due. Con gesti veloci spostò gli altri volumi per riempire e livellare il vuoto, si strinse il libro al petto e lo coprì con i lembi dello scialle. Con le braccia strette al corpo, si voltò e andò incontro al bibliotecario.

4

Maya socchiuse da fuori la porta del giardino e infilò dentro casa il naso arrossato dal freddo. L'ingresso era in penombra. Dalla cucina le giungevano le voci allegre di Hazel e Rose, la domestica. Il tintinnare di pentole, bicchieri, posate e stoviglie, un lieve profumo di erbe aromatiche e rosmarino lasciavano intuire che le due donne erano impegnate a preparare la cena, come accadeva ogni sera. Altre voci ovattate giungevano dal piano superiore, interrotte dalla risata argentina di Angelina. Maya tirò un sospiro di sollievo. Evidentemente la sua assenza durante il pomeriggio non aveva suscitato grande scalpore. Entrò rapidamente in casa, richiuse la porta senza far rumore e rimase in ascolto nell'ingresso buio, decisa a salire in camera sua senza farsi vedere. Aveva appena raggiunto le scale, quando alle sue spalle qualcuno diede un colpo di tosse esagerato. Maya si bloccò paralizzata. Alzò le spalle, socchiuse gli occhi e si girò lentamente.

«Jonathan!» Lanciando un grido di gioia, corse verso il fratello che stava appoggiato allo stipite del salone, sbarbato e ripulito, una gamba rivestita da lunghi calzoni grigi accavallata sull'altra, le mani infilate nelle tasche. Il sorriso furbo che gli curvava gli angoli della bocca, accentuando le sue fossette, lo faceva apparire identico a quando era partito più di tre anni prima e molto più giovane della sua età. La giacca verde grigia cangiante e il panciotto nero, la cravatta verde chiaro annodata a formare pieghe generose intorno al colletto rigido della camicia lo facevano somigliare a uno scolaretto travestito per una prova da gentiluomo.

Maya spalancò le braccia impulsivamente per gettargliele al collo e il libro preso in biblioteca scivolò con un tonfo per terra. Lei arrossì istantaneamente e si affrettò a chinarsi per raccoglierlo, ma Jonathan la precedette. «Che cosa legge la mia adorata sorellina per istruirsi?»

«Dammelo», reclamò Maya in tono più stizzito del voluto, allungando la mano verso il libro. Jonathan, però, si elevò in tutta la sua statura e tenne il libro in alto con il braccio teso, mentre Maya saltellava intorno a lui e poi si appendeva con tutto il proprio peso al suo braccio, un po' ridendo, un po' adirata. «Dammelo, è mio!» Jonathan cinse la sorella in vita con l'altro braccio, per tenerla ferma. Con finta severità corrugò la fronte e infilò il pollice sotto l'angolo della copertina del libro, per aprirlo. Alla vista del timbro sul frontespizio, che identificava il libro come «Proprietà della Bodleian Library, Oxford», fischiò piano tra i denti. «Il fratello maggiore non fa in tempo a restare lontano per un po', che la sorellina soggiace al crimine, diventando una ladra e una bugiarda.» Schioccò la lingua e scrollò la testa rattristato.

«Lo restituirò», ribatté Maya sprezzante, senza tuttavia risultare convincente né riuscire a trattenere un sorriso. Quando il fratello ridacchiò incredulo, lei gli diede un pugno scherzoso tra le costole. «Devi smetterla una buona volta di farmi sempre arrabbiare!»

Jonathan lanciò un gemito e si contorse per dei dolori immaginari. «Un uomo si dibatte per anni al servizio della patria, lontano da casa e dalla famiglia, e cosa ottiene in cambio? Invece di un'affettuosa accoglienza, soltanto delle botte!»

Una risata fremette dietro le costole di Maya, sgorgò inarrestabile e alla fine lei si ritrovò a ridere spensierata come non le capitava da tanto tempo. Si strinse a Jonathan con tutte le forze. «Sono tanto contenta che tu sia tornato», mormorò lieta poggiando le labbra sulla sua giacca, che conservava traccia della sua acqua di colonia. Jonathan ricambiò l'abbraccio con altrettanto ardore.

«Anch'io sono contento di essere tornato», le mormorò tra i capelli arricciati dall'umidità della neve. «Addirittura con due giorni di anticipo», la informò sollevandola tra le braccia e facendola roteare sospesa, mentre lei lanciava gridolini di sorpresa, «grazie ai venti favorevoli e a un solerte motore a vapore!» La depose a terra dolcemente e le mise il libro sotto il naso. «Tieni. Porta al sicuro il tuo bottino, prima che la mamma se ne accorga.»

Maya si morse tesa il labbro inferiore, mentre guardava il libro che teneva tra le mani. «È ancora molto arrabbiata? Oggi pomeriggio in effetti abbiamo...»

Lui increspò gli angoli della bocca. «Ho già saputo. In realtà è stata la prima cosa che la nostra boccoli d'oro mi ha raccontato.»

«Lina deve sempre rovinare tutto», sbuffò Maya.

«Su, non prendertela», Jonathan le accarezzò un braccio per consolarla, «sai com'è fatta. Angelina è contenta solo quando ha qualcosa da spiattellare. Prima o poi tanto l'avrei saputo lo stesso. Comunque non preoccuparti: la mamma è fuori di sé dalla gioia per il mio ritorno, e si è buttata anima e corpo nei preparativi. Con il mio arrivo anticipato le ho involontariamente fatto dimenticare il vostro litigio. E», si chinò su di lei, «cercherò di convincerla a farti tenere le lettere.» Le strizzò l'occhio e le diede un buffetto amichevole. «Vedi di salire in camera tua, tra un paio d'ore si cena.»

Maya esitò. Da come reggeva il libro e ne accarezzava il dorso, Jonathan intuì i suoi pensieri e scoppiò a ridere. «Vai pure tranquilla! Ho tutte le intenzioni di fermarmi a Oxford per un bel po'.» Le diede un pizzicotto affettuoso sulla guancia. «Non c'è bisogno che tu trascorra ogni ora con me. So quanto ci tieni ai tuoi libri. Avremo tempo a sufficienza da passare insieme.»

«Grazie», bisbigliò Maya con un lampo negli occhi poi, dopo avergli lanciato un altro bacio, salì le scale a cuor leggero.

Solo quando la sorella se ne fu andata, Jonathan si accorse di essersi dimenticato di accennare all'ospite giunto insieme a lui. Con una scrollata di spalle liquidò la dimenticanza, dicendosi che Maya avrebbe comunque conosciuto Ralph a cena. Tornò rilassato nel salotto, per aspettare l'arrivo dell'amico.

«Sono irrimediabilmente innamorata!» Pochi istanti dopo Angelina si appoggiò con la schiena contro la porta tra sospiri straziati.

«Che bello. Di chi si tratta questa settimana?» Maya ormai aveva smesso di arrabbiarsi quando Angelina, senza bussare, entrava e usciva a suo piacimento dalla camera, come se fosse ancora la sua.

«Puoi risparmiarti quel tono ironico. Questa volta è una cosa seria!»

«Hmm», sbuffò Maya intingendo la penna nel calamaio per scrivere su un foglio le due parole che aveva appena faticosamente decifrato dall'arabo e tradotto in inglese. Lanciò un'occhiata alla piccola sveglia d'argento appoggiata sullo scrittoio sotto l'alone della lampada. Aveva ancora un po' di tempo a disposizione prima di cena per tradurre qualche verso. «Come si chiama il fortunato mortale?»

«Ralph», annunciò Angelina con trasporto. «Ralph Garrett.» Seguì un altro sospiro, mentre si staccava dalla porta e saltellava a passo di danza fino al letto di Maya. Aveva intenzione di gettarvisi lunga distesa in un gesto teatrale da attrice consumata, ma per paura che il vestito di seta azzurro potesse stropicciarsi ci ripensò e si spostò alle spalle di Maya, andandosi a collocare con posa decorativa accanto alla finestra.

«Come?» La domanda di Maya fu automatica, mentre era concentrata sul verso seguente che non aveva alcun senso per lei. L'arabo le sembrava un labirinto pieno di vicoli ciechi e doppi significati. Ogni parola era simile a un talismano, che risvegliava gli spiriti dell'intera famiglia semantica da cui derivava. Più un gesto simbolico che un enunciato univoco. Sempre e soltanto una minuscola finestra, che concedeva solo uno sguardo nella selva fitta e scura della polisemia nascosta dietro i versi scritti.

«Ralph Garrett», ripeté Angelina con misurata lentezza e

scandendo le sillabe come se la sorella fosse dura d'orecchio o di comprendonio. «L'amico di Jojo! L'ha conosciuto durante la traversata e lo ha invitato a passare la notte qui, perché oggi non partono più treni per il Gloucestershire. Quando si sono presentati qui avevano un aspetto orribile entrambi, e puzzavano pure, blah! Sembrava che avessero raccolto su di loro tutta la sporcizia dell'India.»

«Hmm.» Maya si mordicchiò l'unghia del pollice, la fronte aggrottata per lo sforzo di concentrazione.

«Ma poi», riprese Angelina, interrompendosi per fare un risolino simile a una serie di singhiozzi di tonalità sempre più alta, «ma poi ho visto Ralph che usciva dal bagno. Proprio nel momento esatto in cui salivo di sopra per prepararmi per la cena.» Trattenne il fiato e abbassò la voce a un sussurro complice. «Indossava solo i calzoni e un asciugamano sulle spalle! Nient'altro!» Lanciò a Maya un'occhiata carica di aspettativa. Il volto della sorella si illuminò all'istante, quando riconobbe la successione di ghirigori, ne comprese il significato e fece scivolare alacremente la penna sulla carta. Delusa dalla scarsa partecipazione che Maya dimostrava nei confronti del suo scandaloso incontro con l'ospite di famiglia, Angelina aumentò ulteriormente il ritmo delle proprie chiacchiere. «Ha un aspetto fantastico! Sembra la statua di un dio greco, con la pelle di alabastro. Di sicuro sa baciare meravigliosamente, con *quella* bocca!» aggiunse audace e con un nuovo risolino nervoso. Maya alzò impercettibilmente gli occhi al cielo, poi continuò a scrivere imperturbata. «Mi ha rivolto un sorriso e un saluto militare per scherzo. Secondo me però si sentiva un po' a disagio! Ci credo, presentarsi a quel modo a una giovane e graziosa fanciulla di buona famiglia...» Angelina si riassettò le pieghe dell'abito con fare pedante. «Stando alle informazioni che sono riuscita a carpire a Jojo, deve trattarsi di un ottimo partito. E non è fidanzato! È semplicemente quello giusto, l'ho subito...»

Lo sguardo di Maya si posò sulla mano sinistra che, come d'abitudine quando scriveva, teneva posata in grembo, con il palmo verso l'alto e le dita leggermente piegate, come se custodissero un prezioso tesoro. I solchi e le sottili linee sulla pelle erano incise con grande nitore. Tutte le volte che le guardava, Maya non poteva fare a meno di ravvisare nel loro disegno una lettera, spigolosa come una runa, che tanto tempo prima una zingara le aveva mostrato. Era stato nell'autunno in cui Maya aveva otto anni...

Era una di quelle giornate in cui sembrava impossibile che l'estate fosse finita. L'aria era ancora tiepida, vibrante dell'oro dei raggi del sole che infiammava le foglie sugli alberi. Richard l'aveva attirata dalla sicurezza del giardino recintato di Black Hall verso una irresistibile avventura. Si erano diretti fuori città, verso sud-est, attraversando un ponte sul luccicante Isis, in direzione della foresta di Bagley. Lei procedeva un po' tenendolo per mano, un po' cavalcando sulle sue spalle tra gridolini di gioia. La luce del sole filtrava tra le fronde, si raccoglieva nelle pozzanghere sul terreno fangoso e faceva luccicare le felci di un verde intenso.

«Ma dove stiamo andando?» domandò Maya per l'ennesima volta, strattonando impaziente la mano di Richard.

«È una sorpresa», gli rispondeva lui tutte le volte con una risata. Maya sporse il labbro inferiore, imbronciata, ma subito dopo spalancò la bocca stupita ed esaltata. Gli alberi e i cespugli all'improvviso si aprirono su un prato incolto e costellato di fiori circondato da una cortina fiammeggiante di rosso carminio e giallo oro. Una manciata di carri chiusi si era radunata in cerchio sull'erba, le pareti e i davanzali dipinti con colori vivaci. I cavalli erano riuniti da una parte e pascolavano placidi. Una schiera di donne dalle vesti variopinte era seduta intorno a un treppiede metallico dal quale pendeva un paiolo sul fuoco. Le donne chiacchieravano e ridevano. Si voltarono alla vista dei due nuovi venuti e cominciarono a salutarli già da lontano con grida e battute di spirito, in parte in una lingua che Maya non comprendeva, diversamente da Richard che rispondeva in maniera simile. Sembrava che fosse conosciuto e ben visto e gli sguardi che alcune di loro gli gettavano non piacquero affatto a Maya che provò una fitta al cuore.

«Selina!» Al grido di Richard una delle donne si alzò dal tronco su cui stava seduta. Piena di meraviglia, Maya ammirò le sue ampie gonne e la camicia dalla profonda scollatura di velluto e raso scintillanti, in nero, turchese e verde. Non sfuggirono al suo sguardo neppure le catene d'oro che aveva intorno al collo, i bracciali che le ornavano i polsi, i pesanti orecchini sotto il turbante di seta rosso dal quale spuntava impertinente qualche ciocca di capelli neri. La donna si appoggiò le mani sui larghi fianchi, raddrizzò le spalle sollevando il seno e alzò il mento con aria superba. «Ma guarda! Il vecchio farabutto è tornato a trovarci!» I suoi occhi neri diventarono due fessure nel volto abbronzato, così scuro che a paragone Maya sembrava quasi pallida. Maya lanciò un'occhiata di sottecchi a Richard, che sembrava non essersela presa per quelle parole sarcastiche. Al contrario: le sue labbra sotto la barba ebbero un guizzo divertito e i suoi occhi lampeggiarono. Con profondo turbamento, Maya si accorse che Richard sembrava far parte di questo gruppo di zingari, quasi avesse il loro stesso sangue. Nei pochi istanti dal loro arrivo, qualcosa era cambiato in lui, sembrava che si sentisse più a proprio agio, in pace con se stesso, molto più che durante le ore che trascorreva con lei. Provò una fitta di dolore e non solo per questo. Intuiva infatti che c'era qualcosa tra Richard e Selina, un legame intenso, tangibile, quasi palpabile, un segreto condiviso da entrambi dal quale lei era esclusa. Stava per voltarsi e andarsene senza aprire bocca, quando Richard la prese per le spalle e la sospinse dolcemente davanti a sé. «Vorresti leggere la mano alla mia piccola amica?»

Maya sentì lo sguardo penetrante di Selina posarsi su di lei e alla sua gelosia si mescolò l'orgoglio di essere stata portata lì da Richard, di essere stata presentata con quelle parole. Sostenne l'occhiata di Selina con arroganza e temerarietà. La donna gettò la testa all'indietro e scoppiò in una risata fragorosa. «Ma tu guarda, Dick: si capisce che vorrebbe strapparmi gli occhi all'istante!» Senza smettere di ridere, tornò a sedersi a gambe larghe sul tronco e fece cenno a Maya di avvicinarsi. «Vieni qui, piccola.»

Ricevuta una spinta di incoraggiamento da Richard, Maya si mise in movimento, in parte contrariata, in parte piena di curiosità e ammirazione. La zingara protese le mani e Maya vi posò con esitazione prima l'una e poi l'altra delle sue. Suo malgrado, il calore dei palmi di Selina e i polpastrelli che le accarezzavano dolcemente le linee della mano destarono in lei un senso di fiducia verso la sconosciuta. Selina aveva un odore intenso, speziato, che Maya non conosceva, ma che era tutt'altro che sgradevole. Scorgendo le prime rughe sotto i suoi occhi, Maya si accorse che non era più giovane.

Gli occhi di Selina si posarono concentrati sui palmi delle mani di Maya e la ragazza si sentì fremere di aspettativa per ciò che la zingara vi avrebbe trovato: del bene o del male?

«Vedo alte mura che tuttavia possono essere superate. Un vasto cielo che diventa un peso. Molta nostalgia e ardue prove lungo il cammino. Ma non temere: le supererai tutte, perché la vita ti ha dato tutto ciò di cui hai bisogno.» Si bloccò, piegò la mano di Maya di qualche grado, poi sorrise compiaciuta. «Vedi questa?» Richiuse leggermente la mano di Maya e con la punta del dito tracciò tre linee che si toccavano, poi abbassò la voce a un sussurro che Maya stentò a comprendere. «Vedi questa? La lettera R? Sarà il tuo destino. Ti condurrà verso lidi lontani e ti porterà il vero amore.» Fissò Maya negli occhi con sguardo penetrante. «Ma non permettere mai a nessuno di spezzarti il cuore.» Scostando impercettibilmente il capo, sfiorò con lo sguardo Richard e un lieve sorriso le incurvò gli angoli della bocca. «Specialmente non a uno come quello là.» Un calore sembrò sprigionarsi nei suoi occhi quando accarezzò Maya dapprima sulla guancia, poi sulla fronte, come in una benedizione. «Abbi coraggio, qualunque cosa accada: gli dei sono con te.» Si alzò con un sospiro e fece un gesto di diniego quando Richard fece per metterle in mano dei soldi. «Lascia stare, Dick. L'ho fatto volentieri per la piccola.»

Sulla via del ritorno toccò a Richard chiedere a Maya che cosa avesse letto Selina sulla sua mano. Ma Maya continuò a scrollare la testa, testarda e muta. Ciò che le aveva detto la zingara apparteneva a lei soltanto. E per tutta la strada, per il resto della giornata fino all'ora di andare a letto, aveva tenuto la mano sinistra leggermente socchiusa, come se ciò che Selina vi aveva letto dentro potesse sfuggirle.

«Non mi stai nemmeno ascoltando!» Stizzita e per nulla femminile, Angelina batté un piede per terra. Maya chiuse gli occhi un paio di volte, confusa, arrossì quando si rese conto di aver chiuso a pugno la mano sinistra ed essersela portata al cuore. Aprì le dita di nascosto e fece scivolare la mano tra le pieghe dell'abito.

«Scusami», mormorò a disagio, «stavo...»

«Ma dove sei sempre con la testa?» Angelina scrollò il capo, rassegnata, poi si tastò immediatamente l'acconciatura con la punta delle dita, per accertarsi che quel movimento non avesse sciolto nessuna forcina dai capelli spartiti con cura e raccolti sulla nuca. «Davvero, Maya, dovresti crescere oramai, e smetterla di abbandonarti a infantili sogni a occhi aperti. Non troverai mai un marito così! Che cosa ne sarà di te, eh? Vuoi restare per tutta la vita qui a Black Hall con *mama* e *papa*?» Pronunciò le ultime due parole con l'accento sull'ultima sillaba, allungando la «a» perché lo trovava molto raffinato.

«Non importa», mormorò Maya, che non aveva nessuna inclinazione ad approfondire l'argomento. Posò la penna e si accinse ad alzarsi. «Andiamo di sotto.»

«Vestita così?» Angelina fissò la sorella con occhi sgranati.

«Sì, perché no?» Maya si guardò stupita, diede un'alzata di spalle, poi scrollò l'orlo dell'abito blu scuro per togliere la polvere e si bagnò due dita con la saliva per eliminare il segno della neve dalla punta degli stivali. Accortasi di avere una macchia d'inchiostro sul polsino bianco della manica destra, si limitò a rigirarlo. Angelina la raggiunse con due balzi, si inginocchiò senza badare al proprio abito e prese le mani di Maya nelle proprie, scrollandole leggermente per dare più enfasi allo sguardo penetrante che rivolse alla sorella. «Non ti ho mai chiesto niente, Maya.» Questa era indubbiamente la verità, pensò Maya in un impeto di amarezza: Angelina si era sempre presa tutto ciò che voleva, fermamente convinta che tutto le fosse dovuto per nascita. «Stasera però devi fare una buona impressione! Ralph appartiene a una famiglia aristocratica; ci osserverà tutti con attenzione, prima di prendermi anche solo lontanamente in considerazione.»

Maya aggrottò la fronte. «Non lo conosci ancora, e neppure lui conosce te!»

«Non ha importanza», ribatté Angelina convinta. «Maya, se rovinerai le mie possibilità con quest'uomo, ti assicuro», fece una pausa a effetto e concluse, «ti assicuro che non te lo perdonerò per tutta la vita.»

Maya non rimase particolarmente impressionata da questa minaccia, ma sapeva che Angelina non le avrebbe dato pace sino a che lei non si fosse cambiata. E se la felicità della sorella dipendeva veramente da questo, poteva benissimo permettersi di farle un piccolo favore.

«Che cosa devo...» ribatté perplessa, trovandosi impacciata e ridicola.

«Troveremo qualcosa di adatto, non preoccuparti.» Angelina le diede una pacca di incoraggiamento sulle ginocchia e si alzò. Lanciò un'occhiata all'orologio, poi scostò con la punta delle dita una ciocca di capelli dal viso di Maya e la osservò con occhio critico. «Non abbiamo più molto tempo, per ottenere un risultato decente», sospirò. «Ma mi farò venire in mente qualcosa.»

5

«Così può andare.» Sul viso di Angelina comparve un'espressione di estrema soddisfazione per l'opera svolta, mentre Maya si guardava incerta, ma niente affatto dispiaciuta, nello specchio a figura intera in camera della sorella.

Era la prima volta che indossava l'abito color cognac di taffettà fattole cucire da sua madre l'inverno precedente. Le era sempre sembrato un peccato metterlo perché temeva di sporcarlo di vino o di salsa al cioccolato in occasione delle tanto odiate serate mondane alle quali sua madre la costringeva a partecipare. Il corpetto a punta si inseriva in un'ampia gonna sostenuta da numerose sottogonne. Cinque strati sovrapposti di tulle marrone sulla scollatura lasciavano scoperte le spalle, nascondevano le corte maniche e si ripetevano sull'orlo della gonna. Un grande ciondolo con un cammeo di corniola marroncino intorno al collo e un braccialetto di colore abbinato completavano l'insieme. Maya inclinò lentamente il capo e si girò a destra e a sinistra. «Grazie», mormorò felice.

Non c'era stato tempo di usare la piastra per domare i riccioli ribelli di Maya in un'acconciatura elaborata come quella della sorella. Angelina allora aveva optato per spazzolare e pettinare senza pietà la massa indisciplinata, procedimento che Maya aveva sopportato stringendo i denti, poi li aveva lucidati con olio per capelli, divisi con una severa riga laterale e raccolti in uno chignon piatto sulla nuca, usando così tante forcine appuntite che alla fine Maya aveva la sensazione di essere simile al cuscino da cucito di sua madre. «Un'acconciatura più adatta a una dama anziana, ma sicuramente *à la mode*», commentò Angelina con aria professionale. Maya si piaceva con quella severa acconciatura che faceva sembrare più grandi i suoi occhi e metteva in risalto il limpido profilo classico e le labbra piene naturalmente rosse. I colori dell'abito conferivano un certo pallore al suo incarnato, ma neanche lontanamente sufficiente a competere con quello di Angelina. In compenso però la sua pelle era soffusa da un alone dorato. Aveva un aspetto diverso, misterioso, sembrava una spagnola. *Oppure una zingara...* per un istante fu assalita dall'ardente desiderio che Richard potesse vederla così, e non furono le stecche di balena del corsetto a darle improvvisamente una sensazione di soffocamento.

«Signore!» Le chiamò dal basso la voce baritonale di Gerald Greenwood. Maya stava per correre giù dalle scale, ma Angelina la trattenne. «Non così di fretta! Bisogna far aspettare gli uomini. Solo così imparano ad apprezzare la nostra compagnia.» Con la massima calma Angelina si lisciò un'ultima volta le sopracciglia davanti allo specchio, sollevò un volant qui, lisciò una piega là, si morse le labbra per dare loro colorito, si pizzicò le guance allo stesso scopo. Infine increspò la bocca in un broncio lezioso e si rimirò da tutti i lati. Ancora una volta Maya si chiese come fosse possibile che loro due, figlie degli stessi genitori e cresciute insieme, potessero essere tanto diverse. «E ti prego di non prendere quell'aria da intellettuale saccente», le disse Angelina con enfasi, «perché non sta bene. Ora credo che siamo pronte a scendere.»

Tenendosi per mano, l'altra impegnata a sollevare la gonna, scesero la scala in un raro momento di armonia. Come capitava quand'erano piccole la mattina di Natale, che si drizzavano a sedere sul letto e si mormoravano per rassicurarsi a vicenda, «ora, ora di sicuro!» Babbo Natale doveva già essere passato, finché non resistevano più e saltellavano scalze giù dalle scale, ridendo e tenendosi per le manine paffute, per controllare e gettarsi sui regali.

«Stai dritta», le sibilò Angelina sul terzo gradino, già illuminato dal lampadario dell'ingresso.

«È una parola, visto come mi hai stretto i lacci del corsetto», rispose Maya stizzita.

Dopo un altro gradino, Angelina si lasciò sfuggire un grido contrariato. «Oh no, papà gli sta mostrando i suoi terribili cocci vecchi! Che disdetta!»

Gerald Greenwood era in effetti in piedi di fronte alla alta e stretta vetrina sistemata contro la parete tra la porta della sala da pranzo e quella del salotto. Con indosso il suo abito buono, gesticolava animatamente illustrando la provenienza, l'età, la paternità e lo scopo degli antichi reperti. Come ben sapeva Maya, lo faceva con descrizioni vivaci ed esempi calzanti, inframmezzando le spiegazioni di aneddoti umoristici. Si sentì invadere da un'ondata di tenerezza nei confronti del padre. Jonathan era appoggiato con disinvoltura allo stipite sull'altro lato e girava assorto il liquido color cannella che aveva nel basso calice cilindrico, mentre guardava Gerald con un misto di benevola condiscendenza e sincero interesse, quasi non avesse già sentito quelle storie almeno dozzine di volte nel corso della vita. L'ospite, che aveva suscitato tanto entusiasmo nella sorella, voltava le spalle a Maya: aveva capelli chiari pettinati all'indietro, portamento eretto, senza tuttavia risultare rigidamente militare, e mostrava di essere sinceramente coinvolto dalle spiegazioni del padrone di casa. Aveva spalle larghe e indossava una casacca militare color cachi, pantaloni lunghi e aderenti dello stesso colore con una banda rosso scuro sulle cuciture. Teneva il braccio sinistro ripiegato sulla schiena e la mano leggermente abbronzata, forte e vigorosa, spuntava dal polsino della giacca bordato di rosso scuro come il colletto rigido e decorato da un cordoncino dorato che formava un nodo elaborato. *Com'è scialbo*, pensò Maya delusa, quando Angelina le strinse più forte la mano con la propria sudata per l'esaltazione.

Fu Jonathan il primo ad accorgersi del loro arrivo e un lampo di gioia gli illuminò il viso. Si staccò dalla parete e alzò il bicchiere verso di loro. «Finalmente, graziose fanciulle, ci fate l'onore!»

«Siete davvero splendide!» si complimentò Gerald Greenwood, visibilmente orgoglioso delle due figlie. L'affetto gli illuminò gli occhi nocciola e diede un aspetto giovanile al suo viso, nonostante i capelli e la barba brizzolati. Anche Ralph Garrett si voltò, bloccandosi a mezz'aria con il bicchiere che stava per portarsi alla bocca.

Maya rimase paralizzata. Tutto a un tratto comprendeva l'entusiasmo della sorella per l'amico del fratello. Il creatore era stato particolarmente generoso con Ralph Garrett: aveva lineamenti delicati e armoniosi, ma senza risultare troppo morbidi o femminili. Nonostante l'aspetto piacevole per l'occhio, Ralph Garrett non era quel tipo di bellezza di cui ci si dimentica facilmente. Emanava una particolare luce dorata e una serena serietà che si accompagnavano a una gioia di vivere solare e compiaciuta, in tutto e per tutto l'esatto contrario di Richard Francis Burton. Maya non si accorse quasi delle parole che la sorella le sibilò imperiosa, né delle unghie che le conficcò nel palmo della mano prima di lasciarla con una scrollata di spalle e scendere compunta da sola gli ultimi gradini. Ralph Garrett abbassò lentamente il bicchiere, senza distogliere gli occhi grigi da quelli scuri di Maya. Sul suo volto la sorpresa lasciò il posto alla curiosità e infine a una gioiosa aspettativa, mentre le sue labbra si schiudevano in un sorriso prudente.

Maya allungò la mano verso la balaustra della scala, convinta che sarebbe scivolata per colpa delle scarpine da sera di stoffa con le suole lisce. Tuttavia non riusciva a distogliere lo sguardo neppure per un secondo da Ralph Garrett. Tanto maggiore fu quindi il suo sollievo quando Jonathan le andò incontro in fondo alla scala, le cinse le spalle con un braccio e la strinse a sé.

«Ralph, ti presento l'altra mia sorella, Maya. Non è solo graziosa, ma ha anche una testa straordinariamente intelligente.» Le stampò spensierato un bacio sulla tempia, poi indicò Ralph con il bicchiere. «Maya, questo è Ralph Garrett, che mi ha intrattenuto in maniera quanto mai piacevole durante il viaggio di ritorno.»

«Il piacere è stato reciproco», osservò Ralph ridendo, poi spostò il bicchiere nella mano sinistra e prese quella di Maya che lei gli porse con un inchino appena accennato. Aveva una voce piacevole, profonda, morbida e calda quanto la sua risata.

Sembrava impossibile che la usasse per impartire ordini militari durante le esercitazioni, si disse Maya. «Sono molto lieto di conoscervi, Miss Greenwood», le disse chinandosi sulla sua mano.

«Piacere», mormorò Maya impacciata, assalita da una sensazione di caldo e di freddo a quel contatto.

Proprio in quel momento Martha Greenwood apparve stringendosi le mani trepidante, dopo aver completato gli ultimi ritocchi all'apparecchiatura e agli addobbi floreali. «Venite, miei cari? È tutto pronto!» Le guance arrossate e la luce nei suoi occhi tradivano la sua gioiosa aspettativa. Maya alzò di scatto le sopracciglia notando che sua madre indossava il suo costoso abito di seta blu e gli orecchini di brillanti ricevuti in eredità dalla madre di Gerald. Evidentemente la presenza di Ralph Garrett per lei andava celebrata quasi come una visita regale...

«Posso accompagnarvi a tavola, Miss Greenwood?» Inchinandosi nuovamente, Ralph Garrett le porse il braccio. Se gli sguardi avessero potuto incenerire, in quel momento Maya sarebbe morta sotto gli occhi della sorella che, con evidente stizza, si accontentò del braccio di Jonathan e si incamminò svogliata sulla passatoia rossa.

«...Montpellier House, a pochi chilometri da Cheltenham, e poco distante dal paese omonimo, che appartiene alla mia famiglia», rispose Ralph alla domanda della padrona di casa davanti a una scodella di brodo di coda di manzo.

«Voi siete proprietari di un *paese*?» Angelina, seduta alla destra di Ralph, sgranò gli occhi incredula e ammirata.

«Non proprio, Miss Angelina», si premurò di specificare l'ospite. «Una parte del terreno, e comunque non appartiene a *me* direttamente, bensì a mio fratello maggiore Thomas, che ha assunto titolo e proprietà alla morte di mio padre. Io manco da casa da cinque anni, di sicuro sono cambiate molte cose nel frattempo. Avrò modo di incontrare per la prima volta la moglie di mio fratello e di conoscere il mio nipotino.»

«Oh, allora di sicuro sarete abituato a un ambiente ben più

raffinato rispetto alla nostra umile dimora», osservò Martha Greenwood dall'altro capo del tavolo con un sorriso nervoso.

«Niente affatto, madame, è solo un'impressione. Ciò che ho visto finora di Black Hall mi è piaciuto molto. E apprezzo in particolare l'approccio meno... hm... *formale* rispetto a casa nostra.» Queste parole furono accolte evidentemente come un complimento di dubbio valore, a giudicare dal modo piccato con cui Martha Greenwood inspirò dal naso. Seguì un silenzio teso interrotto solo dal tintinnare delle posate sui piatti. Ralph sembrava estremamente a disagio. E non solo per il passo falso appena commesso. Si capiva che non gradiva essere interrogato con tanta insistenza circa le proprie origini, quasi fosse già considerato un serio pretendente alla mano di Angelina. Maya, seduta alla sua sinistra, provò un impeto di compassione per lui, unito a una sensazione molto piacevole per il fatto che si dimostrasse tanto umile da non vantarsi del proprio titolo e delle ricchezze di famiglia. Gli rivolse un'occhiata incoraggiante alla luce delle candele e Ralph la ricambiò riconoscente.

«Che cosa vi ha spinto a entrare nell'esercito, Mr. Garrett?» domandò Gerald a capotavola, per superare quel momento di impaccio.

«È una tradizione di famiglia», spiegò Ralph mentre Hazel sparecchiava le scodelle del servizio Wedgwood e distribuiva i piatti riscaldati per la portata principale. «Ormai da cinque generazioni almeno un figlio dei Garrett entra nell'esercito. Anche mio zio, fratello di mio padre, ha servito in India. Tuttavia non nascondo che sono attratto dal senso di cameratismo dell'esercito, dalle possibilità di carriera e non da ultimo dalla vita avventurosa», aggiunse con un sorriso impacciato. «Difendere i confini dell'impero britannico nei paesi lontani: è una missione che ha un suo fascino.»

«Ma non è terribilmente pericoloso?» Angelina rivolse un'occhiata adorante al suo vicino di tavolo. Venne portato in tavola un vassoio con un arrosto dal profumo irresistibile insieme a un contorno di cavolo fumante e morbido purè di patate. I commensali si servirono della carne con il suo sugo d'accompagnamento e la speciale salsa di rose a base di latte caldo, burro e dadini di pane condita con cipolle, sale, chiodi di garofano, pepe e alloro. Hazel, con l'abito nero, completo di cuffietta e grembiule bianchi bordati di pizzo, augurò loro «buon appetito» con una riverenza prima di spingere fuori il carrello di servizio.

Ralph si sistemò assorto il tovagliolo che aveva in grembo e rispose, senza rivolgersi a nessuno in particolare: «Sono così tante le cose pericolose... non sogniamo forse tutti di poter diventare eroi in un modo o nell'altro? Magari soltanto per compiere qualcosa di speciale nella nostra vita?» Il suo sguardo incrociò quello di Maya ed entrambi si scambiarono un sorriso, carico di reciproca comprensione. Quando Ralph vide Gerald rivolgergli un gesto invitante con la mano sinistra verso il vassoio del roast beef, si affrettò a servirsi.

«Immagino che mio figlio», Gerald lanciò un'occhiata a Jonathan, seduto all'altro capo del tavolo, mentre in qualità di padrone di casa si assicurava che l'uno dopo l'altro tutti ricevessero la loro porzione di carne ancora rosea all'interno, «vi avrà sicuramente raccontato che la nostra tradizione di famiglia è la professione di medico. Lui tuttavia è il primo che si è lasciato attirare anche dal fascino dell'esercito. Anche se ha sempre dichiarato categoricamente che le sue motivazioni...»

«Per favore, papà!» Jonathan alzò gli occhi al cielo fingendosi irritato. «Non ricominciare!»

«Mio padre, in effetti», si intromise prontamente Maya di fronte all'espressione perplessa di Ralph, mentre passava la ciotola delle verdure a Jonathan e si serviva di una delle salse, «è convinto che per un medico inglese conoscere le malattie tropicali come malaria e dengue...»

«Maya!» l'ammonì Martha scandalizzata. «Non è appropriato! Siamo a tavola!»

«...non sia rilevante», concluse Jonathan con la massima calma, mentre componeva una piramide di broccoli sul proprio piatto con il cucchiaio da portata. «Al contrario io attribuisco un'importanza fondamentale alla conoscenza del *colera* anche per le nostre latitudini. Basti pensare all'epidemia scoppiata qui a Oxford negli anni Quaranta che causò più di sessanta decessi.» Passò la ciotola ad Angelina. A uno sguardo più attento, chiunque avrebbe visto l'occhiata maliziosa che si scambiarono Jonathan e Maya di sottecchi, in apparenza ciascuno concentrato sul proprio piatto.

«Or dunque», esclamò Gerald Greenwood con la mano davanti alla bocca, per nascondere un fremito eloquente delle labbra, posando la sinistra sul braccio della moglie in un gesto conciliante, «siccome i tre anni di leva sono passati, spero che ora Jonathan si cerchi un incarico civile. Mio fratello maggiore è all'ospedale civico e ha intenzione di andare in pensione nei prossimi anni. Uno dei miei cugini ha uno studio molto avviato a Londra.»

«Il mio periodo di ferma non è ufficialmente concluso, papà. Finirà solo al termine della mia licenza tra quattro mesi. Siccome siamo in argomento», Jonathan posò il coltello sul bordo del piatto e tracciò con la punta del dito il motivo ornamentale del suo calice di cristallo con aria assorta, «vorrei, in tutta sincerità, attendere gli sviluppi sulla scena politica mondiale. Se davvero l'Inghilterra dichiarerà guerra alla Russia, vorrei arruolarmi volontario. In tempo di guerra i medici sono figure molto ricercate nei reggimenti.»

Martha Greenwood lasciò andare le posate e guardò il figlioccio con aria preoccupata. «Sei appena tornato a casa, Jonathan. È proprio necessario parlarne oggi...» rivolse un'occhiata al marito, quasi in cerca d'aiuto, e anche Angelina e Maya si scambiarono uno sguardo angosciato.

Gerald Greenwood si schiarì la gola, a disagio, mentre si tamponava la bocca con il tovagliolo. «Da quanto si sente e si legge, sembra che l'entrata in guerra sia proprio ineluttabile.»

La situazione in Oriente era instabile già da molto tempo. «Il malato del Bosforo», come veniva definito l'impero ottomano in Turchia, era stato indebolito da rivolte interne. Lo zar Nicola I di Russia voleva approfittarne per ampliare il proprio dominio in Europa, in particolare per ottenere uno sbocco nei punti strategicamente più importanti del Mediterraneo, ma anche agli stretti del Bosforo e dei Dardanelli. Già in passato lo zar aveva cercato di allearsi con l'Austria e l'Inghilterra per distruggere l'impero ottomano. L'Inghilterra e la Francia, tuttavia, si erano opposte a tale progetto. Da un lato non volevano che le posizioni chiave verso est finissero nelle avide mani della Russia, dall'altro non gradivano l'idea di un vuoto di potere con un enorme potenziale bellico nel caso che l'impero ottomano fosse crollato del tutto.

Lo zar Nicola, tuttavia, non dava tregua. Si era proclamato paladino della liberazione dei popoli slavi ortodossi dal giogo del dominio ottomano. Aveva inviato alla corte di Costantinopoli un suo emissario con richieste esagerate per il sultano. La questione più scottante era in particolare quella di definire quale nazione dovesse essere custode dei luoghi sacri della cristianità a Gerusalemme. Lo zar Nicola rivendicava questa posizione per la Russia e la sua Chiesa ortodossa, ma la Francia cattolica sotto l'imperatore Napoleone III era decisa a non riconoscere tale supremazia. Quando il sultano non accettò l'ultimatum di Nicola, la Russia lo utilizzò come pretesto per un attacco militare. In luglio l'esercito russo aveva invaso i principati danubiani della Moldavia e della Valacchia. E dopo il fallimento di ripetute missioni diplomatiche, in ottobre era arrivata la dichiarazione di guerra ufficiale dell'impero ottomano. Ora la guerra imperversava nei Balcani, e questo impensieriva sia la Francia sia l'Inghilterra.

«Nel giro di cinquant'anni la Russia ha quasi raddoppiato la sua sfera di controllo sul suolo europeo», intervenne Maya, senza farsi intimidire dallo sguardo perentorio di Angelina. «Oramai solo ottocentocinquanta miglia la separano da Vienna, Berlino, Dresda, Monaco e Parigi. Quattrocentocinquanta miglia da Costantinopoli e solo una manciata di miglia da Stoccolma. La distanza dall'India britannica e dalla Persia è di mille miglia.»

«Proprio così, Miss Greenwood.» Ralph le rivolse un cenno affermativo di ammirazione. Tracciò con gli indici punti immaginari sulla tovaglia di damasco bianco. «Un reggimento russo stanziato sulla riva occidentale del mar Caspio si trova più lontano da San Pietroburgo che da Lahore o dal Punjab. E i battaglioni russi ai confini della Persia sono più vicini a Delhi che alla loro base nella capitale.»

«Per fortuna una manciata di stati cuscinetto separano ancora l'India dall'impero degli zar», aggiunse Jonathan, «ma a Westminster si ha la sensazione che qualunque avanzata russa debba dare adito d'ora in poi a fondati timori.»

«*The Great Game*, la grande partita», mormorò Gerald bevendo un sorso di vino e rigirando pensieroso il bicchiere tra le mani prima di posarlo. «Ai confini nordoccidentali dell'India si scontrano gli interessi russi e inglesi. La Russia ambirebbe ad avere un porto libero dai ghiacci nell'oceano Indiano. E l'Inghilterra è l'interlocutore principale dell'impero ottomano per i commerci e naturalmente vuole prima di tutto il controllo delle vie di comunicazione con l'India. Prima ci era indifferente se sulla Hagia Sophia di Costantinopoli sventolava la mezza luna oppure no, adesso non è più così. La via di terra verso l'India segue le antiche rotte carovaniere attraverso le montagne dell'Asia Minore e poi lungo la valle dell'Eufrate. Anche la via più breve di tutte, per nave fino ad Alessandria, da lì lungo la costa occidentale d'Arabia fino al porto di Aden controllato dagli inglesi e poi nell'oceano Indiano, anche questa rotta attraversa in parte territori ottomani. Se la Russia si accaparra queste zone, potrebbe isolare del tutto l'Europa intera dall'Oriente.»

«A tale proposito è stata una mossa molto astuta quella di inviare una flotta britannica nel Bosforo», filosofeggiò Ralph sul suo bicchiere di vino.

«Lo zar evidentemente non ne è rimasto impressionato, altrimenti non avrebbe attaccato con la sua flotta sul mar Nero le navi turche ancorate nel porto di Sinope a fine novembre, distruggendo anche una parte della città», obiettò Maya con enfasi. Subito dopo trasalì quando la punta della scarpa di Angelina la colpì con forza a uno stinco.

«Così pare», concordò Ralph. Un lieve sorriso gli increspò le labbra mentre guardava con insistenza Maya che arrossiva e abbassava precipitosamente il capo. Hazel radunò i piatti vuoti mentre Ralph, appoggiatosi alla spalliera, proseguiva: «Il mio comandante si rammaricherebbe se io dovessi lasciare il corpo per un periodo indeterminato. Ma sono partito con la sua autorizzazione a chiedere il trasferimento a un reggimento destinato al fronte nel caso scoppiasse la guerra».

«Ebbene», sospirò Gerald, «forse non si arriverà a tanto. Non tutte le guerre richiedono necessariamente l'intervento della corona britannica. E, signori miei, per riguardo nei confronti delle dame sedute al nostro tavolo», accarezzò teneramente le dita di Martha di cui aveva colto l'espressione inquieta e poi indignata con la coda dell'occhio, poi rivolse un cenno a Maya e Angelina, «proporrei di proseguire eventualmente questa conversazione più tardi nel mio studio, oppure nel salotto, e dedicarci ora invece ad argomenti più piacevoli. Ah, budino di mandorle!» esclamò alla vista del dessert che Hazel stava servendo, accarezzando soddisfatto la mano della moglie. «Sei stata davvero premurosa a pensarci, amore mio!»

«E *Welsh Rarebits*», aggiunse Martha raggiante indicando i triangolini di pane tostato ricoperti da una glassa di formaggio fuso, latte e birra. «Nel caso preferiste una conclusione più decisa per la cena, Mr. Garrett.»

Ralph inclinò leggermente la testa verso di lei. «Vi ringrazio molto, Mrs. Greenwood. La vostra cena ha incontrato completamente i miei gusti.»

Martha Greenwood si schermì, ma era chiaro che questo complimento l'aveva molto lusingata. «Servire ospiti come voi è un vero piacere. Peccato che dobbiate partire già domani. Così non avrete modo di visitare la nostra bella città.» *Oh, mamma*, sbuffò Maya tra sé di fronte al tono mellifluo della voce di Martha, anche se il cuore le accelerò pieno di speranza.

«Veramente», gli occhi di Ralph si spostarono incerti dalla padrona di casa a Gerald e a Jonathan, poi si posarono su Maya. «Veramente la mia famiglia mi aspetta solo per dopodomani...»

Maya fissò tesa il dessert che non aveva ancora toccato. Strinse a pugno la mano sinistra sotto il tavolo. *Per favore, rimani*, implorò in silenzio.

«Oh, allora dovete rimanere fino ad allora», esultò Angelina. «Sarebbe meraviglioso!»

«Siete il benvenuto, Mr. Garrett», confermò Gerald. «Potete fermarvi tutto il tempo che volete. Voi quattro», con il cucchiaio da dessert indicò uno dopo l'altro i quattro giovani, «potrete trascorrere una bella giornata in città domani.» Lanciò un'occhiata complice alla moglie. «Così la padrona di casa non avrà nessuno tra i piedi durante i preparativi per il Natale.»

Le parole di Gerald furono seguite da un silenzio generale. Durò solo un istante, ma pur sempre troppo lungo per Maya. Alzò la testa e il suo sguardo incrociò quello di Ralph che la fissò intensamente come prima nell'ingresso. E allo stesso modo un sorriso gli illuminò il volto, provocando in Maya un piacevole fremito allo stomaco. «Vi ringrazio. Resto molto volentieri.»

6

«Il primo ministro Lord Aberdeen non sembra entusiasta all'idea di una guerra imminente», riferì Gerald Greenwood osservando assorto il mezzo sigaro acceso che si rigirava tra le dita. Per celebrare la serata aveva rinunciato alla pipa offrendo invece a se stesso e ai due giovani uno dei suoi costosi sigari. «Anche Sua Maestà Vittoria e il principe consorte Alberto si sono dichiarati contrari.»

Era già passata la mezzanotte, le due ragazze si erano ritirate dopo l'ultimo bicchiere di vino da dessert a un cenno imperioso di Martha. Infatti, nonostante le attenzioni che riteneva giusto destinare al loro ospite, egli dopo tutto era arrivato a casa loro come amico del figlio.

Anche la cena era stata un normalissimo pasto familiare e questo giustificava ai suoi occhi il fatto di rispettare scrupolosamente le regole che riguardavano l'andare a letto delle figlie. Gli uomini, accomodatisi in salotto, potevano così fumare e bere indisturbati diversi bicchieri del whisky Bowmore Single Malt invecchiato dodici anni parlando di politica senza temere di offendere i sensibili animi femminili.

«Persino l'editoriale del *Times* è contrario», osservò Ralph sollevando il giornale che stava sfogliando.

«Ah!» esclamò Jonathan accomodandosi meglio sulla poltrona. «Persino *lui*! Pensare che è stato spesso etichettato come 'organo di stampa filo-russo'. Neppure lo zar Nicola evidentemente è troppo entusiasta di una guerra, probabilmente avrebbe preferito annettersi i territori senza troppo scalpore.»

«Finora l'opinione pubblica inglese non sembrava troppo interessata a questa guerra», commentò Gerald a mezza voce. «La nostra economia è in un momento di recessione. A questo va aggiunto l'inverno insolitamente rigido in alcune parti del paese. Soprattutto per quelle regioni che vivono di agricoltura, le conseguenze sono fatali. Sono scoppiati già i primi disordini perché i braccianti sono stati lasciati a casa e hanno dovuto rinunciare anche alla misera paga di nove scellini la settimana. Ma ciononostante, le vivide descrizioni della battaglia di Sinope hanno infiammato gli animi. Ora non si parla d'altro.»

«Non c'è da sorprendersi», osservò Ralph ripiegando il *Times* e posandolo sul tavolino basso accanto a una copia dell'*Oxford Journal*. «La stampa grida a gran voce contro lo zar ed elogia i 'coraggiosi ma deboli turchi'. Sinope si rivelerà forse l'ago della bilancia.»

Gerald soffiò voluttuosamente il fumo del sigaro dalla bocca e guardò Jonathan socchiudendo gli occhi. «Ormai sei adulto e sei sempre stato molto maturo per la tua età, ma preferirei che non chiedessi di arruolarti in caso di guerra. Sarei più tranquillo a saperti con il tuo attuale reggimento nel Bengala piuttosto che al fronte.»

«Senza mancarvi di rispetto, Gerald», Ralph si sporse in avanti, prese il bicchiere e il sigaro che aveva appoggiato a un angolo del portacenere per leggere liberamente il giornale, poi tornò ad appoggiarsi allo schienale della poltrona, «ritengo che il rischio di ammalarsi di febbre nel clima insalubre del Bengala sia ben più elevato che di prendere qualche malattia nel lazzaretto dietro la linea del fronte.»

Jonathan gli lanciò un'occhiata riconoscente e aggiunse asciutto, «il peggio che possa capitarmi sarà di dover procedere con strumenti inadeguati per amputare membra, rimettere a posto budella fuoriuscite e ricucire soldati trapassati dalle pallottole.»

Gerald sorrise sornione. «Parli come tuo nonno. Credo che avesse rimpianto per tutta la vita di non essere mai andato al fronte come medico. Prima era troppo giovane, e poi aveva già famiglia. Ti avrebbe sicuramente appoggiato. A proposito della famiglia, che cosa dirà in proposito la vostra, Ralph?» Rivolse la propria attenzione all'amico del figlio verso il quale aveva provato una simpatia immediata, al punto che subito dopo cena gli aveva proposto di chiamarsi per nome.

Il giovane alzò le spalle con indifferenza. «Mi sono arruolato quando avevo diciott'anni e negli ultimi anni ho servito presso le *Guides* nel territorio di confine nord-occidentale, siamo sempre pronti in caso di guerra. Questo conflitto sempre più probabile contro la Russia non sarà la mia prima esperienza bellica. La mia famiglia rimarrebbe estremamente delusa se non mi arruolarsi. E io stesso mi considererei un misero vigliacco.»

Gerald guardò l'ultimo sorso di whisky che aveva nel bicchiere aggrottando le sopracciglia. «È un modo di pensare che mi è sempre stato estraneo. A me hanno sempre interessato solo le guerre di due o tre millenni fa, per studiare la distribuzione delle forze tra le singole popolazioni. Per analizzare come una civiltà fosse sostituita da un'altra e come le culture si stratificassero e mescolassero. E naturalmente per esaminare le vestigia rimaste dopo il conflitto e studiare quali conseguenze esso avesse avuto su una nazione.» Dopo una breve pausa annunciò: «Bene, per un vecchio signore come me è giunta l'ora di ritirarsi». Posò il bicchiere vuoto e schiacciò il mozzicone nel portacenere. Mentre si alzava, indicò la bottiglia di cristallo tappata e la scatola di legno dei sigari. «Servitevi pure a vostro piacimento, d'accordo? Buonanotte, e domattina dormite fin quando volete.» Jonathan e Ralph, che per educazione si erano alzati a loro volta, gli augurarono la buonanotte con una calda stretta di mano e poi rimasero qualche istante in silenzio dopo che la porta si fu chiusa alle spalle di Gerald.

Jonathan tornò a sedersi comodamente in poltrona, le gambe accavallate, la testa già un po' appesantita sostenuta sulla mano, dopo un primo fallito tentativo di puntellare il gomito sul bracciolo. Levò il bicchiere come a salutare l'aria. «Bene, ora ci hai conosciuto tutti di persona.» Lanciò un'occhiata carica di aspettativa verso l'amico.

Ralph annuì assorto, mentre il suo sguardo vagava per la sala, quasi volesse prima accordare i pesanti scuri neri, i mobili di lucido legno rossiccio e i paesaggi a olio sulle pareti dalla tappezzeria azzurra con gli abitanti della casa. «La tua famiglia mi piace. È così diversa dalla mia. Da noi i rapporti sono molto più freddi, più distaccati. Conversazioni così disinvolte a tavola, certe battute di spirito, quando ci sono ospiti, anche se si tratta di amici di famiglia... da noi sarebbero impensabili.» Bevve un sorso di whisky e ammiccò a Jonathan prima di tornare a sedersi. «Per questo preferirei tornare quanto prima al reggimento.»

Jonathan dondolò la scarpa di vernice nera avanti e indietro. «In effetti da noi è un po' diverso. Ma niente di particolare per Oxford. I professori con moglie e figli sono sempre più convenzionali di quelli scapoli. Se penso a tutto quello che ho visto e vissuto nel corso degli anni in questa cittadina. Nel corpo insegnante dei college ci sono alcuni personaggi davvero bizzarri.»

Ralph sogghignò, prima di tornare serio e osservare concentrato la punta del suo sigaro acceso, con l'avambraccio appoggiato al ginocchio.

«Mi piace soprattutto tua sorella», disse dopo una breve pausa. «Maya», precisò di fronte allo sguardo perplesso di Jonathan.

Il giovane posò di nuovo il bicchiere che si era portato alla bocca e assunse un'espressione sorpresa. «È molto insolito. In genere è Angelina a suscitare l'interesse degli ospiti maschili. Avrei scommesso qualunque cosa che le sarebbe riuscito anche con te.»

Ralph soffiò fuori il fumo con una breve risata. «Era ciò che mi aspettavo anch'io, quando mi mostrasti la sua foto in treno e dopo averla vista nell'ingresso al nostro arrivo. È davvero una bellezza, non ci sono dubbi. Però Maya... Maya è speciale.» Reclinò la testa sullo schienale, allungò le gambe davanti a sé e guardò Jonathan. «In qualità di fratello maggiore potresti darmi la possibilità di conoscerla un po' meglio? Domani, quando saremo noi quattro soltanto?»

Jonathan lo fissò dapprima perplesso, poi con aria determinata. Posò rumorosamente il bicchiere sul tavolino e balzò in piedi, compiendo qualche passo concitato. «Oh no, Ralph, assolutamente no! Mi hai raccontato di Evelyn, Charlotte, Dorothy e Sarah», elencò contando sulle dita, «e poi c'è stata anche quella... quella Harriet...»

«Henrietta», lo corresse Ralph torvo e contrariato, spegnendo definitivamente il sigaro con un gesto stizzoso.

«Henrietta, come vuoi, per me fa lo stesso!»

«Ma lei non conta», cercò di difendersi Ralph con foga. «Dopo tutto è stata lei a darmi il benservito, per fidanzarsi con un maggiore di vent'anni più vecchio.»

«Benissimo», ribatté Jonathan sarcastico, «eliminiamo giustamente questa giovane dall'elenco delle tue ultime conquiste! Resta sempre da citare Miss Farnsworth, che hai corteggiato sul piroscafo, contemporaneamente a sua sorella minore.» Afferrò deciso il bicchiere scrollando il capo, puntando l'indice verso l'amico. «A prescindere dalla nostra amicizia, stai pur certo che a *te* non darò nessuna possibilità di accendere false speranze in mia sorella! Specialmente in Maya», aggiunse ringhiando prima di svuotare il bicchiere in un colpo solo.

«Per favore, Joe», lo implorò Ralph con enfasi. «Ti giuro che le mie intenzioni sono più che rispettabili.»

Jonathan si appoggiò alla mensola del camino e fissò il fuoco ormai quasi spento. Lanciò un'occhiata dubbiosa all'amico. «Dici sul serio?»

Per un istante Ralph guardò dentro di sé. Vide se stesso sulla soglia di una stanza, alle sue spalle le schermaglie, i corteggiamenti e le storie insignificanti. E davanti a lui... Maya, con la quale non era possibile giocare, lo aveva subito capito durante la serata. Con sua stessa sorpresa rispose affermativamente alla domanda di Jonathan, perché era il suo più profondo desiderio. Jonathan fece un grosso respiro e si raddrizzò. «D'accordo. Ma nel caso tu dovessi spezzarle il cuore, sappi che ti spezzerò fino all'ultimo osso con le mie mani e poi provvederò personalmente al tuo trasferimento a Timbuktu!»

Nonostante la previsione della madre, che si sarebbe presa un malanno con quel freddo, Maya aveva insistito per sciacquarsi l'olio dai capelli prima di andare a letto. Poi li aveva avvolti ciocca a ciocca in striscioline di carta, nella speranza che il giorno dopo i riccioli sarebbero risultati più addomesticabili. Come di consueto aveva evitato di guardarsi allo specchio durante quest'atto di insolita vanità. Era rimasta sveglia a lungo, pensando piena d'aspettativa al giorno seguente e, per la prima volta dopo molti anni, il suo ultimo pensiero prima di addormentarsi non era stato per il capitano Richard Francis Burton.

7

Quella notte il termometro scese ulteriormente. Al mattino i vetri erano coperti da un sottile strato di ghiaccio e la neve candida e accecante rifletteva cangiante i raggi del sole invernale nel cielo terso. Una giornata che invitava decisamente a uscire, nonostante l'aria gelida, liscia e rigida come un lenzuolo appena inamidato e stirato, e altrettanto profumata. Dopo colazione, i quattro giovani uscirono allegramente da Black Hall, intabarrati contro il freddo: le due ragazze con lunghi mantelli – quello di Maya verde bosco, quello di Angelina blu cobalto – sopra i pesanti abiti, con il cappuccio calato sulla fronte e i guanti di colore abbinato. Jonathan aveva indossato il voluminoso Havelock con la spessa mantellina e un alto cappello a cilindro, quasi esagerato nella sua eleganza, che egli tuttavia sfoggiava con indifferente superiorità. Assai meno elegante era invece il berretto piatto con la bordura di cuoio nero che faceva parte dell'uniforme del reggimento di Ralph, anch'esso color cachi come il pastrano imbottito di agnello nero. Ma il fascino di Ralph Garrett rendeva passabile persino un copricapo così ridicolo.

Percorsero la St. Giles Street sotto i rami degli alberi ricoperti di neve, passando davanti alle facciate nella tipica pietra calcarea grigio-gialla di Oxford. Maya e Ralph avanzavano a passo sicuro sulla crosta irregolare di neve ghiacciata che scricchiolava sotto i loro piedi, seguiti da Angelina che con gli stivaletti leggeri era costretta a tenersi aggrappata al braccio di Jonathan. Con un ampio gesto del braccio e una mezza rotazione del busto, Maya indicò l'intera strada intorno a loro. «Ogni anno a settembre viene allestita qui una fiera che dura due giorni. Ci sono giostre di ogni genere, mangiatori di fuoco e suonatori d'organetto, acrobati e bande musicali. E naturalmente ogni genere di bancarella dove è possibile comperare divertenti giocattoli di latta e dolciumi. Da bambina stavo male tutta la notte quando ci venivamo.»

Ralph gettò la testa all'indietro e rise divertito. «Mi ricordo benissimo anch'io simili fiere e le loro conseguenze!»

«Già, e se ti conosco bene non è cambiato niente per te, anche se non stai più male per i troppi dolciumi», osservò Jonathan alle loro spalle, reagendo con una risata bonaria al gesto ammiccante accompagnato da un ghigno complice che Ralph rivolse all'amico da sopra la spalla.

«Ogni volta c'è un chiasso infernale, fino a tarda notte», squittì querula Angelina. «Tutti gli anni ci sono lamentele e petizioni da parte degli abitanti del quartiere affinché questa festa venga cancellata. Dopo tutto questo è un quartiere rispettabile! E invece no, siccome il terreno appartiene alla St. John's College e i proventi per l'affitto riempiono le sue casse, finora ogni tentativo è fallito.»

Maya e Ralph si scambiarono un'occhiata e un sorriso, poi Maya si schiarì la gola, atteggiandosi a impeccabile guida turistica. «Questo è il St. John's College», spiegò indicando alla propria sinistra le mura merlate e gli edifici con il tetto spiovente e gli alti comignoli. Il suo respiro formò una nuvoletta nell'aria ghiacciata. «E là, per quel viottolo lungo il muro, si arriva all'ingresso posteriore del Trinity.»

«In quale college insegna vostro padre?» si informò Ralph.

«Al Balliol, che si trova in fondo alla prossima via, all'angolo con Broad Street», rispose Maya indicando davanti a sé. «Ci passeremo andando verso il centro. È il college più antico dei venti che fanno parte dell'università. Venne fondato nel 1263.»

L'espressione di Ralph rivelò quanto fosse impressionato. «Venti college...» ripeté a mezza voce aggiungendo poi con una risata, «praticamente deve essercene uno a ogni angolo di strada!»

Maya confermò con un cenno del capo. «Proprio così. Subito dopo la Bodleian Library ce ne sono diversi in fila: Magdalen, All Souls, Exeter, eccetera.» Sentendosi chiamare per nome da Jonathan, Ralph si girò verso di lui.

«Laggiù c'è il pub di cui ti ho raccontato.» Jonathan indicò un edificio intonacato di bianco sul lato destro della strada, sotto il cui tetto spiovente stava scritto a lettere gotiche, *The Eagle and the Child*. «Ci sono diverse locande in città, ma la birra di Thomas Kerrwood è semplicemente la migliore. Dio solo sa come la produce! Forse stasera noi due possiamo venire a bercene un bicchiere.»

L'ultimo tratto di St. Giles Street era sempre elegante, ma le case che al pianterreno ospitavano esercizi commerciali erano più numerose. *Isaac West – Farmacia e drogheria* si leggeva su una vetrina a specchio mentre l'insegna metallica sulla porta accanto annunciava: *Th. Sear – Ciabattino*. Jonathan indicò un negozio un po' più avanti, *Israel M. Levi – Orologiaio e tabaccaio*. «È qui che mio padre compra i suoi sigari.»

«Quello che cos'è?» Ralph indicò un edificio quadrangolare un po' più avanti con quattro imponenti colonne sulla facciata, alte finestre e fregi di pietra smaltata.

«Quello è il Taylorian», rispose Maya. «L'istituto di lingue moderne come tedesco, francese, spagnolo e italiano.»

«Devo dire che tutta questa cultura in un posto solo incute davvero rispetto», mormorò Ralph.

«Come mai?»

Maya gli rivolse un'occhiata incuriosita e Ralph rispose con una scrollata di spalle. «Ecco, io ho frequentato Eton», spiegò, «ma sono sempre stato uno studente mediocre. E a diciott'anni sono partito per l'India con il grado di tenente. Tutto quello che so, le lingue che conosco, l'ho imparato nell'esercito. Mi reputo più un uomo *d'azione* che di pensiero.» Maya si guardò le mani dentro i guanti che teneva intrecciate in grembo.

«Secondo me esiste più di una forma di istruzione, e sicuramente nessuna è superiore a un'altra. Ma anche l'istruzione migliore, più accurata, non ha valore se non serve per intraprendere qualcosa.» Guardò la strada con una smorfia amareggiata.

«Mio padre mi ha istruito insieme a un... un amico di famiglia.» Il pensiero di Richard la sfiorò come una nera e scintillante ala d'uccello. «Da parte mia ho letto moltissimo. Ma a che cosa mi serve?» Curvò le labbra in un sorriso ironico e guardò Ralph. «Potrei essere molto più in gamba di tutti gli studenti di un'annata messi insieme e sapere molto più di loro, tuttavia l'università non mi accetterebbe perché non sono un uomo. E i miei genitori non mi permettono di andare al Bedford College a Londra, l'unica università femminile. Mia madre non vuole perché teme per la mia reputazione: ha paura che così possa perdere definitivamente le possibilità di un matrimonio accettabile. Mio padre non vuole perché giudica 'di scarso livello' l'insegnamento che vi viene impartito.» Inarcò le sopracciglia e sospirò. «Forse la situazione non è poi così tragica, dopo il diploma non potrei fare granché.»

«Che cosa vi piacerebbe fare, se vi fosse concesso?» Maya si fermò di scatto e guardò Ralph con incredulità. Nessuno in tutta la sua vita le aveva mai posto questa domanda, a parte lei stessa. «Allora?» la spronò lui sorridente. Maya gonfiò le guance, soffiò fuori l'aria con forza, alzò le spalle indecisa e rimase in silenzio. «In un mondo ideale, un mondo senza limitazioni», insistette lui.

«In un mondo ideale», ripeté Maya mentre i suoi occhi si accendevano di una luce sognante. «Qualcosa con i libri, con le lingue forse. Mi piacerebbe molto viaggiare. In Oriente, in India.» La nostalgia la trafisse come una lama e lei non avrebbe saputo dire se era nostalgia per Richard o per l'ignoto. «Vorrei vivere qualcosa di avventuroso...» Tacque con un sorriso imbarazzato e scrollò la testa. «So che devo sembrarvi piuttosto sciocca.»

«No, niente affatto», le assicurò Ralph. «Niente affatto», ripeté più piano guardandola a lungo. «Non credo che la vostra istruzione sia stata invano. Dopo tutto vi ha reso quella che siete oggi.»

Non fu tanto ciò che disse, quanto piuttosto *il modo* in cui lo disse: l'emozione che gli fece vibrare la voce indusse Maya a ricambiare spudoratamente il suo sguardo. Per un istante tutto intorno a loro cessò di esistere, un istante in cui lei credette di essere trascinata via da una violenta corrente, ma senza provare paura, bensì il desiderio di chiudere gli occhi e di lasciarsi trasportare. L'incantesimo di quel momento fu interrotto quando Angelina e Jonathan, che erano rimasti un po' indietro, li raggiunsero.

«Quello là davanti è il monumento ai martiri», spiegò Maya in tono pragmatico e un po' troppo forte, mentre si affrettava a indicare l'imponente guglia di pietra su uno zoccolo a gradini che si ergeva di fronte a loro dove St. Giles Street si biforcava in Magdalen e Beaumont Street. «È stato eretto in memoria di Thomas Cranmer, Nicholas Ridley e Hugh Latimer, tre vescovi anglicani bruciati sul rogo come catari dopo l'ascesa al trono della regina Maria. In realtà il rogo si trovava in un altro punto della città, per la precisione su Broad Street, di fronte al Balliol.» Maya sorrise maliziosa. «Si dice in giro che gli studenti si divertano di tanto in tanto a far credere ai turisti che la guglia sia la punta del campanile di una cattedrale sotterranea. In cambio di un piccolo obolo offrono di condurre i visitatori a visitarla.»

Ralph rise. «E poi?»

«Dopo aver incassato i soldi, portano i malcapitati in giro per i dintorni finché non perdono l'orientamento e allora scappano via schiamazzando», raccontò Maya unendosi alla sua risata.

«Santo cielo, Maya», sbuffò Angelina con il naso arrossato dal freddo, «ormai dovremmo aver capito tutti quanti che possiedi impressionanti conoscenze della storia cittadina! Però sarebbe il caso che la smettessi, prima di far annoiare a morte il nostro ospite, non ti pare?»

Ricevuta questa predica, Maya arrossì fino alla radice dei capelli, si girò offesa e fece qualche passo in avanti.

«Non preoccupatevi, Miss Angelina, non mi sta annoiando», si affrettò a obiettare Ralph con un lieve inchino prima di rincorrere Maya. Angelina lanciò un'occhiata indignata a Jonathan quando lui le diede una gomitata tra le costole, e le sue labbra formarono un muto «Cosa!»

«Trovo le vostre spiegazioni davvero molto interessanti, Miss Greenwood», confermò Ralph dopo aver raggiunto Maya. «Deve essere davvero fantastico vivere qui in mezzo a tutti questi antichi edifici con la loro storia.»

Maya scrollò le spalle. «Per certi versi lo è. Per altri a volte ho una sensazione di soffocante limitatezza. Qui non cambia mai niente.» Aveva appena pronunciato queste parole che subito le apparvero troppo cupe e inadatte per un ospite, così si sforzò di assumere un tono più allegro. «D'estate è molto bello qui, con tutto il verde dei parchi e dei giardini. Si possono noleggiare barche a remi sul Cherwell e vengono disputate gare di *punting.*» Le sembrava di aver parlato in tono molto goffo, ma Ralph non parve farci caso.

«Mi piacerebbe molto tornare a Oxford d'estate», commentò sottovoce, con un accenno interrogativo nella voce e uno sguardo che indusse Maya a chinare gli occhi impacciata mentre il cuore le accelerava nel petto.

Ripresero a camminare, superando il Balliol College e lungo il Cornmarket, dove un'antica torre di guardia vegliava sopra le vetrine dei negozi ornate con rami di agrifoglio, angioletti e festoni scintillanti. Era un ceppo di pietra grezza, ed era precedente all'epoca in cui Guglielmo il Conquistatore aveva messo piede sul suolo inglese. Maya voleva mostrare assolutamente a Ralph anche la «Tom Tower», una torre coronata da una cupola e sontuosamente decorata all'ingresso del Christ Church College, in fondo a St. Aldates Street. Progettata da sir Christopher Wren, l'architetto della grandiosa cattedrale londinese di St. Paul's, ospitava la gigantesca campana rispettosamente chiamata «Great Tom», la più sonora della città, i cui rintocchi di sera riecheggiavano fino alle colline che circondavano Oxford. Ma arrivati all'angolo con High Street, dove Cornmarket sfociava in St. Aldates Street, non fu più possibile ignorare le accorate proteste di Angelina che si lamentava per il freddo e per il mal di piedi. E mentre lei informava Ralph con un civettuolo battito di ciglia che non era abbastanza robusta per fare lunghe passeggiate con quelle temperature glaciali, tutti insieme si diressero verso la sala da tè della pasticceria *Boffin's.*

Di fronte a due tazze di Earl Gray per i signori e due di cioccolata calda per le giovani dame, Ralph e Jonathan cominciarono a raccontare dell'India. Passato poco tempo lo sguardo di Angelina si velò trasognato, mentre osservava Ralph che rideva e gesticolava, facendo scorrere le dita sul bordo della tazza, oppure ascoltava con attenzione Jonathan, confermava energicamente con un cenno del capo o aggiungeva qualcosa sorridendo. Le parole sembravano scivolarle davanti senza neppure toccarla. Era completamente immersa negli scenari che scorrevano vividi davanti alla sua mente: lei con un sontuoso abito da sera, gioielli scintillanti al collo e alle orecchie e al suo fianco Ralph con una uniforme di gala ornata di medaglie mentre facevano il loro ingresso in una sala da ballo illuminata a giorno e suscitavano gli sguardi ammirati della folla. Angelina che incedeva lungo la veranda con colonnato di una signorile dimora e impartiva ordini perentori alla servitù locale che si prodigava per realizzare all'istante ogni desiderio della *memsahib*. Lei che presentava orgogliosamente alle eleganti dame della buona società il salone arredato con gusto e si beava delle loro esclamazioni entusiaste e delle loro occhiate invidiose. Sognava una solida berlina da viaggio, oppure uno slanciato phaeton con tanto di nobili destrieri, pellicce e argenteria e champagne. Angelina continuava a sospirare impercettibilmente, consapevole di esercitare un grande fascino in simili circostanze: le era stato confermato molto spesso.

Anche Maya si cullava nelle immagini, ma a differenza della sorella assorbiva avidamente ogni parola pronunciata da Ralph e Jonathan. Si vedeva seduta a bordo di una canoa piatta che scivolava attraverso il labirinto di bracci d'acqua nel delta del Gange, il *Sundarban*, la foresta di mangrovie più grande del mondo, dove le acque del disgelo si gettavano finalmente nell'oceano dopo un lungo tragitto per le pianure del Bengala. Il fango fertile trascinato dalle acque aveva formato piccole isole le cui sponde erano nascoste da una fitta cortina di radici e di piante acquatiche. In certi punti la superficie dell'acqua era limpida e azzurra e vasta come un lago, altre volte era torbida e così stretta che i rami delle mangrovie si intrecciavano in una cupola verde dove i macachi si lanciavano con i loro striduli richiami. Di giorno le gru d'acqua dal piumaggio porpora o azzurro saltellavano tra le foglie di loto, senza preoccuparsi di rappresentare facili prede per i coccodrilli che, immobili come rocce, le osservavano indolenti. Nelle notti soffocanti e appiccicose le tenebre erano punteggiate dalla luce intermittente delle lucciole. Le capanne dei pescatori si nascondevano timorose all'ombra di palizzate dalle scorribande delle tigri reali, di cui non vedevano altro che l'impronta delle zampe nel fango. I rami frondosi legati a steli di bambù ricordavano tutti gli uomini caduti vittima dei loro artigli e delle loro voraci fauci, rendendo ancora più tangibile l'ombra ossessiva e minacciosa di tale fiera invisibile su questa regione selvaggia che pareva essere stata dimenticata quando il terzo giorno della creazione le acque e le terre erano state divise.

Maya ascoltava rapita le descrizioni di Ralph del Punjab, la «terra dei cinque fiumi», con le sue pianure fertilissime coltivate a risaie e i campi di grano che partivano a nord dalle propaggini dell'Himalaya e raggiungevano a ovest le pendici rocciose del Salt Range, mentre a sud si estendevano le savane e il mare di sabbia del deserto di Thar.

Davanti agli occhi di Maya spuntò Lahore. Un tempo residenza dei mogul, era stata strappata ai sikh dagli inglesi durante l'ultima guerra. I dominatori del Punjab risiedevano ora nella impressionante fortezza al di là della monumentale porta Alamgiri, che vegliava su tutte le bellezze di una corte mogul e anche sul Shish Mahal, il palazzo degli specchi, un ambiente con le pareti e il soffitto a volta interamente ricoperti da un mosaico di schegge di specchio colorate. Canali costruiti dall'uomo irrigavano i sontuosi giardini a terrazze con fontane e cascate che avevano fatto guadagnare a Lahore il soprannome di «città dei giardini». Tra di essi il più grande e articolato era quello di Shalimar, fatto costruire come gemello dell'omonimo giardino del Kashmir dal mogul Shah Jahan, al quale il mondo intero doveva anche il capolavoro del Taj Mahal. Gli antichi dominatori dell'impero mogul riposavano ora a Lahore, come

Jahangir in un mausoleo ornato di minareti e la sua sposa Nur Jahan in un monumento non meno sontuoso.

Insieme a Jonathan Maya passeggiò per Calcutta, la capitale dell'India britannica, adagiata lungo le rive del fiume Hooghly. Camminò per la parte inglese: costellata di edifici neogotici e vittoriani, di giorno appariva bianca come un velo da sposa con bordure di velluto verde, dopo il tramonto scintillante come Londra o Parigi. Inspirò l'aroma delle spezie nel *bazaar* della «città nera» nella parte indiana: aromi dolci e piccanti, di cannella e zenzero, cumino e zafferano. Il profumo dei dolci, dell'olio per friggere, degli stufati di verdure e del pane appena sfornato. Si vide scorrere davanti argenti e ori sbalzati di grande lucentezza e rimase accecata dai colori dei sari delle donne, e da quelli dei tessuti in vendita: rosso papavero, azzurro, giallo limone, viola, arancio, verde mela.

Jonathan le raccontò della bellezza delle ragazze «Nauj» e della loro danza allusiva durante la quale facevano tintinnare i bracciali, le cavigliere e i campanelli cuciti all'orlo delle vesti (tacendo con molto tatto le altre doti per cui erano famose queste ragazze; da parte sua Maya non rivelò niente di ciò che Richard le aveva raccontato in proposito nelle sue lettere). Riferì delle vacche, ossute e con le zampe più lunghe delle loro parenti europee, che incedevano tra la folla della «città nera», i musi scuri e spigolosi fissi in un'espressione di superiorità, quasi sapessero di essere sacre agli indù e quindi intoccabili. Si parlò anche dei sacerdoti indù, che accendevano bastoncini d'incenso sui *ghat*, i gradini di pietra che portavano al fiume, e recitavano la gloria degli dei con bizzarre cantilene.

Mentre Maya era seduta al tavolino rotondo, su una sedia laccata di nero con l'imbottitura rossa, sotto il lampadario a gocce di cristallo tra le colonne marmorizzate e i bovindi con le tende di tulle a mezz'altezza, circondata dalle ghirlande d'abete guarnite di seta rossa, le pareva di sentire il fragore del monsone, che sferzava i tetti e le tende, mentre l'aria era pervasa dall'aroma caldo del legno di sandalo con un'inaspettata nota di limone e il profumo inebriante del gelsomino. Maya si sentì allargare il cuore di desiderio, di una promessa di felicità che le lasciò sulla lingua un sapore dolcissimo eppure amaro.

Perché non era altro che un anelito.

8

«All'inizio fui assegnato nel Bengala, dove rimasi quasi un anno», raccontò Ralph appoggiato al camino nel salone. «Quando però si preannunciò lo scontro con i sikh nel Punjab, il mio reggimento venne inviato a nord per ordine del governatore generale Hardinge e dopo la guerra rimasi lì, a Lahore, al comando di sir Henry Lawrence.»

Rientrati a casa infreddoliti dopo la loro gita, nell'ingresso di Black Hall avevano trovato adagiato per terra l'imponente abete destinato a essere innalzato e addobbato per le festività. Intorno erano sparsi i rami di abete e d'agrifoglio, i tralci di edera, le scatole e le casse che contenevano i consueti addobbi natalizi poggiati sui trucioli di legno. Mrs. Greenwood era contrariata all'idea che il loro ospite fosse testimone di quel disordine prenatalizio, ma il termine di consegna dell'albero di Natale, una nuova moda introdotta dal principe consorte Albert di origini tedesche, era stato fissato già tempo prima. E inoltre, come ogni anno, Martha Greenwood aveva organizzato una sofisticata tabella di marcia per le festività e non era incline a discostarsene. Per questo aveva spinto i giovani nel salone, invitandoli a restare lì finché tutto nell'ingresso non fosse stato pronto, e aveva incaricato Hazel di rifornirli generosamente di tè e dolciumi.

«Vi riferite alla cosiddetta *prima* guerra dei sikh?» Seduta sulla panca imbottita, Maya voltava le spalle al fuoco e si scaldava le mani con la tazza di tè.

Ralph annuì. «Proprio quella. Da allora sono passati otto anni.»

«Qual era in realtà il motivo di quella guerra?» Maya avvicinò le guance fredde al vapore del tè bollente.

«Alla morte dell'ultimo sovrano sikh, il maragià Ranjit Singh, nell'allora indipendente Punjab si accese una disputa dinastica. La situazione era instabile, l'esercito addestrato splendidamente da ufficiali americani ed europei era rimasto senza guida e lasciato a se stesso. Questa situazione innervosiva il nostro stato maggiore e le notizie riportate dagli esploratori al di là dei confini non contribuivano certo a tranquillizzare gli animi. In effetti, nel dicembre del '45 l'esercito dei sikh attraversò il Sutlej, costringendoci ad attaccare per difenderci. Fu la mia prima guerra!» Ralph assunse un'espressione raggiante. «I combattimenti durarono otto settimane e i sikh ci fecero sudare.» Scrollò la testa ridendo. «Ma li sconfiggemmo e marciammo su Lahore accompagnati dalle note del celebre *Canticorum Jubilo* di Händel con una processione di cannoni confiscati!» Ralph chiuse trionfalmente il pugno in un gesto pieno di slancio.

«E poi?» Maya sorseggiava il tè, trovando difficile non fissare Ralph più a lungo di quanto fosse appropriato. La porta del salone era aperta. I fruscii e i tintinnii che provenivano dall'ingresso, accompagnati da decisi colpi di forbice, lasciavano intuire che l'opera di addobbo era in pieno svolgimento. Martha Greenwood e Hazel canticchiavano melodie natalizie sottovoce, si fermavano di tanto in tanto per consultarsi a vicenda se il nastro di raso stesse meglio a destra o a sinistra e se fosse meglio usare le palle rosse o quelle azzurre, fino a giungere a un accordo.

«Dopo il trattato di pace, sir Henry Lawrence fu nominato delegato del governatore generale e fu incaricato di dotare il Punjab, con l'aiuto di una guarnigione armata, di un'amministrazione funzionante e un governo affidabile. Tra l'altro», fece un breve inchino, «anche con il contributo del sottoscritto. Siccome prima della guerra si era visto che gli esploratori potevano risultare estremamente utili ovunque ci fossero disordini e si temesse un conflitto armato, e siccome Lawrence aveva in mente una compagnia mobile, in grado di partire per una zona di crisi senza preavviso e senza lunghe formalità, incaricò il suo assistente, il tenente Lumsden, di creare un corpo del genere.»

«Le *Guides*, presumo?» intervenne Maya con un sorriso. Angelina, che stava in piedi dritta come un fuso accanto alla spalliera della poltrona, l'abito azzurro elegantemente drappeggiato, soffocò uno sbadiglio sforzandosi di mantenere un'espressione attenta, tutte le volte che non era occupata a fulminare Maya con lo sguardo.

Con grande abilità era riuscita ad accaparrarsi per sé l'ospite di ritorno da *Boffin's*, sommergendolo di domande sulla buona società britannico-indiana, alle quali egli aveva risposto succintamente. «Da vero gentleman», aveva commentato Angelina soddisfatta. Ma appena avevano varcato la soglia di casa, Maya si era fatta avanti in maniera sfacciata.

«Ralph», lo apostrofò Jonathan seduto nella poltrona accanto a lei, mentre inghiottiva un biscotto e ne afferrava un altro dal vassoio d'argento, «dimentichi di spiegare che si tratta di una compagnia d'élite, creata sul modello di quella omonima del grande Napoleone Bonaparte: uomini, soldati del luogo e ufficiali britannici, capaci di agire e di ubbidire, in grado di agire da soli e, se necessario», abbassò la voce a un sussurro allusivo e guardò le sorelle ammiccando, «a insinuarsi come *spie* dietro le linee nemiche.» Jonathan puntò l'indice contro l'amico. «Per me resta sempre un enigma come *tu*, con il tuo aspetto assolutamente inglese, possa spacciarti in maniera credibile come sikh o pashtun o che so io.» Addentò ridendo un altro biscotto e aggiunse mentre masticava, «in ogni caso la paga è più che generosa e non solo per questo un posto tra le *Guides* è molto più che ambito. Nel caso doveste avere bisogno di un ufficiale medico, ti prego di farmelo sapere!»

«Prima dobbiamo partecipare insieme alla guerra contro la Russia», replicò Ralph, allungando il braccio e agitando un dito verso Jonathan, per poi tornare a rivolgersi a Maya. Per quanto le sembrasse temerario pensarlo, aveva tuttavia l'impressione che lui raccontasse tutto questo soltanto a lei.

«La nostra base è a Peshawar, una regione dove sembra tutto polveroso: il terreno, le rocce, i cespugli, a volte persino il cielo. E così Lumsden ha pensato di rendere polverosa anche la nostra uniforme», si passò una mano sulla manica, «in urdu si chiama *khaki*. Il nostro primo incarico non tardò ad arrivare: quando la reggente del Punjab, la Maharani, venne destituita, ci fu ordinato di scortarla fuori dal paese. Può sembrare un'impresa semplice, invece non lo fu affatto! Incontrammo diversi ostacoli, quando bande isolate di sikh ci tesero degli agguati per liberare la Maharani. Ma noi superammo con onore il nostro battesimo del fuoco. Purtroppo mi sono perso l'assedio della roccaforte di Multan nell'estate del '48, dove si era asserragliata una schiera di ribelli dopo l'omicidio di due soldati britannici e la successiva scaramuccia. Mi trovavo in licenza.» Un'ombra di delusione gli oscurò il volto, per scomparire subito dopo. «Quando però scoppiò la seconda guerra contro i sikh ribelli, ero tornato. C'ero anch'io quando Lumsden sbaragliò l'esercito sikh con la nostra cavalleria. C'ero anche quando i comandanti Chattar Singh e Sher Singh issarono bandiera bianca nei pressi di Rawalpindi, ventimila uomini deposero le armi e il Punjab fu nostro!»

«Da allora lì regna la pace, giusto?» chiese Angelina, cercando di mostrarsi interessata, con un tono di voce come se volesse informarsi sulle possibilità di acquisti o il personale domestico in quelle regioni.

«Una pace assai precaria, Miss Angelina», spiegò Ralph scuotendo il capo riflessivo, «con assalti notturni e frequenti sconfinamenti. Il territorio intorno a Peshawar o Rawalpindi...»

Un sommesso bussare alla porta lo interruppe. Jacob, il cugino di Rose, che si occupava del giardino di Black Hall e di tutti i lavori pesanti nella dimora, fece un lieve inchino. «Chiedo perdono, Mr. Jonathan, ma suo padre e io avremmo bisogno del vostro aiuto con l'abete.»

«Certamente, Jacob.» Jonathan fece per alzarsi, indicando a Ralph che non era necessario che lo seguisse, quando Angelina lanciò un grido stridulo, «non puoi fare più attenzione? Guarda che cosa hai combinato!» Si mise a strofinare e tamponare freneticamente con un tovagliolo la macchia che si andava allargando sulla gonna del suo abito.

«Ti chiedo scusa, sorellina. Non l'ho fatto apposta.» Jonathan raddrizzò la tazza che si era rovesciata e porse ad Angelina anche il proprio tovagliolo. «Per fortuna hai abbastanza vestiti per cambiarti.» Rivolse un cenno ammiccante a Ralph e a Maya e uscì dalla sala, fischiettando muto, seguito a ruota da Angelina che corse di sopra prossima alle lacrime, per cercare di limitare al massimo i danni al vestito e per cambiarsi.

Maya si morse il labbro per non scoppiare a ridere, fissando testardamente la tazza vuota. Ma non resistette a lungo e, quando alzò lo sguardo e incontrò quello di Ralph, scoppiarono entrambi in una fragorosa risata. «Oh, povera Angelina», sospirò Maya tra una risata e l'altra, premendosi una mano sulla bocca.

«Temo di essere io il responsabile di questo incidente», riconobbe Ralph contrito e, di fronte all'espressione perplessa di Maya, aggiunse per chiarire, «vostro fratello sapeva che avrei voluto trascorrere qualche momento da solo con voi.»

Maya si sentì avvampare le guance e il suo sguardo si spostò involontariamente verso la porta ancora aperta. Dal camino non era possibile vedere ciò che avveniva nell'ingresso, ma il deciso «ancora un po'... ancora un pochino... ancora... no, è di nuovo storto, un po' più a destra...» di Martha Greenwood lasciava intuire che tutti erano impegnati negli accurati preparativi dell'albero di Natale e, grazie alla mania di perfezionismo della padrona di casa, lo sarebbero stati ancora per qualche minuto.

«Miss Greenwood, io...» Maya tornò a guardare Ralph, lo vide cercare l'atteggiamento migliore invano, dondolarsi da una gamba all'altra, appoggiarsi alla mensola del camino con il gomito come in cerca di sostegno, rigirarsi la tazza tra le mani. E siccome a Maya piaceva anteporre la praticità alle regole del decoro, che spesso le apparivano assurde, si spostò di lato sulla panchetta senza parlare. Ralph la guardò, poi un sorriso gli illuminò il viso. Si accomodò in un angolino, in modo da lasciare un palmo di spazio tra di loro, ed evitò di guardare Maya negli occhi. «Miss Maya», ricominciò, gli occhi fissi sul motivo floreale della tazza da tè, «so che forse vi sorprenderà, ci conosciamo appena... e tuttavia domani vorrei partire con la certezza che...» Tacque per un istante, si voltò a metà verso di lei e la fissò deciso mentre domandava sottovoce, «posso sperare?»

Maya lo guardò illuminato dal riflesso delle fiamme e delle candele. I colori di Ralph erano quelli della regione da cui proveniva, quelli delle rocce e delle pietraie dell'Hindu Kush con i suoi valichi, della sabbia e della polvere degli altopiani roventi del Punjab. Il tessuto di lana pettinata dell'uniforme sembrava aver assorbito in profondità l'odore di roccia, terreno asciutto e sole. Ralph Garrett profondeva un tale calore interiore, una tale leggerezza che Maya trovava impossibile poter soffrire il freddo accanto a lui, oppure essere infelice, e dovette ricorrere a tutte le proprie forze per non lasciarsi cadere sulla sua spalla e farsi cingere dal suo abbraccio. Proprio nel momento in cui i passi e la voce volutamente sonori di Jonathan si avvicinavano alla soglia, annuì brevemente.

Posso sperare... due parole, che tuttavia bastarono a sostenere Maya nei lunghi e freddi giorni di quell'inverno, divenuti ancora più grigi dopo che lo sfavillio delle luci del Natale e del Capodanno si era spento. Gennaio, con la sua spessa e morbida coltre di neve, aveva ancora esercitato un certo fascino, conservando un'eco di rami d'abete e nastri di raso, campane di vetro e noci dorate, feste in famiglia e sgargiante carta da regalo. Ma febbraio portò nebbia, pioggia battente e grandine, un freddo umido che penetrava fino nelle ossa e faceva rabbrividire soltanto a guardare fuori dalla finestra. Immaginare anche solo il verde primaverile e il calore del sole sembrava impossibile a Maya.

Era seduta all'ampio davanzale della sua camera, un libro aperto tra le ginocchia sollevate, ma non riusciva a leggere neppure una riga. La fronte appoggiata al vetro della finestra, fissava il giardino sottostante, gli alberi scheletrici, il terreno fangoso, i mucchi di neve sporca. Persino le aiuole d'erba e gli arbusti sempreverdi sembravano privi di vita, avevano una consistenza metallica.

In tutte quelle settimane non era passato giorno che Maya non avesse rievocato nella mente l'immagine di Ralph. Le sue occhiate durante la prima cena, la loro passeggiata per le vie di Oxford, le ore da *Boffin's*, e poi il pomeriggio nel salone, la sua vicinanza – così prodigiosa, così irresistibile – quando erano stati seduti vicini sulla panca accanto al fuoco. Non aveva scordato neppure il groppo in gola provato il mattino successivo a colazione, quando l'orologio sulla mensola del camino aveva scandito inesorabile le poche ore che restavano prima della partenza di Ralph da Black Hall, e il calore del suo palmo intorno alle dita quando l'aveva salutata. La carrozza che doveva portare Ralph e Jonathan alla stazione era appena partita lungo St. Giles Street, Gerald si era rinchiuso nel suo studio in mezzo ai suoi documenti, Martha si era ritirata con Rose per decidere il menù di quei giorni di festa, quando le dita affusolate di Angelina si erano conficcate nell'avambraccio di Maya. «Non credere», aveva sibilato all'orecchio della sorella maggiore, «che ti lascerò campo libero senza lottare, serpe! Gli hai fatto gli occhi dolci solo perché sapevi che io lo volevo! Ma tornerà a trovarci e allora vedrai che la tua cultura e il tuo falso interesse non ti serviranno a niente. Per lui non sarai nient'altro che un'avventura, ti rovinerai. Perché un gentiluomo come Ralph Garrett non sposerà mai una zitella intellettuale come te!» Piena di collera e profondamente offesa, Maya si era liberata e se n'era andata precipitosamente.

Seduta alla finestra ora Maya sospirava mesta, allargando tra le dita il lembo dello scialle che Jonathan aveva portato dall'India e le aveva regalato per Natale. Accarezzò felice la morbida stoffa con il suo motivo a tralci e rami fioriti nei toni spenti del marrone e del verde con qualche filo d'oro. Aveva rimproverato il fratello di aver speso i soldi della paga in un regalo così costoso. Lui aveva risposto con una scrollata di spalle e un sorriso e, tutte le volte che Maya si avvolgeva nello scialle, era come ricevere un affettuoso abbraccio del fratello. Ci si rifugiò voluttuosamente, tastando la catenina d'oro che aveva al collo anch'essa da Natale. Insieme al medaglione ovale era appartenuta a sua nonna Alice e Maya avrebbe dovuto riceverla in dono solo per il suo ventunesimo compleanno nel maggio successivo. Ma per ragioni misteriose, Gerald aveva deciso di dargliela ora. Era rimasto visibilmente commosso dalle lacrime di gioia di Maya quando aveva aperto il medaglione e aveva visto le due miniature dei nonni, realizzate alla fine del secolo precedente, quando entrambi avevano più o meno l'età di lei e Jonathan o Ralph.

Ralph... Maya tornò ad appoggiare la testa al vetro guardando fuori con espressione assorta. Il rimprovero che le aveva mosso Angelina, di volerle sottrarre Ralph solo per farle un dispetto, continuava a bruciarle, insieme ad altre offese. Tutte le volte che ci pensava provava un misto di rimorso, rabbia e incertezza. Ogni volta rivedeva tutto quanto nella mente, a partire dal primo istante in cui lei e Ralph avevano incrociato lo sguardo nell'ingresso. Ma per quanto girasse e rigirasse la cosa, restava il fatto che lei, Maya, aveva attirato su di sé, per motivi imperscrutabili, la completa attenzione di Ralph. E il pensiero che Angelina una volta tanto non ottenesse ciò che voleva le dava una grande soddisfazione. I colpi alla porta la strapparono alle sue riflessioni. «Avanti», disse voltando la testa.

«Ehilà», la salutò Jonathan con un'esclamazione di sfrontata tenerezza, sporgendo il busto oltre la porta. «Ehilà», rispose Maya con lo stesso tono. Erano tornati senza difficoltà ai familiari riti dell'infanzia, quasi che Jonathan non fosse mai stato via, quasi che non fossero mai cresciuti.

«Ti disturbo?»

Maya scrollò la testa. «Non mi disturbi mai.»

Jonathan sorrise compiaciuto e si richiuse la porta alle spalle. «Tieni, è appena arrivata», disse porgendole una lettera. Il volto di Maya si illuminò di un sorriso, quando riconobbe la calligrafia ormai familiare e si affrettò ad aprire la busta. Jonathan si mise a sedere di fronte a lei, appoggiando il ginocchio di traverso sul davanzale, e puntellandosi sull'altra gamba. Si piegò all'indietro e osservò la sorella: vide il suo sguardo scorrere le righe luminoso, mentre un lieve rossore si diffondeva sulle sue guance e lei si mordeva il labbro inferiore senza riuscire a trattenere un sorriso.

Quando era nata Maya, Jonathan aveva provato una profonda delusione alla notizia di avere una sorella anziché il tanto sospirato fratello. E ancora maggiore era stata la delusione quando, sporgendosi oltre la sponda della culla, aveva constatato che questa stessa sorellina non degnava di uno sguardo il tanto amato generale di latta dipinta che lui voleva regalarle in segno di benvenuto e che quel fagotto avvolto in pizzi e volant era troppo piccolo e fragile per poterci giocare insieme all'aperto. Ma non appena aveva sfiorato il delicato pugnetto e questo si era stretto con incredibile forza intorno al suo dito, facendolo trasalire spaventato, e lo sguardo della neonata lo aveva esaminato intensamente, tra il bambino di sei anni e la neonata era scoccata l'amicizia. Un'amicizia che si era talmente rinsaldata nel corso degli anni, che ora non esisteva nessun altro al mondo al quale Jonathan si sentisse più legato di Maya. Si sentiva così vicino a lei da anteporre il loro legame alla lealtà nei confronti di Angelina e dei genitori, al punto che si era dichiarato disposto a consegnarle le lettere di Ralph senza che la famiglia ne venisse a conoscenza. Non da ultimo per interesse personale, in modo da poter mantenere la pace familiare ancora per un po'. Infatti, anche se Angelina non mostrava a nessuno la propria sconfitta, e durante i ricevimenti accettava con la consueta condiscendenza i complimenti dei corteggiatori, suscitava speranze senza fare promesse, Jonathan aveva colto brandelli di conversazione tra di lei e Martha: Angelina era quanto mai decisa a conquistare il cuore di Ralph Garrett, a qualunque costo, e se le cose tra Ralph e Maya si fossero fatte serie, tra i Greenwood sarebbe scoppiata una crisi che avrebbe senza dubbio scosso Black Hall fin nelle fondamenta.

Quando vide Maya ripiegare la lettera, allungò il braccio e accarezzò con le nocche la gamba della sorella sotto la gonna marrone. «Gli vuoi bene, vero?»

Dapprima Maya evitò di guardare il fratello, ma poi, sapendo di non potergli mentire, né di averne bisogno, fece un cenno d'assenso. «Sì, gli voglio molto bene.» *Quanto*, Jonathan lo percepì dal tremito della sua voce, dalla luce nei suoi occhi. E quanto anche Ralph fosse rapito, lo leggeva spesso tra le righe delle lettere che l'amico gli indirizzava dal Gloucestershire in accompagnamento a quelle per Maya.

Maya si appoggiò all'indietro, rilassata, rivolgendo un sorriso di sfida al fratello. «E tu invece?»

Jonathan non poté fare a meno di arrossire. «Sì, certo, anche io gli voglio bene», disse, nell'impacciato tentativo di fingere di non aver capito l'allusione.

Maya ridacchiò piano e gli diede un calcio scherzoso con la punta dello stivale sotto il ginocchio. «Sai benissimo a che cosa mi riferisco.»

Jonathan inspirò rumorosamente dal naso, si schiarì la gola e si passò imbarazzato il dito indice sotto il naso. «No che non lo so.» Affondò le mani con aria disinvolta nelle tasche dei pantaloni e si girò a guardare fuori dalla finestra.

«Come no», rise Maya tirandogli un altro calcio un po' più forte. «Non mentire con me! Vi ho visto, sai, l'altro ieri al tè di Miss Pike. Tu e Amy Symonds!»

«E allora?» domandò lui con una scrollata di spalle. «Era da tempo che non ci vedevamo più.»

«È molto carina.»

«Hmm.» Se Jonathan non avesse indossato abiti civili, il colore del suo viso sarebbe stato un tutt'uno con il rosso scarlatto dell'uniforme. Dopo una breve pausa aggiunse incerto con un'occhiata di sottecchi, «trovi?»

Maya annuì. «E anche molto intelligente e molto simpatica.»

Jonathan comprese che la sorella lo aveva scoperto e sospirò. «Anche se le piacessi, pensare al matrimonio è prematuro. Non ho ancora una posizione stabile. Se resto nell'esercito, dovrò aspettare i trent'anni e diventare qualcosa di più di un semplice assistente.»

«Tra un anno vedrai che le cose saranno cambiate», lo incoraggiò Maya. «E poi», aggiunse con un sorriso malizioso, «se non mi sbaglio, Amy avrà la pazienza di aspettarti!» Vedendo che il fratello non rispondeva, gli domandò sottovoce: «Hai già saputo qualcosa?»

Lui scrollò il capo. «No. E neppure Ralph.» Da più di una settimana Jonathan e Ralph avevano inviato contemporaneamente le loro richieste di arruolamento al ministero della Guerra e aspettavano una risposta. «Di sicuro non ci vorrà ancora molto. Le trattative di pace della nostra delegazione con lo zar sono ancora in corso, ma i primi contingenti si preparano già per imbarcarsi.»

Maya tacque per un istante, alzò gli occhi al cielo plumbeo e opprimente. «Non voglio pensare che tra breve te ne andrai di nuovo», bisbigliò infine. Jonathan si alzò con una breve risata. «Per prima cosa, non è ancora sicuro se mi prenderanno e, in caso positivo, non si sa quando dovrò partire. In secondo luogo, questa guerra non durerà in eterno. La Francia, l'Inghilterra e l'esercito ottomano insieme sapranno strinare come si deve la pelliccia dell''orso russo' e lo costringeranno alla resa!» Le posò l'indice sulla punta del naso poi indicò la lettera di Ralph, posata tra le pagine del libro. «Fai pure con comodo. Gli scriverò solo quando mi avrai dato la tua lettera per lui.»

«Grazie», rispose Maya con un cenno del capo. Prima di uscire Jonathan si fermò all'altezza dello scrittoio di Maya e lei lo seguì con lo sguardo. Le mani appoggiate alla spalliera della sedia, lui guardava pensieroso i fogli di carta scritti sul piano dello scrittoio, senza leggerne il contenuto. A Maya non dispiaceva che stesse lì, sapeva che lui nutriva un sincero interesse per la sua vita, ma non ficcava mai il naso troppo profondamente nei suoi affari. E comunque l'ultimo scritto ricevuto da Richard non conteneva niente di esaltante o scioccante. I fogli erano lì da giorni e, a parte qualche banale e anonima frase introduttiva, lei non era ancora riuscita a rispondergli, diversamente da come era solita fare.

Richard era partito il 16 gennaio dal Cairo e si trovava momentaneamente nel porto di Aden, in attesa di partire per Bombay, dove si sarebbe nuovamente arruolato. Le scriveva dalla casa del dottor John Steinhäuser, un vecchio amico dei tempi di Karachi, che ora svolgeva la sua professione di medico nel porto occupato dagli inglesi all'estremità sudoccidentale della penisola arabica. Pensavano di tradurre insieme in inglese una raccolta di novelle dal titolo *Le mille e una notte* e sognavano di ritirarsi a vivere nella regione di Marsiglia, «quel pezzetto d'Africa in Europa», come la definiva lui, «in una casetta in campagna dove trascorrere le giornate sull'amaca, senza libri né carta, senza penne né inchiostro, senza lettere né telegrammi, una parentesi di riposo in preparazione della definitiva arteriosclerosi».

Le sue parole scritte, che nel corso degli anni le erano apparse sempre così piene di vita, e le avevano trasmesso tra le righe sensazioni, desideri e promesse, ora le suonavano piatte e vuote, piene di snobistica amarezza. Non c'era paragone con le lettere che riceveva da Ralph, nelle quali le raccontava con trasporto della sua famiglia, di come avessero festeggiato il suo ventottesimo compleanno alla fine di dicembre e delle sue impressioni sulla casa avita dopo anni di assenza.

> *... a Cheltenham e Montpellier sono sorti nuovi edifici a ogni angolo di strada, tanto che a volte ho l'impressione di trovarmi in una città sconosciuta. In un certo senso è così, se tutto il resto non mi fosse tanto familiare... mia cognata Isabel è una persona fantastica; stento a credere che all'inizio lei e la mamma non andassero d'accordo! Ora sono inseparabili e Thomas junior è già un piccolo despota...*

Lettere in cui sommergeva Maya di domande su come stesse, come trascorresse le giornate, che cosa pensasse della guerra imminente. Costellate qua e là di complimenti, dapprima timidi, poi più audaci:

> *Vorrei stare ad ascoltarvi per ore, giorni, mentre parlate della storia di Oxford e dei suoi edifici... i vostri occhi sono come le pietre chiamate «occhio di tigre» alla luce del sole... il vostro portamento e i vostri movimenti, leggiadri senza essere affettati, e per questo ancor più seducenti...*

Anche Jonathan era assorto nei suoi pensieri. Non aveva avuto alcuna difficoltà a convincere Martha a permettere a Maya di proseguire anche lo scambio epistolare con Richard Burton. Un paio di argomenti presentati in maniera pacata, pragmatica e concreta, uniti a qualche lusinga alle quali lei non sapeva resistere, da quando si era sforzata, in qualità di seconda moglie di Gerald Greenwood, di conquistare il cuore del bambino orfano, e non si era più fatta parola di un divieto o di una consegna dell'intera corrispondenza. Jonathan l'aveva fatto per Maya, perché sapeva quanto fosse importante per lei quel contatto, e tuttavia non poteva nascondere un certo scetticismo. Sebbene non conoscesse il contenuto delle lettere, non avesse ben chiaro quale legame unisse i due, temeva tuttavia che un giorno Maya potesse pentirsi di aver sprecato tutta la vita nell'attesa per colpa di una cotta infantile.

«Non tornerà tanto presto», disse infine rompendo il silenzio.

Maya non rispose subito, occupata a trattenere le lacrime che all'improvviso le erano salite agli occhi, perché Jonathan aveva espresso con spietata concisione ciò che anche lei in fondo sapeva fin troppo bene e che tuttavia continuava a nascondere a se stessa. «No», rispose soltanto, con voce spezzata, «non tornerà tanto presto.» Jonathan annuì grave, più a se stesso che alla sorella, poi si staccò dalla sedia con un profondo sospiro e andò verso la porta.

«Jonathan», lo chiamò Maya a mezza voce, e lui si voltò, alzando un sopracciglio con espressione interrogativa, la mano già posata sulla maniglia. «Perché noi donne possiamo ottenere qualcosa nella vita solo se siamo sposate con l'uomo giusto?»

Lui abbassò lo sguardo a terra, rattristato, poi scrollò le spalle rassegnato, mentre tornava a guardare la sorella. «Non lo so. Forse», abbassò la voce a un sussurro, «forse perché ci sono troppe donne come Angelina.» Quando vide che la reazione della sorella a quella battuta era un flebile sorriso, aggiunse serio: «Vorrei poter cambiare le cose».

Restarono a guardarsi per un attimo in silenzio, poi, con evidente sforzo per mantenere un contegno e una nota di sconfortata amarezza nella voce, Maya mormorò: «Anch'io». Deglutì a fatica e girò la testa, appoggiando nuovamente la fronte al vetro della finestra. Jonathan restò ancora qualche istante immobile sulla soglia, senza sapere come rispondere, poi ubbidì a una voce interna e uscì in silenzio dalla stanza. Maya non si accorse nemmeno del lieve scatto con cui la porta si richiuse alle spalle del fratello. Solo dopo diverso tempo si accorse che per tutto il tempo aveva continuato ad accarezzare la lettera di Ralph con i pugni chiusi.

... Mrs. Greenwood è stata così gentile da invitarmi a Black Hall per due settimane a marzo. Mi piacerebbe molto accettare, ma soltanto se lo volete anche voi. Desiderate rivedermi, Miss Maya?

Alitò contro il vetro e, nella chiazza di condensa che si creò, disegnò con l'indice un cuore e dentro scrisse la lettera R. Ancor prima di capire se l'iniziale fosse quella di Ralph oppure di Richard, cancellò il disegno con la manica dell'abito, piena di rabbiosa irritazione per il proprio gesto infantile. Sebbene Angelina avesse pronunciato quelle parole solo con l'intenzione di ferirla, quel giorno di dicembre aveva colto nel segno. Era ora che Maya crescesse e prendesse in mano le redini della propria vita.

9

Faceva ancora troppo freddo per essere metà marzo. Ma siccome era tradizione che il ricevimento pomeridiano in occasione del compleanno di Dora Drinkwater avvenisse sempre in giardino e zia Dora aveva insistito che per quella data non pioveva mai – affermazione che, a quanto ricordava Maya, corrispondeva a verità – era stato deciso di allestire all'esterno il buffet, i tavoli e le sedie, nonostante le proibitive temperature. Dopo tutto si era in Inghilterra! Lì non c'era clima inadatto, solo tradizioni da rispettare. Per ingentilire i rami ancora spogli, erano state appese ghirlande di carta tra gli alberi e, con grande sollievo di zia Dora, il prato era già verde e i primi boccioli gialli, bianchi e viola dei crochi e dei profumati giacinti si erano aggiunti ai bucaneve.

«Io sceglierei la torta alla crema di limone.» Maya staccò lo sguardo indeciso dalle irresistibili prelibatezze sul tavolo del buffet a cielo aperto e si illuminò immediatamente in viso. «Zia Elizabeth!» Abbracciò con trasporto l'imponente dama ultracinquantenne che come sempre era circondata da una nuvola di profumo alla violetta e, dopo un decennio dalla morte del marito, continuava a indossare il lutto e la veletta da vedova sulla testa incanutita.

«È il modo migliore per scoraggiare eventuali pretendenti che volessero farmi la corte solo per il mio modesto patrimonio», era la spiegazione che ripeteva sbuffando, incurante se l'interlocutore le avesse chiesto qualcosa o se fosse in grado di comprendere la logica di questa argomentazione.

«Bambina mia, così mi soffochi», ansimò, poi si liberò dall'abbraccio di Maya, la squadrò da capo a piedi, le prese il mento tra le dita e le girò la testa da una parte e dall'altra, per esaminarla da ogni angolazione. «Santo cielo, somigli sempre di più alla tua benedetta nonna», mormorò dando un buffetto soddisfatto alla guancia di Maya, per poi considerare con sguardo benevolo l'abito verde smeraldo con il cappello a cuffia intonato, i guanti abbinati, una borsetta Pompadour ricamata e l'amato scialle indiano. «Ti trovo bene!» Subito dopo socchiuse gli occhi diffidente. «C'è forse un motivo particolare? Finalmente è spuntato un uomo all'orizzonte?» Maya spostò involontariamente lo sguardo su Ralph che, a poca distanza da lei, si stava sforzando di mostrare, per pura cortesia, almeno un fugace interesse per le chiacchiere incessanti di Angelina. Colse il suo sguardo e le sorrise.

«Lo immaginavo!» esclamò trionfante zia Elizabeth. «Bene, quantomeno a prima vista sembra che tu abbia un ottimo gusto.» Con la sua vista ancora perfetta, osservò con comodo il giovane. Sebbene fosse in abiti civili, era rimasto fedele ai suoi colori abituali: una finanziera color sabbia con pantaloni chiari su cui spiccava il panciotto bordeaux con la cravatta in tinta. «Dove lo hai conosciuto e che cosa fa?»

«Ralph è amico di Jonathan e ospite a casa nostra da una settimana. È tenente dell'esercito. È stato a lungo in India, e partirà per il fronte.»

«Ora capisco il portamento altero! Lo hai già baciato?»

«Zia!» Maya non sapeva se fingersi scandalizzata o scoppiare a ridere. Elizabeth le lanciò un'occhiata divertita e aprì e chiuse più volte il ventaglio nero che portava più per vezzo e per sottolineare i propri gesti che per vera utilità, dal momento che nel giardino dei Drinkwater a Summertown quel sabato pomeriggio faceva ancora troppo freddo. «Ah, dimenticavo. La cara Martha non ritiene opportuno parlare di certe cose. E, se conosco bene mia cognata, non deve avervi lasciato neppure un'opportunità per restare soli.»

Questo era vero solo per metà. Dall'arrivo di Ralph a Black Hall, quando non era Martha a controllare con occhio vigile che non si creassero condizioni per una situazione compromettente, era Angelina che stava appiccicata come una piattola a Ralph e Maya. Intrufolarsi di notte in camera sua, come aveva fatto con Richard, non le sarebbe mai neppure venuto in mente. Ciò che con Richard, il vagabondo fuori dagli schemi, che non conosceva altre leggi se non le proprie, le era parso tanto naturale, le risultava impensabile con un gentiluomo come Ralph. Non avrebbe mai osato esporsi in quel modo, senza sapere in anticipo quale sarebbe stata la sua reazione.

C'erano state lunghe serate in salotto, durante le quali Maya aveva letto ad alta voce *Gli ultimi giorni di Pompei* di Bulwer-Lytton mentre gli uomini giocavano a scacchi e Angelina e Martha ricamavano con dita abili. Più tardi Angelina si sedeva spesso al pianoforte (aveva decisamente più talento della sorella per la musica) ed eseguiva con grande maestria una sonata di Mozart o un valzer di Chopin. Nonostante le proteste, le suppliche da parte di Maya e Angelina, Martha aveva negato loro il permesso di accompagnare i due giovani una sera al varietà di George Street. Jonathan e Ralph c'erano andati da soli e, dopo una puntata a *Eagle & Child*, erano tornati a tarda ora salendo rumorosamente le scale. Il mattino dopo si erano presentati a colazione taciturni e tormentati dall'emicrania. Finché aveva piovuto, i pomeriggi erano trascorsi con giochi a carte e da tavolo; non appena il tempo era migliorato, avevano organizzato delle escursioni, per i campi oltre Black Hall Road, oppure alla cinta di mura medievale nella parte meridionale di Oxford e a fare spese al grande magazzino *Elliston & Cavell* su Magdalen Street, dove Angelina si era abbandonata a sospiri anelanti ed era stata trascinata fuori quasi a forza. Avevano sempre parlato di argomenti innocui e generici, ma ciò che era scaturito tra Maya e Ralph non sembrava aver bisogno di parole: erano bastati sguardi e gesti, un timbro di voce che dava un significato più profondo a una certa parola, per far capire a ciascuno i pensieri e le emozioni dell'altro.

«È terribile il modo in cui tua sorella lo mangia letteralmente con gli occhi», sibilò zia Elizabeth e, usando il ventaglio chiuso come un pugnale, lo affondò nell'aria a ritmo con le parole. «È una cosa veramente scandalosa. Vostra madre dovrebbe darle un occhio!» Sospirò e prese sottobraccio la nipote. «Non voglio essere troppo severa: Martha è sempre stata una buona moglie per il mio fratellino e una madre più che passabile per voi. Quantomeno per essere una Bentham. Tuttavia sono davvero felice che tu e Jonathan abbiate preso da noi Greenwood. Guarda che non ho niente in contrario a proposito di sua madre biologica, Dio ce ne scampi, era pur sempre una Bailey! Ma noi Greenwood siamo di un'altra pasta. A proposito, dov'è quel briccone?» Si guardò intorno, per cercare di individuare il nipote tra i numerosi ospiti che, a coppie o a gruppetti, bevevano tè o champagne, degustavano torte al caffè e di marzapane, chiacchieravano e ridevano. Oltre al principale argomento di conversazione, l'avanzata delle truppe francesi verso est e l'ultimatum che la Francia e l'Inghilterra avevano posto allo zar affinché si ritirasse dal principato di Moldavia e dalla Valacchia, si parlava anche di altre cose: chi stava con chi, chi contro chi. Chi era morto, chi si era sposato, chi aveva avuto figli. Si discuteva della pessima situazione economica (lamentandosi, per motivi tattici e di cortesia più del necessario) e soprattutto del tema più amato: il tempo. Come ogni anno, il cognato di Gerald, Edward Drinkwater, non aveva badato a spese e aveva invitato tutte le personalità di Oxford e dintorni. Naturalmente anche per consolidare e ampliare la clientela del suo negozio di vini, come non mancava mai di osservare Martha Greenwood caustica. Secondo lei Dora, figlia di un medico e sorella di un professore, si era sposata al di sotto delle sue possibilità, anche se doveva ammettere suo malgrado che la grande dimora alle porte di Oxford era molto raffinata. Maya, che aveva finalmente individuato il fratello, indicò verso il centro del vasto giardino a confronto del quale quello di Black Hall sembrava una semplice aiuola fiorita. «È lì, tra il padiglione e la fontana. Con la finanziera grigia.» La zia allungò il collo. «Chi è la giovane accanto a lui? Quella con i capelli biondo miele e quel bizzarro abito azzurro? È questa la moda in voga?»

«Quella è Amy Symonds», rispose Maya, aggiungendo poi

di fronte all'espressione perplessa della zia, «la figlia di Frederick Symonds di Beaumont Street.»

A causa delle precarie condizioni di salute del marito, zia Elizabeth si era trasferita a Bath ancor prima della nascita di Maya e, dopo che neppure le acque curative o gli specialisti locali erano riusciti a impedire che George Hughes lasciasse questo mondo, era rimasta a vivere in quella rinomata località termale. Sebbene non perdesse occasione per lamentarsi di quanto fosse costosa la vita lì, tornava a Oxford solo in occasione di riunioni di famiglia accuratamente selezionate, non da ultimo per essere aggiornata sugli ultimi pettegolezzi della sua città natale. «Ma tu pensa», esclamò. «Un'ottima famiglia. Martha ne sarebbe felice... Le due Miss Hickman vivono ancora in Beaumont Street? E ora mi faresti il piacere di presentarmi finalmente il tuo tenente?»

«Sì, zia», rispose Maya ridendo e accompagnandola. «Zia Elizabeth, posso presentarti il tenente Ralph Garrett? Ralph, questa è mia zia, Mrs. Hughes.»

«Molto onorato, Mrs. Hughes.» Ralph si chinò sulle dita rivestite di guanti neri di zia Elizabeth.

«Il piacere è tutto mio, Mr. Garrett», tubò la donna, con un brusco cenno del capo verso di lui. «Angelina.» La sorella di Maya fece una riverenza con un sorriso tirato, ma zia Elizabeth non ci badò neppure, tornando a rivolgersi a Ralph. «Dunque ho saputo che alloggiate a Black Hall. E come se non vi bastasse la compagnia dei Greenwood che avete là, vi trascinano a questa festa, dove venite presentato a tutta la stirpe.»

«È un privilegio per me essere ospite qui, Mrs. Hughes», dichiarò Ralph accennando a un inchino. «E non credo esista casa dove si possa essere accolti in maniera più piacevole e amichevole di Black Hall.»

Evidentemente Ralph aveva scelto proprio le parole giuste. Maya se ne accorse guardando il viso della zia, il suo modo di aprire e chiudere il ventaglio e di spostare lo sguardo da lei a Ralph e viceversa. «Bene, Mr. Garrett, avrei piacere di continuare a conversare con voi, ma personalmente trovo che qua fuori cominci a fare un po' troppo fresco. Vorreste avere la cortesia di accompagnarmi dentro? Maya, per favore, portami una tazza di tè e una fetta di torta al limone in salotto. Il tè con latte e senza zucchero. Oh, e Angelina, tesoro: tua cugina Mabel ti ha cercata prima. Dovrebbe essere da qualche parte vicino ai rododendri.» Vedendo che Angelina esitava ancora, zia Elizabeth le diede un colpetto amichevole sulla spalla con il ventaglio. «Non è educato farla aspettare, dopo tutto è una delle nostre ospiti. Ora va'!» Angelina si incamminò offesa per il giardino, continuando a voltarsi verso Ralph che intanto si avviava verso la veranda, tenendo sottobraccio una zia Elizabeth dall'aria straordinariamente compiaciuta.

«Grazie, angelo mio», cinguettò zia Elizabeth allegramente, quando poco dopo Maya posò il vassoio con il tè e la fetta di torta sul tavolino basso. Poi la donna lanciò un'occhiata raggiante a Ralph e Maya dalla poltrona rivestita di tessuto rosso e oro. «Ora potete andare.» Di fronte all'espressione perplessa dei due, zia Elizabeth aggiunse risoluta: «Sono abbastanza vecchia da poter mangiare da sola, e non così tanto da aver bisogno di aiuto!» Afferrò il piatto e tagliò un boccone di torta con la forchetta. «Se fossi in voi, prenderei la porta a vetri da quella parte. Da lì si percorre il lato più lungo della casa e poi si torna in giardino.» Li congedò con un cenno di saluto dell'indice graziosamente proteso. L'espressione soddisfatta di zia Elizabeth, simile a quella di un gatto finito in una ciotola di panna, poteva derivare benissimo dalla torta al limone, come anche dalla riuscita del suo astuto piano.

Quel lato della casa era ancora in ombra e conservava in parte il freddo invernale che i delicati raggi del sole non erano riusciti a dissipare. Maya si strinse nello scialle appena uscirono, mentre Ralph richiudeva dietro di loro la porta a pannelli di vetro quadrati. «Vostra zia è fenomenale», commentò ridendo. Era questa sua risata calda e spensierata ciò che Maya amava tanto in lui. «Ogni famiglia dovrebbe avere una zia Elizabeth!»

«Già, è singolare», concordò Maya con un cenno del capo. «Purtroppo la vedo solo di rado. Mia madre non la trova particolarmente simpatica e non mi lascia mai andare a Bath a trovarla.»

«Maya», esordì Ralph prendendola delicatamente per un braccio. Il suo modo di guardarla e il sorriso nervoso che gli curvò le labbra fecero accelerare il cuore di Maya. «Spero che ora non mi giudichiate un approfittatore o un maleducato. In circostanze diverse, aspetterei ancora a sottoporvi la mia richiesta, ma alla luce della guerra imminente...» Fece un profondo respiro, e Maya sentì le sue dita tremare sul proprio braccio. «Sono deciso a chiedere la vostra mano a vostro padre domani. Ovvero... soltanto se per voi... se lo volete anche voi.»

Gli occhi di lei si riempirono di lacrime, lacrime di incontenibile gioia, che le appannarono la vista. «Certo che voglio», riuscì a dire tra una risata e un singhiozzo. Anche Ralph rise, sollevato, come se non riuscisse a credere alla propria felicità. Le accarezzò il braccio e poi le loro dita si intrecciarono in una tacita promessa. Si sporse in avanti e la baciò, e a ogni suo bacio il ricordo di quelli di Richard sbiadì, insieme al ricordo che c'era già stato un uomo intenzionato a parlare con suo padre l'indomani e che poi non lo aveva fatto. Ralph riaccese le braci che Richard Francis Burton aveva lasciato in Maya, le trasformò in un fuoco più tranquillo e costante ma altrettanto vivace di quello di un tempo. «Maya», mormorò con voce arrochita, staccandosi da lei per riprendere fiato, mentre le accarezzava la guancia con le nocche, «per il momento non potrò offrirti più di un alloggio da ufficiale tra le montagne. Sarai la moglie di un soldato e...»

«Shhh», lo interruppe lei posandogli un dito sulle labbra. «Lo so. E non mi servirà altro.» Gli gettò le braccia al collo e si strinse a lui con gli occhi chiusi, lasciandosi inondare dalla cascata di luce che avvolgeva solo loro e non proveniva dal cielo.

In quel momento avrebbe seguito Ralph dovunque, in India, oppure in Africa, o anche alla fine del mondo. Ma siccome era il pomeriggio della festa di compleanno di zia Dora a Summertown, dovette accontentarsi di tornare in giardino a distanza adeguata da lui – due passi e dieci pollici, come prescriveva l'etichetta – come se quel momento di estasi non fosse mai accaduto.

Quando la luce del sole scomparve, portando con sé il tepore primaverile, gli ospiti tornarono in casa e si gettarono sul buffet allestito in sala da pranzo. Come se fossero stati lasciati morire di fame per tutta la giornata, si lanciarono su salmone, tramezzini e crema alle erbe, su bocconcini di formaggio, roast beef e prosciutto, guarniti artisticamente con ciuffi di verdura. Fecero festa all'insalata d'astice, alle cosce di pollo arrostite e alle cotolette d'agnello nei cartocci di carta, e naturalmente, non da ultimo, ai vini dell'apparentemente inesauribile cantina di Edward Drinkwater. Nell'ampio salone d'ingresso erano state sistemate file di sedie lungo le pareti e, per fare più spazio, erano state staccate le porte dagli infissi. Da una delle stanze adiacenti provenivano le note di una piccola orchestra da camera che invitavano al ballo. In quella successiva le dame potevano depositare cappelli, scialli e mantelli e rimirarsi nei due specchi a figura intera, mentre un altro locale ancora era destinato ai gentiluomini più anziani che vi potevano sostare per parlare di politica bevendo brandy e fumando sigari.

Maya si sentiva così euforica e felice che partecipò rilassata alle chiacchiere e alle risate delle cugine e delle altre giovani della buona società. Le brillavano gli occhi e sembrava emanare luce da dentro, come se la sua pelle sprigionasse scintille non appena veniva sfiorata. Tutto a un tratto fu addirittura un fioccare di giovani che la invitavano a ballare, e chi la conosceva da precedenti ricevimenti e balli si meravigliava di come avesse mai potuto ritenere Maya Greenwood una noiosa divoratrice di libri. Persino il passabile William Penrith-Jones, invitato da zia Dora come possibile partito per le due figlie minori, Mabel e Clara, che tuttavia aveva passato tutta la giornata scodinzolando intorno ad Angelina, all'improvviso piombò in un imbarazzante dilemma per decidere a quale delle due sorelle Greenwood dare la precedenza.

«Potrei diventare quasi geloso», disse Ralph quando finalmente toccò a lui accompagnare Maya sulla pista da ballo.

«Non ce n'è alcun motivo», replicò lei ridendo mentre girava in cerchio a ritmo con la musica. Il contatto tra di loro durante il ballo, nei pochi punti del corpo concessi – mani, schiena, spalla, e mai con una superficie maggiore del palmo di una mano –, scatenò in lei un fremito.

«Allora non ti rendi conto di quanto sei bella», le bisbigliò lui all'orecchio, così vicino da risultare quasi indecente. «Non appena avremo l'autorizzazione dei tuoi genitori, partiremo per il Gloucestershire. La mia famiglia ti accoglierà subito nel cuore. Come me... ma nemmeno lontanamente così tanto.» Le sue ultime parole risuonarono così piene di tenerezza che Maya tacque per impedire che la loro eco si spegnesse prematuramente dentro di lei. Lo guardò e davanti ai suoi occhi si dipanò la sua vita futura, luminosa come le candele del lampadario, scintillante come le gocce di cristallo sopra di lei e variopinta come la nuvola di colore degli abiti tutt'intorno. Il valzer con Ralph e quella giornata sarebbero dovuti durare per sempre, ma nel contempo aspettava con ansia che giungesse l'indomani.

Quella notte, mentre dormiva esausta e beata nel suo letto a Black Hall, Maya fece un sogno che aveva già fatto spesso: era rannicchiata in una delle vetrine del padre, e le ante erano chiuse a chiave. Le sue grida d'aiuto, le sue urla non arrivavano fuori, imprigionate dagli spessi vetri ondulati. Non aveva spazio per stendere le membra, neppure per dare un pugno al vetro e romperlo. Le mancava persino l'aria. Tutte le volte si svegliava da questo sogno terrorizzata e madida di sudore, ansimando e con il cuore che le batteva forte. Questa volta, però, una figura comparve al di là del vetro, profilata d'oro dall'accecante luce del sole che abbagliò Maya. Non aveva paura, perché udì un lieve tintinnio metallico, come quello di un mazzo di chiavi, ed ebbe una certezza: in breve sarebbe stata libera.

10

Il pomeriggio seguente Maya camminava nervosa per la stanza, stringendosi e tormentandosi le mani gelate. Andava dalla porta alla finestra e viceversa, accompagnata dal costante fruscio delle gonne e dal tacchettio delle scarpe. Tutte le volte che passava davanti allo scrittoio, lanciava un'occhiata al quadrante dell'orologio che segnava indifferente il passare del tempo. A un certo punto ebbe la sensazione che la lancetta più lunga fosse addirittura tornata indietro di qualche secondo, ma naturalmente sapeva che era impossibile. Anche il campanile di St. Giles, che con i suoi rintocchi regolari scandiva il passare delle ore, quel giorno sembrava inaffidabile e lunatico. Ralph era in salotto insieme ai genitori da quasi un'ora e nessuno l'aveva ancora mandata a chiamare. «Perché ci impiega tutto questo tempo?» mormorava tra sé, per poi convincersi subito dopo: *di sicuro stanno decidendo la data. Deve essere abbastanza presto... di certo stanno parlando dei dettagli e delle formalità...* Per calmarsi, si costrinse a sedersi allo scrittoio e fece qualche respiro profondo. Gli occhi andarono sulla calligrafia minuscola e quasi indecifrabile di Richard. Era arrivata un'altra lettera da lui, che era stata accantonata senza riguardi come quella precedente, alla quale non aveva ancora risposto. Era Ralph che le rendeva tanto difficile scrivere a Richard. Finora Maya non aveva trovato il coraggio né le parole giuste per parlare a Richard di lui. Certamente anche perché ciò che c'era tra lei e Ralph le pareva troppo prezioso, troppo fragile. Nutriva il superstizioso timore di distruggerlo, se lo avesse confidato a qualcuno, in particolare a Richard Burton.

> *... come avrai intuito dall'indirizzo, mi sono trasferito a Bombay. La casa denominata Bel Air, nel quartiere di Mazagaon, appartiene a James Grant Lumsden, rispettabile consigliere dell'amministrazione di Bombay. È stato molto gentile a offrirmi questa lussuosa sistemazione per permettermi di continuare a lavorare indisturbato al mio manoscritto sull'*hajj, *il pellegrinaggio alla Mecca. Ci siamo conosciuti a bordo della nave da Aden a Bombay. Ero ancora vestito da arabo, con il turbante verde di un pellegrino, ed ero in compagnia del mio domestico africano Salmin e di un cameriere arabo. Lumsden commentò con il suo accompagnatore che «quell'arabo» aveva una faccia davvero furba, riferendosi a me, e io mi rivolsi a lui e lo apostrofai in inglese... continuo a sfruttare ogni possibilità che mi si offre per ottenere l'appoggio della Royal Geographical Society per poter organizzare finalmente una spedizione in Somalia e in Africa orientale, e spero che Lumsden possa aprirmi una nuova porta in tale direzione...*

Maya si sentì assalire da un'ondata di amarezza. Era evidente che Richard non si era neppure accorto che lei non aveva risposto alla sua ultima lettera e la cosa non sembrava preoccuparlo. Esattamente come non si preoccupava di informarsi su come stesse e che cosa facesse. «Naturale», esclamò a mezza voce in tono sarcastico, «del resto, che cosa potrebbe accadere di speciale nella mia vita! Sono una figliola ubbidiente, destinata a restarsene ad aspettare a casa che un uomo provi compassione per lei, oppure fino a diventare vecchia, rugosa e bisbetica!» Intanto Richard viveva a Bombay, scriveva del suo pellegrinaggio alla Mecca e progettava un viaggio di esplorazione in Africa. Cose che restavano precluse a Maya perché era una donna. Luoghi che la seducevano solo attraverso il suono dei loro nomi e di ciò che vi si nascondeva dietro: l'India, scintillante gioiello della corona dell'impero britannico, con i suoi colori, lo sfarzo e la sontuosità dei mogul e dei maragià. L'Africa, selvaggia, indomabile, spietata; il «continente nero» non solo per il colore della pelle delle sue popolazioni, ma anche per i pericoli che si annidavano nelle sue regioni inesplorate. L'Arabia, misteriosa e proibita, una macchia ancora bianca dietro la sottile striscia costiera. La mitica terra della regina di Saba, ricca di mirra e incenso preziosi come l'oro. Il paese di sceicchi e sultani, califfi e beduini, cammelli e dromedari. E l'immagine che l'Occidente aveva dell'impero ottomano gettava la sua luce crepuscolare e dorata su quel paese sconosciuto, di cui una parte era ancora sottomessa a Costantinopoli: un'immagine esotica e pittoresca come i corpi delle odalische dei dipinti di Ingres, gettati lascivi su ottomane di velluto, seducente e insieme ripugnante, prigioniera del tempo per l'eternità.

Richard l'aveva visto con i suoi occhi, quel paese lontano:

È strano come si possa essere catturati dallo spirito di un paesaggio che ha così poco da offrire di interessante. Dal cielo, spaventoso nella sua assoluta bellezza e nel fulgore di una luce spietatamente abbagliante, soffia un vento che ti accarezza come un leone dall'alito fiammeggiante...

Credimi, se i tuoi sensi si fossero abituati al silenzio di un viaggio attraverso il deserto, soffriresti tormenti indicibili non appena tornassi nel frastuono della civiltà. L'aria della città ti soffocherebbe e l'espressione tormentata e spenta dei suoi abitanti ti perseguiterebbe come una visione del giudizio universale... il velo, l'unico aspetto civettuolo nell'abbigliamento delle donne, nasconde un incarnato imperfetto, nasi carnosi, bocche troppo grandi e menti sfuggenti, mentre sottolinea e mette in risalto ciò che in questo paese è quasi sempre raggiante e limpido: gli occhi...

A Maya non bastava più vivere la seduzione dell'esotico attraverso le parole di Richard o i racconti di Jonathan: voleva sperimentarla con i propri sensi. La rabbia crebbe in lei, nata dall'impotenza e alimentata dalla delusione, ingiusta e cieca nel suo bersaglio. Con gesti stizziti cercò un foglio bianco, intinse la penna nel calamaio e avvicinò la punta metallica alla carta.

Black Hall, 19 marzo 1854

Mio caro Richard,

ti ringrazio per la lettera. Piena di gioiosa impazienza ti comunico che c'è una meravigliosa novità: mi sono fidanzata

si fermò, cancellò l'ultima parte della frase e la corresse:

mi sposerò

La penna si sollevò, scivolò di lato nella mano di Maya mentre fissava queste due parole, deglutendo involontariamente. Per quanto avesse desiderato poterle scrivere, ora, nere su bianco, le apparivano spaventosamente definitive. Come una via senza ritorno, e tuttavia ben misera paragonata a ciò che doveva scrivere Richard.

Trasalì sgomenta quando la quiete domenicale della casa fu interrotta da una porta che veniva chiusa seguita subito dopo da voci concitate in giardino. Gettò via la penna con un gesto incurante, causando uno schizzo d'inchiostro sulla scrivania, e si precipitò alla finestra. Vide Ralph che camminava a passo impetuoso per il vialetto di ghiaia, gesticolando energicamente, chiaramente immerso in una accesa discussione con Jonathan. Il fratello gli camminava accanto, alla fine gli posò una mano sulla spalla e lo scosse, prima di rivolgersi a lui con gesti delle mani pacati e concilianti. Si fermarono. Ralph rimase ad ascoltare, le mani sui fianchi, scrollò ripetutamente il capo e annuì, poi si passò una mano tra i capelli e fece un profondo respiro. Maya sentì un crampo attanagliarle lo stomaco. Doveva esserci stata una rottura tra i suoi genitori e Ralph, ma Maya non riusciva proprio a trovare un motivo che potesse spingere i familiari a rifiutare la sua richiesta. Aveva già la mano sulla maniglia della finestra, quando sentì bussare. Hazel comparve sulla porta e fece una riverenza. «Mr. e Mrs. Greenwood la desiderano di sotto in salotto, Miss Maya.» Maya annuì angosciata e la seguì, con movimenti meccanici, come una marionetta snodata.

In fondo al corridoio, sulla porta della sua camera, c'era Angelina, anche lei al pari di Maya spedita di sopra dopo la messa.

Di fronte all'espressione spaventata e quasi compassionevole della sorella minore, Maya comprese che Angelina non aveva la minima idea di ciò che era accaduto e di quale fosse la causa di quel trambusto. Ma, al pari di Maya, intuiva che di sotto in salotto non l'aspettava niente di buono.

«Hazel, cosa...» bisbigliò Maya mentre scendevano le scale.

La cameriera si limitò a scuotere la testa, l'espressione imperturbabile, lo sguardo tuttavia commosso. «Mi spiace, ma non posso dirvi niente, Miss Maya.»

Il modo in cui Hazel bussò con le nocche alla porta del salone annunciando la presenza di Maya con una formalità mai usata solitamente a Black Hall, fece sentire Maya come un ospite indesiderato e non una di casa. Con questa sensazione varcò la soglia, lo sguardo fisso sul tappeto orientale ai suoi piedi, e fece un inchino prima di alzare lentamente gli occhi.

La madre era seduta impettita in una poltrona girata verso la porta e si guardava le mani che teneva intrecciate in grembo, mentre Gerald Greenwood era appoggiato alla mensola del camino e masticava il bocchino della pipa spenta, fissando le fiamme scoppiettanti.

«Volevate parlarmi», disse Maya con voce roca rompendo lo spiacevole silenzio che le pesava sulle spalle e sul petto come un manto di piombo, togliendole il respiro.

Martha lanciò un'occhiata al marito e, vedendo che non aveva nessuna intenzione di prendere la parola, si schiarì la voce. «Mr... Mr. Garrett ci ha fatto l'onore di chiedere la tua mano», esordì, lo sguardo fisso su un punto non meglio precisato tra la sua ampia gonna e il tavolino da tè. Maya si sentì salire il cuore in gola per l'agitazione, la speranza e la paura. «La sua proposta ci ha, per usare un eufemismo, colti un po' impreparati. È per noi un autentico privilegio poterlo annoverare tra gli amici di famiglia. Nonostante tutti gli argomenti da lui esposti, abbiamo», un'altra occhiata di sottecchi alla schiena leggermente curva di Gerald, «abbiamo deciso di comune accordo di declinare la sua offerta.»

«Gli avete detto di no?» Maya non poteva, non voleva credere di aver sentito bene, e guardava disperata dall'uno all'altro i suoi genitori. «Ma perché?»

«Un fidanzamento non è un patto da stringere a cuor leggero, per capriccio...» rispose Martha.

«Ma noi ci amiamo!» la interruppe Maya con foga.

Martha curvò gli angoli della bocca, senza tuttavia che ne scaturisse un sorriso. «Né tantomeno in un impeto di passione. Spesso voi giovani siete convinti di sapere che cosa occorra per un matrimonio, tuttavia vi manca la lungimiranza per le cose essenziali. Ci vuole tempo per essere sicuri che esista il fondamento per una unione durevole. E questo presupposto nel vostro caso non è dato.»

«Tra poco scoppierà la guerra!» obiettò Maya disperata. La madre annuì gravemente.

«Ne siamo perfettamente consapevoli, Maya, ed è un motivo in più per non gettarsi sconsideratamente in un matrimonio precipitoso. Al contrario.»

«Papà!» Maya gettò un'occhiata supplice a Gerald, che tuttavia evitò di guardare la figlia. Si rigirò invece la pipa tra le mani, esaminandone il fornello e il bocchino, grattandola qua e là impacciato con le unghie. «Ecco», esordì con un colpo di tosse nervoso e un'espressione di tesa concentrazione, «bisogna considerare anche l'aspetto economico. La paga di Mr. Garrett non è esigua, ma non si può definire neppure generosa. Dal nostro punto di vista non è sufficiente per assicurarti uno standard di vita adeguato.» La sua voce era faticosa e incerta, come se dietro le parole pronunciate si nascondessero pensieri ed emozioni inespressi.

«Questo dovrebbe riguardare me soltanto», ribatté Maya irritata, sussultando poi quando Gerald si voltò di scatto, con un lampo di collera negli occhi che lei non gli aveva mai visto prima.

«Non ti ho insegnato greco e latino», tuonò agitando la pipa verso di lei, «non ti ho permesso di imparare l'arabo solo perché tu finisca a trascinare secchi d'acqua in una capanna dell'Hindu Kush, oppure come... *moglie al seguito*», diede un pugno sulla mensola del camino, «di un reggimento qualunque!» Come se fosse rimasto lui stesso spiacevolmente sorpreso da quello sfogo inaspettato, si schiarì la voce, infilò la mano nella tasca dei pantaloni e tornò a fissare la pipa. Poi riprese con la consueta pacatezza, «prima Ralph deve guadagnarsi le mostrine da ufficiale. Allora da parte mia potremo riparlarne.» Queste parole gli attirarono un'occhiata furibonda da parte della moglie.

«Non vi capisco», disse Maya, guardando alternativamente il padre e la madre e abbandonando l'inutile battaglia contro le lacrime. «Finora per voi era un cruccio che non si trovasse un uomo per me. Adesso che c'è e io voglio sposarmi, non vi va bene.»

«Non è quello giusto per te, Maya», rispose Martha semplicemente.

«Ma certo», ribatté la figlia con una risata amara. L'antico cruccio, la spina nel cuore che la tormentava da sempre, tornò a farsi sentire. «Per Angelina invece sarebbe andato bene, vero?» Senza aspettare la risposta della madre, si voltò di scatto, spalancò la porta e si precipitò nell'ingresso, dove in quello stesso momento erano entrati anche Ralph e Jonathan di ritorno dal giardino.

«Ralph», esclamò Maya correndogli incontro. Gli si gettò tra le braccia e si strinse a lui, provando un briciolo di consolazione, pur sapendo che le sarebbe ben presto scivolato via tra le dita.

«Maya», la voce di sua madre ruppe l'incantesimo, «contegno, per favore! Saluta come si deve Mr. Garrett e poi sali in camera tua!»

«Si aggiusterà tutto, te lo prometto», le bisbigliò Ralph all'orecchio, prima che si staccassero controvoglia, tenendosi per mano ancora un istante. Lui era serio in viso quando la lasciò. Maya annuì, si lisciò le gonne in un gesto inerme e si girò verso le scale. Avvertì gli sguardi dei presenti alle proprie spalle, quello della madre, del padre, di Ralph e di Jonathan e temette di stramazzare sotto il peso che portava. Ogni passo era indicibilmente pesante, tormentato e accecato dalle lacrime, e lei non osava guardarsi indietro, per paura di essere colpita dal destino di Orfeo.

«Ralph», sentì dire amichevolmente dal padre, «non c'è niente di personale contro di voi...» Il sangue che scrosciava nelle orecchie di Maya le impedì di sentire interi brani della conversazione tra i due. «... per un po' sarà meglio... finché non si sarà appianato... Jacob preparerà le vostre cose...»

Sul pianerottolo c'era Angelina, pallida di rabbia, gli occhi fissi come schegge di vetro azzurro, da cui si capiva che aveva visto e sentito abbastanza per comprendere. «Ti sta bene», sibilò alla sorella, «avresti dovuto lasciarlo a me e tutto questo non sarebbe successo! Ecco che cosa hai ottenuto!»

Maya si fermò davanti a lei e si asciugò le guance rigate di lacrime. Le tremava la voce, ma riuscì a rispondere in maniera composta e chiara: «Secondo te, siccome tu non potevi averlo, è giusto che non lo abbia neppure io. Ma non scordarti di una cosa: era lui che non voleva un'oca stupida come te!» Per la prima volta Angelina rimase senza parole. Annaspò, aprì e richiuse la bocca, ma Maya non provò alcuna soddisfazione per essere riuscita una volta tanto a imporsi sulla sorella. L'idea tuttavia le diede la forza sufficiente per raggiungere la sua camera. Dopo essersi richiusa la porta alle spalle, barcollò per qualche passo ancora poi crollò su se stessa. Rimase rannicchiata sul pavimento, il volto nascosto tra le mani, lasciando libero sfogo alle lacrime.

A un certo punto si rese conto vagamente che la porta si apriva in silenzio, sua madre si chinava a sollevarla e si sedeva insieme a lei sulla sponda del letto. Se Martha Greenwood avesse provato a fare la stessa cosa solo pochi istanti prima, Maya l'avrebbe spinta via da sé. Ma la rabbia ormai stava lasciando il posto alla disperazione e, nel turbine di infelicità che l'attirava verso l'abisso, ciò che le serviva adesso era una spalla su cui piangere, fosse anche quella di sua madre. «Su, su, ragazza mia», mormorò Martha nella chioma bruna della figlia, cullandola tra le braccia come non faceva più da quando era piccola.

Martha era rimasta turbata dal rimprovero di Maya, secondo la quale avrebbe accettato Ralph come genero se avesse chiesto la mano di Angelina. Era la verità. Non ora, ma tra uno o due anni, quando Ralph fosse salito un po' di grado, diventando capitano o maggiore, e Angelina avesse abbandonato quei modi spesso ancora infantili, superando anche i suoi sbalzi d'umore. Il fatto di non essere riuscita, nonostante le precauzioni prese, a tenere Ralph e Maya a distanza quel tanto da evitare l'odierna tragedia, rappresentava per Martha una sconfitta personale. Ciò che attirava i due giovani era agli occhi di Martha una miscela infiammabile di opposti, irresistibile ma raramente durevole. Forse addirittura pericolosa, quando si accendeva nell'esaltazione giovanile. Anche Martha Bentham era stata giovane, aveva ballato e flirtato e baciato di nascosto giovani attraenti. Era stata a un passo dal compiere uno scivolone imperdonabile nella buona società, ma poi aveva avuto il buon senso di cedere al quieto e tenace corteggiamento del professore vedovo. Una scelta che non aveva mai rimpianto in quei ventiquattro anni.

Avrebbe voluto dire a sua figlia che l'amava allo stesso modo di Angelina, ma sarebbe stata una bugia. Maya le era sempre stata e rimasta estranea, molto più di Jonathan, che non aveva portato in grembo nove mesi e non aveva messo al mondo. Con Jonathan, quel timido bambino di quattro anni, era stato facile accettarlo per come era, per *quello* che era: il figlio di Gerald e della prima moglie Emma morta da due anni. Maya però, *la sua* bambina, era esattamente come la madre di Gerald, aveva ereditato la propensione dei Greenwood alla caparbietà insieme all'intelligenza e alla sete di conoscenza del padre. Sembrava quasi che il corpo di Martha avesse avuto una funzione di mero contenitore, senza trasmettere alla creatura che vi cresceva dentro alcunché della propria indole. Sconcertata aveva visto Maya staccarsi con impeto da lei, gli occhi sgranati e le braccia spalancate, per precipitarsi piena di raggiante curiosità verso il mondo non appena aveva imparato a camminare, più veloce di quanto la portassero le sue gambette, più veloce della bambinaia che non riusciva a starle dietro. Martha ringraziava spesso il signore che questa figlia fosse diventata grande senza rotolare dalle scale o rompersi l'osso del collo cadendo da un albero in giardino. Non come il figlio, che aveva dato alla luce un anno dopo il matrimonio e che era stato troppo debole per superare i primi mesi di vita.

In certi momenti Maya si dimostrava particolarmente taciturna e introversa, e allora Martha Greenwood si sentiva in colpa per averle imposto tanto presto redini così rigide. Ma Martha sapeva anche che quello non era un mondo dove una donna adulta potesse partire e vivere come preferiva. E il pericolo che Maya potesse rompersi il collo per la sua indole impulsiva, la sua sete di conoscenza e di emozioni non era ancora del tutto eliminato. Martha Greenwood si preoccupava per quell'estranea che era sua figlia. Era un'ansia che non manifestava mai di fronte a Maya, perché sapeva che a vent'anni il mondo si vede in maniera del tutto diversa che a quarantuno. Quando si accorse che i singhiozzi della figlia si erano calmati, la scostò dolcemente da sé, le accarezzò il volto rigato di lacrime e disse soltanto: «Domani sarà tutto diverso, lo sai?» Maya assentì senza convinzione e prese il fazzoletto che la madre le porgeva alzandosi.

«Domani no», bisbigliò Maya con la voce rotta, mentre la porta si chiudeva alle spalle di sua madre, «ma tra sei settimane, quando compirò ventun anni e non avrò più bisogno della vostra autorizzazione.»

Le lancette dell'orologio del destino, tuttavia, sarebbero avanzate ben più velocemente di quanto Maya potesse immaginare quella domenica mattina. Nove giorni dopo, il 28 marzo, la Gran Bretagna in alleanza con la Francia dichiarò guerra alla Russia. E due giorni dopo arrivò a Black Hall l'ordine scritto che intimava all'*ufficiale medico Jonathan Alan Greenwood, nato il 17 giugno 1826*, di presentarsi entro quattro settimane al quartier generale del primo battaglione della *Rifle Brigade* a Walmer, Kent.

11

«È escluso!» Jonathan alzò le mani in un gesto di rifiuto, si appoggiò allo schienale della sedia e premette i palmi contro l'angolo smussato del tavolo, quasi volesse innalzare una barriera protettiva tra sé e Ralph. «Farle arrivare delle lettere di nascosto dei miei genitori è una cosa, ma ciò che ora mi chiedi...» Prese la tazza di tè scrollando il capo e se l'avvicinò alle labbra.

Ralph abbassò lo sguardo sulla propria tazza, l'afferrò per il manico e la fece girare avanti e indietro sul piattino. «Come sta?» domandò a bassa voce, in tono trepidante. Jonathan non rispose, fissando ostinatamente la pioggia che scrosciava oltre la tenda di tulle, imperlando il vetro della finestra. Quell'aprile non era molto migliore del marzo che l'aveva preceduto, e solo di rado il manto di nubi si squarciava inondando di sole le guglie di Oxford.

Erano passate più di tre settimane da quella domenica in cui Mr. e Mrs. Greenwood avevano rifiutato la richiesta di Ralph ed egli era partito sconsolato da Oxford per tornare nel Gloucestershire. Tre settimane in cui a Black Hall era tornata una parvenza di normalità, a prescindere dall'inconciliabile silenzio che regnava tra Maya e Angelina. La cosa tuttavia non aveva un grande peso nella vita quotidiana, visto che Maya non usciva quasi mai dalla sua camera, evitava i pasti oppure vi prendeva parte senza entusiasmo. Trascorreva giornate intere a guardare fuori dalla finestra, vedendo chissà che cosa, con un libro in mano che non leggeva mai.

«Non sta bene», rispose infine Jonathan cominciando a sbriciolare distrattamente la focaccina che non aveva ancora toccato. «È taciturna, sembra pietrificata. Ha abbandonato persino le lezioni di arabo con il professor Reay. Neppure io riesco a scuoterla.» Con la punta delle dita spostò qua e là nel piatto alcune briciole. «Non so che cosa succederà quando sarò partito», mormorò perplesso.

«Allora devi aiutarci», lo implorò Ralph appoggiando i gomiti al tavolo. «Non per me, ma per il bene di Maya.»

Jonathan fissò a lungo l'amico. Anche Ralph aveva ricevuto la sua chiamata alle armi, anch'egli nella *Rifle Brigade*. Jonathan sapeva che per Ralph era un piccolo sogno che si avverava.

Quel reggimento, comandato dal principe consorte Alberto, godeva di un'ottima fama. Era stato il primo reggimento dove era stata eliminata la frusta come misura disciplinare, in cui era stata introdotta l'usanza che gli ufficiali mangiassero regolarmente con i loro uomini, per creare un'atmosfera familiare e rinforzare l'affiatamento. Venivano organizzati con regolarità tornei di tirassegno e sportivi e venivano assegnati riconoscimenti interni per stimolare l'ambizione dei soldati. Le «cavallette», come erano soprannominati i soldati del reggimento a causa dell'uniforme verde scuro con i fregi neri, erano tiratori di prima qualità che operavano in coppia oppure da soli fuori dallo schieramento di battaglia. La *Rifle Brigade* si era guadagnata grandi onori nelle guerre napoleoniche con il suo antico nome di *95th Rifles*, *95° Fucilieri*. Leggendaria era la storia di un soldato che, durante i combattimenti nella penisola iberica, aveva ucciso con il suo fucile Baker un generale francese da diverse centinaia di metri di distanza e subito dopo aveva eliminato anche un altro francese accorso in aiuto del suo generale. In tempi più recenti i *Rifles* si erano distinti anche nelle due guerre in Sudafrica.

Jonathan tuttavia non vedeva segni di giubilo né di orgoglio per l'assegnazione ricevuta sul volto di Ralph. Era pallido, lo sguardo insolitamente serio: sembrava molto preoccupato e sfinito, come se non si fosse trasferito semplicemente dal Gloucestershire a Oxford, bensì avesse fatto il giro del mondo. Nelle settimane precedenti Jonathan si era prodigato volentieri come *postillon d'amour* tra i due. Ma aveva ritenuto più saggio attenersi alla richiesta dei genitori di sospendere per un certo tempo ogni comunicazione tra Ralph Garrett e Black Hall in generale, almeno finché gli animi non si fossero placati.

«Se... se dovessi restare ucciso», Ralph deglutì e allontanò da sé con un dito la zuccheriera, spingendola prima verso sinistra, poi verso destra, «almeno saprei che Maya è indipendente e tutelata. Certo, soltanto con una piccola pensione e la modesta somma che ho ereditato, ma è sempre meglio di ciò che avrebbe ora.»

«Nel caso, e dico *nel caso*, dovessi aiutarvi», sottolineò Jonathan brusco, mentre Ralph a quelle parole alzava la testa speranzoso, «che cosa ne sarà di Maya mentre sei in battaglia?»

Ralph alzò le spalle, continuando a spostare la zuccheriera sul tavolo. «Può vivere con la mia famiglia a Montpellier House. Sono sicuro che lei e Isabel andranno d'amore e d'accordo. Oppure verrà con me.» La consuetudine di autorizzare soldati di ogni rango a farsi accompagnare da mogli e figli, che per la durata della guerra vivevano dietro le linee del fronte, non era rara e anzi incoraggiata dallo stato maggiore. Jonathan personalmente la trovava un'usanza discutibile: secondo lui donne e bambini non c'entravano niente in uno scenario bellico. «Sarà lei a decidere», proseguì Ralph. «La guerra comunque non durerà a lungo, e poi tornerò in India con lei.»

Jonathan fece un profondo respiro e appoggiò i gomiti sul tavolo, passandosi le mani sul viso nell'inutile speranza di chiarirsi le idee. Ralph era partito da Cheltenham in anticipo, per poter compiere questa deviazione a Oxford. Un valletto dell'hotel Angel di High Street aveva informato Jonathan, che era andato a prendere l'amico lì e, in ricordo di tempi più felici, si erano recati insieme da *Boffin's*, dove Ralph gli aveva sottoposto questa spinosa richiesta.

«Non ti comporteresti esattamente allo stesso modo, se si trattasse di te e Amy?»

Jonathan lo guardò allargando le dita, poi sbuffò e incrociò le braccia sul petto. «Non saprei. La nostra situazione è completamente diversa.»

Frederick Symonds apprezzava pieno di benevolenza la corte che il giovane Greenwood faceva a sua figlia. Di professione chirurgo, ammirava molto l'aspetto e il carattere di Jonathan e la sua estrazione familiare. Non appena Jonathan avesse concluso il proprio dovere nei confronti della patria, Symonds lo avrebbe aiutato volentieri a intraprendere la carriera di chirurgo e poi gli avrebbe dato la sua autorizzazione al fidanzamento. Sebbene Amy avesse cominciato a risvegliare in lui la sua parte romantica, Jonathan restava principalmente una persona razionale. Per questo considerava la fuga d'amore come un gesto che potevano compiere solo i personaggi degli antiquati romanzi di quella Miss Austen, che zia Elizabeth leggeva con tanto entusiasmo. «Non puoi almeno aspettare fino al compleanno di Maya il primo maggio? A quel punto avrà ventun anni e potrete sposarvi ufficialmente in Inghilterra senza bisogno dell'autorizzazione dei miei genitori.»

«Devo presentarmi in caserma entro il 30 aprile, e nessuno sa quando partiremo, se nel giro di poche settimane o dopo mesi. I primi contingenti sono già per mare. In ogni caso, anche se i tiratori scelti in genere sono gli ultimi a partire, dopo la fanteria e la cavalleria, dopo le munizioni e le provviste, ci sarà un periodo di addestramento. Non sarà possibile prendere una licenza per questioni private come un matrimonio, e invece a me piacerebbe poter trascorrere qualche giorno indisturbato insieme a Maya. Inoltre, non vorrei che mi fraintendessi, non ho niente contro i tuoi genitori, ma siccome insisteranno nel loro no potrebbero benissimo riuscire a impedire il matrimonio nel periodo tra le pubblicazioni e la cerimonia.»

Jonathan si appoggiò alla spalliera con un sospiro, allungando le gambe sotto il tavolo. «Non vorresti almeno chiederle prima se sia d'accordo a compiere un gesto così folle?»

Ralph guardò il tè ormai freddo rimasto nella tazza. «Sono pronto a farmi trovare davanti alla vostra porta già stasera. Basterà che lei varchi la soglia. Se non verrà, proseguirò direttamente per Walmer.»

Jonathan guardò di nuovo fuori dalla finestra, osservando i passanti con gli ombrelli, le carrozze che spruzzavano acqua dalle ruote. Alla fine si voltò verso Ralph. «Lasciami pensare. Almeno fino a domani.»

«Perché dobbiamo andare in giardino?» brontolò Maya il giorno successivo, afferrandosi con una mano alla maniglia, mentre Jonathan la tirava implacabile per l'altro braccio.

«A prendere una boccata d'aria fresca, pigrona, visto che una volta tanto non piove e c'è il sole!» Brontolando sottovoce, Maya si lasciò trascinare dal fratello sul vialetto di ghiaia, dove lui la prese sottobraccio, accarezzandole il dorso della mano. «Da brava, così, bisogna obbedire al fratello dottore!»

«Presuntuoso», ribatté Maya contrariata, senza tuttavia riuscire a nascondere un sorriso. La ghiaia scricchiolava sotto le loro scarpe, mentre sopra le loro teste merli e storni salutavano cinguettando la tregua dalla pioggia. Il clima umido aveva fatto crescere l'erba e le gocce d'acqua lasciate dall'ultimo temporale scintillavano al sole, mentre i rami degli alberi e dei cespugli erano ricoperti di teneri germogli. Maya chiuse involontariamente gli occhi e inspirò a fondo, gustando il profumo di terra bagnata, foglie fresche e aria pura, lasciando che il calore del sole le accarezzasse la pelle.

«Maya.» Si fermò con aria interrogativa quando Jonathan fece altrettanto e si girò a guardarla. Lui fece vagare lo sguardo per il giardino, poi le accarezzò le braccia, aprì la bocca per parlare, ma per un po' non riuscì a trovare le parole giuste «Ammettiamo che», cominciò esitante, prendendole le mani. «Ammettiamo che lì...» e indicò il cancello di ferro battuto che dava su Black Hall Road, «... che lì stasera si trovi una carrozza con Ralph a bordo, pronto a portarti via con sé. Che cosa faresti?»

Maya corrugò la fronte, senza capire e in preda alla collera, pronta a rinfacciargli di porle una domanda così assurda e del tutto ipotetica. Poi però comprese. «È qui? A Oxford?»

Il fratello annuì. «Da ieri. È in procinto di partire per il

Kent, dove si arruolerà nel mio stesso reggimento.» Il volto di Maya si illuminò di speranza, felicità, nostalgia, una gamma di emozioni che diedero nuova vita alla sua espressione. Questa reazione confermò Jonathan nella decisione che aveva preso nelle prime ore del mattino, dopo una notte insonne passata a rimuginare prima di andare a trovare Ralph all'Angel. «Ti aspetterà stanotte fuori dal portone, Maya, e mi ha dato la sua parola d'onore che si recherà immediatamente oltre confine, in Scozia, dove potrete sposarvi, se vorrai andare con lui.»

Maya fece un profondo respiro. «Eccome se voglio!»

«Bene, allora ascolta: ho già preso una borsa da viaggio dal ripostiglio. Te la porterò più tardi, così potrai riempirla. Non potrai portarti dietro molte cose, ma almeno lo stretto necessario per qualche giorno. Quando sarà sera nasconderò la borsa sotto il muro in giardino, così da poterla prendere all'arrivo di Ralph.»

Maya guardò prima verso casa, poi le mani sue e di Jonathan che erano intrecciate. «Che cosa diranno mamma e papà, quando si scoprirà che mi hai aiutato?»

«Il massimo che possono farmi è diseredarmi», replicò Jonathan con aria furba, accarezzando poi la guancia di Maya. «Non lo verranno a sapere. Almeno io non ho intenzione di dirglielo. Lascia un biglietto sul tuo scrittoio che sei fuggita con Ralph, per non farli preoccupare troppo.» Maya fece un cenno d'assenso e lui l'abbracciò. «E poi dopodomani partirò anch'io. Prima che torni dalla guerra, le acque si saranno sicuramente calmate.»

Maya si liberò lentamente dal suo abbraccio e lo guardò con espressione seria. «Che cosa ne sarà di te e Amy?» la sua fuga avrebbe compromesso l'onore della famiglia, questo Maya lo sapeva dai commenti bisbigliati a mezza voce dietro il ventaglio che aveva sentito durante i ricevimenti per il tè di sua madre.

Jonathan sorrise e le scostò una ciocca di capelli dalla fronte. «Non preoccuparti. Amy ha promesso di aspettarmi e non riesco proprio a immaginare che Mr. Symonds se la prenda con me per colpa della mia avventata sorella.» Tornò serio e la fissò insistentemente, quasi volesse imprimersi nella memoria ogni particolare del suo volto. «Ora l'unica cosa importante è che tu sia finalmente felice. Hai aspettato fin troppo.» Si staccò da lei e le offrì galante il braccio. «Ora vieni, facciamo un giro come si deve in giardino, affinché la nostra copertura sia perfetta.» Gettò la testa all'indietro e guardò il cielo dove un nuovo fronte nuvoloso si stava avvicinando, riducendo e inghiottendo gli sprazzi d'azzurro. «Tra poco ricomincerà a piovere.»

«Maya!» Gerald Greenwood alzò la testa sorpreso, quando dei colpetti discreti allo stipite della porta del suo studio lo strapparono alle sue riflessioni. Come sempre aveva dimenticato di chiudere la porta e questo immancabilmente avrebbe causato il mattino dopo le proteste di Martha perché tutta la casa si era riempita dell'odore della pipa. Gerald si tolse la pipa dalla bocca e guardò la figlia oltre il bordo degli occhiali che da poco era costretto a usare per leggere. «Che cosa ti porta qui a quest'ora tarda?»

«Posso sedermi con te a leggere un po'?»

«Certo, bambina mia, certo!» Con la pipa indicò le poltrone di fronte alla scrivania, prima di chinarsi nuovamente a consultare i libri e gli appunti che aveva davanti. «Mettiti pure comoda.» Maya attraversò la stanza, scelse un libro a caso dagli scaffali che rivestivano le pareti, accese la lampada sul tavolino e si rannicchiò in un angolo del divano. Aprì il libro alla prima pagina, ma il suo sguardo e la sua mente erano altrove, mentre la pendola in un angolo dietro la scrivania segnava con il suo lieve ticchettio il trascorrere delle ultime ore di Maya a Black Hall. Il rivestimento rosso del divano e delle due poltrone era consumato dai molti studenti che nel corso degli anni li avevano occupati, agitandosi nervosi, durante le animate discussioni serali con suo padre e altri docenti. Tracciò con un dito i contorni di una macchia. Era quella di una tazza di cioccolata calda che da bambina aveva rovesciato e che non era mai stata ripulita del tutto. Reclinò il capo sulla spalliera e guardò il padre, che leggeva e scriveva alla luce della lampada, fumando assorto e soffiando nuvolette di fumo per la stanza, spargendo l'aroma di vaniglia che da sempre Maya legava indissolubilmente a lui. Soffriva al pensiero di dovergli dare un tale dolore, e neppure il fatto che anche lui si fosse opposto al matrimonio con Ralph la faceva sentire meglio.

Trasalì quando i rintocchi attutiti della pendola segnarono l'ora, subito dopo confermata anche dal campanile di St. Giles. Gerald Greenwood posò la pipa ormai fredda nel portacenere, sbadigliò e si stirò. «Non fare troppo tardi, angelo mio», le consigliò, andandole vicino e chinandosi a baciarla sulla guancia.

«Stai tranquillo», bisbigliò Maya, abbracciando il padre e stringendosi a lui, mentre cercava di trattenere faticosamente le lacrime che bruciavano negli occhi.

Gerald la guardò sorpreso mentre si staccava. Aveva notato qualcosa di diverso in sua figlia quella sera: era stata particolarmente gentile con la servitù, tenera con sua madre e si era persino spinta a scambiare qualche parola con Angelina. Fu invaso da un grande sollievo mentre gli posava la mano sotto il mento e le accarezzava la guancia con il pollice. «Mi fa piacere vedere che ti senti meglio», mormorò baciandola teneramente sulla fronte. «Buonanotte, Maya.»

«Buonanotte, papà», rispose Maya soffocata da un terribile groppo in gola.

La casa era silenziosa, al punto che Maya sentiva il battito del proprio cuore, molto più veloce della pendola. Jonathan sarebbe sceso a prenderla tra poco. La borsa da viaggio era già in giardino da prima di cena, al riparo sotto il muro. Non era riuscita a metterci molto, ma del resto non era molto ciò di cui aveva bisogno: un abito pulito, un cambio di biancheria e calze, una camicia da notte con vestaglia, la spazzola e altri articoli da bagno, lo scialle indiano e un plico di lettere, quelle di Ralph e Richard, nonostante tutto, legate da un nastro di seta. Lo stomaco di Maya brontolò inquieto, per la gioiosa aspettativa e la paura. Presto, molto presto, sarebbe stata insieme a Ralph, questa volta per sempre, e al suo fianco avrebbe iniziato una nuova vita piena di avventure. Tuttavia una parte di lei desiderava poter restare lì, non dover rinunciare a tutto ciò che conosceva.

Alzò gli occhi quando scorse una sagoma muoversi sulla soglia. Era Jonathan, che aveva sceso le scale così di soppiatto che lei non lo aveva neppure sentito arrivare. Fece un profondo respiro e si alzò, prese il lume e seguì il fratello per gli ambienti della notturna Black Hall, che da quel momento non sarebbe più stata casa sua.

Si gettò sulle spalle il mantello che Jonathan le aveva portato, abbassandosi il cappuccio sul viso mentre scivolavano fuori dalla porta del giardino. Fuori diluviava: la pioggia scrosciava sulla ghiaia e sul prato, riempiva le pozzanghere appena formate, gorgogliava nelle grondaie della casa. Il lume, che Jonathan cercava di proteggere con una mano, non riusciva a rischiarare quella umida tenebra e il cammino fino al cancello del giardino a Maya parve interminabile.

Quando Jonathan aveva sistemato la borsa accanto al muro, aveva anche aperto il cancello che Jacob aveva l'abitudine di chiudere scrupolosamente ogni sera. Maya dovette solo tirarlo a sé. A pochi passi di distanza, illuminata da due lanterne, c'era ad aspettare la carrozza chiusa a quattro ruote con un tiro a due e un vetturino dall'aria torva esposto alla pioggia che gli scorreva dalla tesa del cappello e dal voluminoso pastrano. Jonathan aprì lo sportello e Ralph li guardò, prese la sacca di Maya e la sistemò sotto il sedile. Maya gettò le braccia al collo del fratello. «Grazie, grazie mille», bisbigliò baciandolo sulla guancia. Lui aveva la faccia bagnata, sapeva di sale, e lei non poteva dire di chi fossero le lacrime che si mescolavano alle gocce d'acqua.

«A presto, abbi cura di te», replicò lui con voce arrochita, la strinse un'ultima volta a sé, poi si staccò e l'aiutò a salire in carrozza.

Ralph strinse la mano dell'amico. «Grazie, Joe, non lo dimenticherò mai.»

Jonathan fece un cenno d'assenso. «Abbi cura di lei, altrimenti te ne farò pentire amaramente!»

Un sorriso sornione passò sul volto di Ralph. «Ti do la mia parola. Ci vediamo a Walmer!» Jonathan richiuse lo sportello e alzò la mano in un gesto di saluto mentre il cocchiere schioccava la frusta e la carrozza si metteva in movimento lungo Black Hall Road, diretta verso i campi che circondavano la città.

Maya si tolse il cappuccio e guardò fuori dal finestrino posteriore Jonathan che si allontanava: un'ombra allungata davanti al muro, illuminata dall'alone della lanterna. Sembrava quasi che fosse lì di guardia, per indicare la via di casa alle anime smarrite. Quando la carrozza infine curvò e dal finestrino non si vide altro che l'oscurità della notte, Maya si voltò sul rigido sedile di pelle, si tolse il mantello bagnato e lo mise da parte. Ralph aveva aspettato con pazienza che lei gli rivolgesse la propria attenzione. Per diverso tempo rimasero a guardarsi in silenzio, due sagome nell'abitacolo buio. Poi Maya sentì le mani di Ralph accarezzarle lievi il contorno del viso, come se fosse cieco e dovesse assicurarsi della sua reale presenza. La baciò, sulla fronte, sulle guance, sulla bocca, come per gratitudine, e Maya dimenticò completamente il dolore dell'addio. Si spostò nel suo abbraccio, si scaldò contro di lui mentre il tamburellare della pioggia sul tetto, il ritmo regolare delle ruote e degli zoccoli la cullavano. *Stiamo insieme... ora è tutto a posto... tutto a posto... tutto a posto...*

Si lasciarono alle spalle Oxford con le sue torri, oltrepassarono Summertown addormentata, e proseguirono nella notte in direzione di Birmingham, dove il mattino successivo avrebbero preso il treno per raggiungere Gretna Green oltre il confine con la Scozia.

12

Salirono di corsa i gradini consumati sotto la lisa passatoia verde, ridendo attraversarono il corridoio e si lasciarono cadere ansimando contro la porta laccata di bianco della camera d'albergo.

«Tieni questo, per favore.» Maya prese ubbidiente il certificato di matrimonio firmato che Ralph le porgeva, mentre lui spalancava la porta. «No, aspetta», le ordinò ridendo quando Maya fece per entrare in camera. L'afferrò per la vita e la sollevò da terra. «Facciamo come si deve, altrimenti potrebbe portarci sfortuna», spiegò ammiccando mentre trasportava Maya oltre la soglia e richiudeva la porta con un calcio che la fece sbattere sonoramente. «Ah, molto bene, champagne come ordinato!» esclamò, rimettendo delicatamente a terra Maya accanto al tavolo rotondo davanti al camino. Mentre Ralph prendeva la bottiglia dal cestello del ghiaccio e armeggiava per stapparla, Maya posò il certificato sullo scrittoio accanto alla porta, insieme al bouquet nuziale, un modesto mazzolino di viole e primule che le avevano venduto per pochi soldi alcuni bambini sulla via per la bottega del fabbro, come erano soliti fare con le coppie giunte in paese per sposarsi.

Maya si guardò intorno per la stanza mentre si toglieva i guanti. Era stato tutto così repentino e non aveva avuto ancora modo di esaminare i dettagli della camera che nel tardo pomeriggio aveva lasciato ancora come Miss Greenwood e nella quale ora tornava come donna sposata. Si toccò involontariamente la sottile vera d'oro che Ralph aveva acquistato a Oxford prima della loro fuga e che le stava leggermente larga.

La tappezzeria rossa era un po' sfrangiata in alcuni punti sotto il soffitto, in altri si staccava dalle pareti e faceva a pugni sia con il verde delle tende dell'unica finestra sia con il sottile tappeto blu e giallo all'ingresso. Intorno al tavolino rotondo erano sistemate due poltrone, così consumate che sotto il rivestimento si vedeva l'imbottitura di crine di cavallo. Il bagno era piccolo e angusto, ma pulito. Sulla parete di fronte troneggiava il letto enorme, di legno scurissimo, con colonnine tornite e una soffice trapunta di piuma, fiancheggiato da due semplici comodini di un marrone rossiccio.

Dopo il lungo viaggio, durato complessivamente due notti e un giorno e mezzo, si erano fermati solo per lasciare i bagagli, e Maya ne aveva approfittato per darsi una rinfrescata mentre Ralph l'aspettava premurosamente fuori dalla stanza. Poi si erano recati alla bottega del fabbro tenendosi per mano. Nel piccolo laboratorio punteggiato di bianco con il tetto spiovente, il fabbro aveva messo da parte martello e pinze e, alla presenza della moglie e del figlio come testimoni, aveva sposato Maya e Ralph sopra l'incudine. Esattamente come da cento anni facevano innumerevoli coppie di fronte ai fabbri scozzesi. Coppie provenienti dall'Inghilterra, perché in Scozia era possibile sposarsi senza autorizzazione dei genitori anche prima di ventun anni e soprattutto senza grandi formalità: non occorreva procurarsi una licenza in anticipo né aspettare che almeno per tre domeniche di fila le pubblicazioni esposte nella chiesa corrispondente annunciassero le nozze. Secondo il diritto scozzese, era valido ogni voto nuziale pronunciato alla presenza di almeno due testimoni, ma quello preferito era il matrimonio celebrato da un fabbro. Infatti, questo artigiano che di solito fondeva saldamente metallo con metallo rovente, doveva unire in maniera indissolubile i promessi sposi come «sacerdote dell'incudine». E, siccome Gretna Green era il paese scozzese più facilmente raggiungibile dall'Inghilterra, era anche il luogo dove si recava la maggior parte delle coppie. Il paese si era attrezzato al meglio per celebrare matrimoni e lune di miele, soprattutto per le persone poco abbienti.

Il colpo del tappo distolse Maya dai suoi pensieri e Ralph le offrì uno dei due calici. «A noi», brindò festoso.

«A noi», ripeté Maya. I bicchieri si toccarono con un lieve tintinnio e lo champagne le solleticò la lingua, scorrendole poi pungente per la gola.

Ralph fece una smorfia e osservò disgustato il contenuto del suo bicchiere. «Fa veramente schifo!» Sollevò la bottiglia dal cestello ed esaminò l'etichetta con aria perplessa.

Maya gettò la testa all'indietro e rise. Ne aveva bevuto solo due sorsate, e tuttavia si sentiva già alticcia. «Che cosa ti aspettavi? Dopotutto siamo a Gretna. Qui vengono a sposarsi quelli che antepongono l'amore a un banchetto sontuoso! Chi viene qui non può permettersi champagne costoso.»

Ralph la guardò con un sorriso appena abbozzato. «Hai ragione.» Le tolse di mano il bicchiere, lo posò insieme al proprio sul tavolino e la cinse in vita per stringerla a sé. «Per questo», la baciò brevemente sulle labbra, «invierò domani stesso un telegramma al mio futuro colonnello per chiedergli, in qualità di tenente appena sposato, di spedirmi quassù la paga e di metterci a disposizione un alloggio confacente.»

«Ah, ora capisco perché volevi sposarmi in tutti i modi», lo stuzzicò Maya tenendolo abbracciato. «Lo hai fatto solo per i soldi!»

«Certo», confermò Ralph con convinzione, poi le fece piegare il busto leggermente all'indietro, la fece dondolare da una parte all'altra mentre la baciava teneramente sul collo, «è per questo che mi sono cercato una ricca ereditiera.» Assunse un'espressione pensierosa. «Non sarà che mi sono sbagliato?» La sollevò da terra ridendo e la fece girare in aria, mentre Maya lanciava gridolini divertiti e si univa alla sua risata quando tornò con i piedi sul pavimento. Ralph la strinse a sé, sfiorandole la fronte con la propria. «Voi mi togliete il respiro, Mrs. Garrett», mormorò. La felicità di Maya non avrebbe potuto essere più completa.

Il fuoco nel camino gettava la sua misteriosa luce rossastra su di loro, avvolgendoli nell'ombra. Stavano in silenzio, tutto era stato detto, dopo che, davanti a un semplice piatto a base di pane contadino, formaggio e vino, seduti per terra come a una scampagnata, avevano festeggiato se stessi e brindato alla loro astuzia e al loro coraggio, e si erano scambiati ripetutamente la promessa che niente e nessuno li avrebbe mai separati. Sdraiati sul tappeto, si erano tolti le scarpe e Maya aveva posato la nuca sul braccio di Ralph. Era come se indugiassero entrambi, per assicurarsi a vicenda di avere oramai tutto il tempo che volevano. Quasi volessero godere la consapevolezza di non commettere niente di proibito mentre se ne stavano lì abbracciati, inebriati dall'audacia di quell'avventura. Ci furono tenere carezze: le dita di Maya che sfioravano il volto di Ralph e il suo collo, le labbra di lui si posavano sui suoi palmi, costellandoli di baci molto più teneri di quelli che dava alla sua bocca, con i quali la inondava di un calore che la incendiava da capo a piedi, per concentrarsi al centro del suo corpo dove raggiungeva letteralmente il punto di fusione. A un certo punto si fermarono entrambi a riprendere fiato, e allora Maya lo allontanò da sé e si mise a sedere. Si sfilò una alla volta le forcine dai capelli, lasciandole cadere a terra incurante, poi scrollò la testa finché la chioma scura le ricadde liberamente sulla schiena, quindi si girò verso Ralph. Lui la guardava in silenzio, con un'espressione simile a quella che aveva avuto prima di cena a Black Hall, quando si erano guardati negli occhi per la prima volta. Maya si alzò e, senza che lui opponesse resistenza, lo prese per mano e lo condusse fino al letto.

«Aspetta», sussurrò quando lui cercò di slacciarle il corpetto del suo abito blu. «Voglio farlo io.» Slacciò uno dopo l'altro i bottoni di stoffa e liberò i ganci che fissavano la gonna dall'interno. Si sfilò il giubbino aderente dalle ampie maniche, fece scivolare via dalle braccia le mezze maniche con il pizzo intorno ai polsi, sbottonò la camicetta smanicata con la passamaneria e i pizzi e se la tolse dalla testa. Slacciò la chiusura posteriore della sopraggonna, disfece i nastri della sottogonna e lasciò cadere tutto insieme per terra in una voluminosa nuvola di tessuto che scavalcò con un passo. Con abili gesti slacciò i nastri del busto, lo sganciò sul davanti e lo gettò da parte. Si mise seduta sulla sponda del letto con indosso solo la camiciola e i mutandoni, sollevò i volant che le arrivavano al polpaccio e arrotolò le calze che scivolarono sul pavimento. Poi guardò Ralph e protese una mano verso di lui. Si lasciarono cadere insieme sul letto, i capelli di Maya sembravano d'ebano sulle lenzuola candide e inamidate nella luce tremolante della stanza.

«Sei così bella», bisbigliò lui percorrendola prima con lo sguardo e poi teneramente con le mani che tracciarono i contorni del suo corpo: i seni pieni con i capezzoli scuri sotto il tessuto leggero di batista, la vita sottile, la curva dei fianchi.

«Hai avuto... hai avuto già molte donne?» domandò lei piano.

Lui si bloccò, come se si fosse scottato le dita, poi un sorriso impacciato gli illuminò il volto. «Qualcuna, effettivamente.» Ebbe un attimo di esitazione, poi tornò a sporgersi su di lei. «Ma nessuna era come te.» La baciò, con più impeto, più trasporto di prima, lasciandola senza fiato e insieme anelante. Maya credeva di avere la febbre, mentre gli sfilava le bretelle dalle spalle. Dopo tre bottoni perse la pazienza e preferì sfilargli la camicia direttamente dalla testa, poi armeggiò con la chiusura dei pantaloni. Proruppe in un'esclamazione di sorpresa e di meraviglia. Il fisico di Ralph assomigliava effettivamente a quello di una statua di marmo dorato: sodo, freddo e liscio, le spalle larghe, i fianchi stretti, muscoli e tendini ben modellati.

Maya dimenticò tutto ciò che aveva letto in proposito delle lettere di Richard e nei libri di anatomia del fratello che egli era solito lasciare distrattamente aperti in camera sua durante le ferie. Esaminò piena di stupore il corpo così diverso dal suo, così chiuso in se stesso, così duro, laddove il suo era morbido. Ciò che aveva letto non l'aveva minimamente preparata all'effetto che potevano fare insieme bocche, lingue, mani sulla pelle nuda, né alle sensazioni indescrivibili, al brivido travolgente che l'assalirono. Non c'era niente di paragonabile al calore e al desiderio che la sciolsero e la disfecero. Era pronta a quello che sarebbe accaduto, quando Ralph si sdraiò sopra di lei, le fece allargare le gambe, alla pressione, la lacerazione, e tuttavia trattenne il fiato con uno spasimo quando lui la penetrò, perché provò dolore e subito dopo una sensazione meravigliosa.

Niente e nessuno tuttavia l'avevano preparata al fatto che i suoi rapidi movimenti l'avrebbero sconvolta, perché lui correva avanti, lasciandola indietro: fisicamente era una cosa unica con Ralph, ma si sentiva sola. Quando lui s'irrigidì, lanciò un gemito e subito dopo scivolò via da lei per stringerla tra le braccia, scosso da un violento tremito, baciandola con la bocca asciutta, il desiderio di Maya implose su se stesso, lasciandole una grande delusione. Mentre un liquido denso e caldo le scivolava lento tra le gambe, si sentì tradita, privata di qualcosa che non sapeva neppure che cosa fosse. Aveva immaginato che adesso sarebbe stata sfinita e appagata come Ralph, che avrebbe trovato compimento al proprio desiderio, esattamente come lui, e non capiva perché non fosse così.

«Ti è piaciuto?» mormorò Ralph già insonnolito.

«Sì», sussurrò Maya. Una bugia, la prima del loro matrimonio ancora tanto giovane, e fu invasa dal timore che non sarebbe stata l'ultima.

Si sforzò di scacciare quei brutti pensieri dalla mente. Loro erano insieme, sposati davanti a Dio e agli uomini, e solo questo contava. Per tutto il resto si sarebbe trovata una soluzione. Si strusciò contro di lui, ascoltò il battito del suo cuore che pian piano tornò a calmarsi, e desiderò con tutta se stessa che anche il proprio battesse in sintonia.

Furono giornate spensierate in quell'aprile, allegro e luminoso come il tempo, che faceva splendere il sole sulle rocce e i prati verdi della Scozia, portando una brezza fresca che soffiava dal mare. Passeggiarono per i campi, costeggiando pascoli dove brucavano placide mucche scure, ai piedi delle basse colline e lungo le sponde melmose del Solway Firth che luccicava grigioazzurro. Noleggiarono una carrozza e raggiunsero Annan, il primo centro abitato di una certa grandezza a otto miglia di distanza verso ovest, dove comperarono due graziosi abiti nuovi per Maya e un cappello decisamente audace, piatto con la tesa larga e lunghi nastri. Ogni giorno che passava, Oxford, Black Hall e Richard Francis Burton sembravano allontanarsi sempre di più, come se Maya avesse finalmente voltato loro le spalle e cominciato una nuova vita.

Il loro settimo giorno a Gretna Green, due giorni prima che ripartissero per l'Inghilterra, in modo che Ralph potesse presentare Maya alla sua famiglia, di ritorno traboccanti di gioia all'albergo, il portiere dietro il banco porse una lettera a Ralph. «Posta per lei, Mr. Garrett.»

«Oh, hanno fatto in fretta», commentò lui con una risata ringraziando il portiere prima di aprire con impazienza la busta e leggere la lettera. Mentre i suoi occhi scorrevano le righe, il sorriso si spense sul suo volto che perse ogni colore.

«Cattive notizie?» Maya gli toccò un braccio, preoccupata. «Ralph?»

Lui la guardò, come se non ricordasse chi fosse, e deglutì. «Sono stato trasferito, con effetto immediato.»

«Trasferito dove? E perché?» lo incalzò Maya, ma Ralph la prese per mano senza rispondere e la condusse verso le scale.

«Devo tornare subito a Londra.»

Sul treno partito poche ore dopo e diretto verso sud attraverso l'Inghilterra settentrionale, Ralph guardava taciturno fuori dal finestrino, la mano sinistra che si chiudeva ritmicamente a pugno, un muscolo sulla mandibola che pulsava nervoso. Non era mai stato così lontano da Maya. Neppure il braccio che teneva sulle spalle di lei riusciva a cambiare questa impressione.

Per la prima volta Maya Garrett, nata Greenwood, fu assalita dalla inquietante sensazione di essersi legata a vita con un perfetto sconosciuto.

II

L'occhio d'Arabia

Guardati dal fumo delle ferite interiori,
perché una ferita interiore alla fine si riaprirà.
Evita, finché ti è possibile, di sradicare un cuore,
perché allora un sospiro potrebbe sradicare un mondo intero.

SA'DI DI SHIRAZ
Il Roseto

1

Nemmeno un alito di vento increspava la superficie dell'acqua, neppure un filo di brezza che potesse offrire refrigerio ai passeggeri in coperta. Persino il vento della navigazione del piroscafo della P&O sembrava dissolversi immediatamente nell'aria calda e immobile. La giornata di maggio era una di quelle per cui i tropici andavano così famosi: immobile, muta, opprimente. Non c'erano altri suoni, a parte il fragore del mare quando la chiglia fendeva le sue acque turchine e il rombo regolare del motore a vapore. Su entrambi i lati sorgeva la terra, deserta e rocciosa, tremolante nell'aria calda. Un banco di pesci volanti fischiò sul pelo dell'acqua, la schiaffeggiò per un paio di volte e poi tornò a scomparire nelle sue profondità.

Maya raggiunse Ralph al parapetto, lo prese sottobraccio e appoggiò la guancia alla sua spalla. Rimase a fissarlo a lungo, di nascosto, da sotto la tesa del cappello di paglia, cercando di interpretare l'espressione del suo viso fisso e immobile che egli teneva rivolto verso la costa. Gli capitava spesso di trovarsi in quello stato d'animo: rimuginava in silenzio tra sé, le labbra curvate in una piega amara, e Maya sapeva quali erano i pensieri che lo occupavano.

Il suo colloquio con il suo diretto superiore non era servito a niente. Neppure la sua richiesta di clemenza, né l'assicurazione che non ci sarebbero state altre violazioni del codice di disciplina avevano sortito alcun effetto. E nemmeno la sua carriera fino a quel momento impeccabile, o gli encomi ricevuti in precedenza nel Bengala e a Rawalpindi avevano avuto alcun peso. A Londra erano rimasti irremovibili, confermando la decisione presa senza indugio dal colonnello della *Rifle Brigade*, non appena ricevuta la lettera di Ralph da Gretna Green: il tenente Ralph William Chisholm Garrett aveva mancato di richiedere in anticipo l'autorizzazione a sposarsi dal suo preposto nel nuovo reggimento e una simile infrazione alle regole dell'esercito doveva essere punita, per quanto si trattasse soltanto di una questione formale sostanzialmente irrilevante. Proprio adesso, in tempo di guerra, era imperdonabile che un soldato desse la preferenza ai propri sentimenti, invece di rispettare le regole. A maggior ragione quando si trattava di un nuovo arrivato, che doveva ancora presentarsi al suo reggimento d'appartenenza. Non era lecito mostrarsi clementi nell'imminenza della campagna contro i russi!

Con un semplice tratto di penna il nome di Ralph Garrett era stato cancellato dall'elenco del reggimento, mandando in frantumi il sogno della *Rifle Brigade* e di gloriose battaglie in guerra, ancor prima che egli entrasse in servizio alla caserma di Walmer. Anche un ritorno al *Corps of Guides* gli era stato precluso. Il suo posto tanto ambito in quella unità era già stato occupato, e del resto bisognava dare un esempio. Se si fosse sparsa la voce che il tenente l'aveva passata liscia, era probabile che altri soldati seguissero il suo esempio e sposassero in tutta fretta le loro amate senza onerose formalità prima di entrare in servizio! E poi, che cosa sarebbe successo: mancata partecipazione all'alzabandiera, codardia di fronte al nemico, diserzione?

Per questo il tenente Ralph Garrett aveva ricevuto l'ordine di presentarsi «immediatamente e senza indugio» presso il comando britannico nel porto di Aden dove avrebbe svolto il proprio servizio nella locale guarnigione «per un periodo da stabilirsi». Aden, da poco più di vent'anni minuscolo avamposto dell'impero britannico, era considerata una specie di colonia penale per i soldati inglesi. Paragonabile a una Gibilterra orientale, collocata alle porte dell'immenso impero ottomano, separata dall'Africa solo da un braccio di mare e circondata alle spalle da sultanati alternativamente in pace o in guerra tra di loro. Un ritardo da parte sua sarebbe stato considerato un gesto di insubordinazione e lo avrebbe portato davanti alla corte marziale, questo era stato fatto capire molto chiaramente a Ralph. Per questo non c'era stata la possibilità di recarsi nel Gloucestershire e neppure nel Kent per salutare Jonathan.

«È solo un incarico passeggero», bisbigliò Maya, accarezzandogli il braccio nel tentativo di consolarlo, come aveva già fatto tantissime altre volte.

«Lo spero», rispose Ralph. Ma la sua voce era priva di qualsiasi convinzione.

«Le cose non andranno poi così male», dichiarò lei fiduciosa. «Del resto siamo insieme!»

Ralph la guardò con l'ombra di un sorriso, poi le prese la mano e gliela strinse. «È vero, hai ragione, siamo insieme. Guarda, quello è Bab el-Mandeb», esclamò indicando la lingua di terra nuda con l'isoletta prospiciente che si protendeva nel mare. Nel punto in cui la costa africana e quella araba erano più vicine, le onde all'improvviso erano più alte e vorticose. *Bab el-Mandeb, il portale delle lacrime*, tradusse Maya dall'arabo e, nonostante il caldo, fu percorsa da un brivido.

Maya non aveva impiegato molto tempo per decidere di seguire Ralph a Aden. Bussare alla porta di Black Hall umiliata e a testa bassa era fuori discussione, così come presentarsi sulla soglia di Montpellier House come la sconosciuta moglie del figlio. Il suo posto era al fianco di Ralph e, anche se non era in India, l'Arabia le sembrava molto più che una deludente alternativa, in ogni caso meglio di un accampamento nei Balcani.

Piena di ammirazione, Maya era rimasta in coperta sotto il cielo buio del Mediterraneo, che si tuffava all'orizzonte nel mare d'inchiostro, a guardare le stelle che brillavano con una luminosità a lei sconosciuta nei cieli inglesi, persino nelle località balneari di Brighton o Torquay, dove la famiglia Greenwood era solita trascorrere l'estate.

A Maya sarebbe piaciuto tantissimo poter interrompere il viaggio e visitare Roma, la città eterna, Firenze con i suoi colori ocra, terracotta e verde oliva, Siena e Perugia, la vivace Napoli, magari anche Ischia, con il suo antico castello aragonese, i suoi agrumeti, i fichi e i melograni, Salerno con le pittoresche rovine della fortezza medievale e Capri con la meraviglia della sua grotta azzurra: luoghi e bellezze che conosceva solo dai racconti di Richard, dai ricordi accesi di suo padre e dalle incisioni a colori nello studio di Black Hall. Come quelli della Grecia, dove ogni pietra conservava ancora qualcosa del mitico mondo divino dell'Olimpo. Ora che sua madre non aveva più voce in capitolo, le sarebbe piaciuto visitare tutti questi luoghi. Martha Greenwood non aveva mai amato i viaggi. Era stata sempre troppo ansiosa, timorosa che soprattutto la delicata Angelina non sopportasse il caldo e potesse contrarre qualche grave malattia in una terra straniera. A che scopo spingersi lontano, se anche in Inghilterra c'erano località di mare dal clima mite e soleggiato, ottime per la salute? A Gerald sarebbe piaciuto recarsi sulle tracce dei suoi viaggi di studio insieme ai figli – la reputava una forma di istruzione estremamente utile e proficua –, tuttavia si era adeguato ai desideri della moglie. Come faceva del resto quasi sempre, quando si trattava della cura e dell'educazione dei figli. Con lei sapeva che erano in buone mani e comunque non era un ambito di sua pertinenza. Per questo erano sempre rimasti a Torquay e Brighton.

A maggior ragione, dunque, Maya apprezzava quel viaggio, sebbene vedesse tutto solo dal ponte di un piroscafo. Raggiunsero Alessandria, «la perla del Mediterraneo», troppo in fretta, e troppo in fretta ripresero la navigazione, lasciando così solo poche impressioni superficiali: case intonacate di giallo, brutte imitazioni di stili architettonici europei, ma anche magici caffè orientali, davanti ai quali le tamerici gettavano disordinatamente i loro contorti rami argentati in tutte le direzioni. Palme dovunque, e processioni di cammelli che bloccavano le strade con il loro passo flemmatico e si lasciavano convincere controvoglia a riprendere il cammino dai loro conducenti vestiti di bianco con il caratteristico fez rosso. Con la ferrovia avevano raggiunto velocemente le rive del Nilo, dove li aspettava un altro piroscafo. L'imbarcazione solcava le placide acque dell'ampio fiume, in mezzo a una pianura così uniforme da somigliare a un immenso oceano tranquillo, se non ci fossero state le sagome sfrangiate di palme e tamerici che si stagliavano contro il cielo del crepuscolo. Il paesaggio aveva qualcosa di triste per Maya e insieme la travolgeva con la sua grandiosità: il Nilo, l'Egitto, la culla di una millenaria e maestosa cultura, antica e imponente come le piramidi al di là del fiume. Il Cairo, «La trionfante», piena di vita e chiassosa, fresca all'ombra degli edifici e nei giardini, un forno nelle strade e sulle piazze sotto le cupole dei minareti. Sfarzosa e decadente allo stesso tempo, specchio delle religioni, dei popoli e delle dinastie che nel corso dei secoli erano vissute e avevano costruito su questa terra, la città respirava libertà come poteva farlo solo una metropoli crogiolo di culture, cristiana, europea, musulmana, africana. *Richard ha scritto da questa città*, le venne da pensare.

Un cocchiere nubiano dall'uniforme sgargiante, a metà tra l'ussaro e un orientale, li aveva condotti fuori dalla città su una carrozza a cavalli, addentrandosi in un aspro paesaggio di gole, rocce, sabbia e isolate postazioni con la bandiera inglese, sotto forma di edifici cubici, il cui scopo in quel deserto senza acqua restava ignoto. In lontananza si scorgevano linee frastagliate che ben presto presero la forma di catene montuose, mentre su entrambi i lati della pista biancheggiavano al sole le carcasse di cammello. Quando diventarono più rare, e davanti a loro comparve un muro basso fiancheggiato da due torri, erano arrivati a Suez, dove era ormeggiato il piroscafo con il quale Maya e Ralph avrebbero navigato il mar Rosso.

Maya era sempre stordita dalle impressioni che l'avevano colpita nel corso del viaggio. Per quanto le avesse raccolte in maniera fugace, immagini, scene, colori, odori e suoni continuavano a perdurare intensi dentro di lei. Come una bevanda inebriante di cui aveva sorseggiato solo poche gocce e che tuttavia aveva acceso in lei un desiderio inestinguibile. Anelava ad arrivare a Aden: Aden, che per lei suonava come «Eden», dietro la quale l'aspettava la misteriosa grandiosità dell'Arabia.

Tuttavia, quando poche ore dopo giunsero in vista della penisola, Maya rimase scioccata: contorni frastagliati, creste rocciose friabili e aspre di pietre grigio scuro e nero. Come se tantissimo tempo prima una violenta esplosione avesse scagliato in acqua un masso carbonizzato che poi fosse rimasto dimenticato lì. Neppure la pianta più robusta sarebbe riuscita a mettere radici tra quelle rocce. Era inconcepibile che delle persone potessero vivere per davvero in quelle condizioni. Era uguale a come Maya si era sempre immaginata l'isola di Château d'If, la fortezza nel cui carcere era rimasto ingiustamente rinchiuso per quattordici anni Edmond Dantès, il conte di Montecristo.

«È quella?» domandò sbigottita.

«Già, questa è la nostra nuova casa», confermò Ralph con una nota sarcastica nella voce, abbracciando la moglie.

Il piroscafo gettò l'ancora in una baia simile a un deserto, delimitata da scogliere disabitate. Diverse imbarcazioni a vapore più piccole con grandi baldacchini di tela si staccarono dalla riva, mentre minuscole barche a remi ondeggiavano nella loro scia. Ancor prima che la piccola flotta raggiungesse il piroscafo della P&O Company, si udì un gran vociare. La maggior parte delle barchette a remi era condotta da giovani somali mezzi nudi, neri e muscolosi, che reclamizzavano a gran voce le loro merci, issandole verso il parapetto: pelli di leopardo, corna d'antilope e piume di struzzo, merci preziose della vicina costa africana. Su tre o quattro barche erano seduti invece indiani e singalesi con espressione grave o annoiata che avevano dispiegato tessuti e tovaglie ricamati, ma per il troppo caldo non trovavano la forza di pubblicizzarle a dovere. Alcuni dei passeggeri che erano al parapetto si divertivano a gettare penny in acqua e a vedere i giovani gettarsi tra le onde di testa increspando la superficie dell'acqua. Le loro sagome saettavano come pesci in profondità, mentre inseguivano le monete che affondavano lentamente, per poi riemergere trionfanti e senza fiato con i soldi stretti nel pugno. Chi era intenzionato a scendere a terra, quale che ne fosse la ragione, consegnò il bagaglio all'equipaggio di una delle chiatte a vapore e vi s'imbarcò per raggiungere il porto. Così fecero tra gli altri Maya e Ralph.

Alcuni gradini portavano a un approdo sotto una tettoia di ferro e Maya deglutì alla vista dell'abbandono e della desolazione che si presentavano davanti ai suoi occhi: pietre nerastre e ostili sullo sfondo, una pista di sabbia, mezza dozzina di carri sbilenchi all'ombra dell'orribile tettoia con i pony spelacchiati che attendevano assonnati, a bordo dei quali c'erano somali ancora più torpidi di loro. Più indietro il sole si rifletteva su un mausoleo bianco, con un accenno di giardino a destra e a sinistra. Qualcuno aveva mostrato almeno un po' di buona volontà, perché le poche piante visibili cercavano di sembrare verdi sotto lo spesso strato di fuliggine e polvere, ma sembravano accartocciate dal sole e sul punto di fondersi per il calore. Una strada, che in realtà non meritava tale nome, si snodava fiancheggiata da gruppi di casupole costruite alla meno peggio. A poca distanza sorgeva un edificio di legno di forma allungata costruito su uno zoccolo di pietra e con un colonnato sotto il quale si aprivano diverse stanzette, simili alle celle di un alveare. L'insegna sopra la porta d'ingresso non lasciava dubbi: si trattava del *Prince of Wales*. L'hotel migliore della penisola. E anche l'unico.

Maya e Ralph percorsero a bordo di uno dei carri la sconquassata strada litoranea, tra sabbia e sassi che scuotevano entrambi rischiando di mandare in pezzi anche il veicolo, ammesso che il vecchio pony decrepito, che il somalo frustava imperturbabile, non stramazzasse prima. Alla loro sinistra brillava il mare, sulla destra si ergevano pareti rocciose piene di crepacci che si spianarono per poi risollevarsi bruscamente su entrambi i lati. Il carro superò uno stretto valico naturale poi tornò a procedere in pianura. A metà tragitto, dopo più di due miglia, comparve qualcosa che avrebbe dovuto somigliare a un villaggio. Sulla spiaggia c'erano diverse piccole imbarcazioni in secco, insieme a marinai arabi seduti a gambe incrociate sulla sabbia e intenti a rammendare le vele. La strada poi saliva ripida tra le rocce, lasciandosi il mare alle spalle, quindi curvava verso l'entroterra e, quando di fronte al pony e al carro spuntò una parete di roccia, Maya strinse più forte la mano di Ralph.

La stretta via che si snodava tra le pendici carsiche oltrepassava a un certo punto un varco costruito dall'uomo che, nella luce del pomeriggio, si presentò a Maya come una bocca spalancata in uno sbadiglio e pronta a ingoiarli entrambi.

2

«*Allaa-huuu ak-barr! Allaa-huuu ak-barr!*» Dai minareti della città le voci dei muezzin richiamavano i fedeli alla preghiera del mattino, prolungate e lamentose, sovrapponendosi penetranti, malinconiche e insieme accorate. Le ruote risuonavano sul terreno accidentato, gli stivali scricchiolavano con passo militare sulla sabbia. Da qualche parte un asino ragliò stridulo, in contrappunto con i nitriti dei cavalli, i belati delle capre e il mugghio indispettito dei cammelli ombrosi. A tutto questo si mescolavano voci maschili, in un inglese compunto, o stridule e melodiose quando provenivano dai mercanti e dai cammellieri che cominciavano la loro giornata di lavoro. Il fragore del mare tanto vicino era lieve nel frastuono generale.

Il campo si svegliò, come tutte le mattine, e Maya sbirciò a occhi socchiusi i pallidi raggi del sole che filtravano tra le imposte. Sebbene fosse ancora presto e lei indossasse una camicia da notte leggera, aveva la schiena sudata, la lingua appiccicata al palato e le labbra salmastre. Salmastre come quasi tutto ciò che era a Aden, persino l'aria che si respirava. Quasi che la minuscola penisola attaccata alla terraferma araba da una diga naturale come un cordone ombelicale un tempo fosse stata una spugna intrisa d'acqua di mare che il sole aveva prosciugato, lasciando uno strato di sale in tutti i pori del terreno.

Un rumore dalla stanza anteriore fece voltare Maya, che si accorse che l'altra metà dello stretto e semplice letto di assi di legno era vuota. Si alzò a sedere. «Ralph?»

Il marito comparve sulla soglia, con calzoni chiari e camicia, la giacca rossa dell'uniforme ancora sbottonata, un bricco smaltato pieno di caffè fumante in una mano. «Buongiorno. Ti ho svegliato? Scusa, ho cercato di fare tutto in silenzio.»

«Buongiorno», rispose Maya, poi scrollò la testa e sbadigliò, portandosi le ginocchia al petto e appoggiando il busto alle cosce. «No, mi sono svegliata da sola.» Protese le braccia anelante verso di lui.

«Vuoi me o il caffè?» domandò lui ammiccante.

Maya inclinò la testa di lato, con espressione assorta. «Mmm... entrambi!» annunciò infine con una risatina. Lui andò a sedersi sul ciglio del letto e Maya lo strinse con tutte le forze, baciandolo con trasporto e passione, finché lui si staccò.

«Non ora, devo andare in ufficio», disse ridendo piano, una risata piatta e senza gioia. «Tieni», le disse porgendole il bricco, «se vuoi puoi restare ancora a letto. È molto presto.» Le posò le labbra sulla fronte. «Ci vediamo stasera.» Sorseggiando il caffè bollente, Maya lo vide calcare in testa il cappello, posato su una sedia nell'angolo, e andarsene. Non appena la porta del bungalow si richiuse alle sue spalle, fu assalita da una opprimente sensazione di vuoto che nei quattro mesi precedenti era ormai diventata una sua fedele compagna.

Certo che poteva restare ancora a letto, se ne aveva voglia, addirittura tutto il giorno. Lì a Aden non c'era niente da fare per lei. Il minuscolo bungalow costruito in fretta e furia sul terreno aspro nell'area della guarnigione – camera da letto, bagno e una stanza che fungeva insieme da sala da pranzo, salotto e cucina – non richiedeva grande impegno. Ancor meno dato che ogni giorno arrivava dalla città Gita, una bengalese di mezza età, che in un paio d'ore si occupava delle faccende più grosse. Inoltre, la battaglia contro la polvere onnipresente e l'impalpabile fuliggine del carbone che veniva caricato in porto e che il vento trasportava verso l'entroterra era comunque persa in partenza. A Maya non restava altro da fare che trascorrere le ore alla meno peggio, fino a quando, alle otto di sera, la salva di saluto del cannone della guarnigione la faceva sussultare preannunciando il ritorno di Ralph. A patto che non facesse una piccola deviazione fino al circolo provvisorio dove con gli altri soldati assegnati alla guarnigione sfogava la rabbia per il servizio con qualche bicchiere di brandy.

Aden e il suo entroterra erano ricchi di carbonfossile e costituivano quindi un punto d'approdo ideale per il traffico marittimo tra l'Inghilterra e il subcontinente indiano. Il porto era stato ampliato e trasformato in stazione di rifornimento permettendo così di alleggerire e aumentare lo spazio sulle navi. Questa argomentazione aveva anche rappresentato il pretesto con cui il comandante Stafford B. Haines e la sua piccola flottiglia avevano rivendicato il possesso di Aden per l'Inghilterra nel 1839, incontrando, diversamente da quanto ci si aspettava, una certa resistenza.

Il sultano di Lahej aveva inizialmente manifestato un notevole interesse per un'occupazione britannica, dietro determinati presupposti. La parte sudoccidentale dell'Arabia, tra la pittoresca costa e il cuore rovente della penisola, l'immenso deserto di Rub al-Khali, era frammentata in numerosi sultanati inclini a cambiare alleanze da una stagione all'altra. La situazione era resa ancora più instabile dalle bellicose tribù di beduini che occupavano i territori di confine e lottavano per la propria indipendenza, oppure si vendevano ora a questo, ora a quel sultano per combattere scaramucce interne, o scortare le carovane lungo le rotte commerciali. Per questo il sultano di Lahej aveva sperato di ottenere, grazie alle truppe britanniche, una sovranità tutelata secondo il modello dei maragià indiani, come pure un sostegno militare nella lotta contro i suoi nemici, per esempio il sultano di Fahdli o l'impero ottomano, che aveva mire espansionistiche su Aden. Anche il viceré d'Egitto aveva già provato ad allungare la mano verso l'Arabia, ma era stato fermato dalla resistenza delle tribù locali. La stessa resistenza avevano incontrato inizialmente anche gli uomini di Haines. Nel frattempo tuttavia era stata ristabilita la pace.

Una pace che in quell'agosto del 1854 teneva i soldati inglesi in un particolare stato di equilibrio tra noia mortale e attesa nervosa. Tutti infatti aspettavano di vedere se il teatro di guerra tra Costantinopoli e San Pietroburgo dai Balcani si sarebbe trasferito lì, oppure se le battaglie decisive sarebbero state combattute piuttosto sul mar Nero. Tutti aspettavano di capire se nei sultanati più lontani si preparasse qualcosa. Inoltre bisognava vedere quale esito avrebbe avuto la precaria alleanza bellica stipulata dall'Inghilterra con l'arcinemica di sempre, la Francia, non appena il previsto canale tra il mar Rosso e il Mediterraneo sarebbe stato realizzato. Si trattava di un progetto comune tra Francia ed Egitto la cui costruzione era imminente. Anche se tale canale rappresentava una decisiva abbreviazione della rotta marittima verso l'India, le autorità inglesi non gradivano affatto l'idea che fosse nelle mani di potenze straniere.

Svolgere il servizio militare a Aden significava in genere compiere pattugliamenti per la città, in modo da garantire ordine e tranquillità: dirimere le liti tra mercanti e *coolies*, come venivano chiamati i lavoratori a giornata e i facchini, arrestare un ladro oppure un truffatore e rinchiuderlo nella prigione locale. C'erano truppe destinate a sorvegliare le operazioni di carico e scarico allo *Steamer Point*, compilando e spuntando gli elenchi delle merci e controllando che tutto si svolgesse con ordine. Quelli più sfortunati finivano negli uffici della delegazione, come era successo al tenente Ralph Garrett, che trascorreva le giornate a compilare domande per gli approvvigionamenti, richiedere autorizzazioni all'amministrazione di Bombay, sbrigare pratiche personali e corrispondenza di vario genere. E quell'anno ce n'era molta. In primavera infatti Haines era stato sollevato dal comando per irregolarità nella gestione contabile del suo ufficio e trasferito a Bombay, dov'era stato processato, giudicato colpevole e condannato a diversi anni di detenzione per appropriazione indebita. Il nuovo delegato, il colonnello James Outram, non era un pioniere come Haines, che aveva assunto personale locale nel suo staff, bensì un esperto funzionario coloniale di Bombay, che si era messo in testa di trasformare Aden in un'autentica colonia dell'India britannica. Subito dopo il suo insediamento a luglio, aveva cominciato a riorganizzare l'intera amministrazione di Aden sul modello di quella britannica nel subcontinente, inondandola letteralmente con lettere e documenti nuovi. Bisognava esaminare e catalogare le carte che Haines aveva lasciato al momento della sua improvvisa partenza e fare progetti per il futuro di Aden. Furono create e occupate nuove postazioni e richiesti finanziamenti per altre misure di risanamento e ristrutturazione.

Ralph non si lamentava mai del lavoro, ma Maya si accorgeva di quanto soffrisse. Il suo passo un tempo tanto baldanzoso era diventato stanco, il suo sguardo opaco e la sua bocca in passato sempre sorridente era una linea sottile quando pensava di non essere osservato. Soffriva a vederlo così e a non poter fare niente per aiutarlo, se non ricambiare le sue tenerezze notturne, sommergerlo a sua volta di attenzioni nel tentativo di riaccendere in lui una scintilla di vita e di scorgere alla fioca luce del lume un raggio di luce nel suo sguardo. Era sempre pronta a concedersi generosamente, anche se poi restava insoddisfatta, perché comunque era il modo per sentirsi unita a lui come non mai. Evidentemente era stata solo un'illusione pensare che anche le donne potessero provare lo stesso appagamento degli uomini. Una diceria inventata dagli uomini che non conoscevano affatto il corpo femminile, che Richard Francis Burton aveva preso per vera e aveva erroneamente trasmesso a Maya. Oppure valeva solo per le donne orientali e non per le dame inglesi. Maya cominciò a rassegnarsi all'idea che non fosse altro che una fiamma di desiderio violenta e improvvisa, destinata a spegnersi senza essere mai veramente soddisfatta. Se almeno avesse avuto un bambino... un bambino del quale potersi prendere cura, che la occupasse completamente, che magari avrebbe ridato gioia anche a Ralph. Ma da quando era giunta a Aden Maya aveva avuto il suo flusso mensile per quattro mesi e niente stava a indicare che nel frattempo avesse concepito.

Si alzò con un sospiro, per lavarsi e vestirsi. Solo le abluzioni strettamente necessarie, come sempre, perché nei mesi estivi l'acqua era razionata. Mentre l'intero golfo di Aden era battuto dalle piogge, che dissetavano e rinverdivano i terreni delle regioni costiere sulla terraferma, sembrava che le nubi ritenessero quel fazzoletto di terra non degno di riversarvi il loro prezioso carico. Si limitavano a brevi e violenti acquazzoni, sufficienti a nutrire a stento i ramificati corsi d'acqua intorno alla città, ma ben lungi dal permettere un consumo generoso d'acqua. In cima alle montagne c'erano vecchie cisterne costruite tra le rocce, destinate a raccogliere l'acqua piovana, ma la maggior parte di esse era piena di detriti e di terra, resti dei decenni di povertà e abbandono di Aden, assolutamente inutilizzabili. Outram aveva messo in agenda il loro recupero, come aveva raccontato Ralph in confidenza a Maya, perché Aden poteva crescere solo con sufficienti approvvigionamenti d'acqua. Una consolazione seppur debole per Maya, in quanto non esisteva ancora una data fissata per l'inizio dei lavori.

Indossato l'abito estivo un tempo color giallo ora ingrigito, Maya si pettinò i capelli e decise di chiedere a Gita, per mezzo delle poche parole inglesi e bengalesi che si scambiavano tra loro, di accompagnarla al mercato in città. Ralph non voleva che ci andasse da sola: lo riteneva pericoloso, sebbene i tempi in cui lo stesso comandante Stafford B. Haines usciva di casa con due pistole nella cintura erano ormai un ricordo passato. L'attività tra i banchi del mercato aveva sempre un effetto benefico su Maya che non tornava mai a casa senza avere un pensiero o un frutto particolarmente bello per Ralph.

Il semicerchio di ripide rocce nere e lucenti alle pendici del quale era costruita la città era ciò che restava di un vulcano spento da tempo e per questo veniva chiamato semplicemente «il cratere». Non appena Maya uscì di casa, evitò di proposito di guardare verso l'ammasso di creste e fenditure rocciose. Le sembravano ostili, con la loro fosca nudità, la loro resistenza ad accogliere qualsiasi forma di vita e così opprimenti che a volte bastava pensare alla loro presenza alle sue spalle per farle mancare il fiato. Solo due strette aperture interrompevano il cratere oltre all'ampio valico dietro la guarnigione che conduceva alla spiaggia: lì sorgeva un tempo il vecchio porto di Aden, usato fin tanto che le imbarcazioni erano di legno e non di ferro, sorvegliato e protetto dalla furia dell'oceano dall'isolotto di Sirrah.

Il cratere aveva visto andare e venire le numerose civiltà e religioni che si erano stabilite in quella fortezza naturale in riva al mare, era stato testimone di ricchezza e povertà, frenetica edificazione e rapido decadimento sotto il sole implacabile. E come il mare si allunga sulla spiaggia con l'alta marea e poi si ritira con quella bassa, così nel corso dei secoli la penisola era stata ciclicamente popolata e abbandonata. Dopo gli antichi imperi arabi di Ausan e Saba, erano stati gli Ayyubidi dell'Egitto e i Rasulidi turchi a fare di Aden un vivace porto commerciale, e lo stesso Marco Polo aveva parlato di Aden e dei suoi ottantamila abitanti. Di qui erano passati portoghesi, olandesi e ottomani, per alcuni mesi anche gli inglesi, poi scacciati dalla campagna di Napoleone in Egitto. Quando Haines aveva issato la bandiera britannica all'interno del cratere, Aden si trovava, come già diverse volte in passato, in uno stato di completo abbandono e contava una popolazione che non raggiungeva i seicento abitanti.

Nonostante l'aspetto più simile a un accampamento che a una vera e propria città, già cominciavano a profilarsi i segni della trasformazione che avrebbe spazzato via il provvisorio per dar vita a un insediamento stabile, in grado di offrire alloggio e lavoro alle circa ventimila persone che vi abitavano. Dalla spiaggia di fronte a Sirrah la guarnigione si estendeva sul terreno pianeggiante del cratere. Una volta qui sorgeva una maestosa moschea, crollata su se stessa molto tempo prima e quindi spianata, di cui restava ancora solo il minareto. Simile a un faro per lo stile e la vicinanza al mare, dominava con la sua altezza le baracche della guarnigione. Queste, costruite di pietra e legno a pianta quadrata o rettangolare, avevano un tetto a padiglione coperto di paglia e sostenuto tutt'intorno da colonne di legno. Le stalle e il magazzino si trovavano nell'area circondata dalla muraglia difensiva insieme a qualche bungalow di recente costruzione come quello dei Garrett. Ai piedi dell'antico minareto erano sistemate spaziose tende dove erano raccolti gli averi dei militari, in attesa di essere trasferiti nei depositi ancora in costruzione. In queste tende vivevano anche delle persone: facchini, stallieri, inservienti di origini arabe, bengalesi o africane che svolgevano tutti i lavori manuali necessari quotidianamente nella guarnigione.

Le strade di Aden erano ampie e dappertutto ai lati del duplice muro difensivo che separava la guarnigione dalla città sostavano i vetturini somali con i loro carri tirati da pony. Anche Maya e Gita ne presero uno per farsi portare dall'altra parte delle mura, una zona che appariva come un variopinto coacervo di vecchio e nuovo.

Maya non si sarebbe mai stancata di girare per i viali dritti e spaziosi, costantemente accompagnata da Gita, la piccola bengalese rotondetta che con il suo sari tradizionale verde oliva sbiadito non rappresentava una rarità a Aden. Siccome Aden era amministrata da Bombay, la prospettiva di buoni guadagni aveva attirato anche molta manovalanza dall'India, tanto che la popolazione di origine indiana rappresentava ora un terzo di quella di Aden e la città stessa aveva un aspetto più indiano che arabo, con i mercati più simili a *bazaar* che a *suk*. Gita incontrava sempre qualcuno da salutare e con cui scambiare qualche cortese parola in bengalese. Persino la moschea ricostruita sulla tomba del saggio Sayyd Abdullah al-Aidrus nei pressi dei templi indù e parsi, con i suoi edifici bianchi e ariosi simili a padiglioni accanto allo slanciato minareto, sembrava più indicata per Delhi. Le altre moschee cittadine, di foggia più tradizionale, e una solitaria chiesa cattolica ripristinavano l'equilibrio nell'immagine della città.

Maya era sempre affascinata dal variopinto crogiolo di umanità che si muoveva intorno a lei e dalla mescolanza babilonese di lingue che pervadeva l'aria. Oltre al bengalese si sentiva parlare l'urdu della regione di Delhi o del Punjab, l'indostano di Calcutta e il marathi di chi era arrivato da Bombay. Naturalmente si potevano cogliere parole in francese e in portoghese, in inglese e in arabo, pronunciate da quegli uomini del sud bassi e asciutti, con i lineamenti spigolosi e la pelle scura, che molto spesso masticavano *qat*, le foglie di un cespuglio locale sempreverde che davano un effetto analogo al caffè o al tè, e che gonfiava le loro guance mentre lavoravano. Accanto a loro c'erano gli uomini delle montagne, alti di statura e di carnagione più chiara; uomini coperti da un perizoma che avevano la testa avvolta da turbanti a disegni; uomini con lunghe tuniche svolazzanti e gilet smanicati, quasi tutti almeno con i baffi, se non con barbe che coprivano loro mento e guance. Solo di rado si scorgevano donne vestite di nero e velate, con solo gli occhi scoperti, che camminavano silenziose, in compagnia di un fratello o del marito, a volte in gruppo. Risaltavano decisamente accanto alle vesti più allegre delle loro sorelle indiane, con bracciali tintinnanti e pietruzze alla narice destra che scintillavano al sole. Bambini completamente nudi si tenevano aggrappati ai lembi dei sari e spesso le madri tenevano in braccio con assoluta naturalezza neonati che dormivano come fossero bambole. Muscolosi nubiani dalla pelle quasi nera trasportavano a spalla sacchi di sale e anche gli slanciati somali erano dappertutto. Maya era colpita in particolare dalle loro donne, avvolte da teli di cotone a disegni sgargianti simili a sari, che le passavano davanti fiere e orgogliose, tenendo in equilibrio sulla testa eretta un cesto di frutta e verdura. Di tanto in tanto Maya scorgeva anche qualche ebreo, il volto color rame incorniciato da lunghe treccine nere sotto la papalina ricamata. Gli ebrei si erano stabiliti lì all'epoca del re Salomone e avevano resistito eroicamente sotto i diversi dominatori. La loro comunità, che confinava con la guarnigione e negli ultimi anni si era fusa con la città in rapida espansione, si era accresciuta molto dall'arrivo di Haines e ora contava quasi milletrecento tra uomini, donne e bambini e diverse sinagoghe. Anch'essi appoggiavano l'occupazione inglese, molto favorevole ai fini commerciali, che inoltre garantiva loro protezione dalla tirannia di una nuova dominazione ottomana.

A Maya piaceva osservare le case indiane, costruite come piccole fortezze e ingentilite da delicate decorazioni, di un bianco accecante come quelle arabe con le grate di legno traforato come filigrana. C'erano anche molte case nuove, basse e cubiche, in genere bianche, a volte tinteggiate di un rosso spento, nel cui locale anteriore si trovava una bottega, mentre la famiglia abitava gli ambienti posteriori. C'erano caffè frequentati da uomini che sedevano a bere il moca che aveva dato il suo nome all'antica città costiera a ovest, o tè con molto latte sorseggiato dal piattino secondo il costume indiano, fumando pipe ad acqua. E dappertutto l'evidente sforzo di mantenere verdi le piccole strisce di giardino a destra e a sinistra degli edifici.

L'impresa in genere era disperata, perché anche quel giorno il sole splendeva sull'ampia strada senza riparo: il fronte nuvoloso oltre il ciglio del cratere non sembrava avere nessuna fretta di mostrarsi generoso con Aden. Maya girava senza meta per le strade. Dappertutto c'erano carri d'acqua: semplici botti di legno fissate su ruote e trainate con un dromedario legato al giogo. A un incrocio alcuni manovali conducevano un cammello in cerchio, facendogli azionare una sorta di semplice macina in pietra che preparava la calce per la costruzione della casa in un canale scavato di forma circolare. Poco più avanti beduini vendevano cammelli, animali dalle zampe lunghe con la pelliccia chiara tra il beige e il caramello. Gli stessi beduini, alti e slanciati, sembravano fatti di fango, come se fossero i diretti discendenti di Adamo, impastati dalle mani del Creatore con la terra di quel paese e asciugati dal sole, dal vento e dalla sabbia. Nonostante l'abbigliamento sgargiante, Maya li aveva sempre trovati inquietanti. Indossavano lunghe e ampie tuniche bianche, rosse e blu, con ricami artistici e bordure intessute, spesso con sopra leggeri mantelli, e panni colorati attorcigliati come turbanti in modo che un lembo restasse libero e potesse essere usato per proteggere la bocca e il naso dalla polvere e dal sole. Le risultavano estranei, sebbene in quella terra loro fossero di casa, inavvicinabili, viandanti tra due mondi.

Per far posto a una carovana di cammelli carichi di sacchi e accompagnati da cavalieri armati di spade e fucili, Maya si spostò sul ciglio della strada, fermandosi accanto a un banco che vendeva trecce d'aglio e peperoni di un rosso acceso. Con la mano nascosta tra le pieghe della gonna, affondò le dita in un sacco di lenticchie, gustando la sensazione di fresco sulla pelle data da quei semi simili a perle schiacciate. Un sorriso le illuminò il viso. Annusò con voluttà il profumo proveniente dalla bancarella vicina, dove si mescolavano gli aromi delle spezie esposte in sacchetti aperti in tutte le sfumature del marrone, del giallo e dell'arancione. Era un profumo denso e inebriante di cui era impossibile separare i singoli ingredienti, anche se Maya credette di riconoscere cumino, curry fruttato e intenso, una nota di pepe fresca e legnosa. Maya e Gita si erano spinte fino nel cuore turbolento della città, e sempre più spesso incontravano donne appoggiate in atteggiamento ozioso ai muri delle case, che seguivano con lo sguardo l'attività per strada. Il colorito dorato, il sari fucsia, viola e smeraldo tradivano la loro origine indiana e i volti dal trucco pesante, il loro modo di atteggiarsi, indolente e in agguato, fecero intuire a Maya in quale modo si guadagnassero da vivere e la costrinsero a fare uno sforzo per non rimanere a fissarle con sfacciata curiosità.

Maya deglutì assetata alla vista di un banco dove un uomo stava tagliando dei meloni grossi come palle di cannone, la loro polpa rossastra dall'apparenza irresistibilmente succosa. Il fruttivendolo notò il suo sguardo e le rivolse uno smagliante sorriso, una fila di denti bianchissimi nel volto scuro, interrotti da un solo buco. Con un gesto incoraggiante le porse la fetta a mezza luna.

«*Bikam hâtha*, quanto costa?» domandò Maya con un tono di voce forzatamente deciso. Un'ondata di calore l'assalì facendola sudare copiosamente. Non era un calore dovuto al fatto che di colpo le nubi si erano addensate sulla città, posandosi sul cratere come un coperchio e aumentando il senso di soffocamento e l'umidità dell'aria rovente, bensì un calore dovuto all'imbarazzo e allo sforzo. Infatti una delle lezioni più dure che Aden aveva impartito a Maya sino a quel momento era che, nonostante fosse in grado di leggere e tradurre la grafia araba, la comprensione e l'uso della lingua parlata le creavano ancora enormi difficoltà. Solo con grande lentezza il suo orecchio cominciava ad affinarsi ai suoni, la sua lingua a produrli, e ancora spesso restava confusa quando sentiva la stessa parola pronunciata in maniera diversa, a seconda che il parlante fosse originario del sud oppure del nord o, ancora, di un altro angolo d'Arabia.

«*Chamsa*, cinque», rispose l'uomo sorridendo ancora di più. Maya ebbe un attimo di esitazione, non sapendo se intendesse cinque rupie indiane, la moneta corrente di Aden, che tuttavia era affiancata dalle sterline inglesi, dai vecchi rial persiani, dai qiran e toman più nuovi; spesso si pagava anche con i talleri di Maria Teresa che risalivano all'epoca degli scambi commerciali del Levante, in arabo chiamati con nomi favolosi come *Abu Kush* e *Abu Nuqta*, «padre dell'uccello», e «padre della perla». Valutò anche se fosse il caso di contrattare, com'era consuetudine, e se cinque rupie non fossero troppe o troppo poche per una fetta di melone. I prezzi a Aden variavano sensibilmente: l'abbigliamento, per esempio, era a buon mercato, mentre certi tipi di frutta e di verdura a confronto erano decisamente cari. L'offerta e il prezzo variavano quasi quotidianamente e finora Maya non era riuscita a risalire a uno schema affidabile. Alla fine mise semplicemente la mano nella borsetta di stoffa ricamata a perline acquistata durante uno dei suoi giri al mercato e porse al mercante le monete richieste. Trasalì sgomenta, quando una mano maschile abbronzata e straordinariamente affusolata si posò sulla sua facendogliela ritrarre dolcemente.

Ammutolita e paralizzata, Maya guardò Richard Francis Burton che, con pantaloni marroni e camicia sbottonata, una paglietta macchiata e ammaccata sulla testa mora, cominciava a discutere con il fruttivendolo in un arabo incredibilmente veloce. Con il risultato che alla fine quest'ultimo, l'espressione risentita a causa del mancato guadagno, ma gli occhi scintillanti d'entusiasmo per la capacità di mercanteggiare dello straniero, scambiò la fetta di melone con una molto più grande e in cambio prese le due monete che Richard tirò fuori dalla tasca dei pantaloni. Maya nascose volontariamente dietro la schiena la mano sinistra, dove l'anello all'anulare dimostrava la sua condizione di donna sposata. Con espressione soddisfatta e abbozzando un inchino, Richard porse a Gita la fetta di melone che questa prese con entrambe le mani mentre Maya abbassava la testa sotto lo sguardo insistente di Richard. Si sentiva orribile con l'abito impolverato sotto quel mostruoso cappello di paglia a tesa larga con i nastri sfrangiati e macchiati di sudore, e le ciocche di capelli che le ricadevano sulla fronte umide e appiccicate.

«Sebbene questo sia davvero l'ultimo posto dove pensavo di

incontrarti, sono davvero felice che il destino abbia incrociato le nostre strade», disse Richard alla fine e Maya si sentì invadere da uno struggente calore.

«Che cosa ti ha portato qui?» chiese, sorpresa dall'asprezza del proprio tono di voce. Tuttavia non poteva fare a meno di sentire la presenza di Richard come una specie di intromissione nel suo mondo.

Lui scoppiò a ridere gettando la testa all'indietro. «Devi ammettere che la tua presenza è molto più sorprendente della mia!» I baffetti gli guizzarono divertiti. «Cerco di ammazzare il tempo mentre aspetto l'autorizzazione della Compagnia delle Indie Orientali per la mia spedizione in Somalia. La Royal Geographic Society è rimasta così entusiasta dal mio saggio sull'*hajj* da aver deciso di finanziarmi insieme all'amministrazione di Bombay, che mi darà addirittura mille sterline! Manca solo il documento decisivo... in ogni caso qui posso approfondire le mie conoscenze della lingua somala. Perciò non è stata una completa perdita di tempo restare qui da maggio.»

«Da maggio...» ripeté Maya sottovoce. Venne assalita dal fugace dubbio se qualcosa sarebbe cambiato nel caso avesse incontrato Richard prima, ma scacciò subito questo pensiero. Lui tuttavia doveva essersi accorto del suo repentino cambio di espressione, perché lanciò un'occhiata al cielo sempre più cupo e poi la prese per un braccio. «Andiamo a cercare un riparo. Sta per piovere.»

Mentre l'aria vibrava per i primi possenti tuoni che riecheggiavano minacciosi dalle pareti di roccia, Maya si lasciò condurre passivamente da lui lungo la via, seguita da Gita, alla quale Ralph aveva ripetuto insistentemente di non perdere mai di vista la moglie mentre erano in città. Richard condusse Maya in un vicolo riparato tra due edifici antichi della città vecchia. Poi tirò fuori dalla tasca dei calzoni un rotolo di banconote e lo porse a Gita, investendola con un fiume di parole in bengalese, in cui si mescolavano l'energica determinazione e l'irresistibile fascino che gli erano tanto propri. Gita sgranò sempre di più gli occhi e alla fine annuì, infilandosi la fetta di melone sotto l'ascella e prendendo i soldi. Poi corse con passo rapido fino all'imbocco del vicolo, dove si fermò dando loro le spalle, in una posa rigida, quasi volesse fargli intendere di non avere nessuna intenzione di voltarsi qualunque cosa fosse accaduta dietro di lei.

Un lampo squarciò la luce crepuscolare mentre Richard spingeva Maya più avanti; fu seguito da un tuono che riecheggiò con un rombo attutito e poi cominciò a piovere con grandi gocce che sollevarono l'odore dolciastro della polvere bagnata. Il suo scroscio era attraversato dalle grida dei mercanti, dalle loro proteste mentre in tutta fretta raccoglievano le merci cercando di proteggerle alla meno peggio. Intanto tutti si rifugiavano dentro le case.

«Si può sapere che cosa mai le hai raccontato?» sibilò Maya quando infine si fermarono. La barba di Richard guizzò brevemente.

«Mi sono appellato alla sua superstizione e alla sua compassione di indù. Il piccolo obolo ha fatto il resto. In tutto l'Oriente le persone ubbidiscono soltanto a mammone.»

Quando lui cercò di prenderle il braccio sinistro da dietro la schiena Maya si ritrasse, cercò di divincolarsi, ma la presa di Richard rimase implacabile. «Lascia», le disse, arrabbiato e insieme con dolcezza, «l'ho già visto da prima.» Maya cedette ed entrambi rimasero a fissare le dita serrate di Maya nella mano di lui e il sottile anello. «È per questo che non hai più risposto alle mie lettere?» le chiese alla fine.

Lei alzò la testa di scatto. «Ah, te ne sei accorto?» Si sforzò di ricacciare in gola il veleno sulla lingua e irrigidì il mento che cominciò a tremarle in maniera incontrollata. Richard rimase in silenzio per un istante, mentre accarezzava ripetutamente le nocche e la fascetta di metallo.

«Non hai potuto o non hai voluto aspettarmi?» domandò poi con un filo di voce.

Maya si sentì salire le lacrime agli occhi. «Tu saresti arrivato, prima o poi?» Avrebbe voluto chiederlo con un tono duro, pieno di rimprovero, e invece le uscì terribilmente fiacco. Richard rivolse lo sguardo inquieto verso il muro alle spalle di lei, poi in alto fino alla tettoia e quindi in basso sul terreno battuto dove il primo rivolo di pioggia cominciava a scorrere da fuori, mentre le stringeva la mano e poi gliela lasciava di nuovo.

«Era proprio questo che non volevo, vederti così. In un posto del genere e così infelice. Tagliata fuori dalla tua famiglia, da tutto ciò che ti è conosciuto.» Il suo sguardo si ammorbidì, al punto che Maya non riuscì più a trattenere le lacrime, quando lui la guardò e aggiunse: «Nessuno ti ha detto che Aden è uno di quei luoghi sulla terra che più assomigliano all'inferno? Qui si viene a espiare i propri peccati, perché a Aden non si può fare altro che soffrire».

Un singhiozzo le sfuggì dalle labbra e la scosse, mentre lui la prendeva tra le braccia. Lei ricambiò con ardore i suoi baci, sperando di riassaporare in essi qualcosa di ciò che si era lasciata a Black Hall in quella piovosa notte d'aprile e che le mancava da morire, al punto che nei mesi precedenti il ricordo non l'aveva mai abbandonata. Durante una breve pausa per riprendere fiato, lo sentì ridere piano. «Guarda, appena sposata e già così affamata!»

Lo allontanò da sé con tutte le forze, protese il braccio e lo colpì. Rimase sbigottita dall'impeto del suo schiaffo, che gli fece girare la testa di lato, si spaventò per l'inaspettato dolore al palmo della mano e soprattutto per il fatto che provava sollievo, perché quel dolore fisico ne scacciava un altro più profondo.

Per un attimo regnò il silenzio. Persino i tuoni sembravano tacere perplessi e la pioggia scrosciava a ritmo con i rapidi respiri di Maya. Gli occhi di Richard lampeggiarono e lui curvò la bocca in un sorriso, spudorato e irresistibile, si passò il pollice sul mento poi scrollò leggermente il capo. «Credo di essermelo meritato.» Mentre fissava a lungo Maya, la sua espressione si fece più cupa, profonda e insondabile. «Si dice che viaggiatori e poeti appartengano alla stessa irascibile razza. Chi ha creato questo motto evidentemente deve essersi dimenticato di te.» Tacque brevemente, poi proseguì a voce più bassa: «Io so che in tutto ciò che faccio sono spinto dal demonio. E sono pronto a scommettere che tu in segreto vorresti avere il coraggio di ospitarlo dentro di te».

Maya si allontanò di corsa, raggiunse la fine del vicolo, trascinò con sé Gita sotto la pioggia, insensibile alle proteste della bengalese per la perdita del melone che aveva lasciato cadere per lo spavento. Nel giro di pochi secondi la pioggia infradiciò entrambe e, nonostante il fastidio della stoffa bagnata e appiccicata al corpo, la sensazione dell'acqua tiepida che scorreva sulla pelle, portando via con sé anche le lacrime, era meravigliosa. Dentro di lei si sprigionò una specie di giubilo incontenibile che si spense di colpo quando le venne in mente una frase letta molto tempo prima da qualche parte: *chi crede di amare due uomini non ne ama nessuno veramente.*

3

Varna, Bulgaria, 2 settembre 1854

Mia adorata sorellina,

mi rincresce davvero tanto averti fatto aspettare così a lungo per avere mie notizie dopo la mia ultima lettera da Malta! I mesi scorsi sono letteralmente volati, e da quando sono arrivato qui a giugno ho avuto davvero tantissimo da fare, e non ho trovato il tempo di scriverti. Spero che tu non sia stata troppo in ansia, io sto benissimo e mi aspetto di star meglio! Ho ricevuto tutte le tue lettere, se non altro la posta funziona bene in questa maledetta guerra, e per me sono state più di una volta un raggio di luce in un orizzonte altrimenti fosco.

Non puoi neppure immaginare quanto sia felice di poter finalmente levare le tende da qui! Non vedo l'ora di voltare le spalle a questo posto orribile, che ci ha portato solo sfortuna. I soldati degli altri reggimenti raccontano che anche Gallipoli prima era stato uno shock: dappertutto cani, gatti e topi morti, dovunque si mettesse piede, un caldo tale che si dice un ufficiale sia addirittura riuscito a cuocere un uovo sul suo sciaccò di vero cuoio (purtroppo non mi è stato riferito se, durante la preparazione dell'uovo, lo portasse ancora in testa). Ebbene, non sono mai stato a Gallipoli, ma nemmeno nei miei peggiori incubi potrei immaginarmi tanta sporcizia e tanta disgrazia come qui a Varna, e puoi credermi: è molto peggio di quanto possa essere mai stata Gallipoli. Il nome «mar Nero» assume un significato del tutto diverso... non so come, ma i francesi sono riusciti a ripulire meglio di noi la loro parte di campo. Vor-

rei solo che fosse questa l'unica mancanza da imputare all'organizzazione di questa campagna. La spedizione di materiali e provviste a Gallipoli è stata, per usare un eufemismo, caotica, e lo stesso si può dire sia successo da lì a Varna. Sono arrivate le tende i cui pali erano a bordo di un'altra nave ancora in viaggio. I cavalli non erano stati legati con sufficiente attenzione, e così sono giunti in pessime condizioni, e all'arrivo sono stati semplicemente gettati fuori bordo, costringendoli a nuotare fino a terra, perché non c'erano a disposizione imbarcazioni più piccole per il trasbordo fino al porto. Mancavano provviste: in agosto è finito il pane e un incendio al magazzino ha distrutto vettovagliamenti e altro materiale bellico importante, con conseguenze soprattutto per i francesi. Ma la cosa peggiore sono state le epidemie di colera e di tifo. Non esagero dicendo che il numero di morti si aggira sul migliaio, francesi e inglesi allo stesso modo, senza contare tutti quelli che ho dovuto dichiarare inabili e rispedire a casa. Ciò che mi angustia soprattutto è la mia impotenza, per quanto cerchi di fare tutto il possibile, indipendentemente dal reggimento di appartenenza dei malati. Non abbiamo mai avuto a disposizione neppure un vero e proprio lazzaretto, nessuna barella o ambulanza. Un disastro completo e tutto a causa dell'approssimazione e della cattiva organizzazione! A volte non si sa proprio dove sfogare la rabbia e la frustrazione...

Intanto i generali se ne stavano seduti da qualche parte indecisi, spostando a casaccio le loro bandierine sulle carte, senza riuscire a decidere se rompere o no l'assedio russo a Silistria, e poi, dopo che la Russia si era nuovamente ritirata da lì, si è discusso su come sbaragliare le truppe dello zar. Per fortuna ora è stata presa una decisione: partiremo alla volta della Crimea, verso Sebastopoli. Posso solo sperare che lì il clima sia migliore, il colera non ci segua e le troppo attese battaglie senza grandi perdite da parte nostra finalmente si realizzino. Del resto, le cose non possono che andare meglio: che cosa potrebbe esserci infatti di peggio di Varna?

In tutta sincerità sono davvero felice che tu e Ralph siate lontani da questa guerra. Sono felice che non dobbiate vivere tutto questo e che vi troviate al sicuro. Anche se posso capire la vostra delusione per la punizione inflitta a Ralph («mio cognato», ancora non riesco ad abituarmi a chiamarlo così). Comunque vedi che in tutto c'è un lato positivo. Meglio Aden che Varna! Per questo sono doppiamente, no che dico, mille volte più felice che tu stia bene e che siate felici, come ho potuto dedurre dalle tue vivaci descrizioni. Ciò mi rincuora di aver fatto la cosa giusta aiutandovi, e che valeva la pena, nonostante il caos scoppiato a casa. Non ti angustiare, se non hai ancora ricevuto alcuna risposta alle tue lettere da Black Hall. Lascia ancora un po' di tempo a mamma e papà. Non resteranno in collera per sempre; al più tardi quando arriverà il loro primo nipotino, si renderanno conto che non avevi altra scelta, e allora la riconciliazione non tarderà ad arrivare.

Non appena avremo superato questa prova, prenderò il primo piroscafo e verrò da voi, ve lo prometto!

Amy mi ha chiesto di salutarvi con affetto. Mi scrive regolarmente (anche se è un po' offesa perché non siamo fuggiti insieme pure noi... Le donne!). Saluta Ralph da parte mia. Ti abbraccio forte forte,

Jonathan

Maya trattenne a stento uno sbadiglio, fino a farsi venire le lacrime agli occhi per lo sforzo. Quella sera si svolgeva la mensile «Ladys' Night» al circolo ufficiali: una manifestazione che non era assolutamente degna di una tale magniloquente definizione. Maya trovava molto ironico il fatto che, in veste di moglie di Ralph, sarebbe stata bene accolta sui campi di battaglia contro la Russia, mentre l'accompagnamento dei soldati da parte delle famiglie non era ben visto a Aden. Tuttavia una manciata di donne indomite o disperate come Maya si era ritrovata qui e, in loro onore, e nel tentativo di stabilire una sorta di vita mondana a Aden, era stata introdotta questa serata, aperta alle mogli dei soldati e ai civili europei che anelavano a trascorrere qualche ora parlando della patria. Come luogo di ritrovo era stato scelto il circolo altrimenti riservato ai soldati, perché era l'unico luogo in tutta Aden che potesse ospitare un così grande numero di persone, e inoltre era abbastanza inglese da poter offrire alle donne invitate almeno una parvenza di eleganza.

Alla luce dell'ambiente e del pubblico, tuttavia, la cosa rimaneva a livello di buona intenzione, più che un'impresa riuscita, pensò Maya trattenendo l'ennesimo sbadiglio e guardandosi intorno: una stanza quadrangolare con i muri grezzi di pietra bianca, anneriti dalla fuliggine dei sigari e sigaretti che ogni sera si riducevano in cenere a casse intere. Le imposte di legno delle finestre quadrate erano spalancate verso l'esterno, tuttavia non era colpa delle inferriate murate se nell'ambiente non tirava un filo d'aria. Neppure il grande ventaglio sul soffitto, azionato avanti e indietro da un giovane somalo appoggiato al muro in uno stato apparente di sonno profondo, era in grado di muovere l'aria densa di sudore, alcol e fumo. Le assi del pavimento erano crepate, sconnesse e deformate dal calore, al punto che il tavolo da biliardo piuttosto malconcio era tenuto in equilibrio da zeppe infilate sotto le gambe. Di solito veniva usato per giocare, mentre quella sera era stato trasformato in sedile, in quanto ovviamente gli ufficiali avevano lasciato alle dame il diritto di utilizzare il numero limitato di sedie disponibili. Chi non era riuscito ad accaparrarsene una stava appoggiato sui rispettivi tavolini traballanti, oppure rimaneva in piedi, almeno fin quando glielo consentiva il gin d'importazione servito alacremente dai camerieri bengalesi, e poi si appoggiava al muro o a un compagno d'armi.

Maya era seduta impettita perché non si fidava della tenuta della spalliera allentata e osservava distrattamente le dame riunite in disparte dai gentiluomini che conosceva di vista dai precedenti incontri. Ascoltava indifferente le voci femminili che discutevano sul metodo migliore per preparare le banane cotte e per conservare la carne. Erano informazioni che Maya cercava di ricordare e mettere in pratica, anche se poi ciò che preparava la sera tra le quattro mura del bungalow era frutto più dell'improvvisazione che di una vera e propria arte culinaria. Ralph divorava sempre la sua porzione senza lamentarsi. Anche gli altri temi consueti – come combattere i disturbi di gravidanza, quale colore, consistenza e odore potesse avere il mestruo oppure come fare per sottrarsi ogni tanto alle spiacevoli richieste carnali degli insistenti mariti – non suscitavano un suo vero interesse. Tuttavia si sforzava di mantenere un'espressione cortese e benevola, mentre si sistemava le maniche del leggero abito verde già macchiato di sudore sotto le ascelle. Aveva cercato per un paio di volte di instaurare un dialogo, ma alla fine aveva constatato con imbarazzo di essere l'unica che amava i libri e voleva imparare l'arabo, oltre a quello che le serviva per comprare frutta e miele al mercato. Anche le sue domande circa la vita delle donne arabe nel paese e su che cosa ci fosse al di là del cratere avevano suscitato occhiate stupite e addirittura scandalizzate. Maya temeva che la sua intelligenza un tempo tanto viva potesse accartocciarsi come le foglie delle misere piante dei cosiddetti giardini di Aden sotto l'indolenza e il caldo. Entro pochi giorni sarebbero finalmente arrivati i libri ordinati da Londra che era riuscita a farsi acquistare da Ralph. I libri erano un bene di lusso a Aden e non ce ne erano a disposizione, perché nessuno qui aveva il tempo o la voglia di leggere. Così dovevano essere ordinati a prezzi esorbitanti per lettera. Maya però non ce la faceva più a rimanere senza letture: si sentiva morire di noia. Nel contempo si vergognava accorgendosi di guardare dall'alto in basso le mogli degli altri soldati, perché i loro orizzonti non spaziavano oltre i fornelli e la schiera sempre crescente di bambini affidati quella sera alle cure di una *ayah*, una bambinaia indiana. Si vergognava di sentirsi superiore a loro, anche se non aveva niente di meglio. Non lì a Aden. Lì non contava che fosse la figlia di un professore e che sapesse il greco e il latino, non serviva neppure a etichettarla come *basbleu*. Lì la sua cultura semplicemente non significava niente, e questo la faceva sentire ancora più sola che a Oxford.

Le sue dita si strinsero volontariamente sul medaglione della nonna, un gesto che ormai era diventato un'abitudine per lei. Quasi fosse un modo per ricreare un legame con la famiglia, che sentiva lontana non solo per colpa dei mari e delle coste che li separavano. Le parole della lettera di Jonathan, che aveva ricevuto solo quel giorno, sebbene egli le avesse scritte più di tre settimane prima, riecheggiavano dentro di lei. Anche la sua prossima lettera di sicuro avrebbe impiegato molto tempo per arrivare.

La prima battaglia della guerra era stata combattuta con successo dalle forze alleate inglesi e francesi che, approdate nella baia di Calamita, avevano marciato in direzione di Sebastopoli e avevano inferto una esemplare lezione alle truppe russe schierate sul fiume Alma. Ralph le aveva comunicato la notizia raggiante di gioia, riferendole tutti i dettagli che aveva sentito e letto, e si capiva chiaramente quanto fosse intensa la sua partecipazione alla campagna militare dalla quale era stato escluso.

Lo sguardo di Maya si posò sul marito, che stava discutendo animatamente con altri due ufficiali. Aveva le guance accese, per il caldo, il gin e i gesti concitati con cui manifestava la propria opinione. *Ho fatto bene*, si disse per farsi coraggio, *certo che ho fatto bene!* Tuttavia le frasi piene di esaltazione che scriveva all'*ufficiale medico Jonathan Greenwood, primo battaglione Rifle Brigade*, le suonavano vuote ed era per questo che finora aveva evitato di inviare anche solo un breve saluto a zia Elizabeth. Proprio a zia Elizabeth, che di sicuro non avrebbe espresso giudizi sulla fuga di Maya con Ralph. Tuttavia Maya temeva che la vecchia dama perspicace avrebbe letto tra le righe qualcosa che l'avrebbe messa in allerta. Maya la conosceva: zia Elizabeth non si sarebbe fatta scrupolo di porle domande dirette, obbligando Maya ad affrontare cose sulle quali non era pronta a riflettere né a esprimersi.

«No, Outram fa bene invece», sentì dire da Ralph. «È proprio ciò di cui abbiamo bisogno qui: un'amministrazione ordinata e una struttura gerarchica britannica, come quella creata anche in India. Non una rotta incerta come quella seguita da Haines.»

«A tale riguardo vi do ragione, Ralph», osservò uno degli interlocutori, «però non mi sembra che Outram si senta particolarmente bene qui. Non c'è da meravigliarsi: vista la sua salute cagionevole, il clima di Aden è quanto mai inadatto. Sicuramente è solo questione di tempo, prima che abbandoni a vele spiegate il suo posto qui e torni a occuparne uno molto più prestigioso a Bombay.»

«Tutte chiacchiere», obiettò Ralph convinto, con tono baritonale, dando pacche amichevoli sulla spalla dell'interlocutore, «sono solo chiacchiere. E anche se fosse, Outram ha saggiamente collocato in tutte le posizioni chiave al suo comando persone che hanno ottimi contatti con Bombay, in modo che le nostre richieste vengano ascoltate là. E più saldamente Aden si legherà a Bombay, più potremo far capire chiaramente ai signori laggiù che questa è una postazione irrinunciabile da rafforzare ulteriormente.»

Per la sua posizione geografica e le sue caratteristiche, Aden aveva una grande importanza strategica per gli inglesi, e questo era stato il motivo principale dell'occupazione. Si trovava esattamente a metà strada tra Bombay e Suez, una tratta non priva di pericoli della rotta commerciale per le Indie così importante per l'Inghilterra. Non solo perché si trovava tra il vicereame ottomano dell'Egitto e la costa occidentale dell'Arabia, in gran parte appartenente all'impero ottomano; il mar Rosso era inoltre territorio di caccia privilegiato per i pirati di origine africane e arabe. Un avamposto militare britannico su questa rotta rappresentava quindi un chiaro segnale di avvertimento di non mettere le mani sulle navi inglesi e di non ostacolare il traffico verso le Indie orientali.

«Questo è sicuro», confermò il secondo ufficiale. «Circolano voci che la Mecca sia in subbuglio. Due famiglie si contendono il titolo di sceriffi della Città Santa. Figuriamoci! Per il momento Costantinopoli è distratta, impegnata com'è a difendersi dalle mire espansionistiche della Russia. Ma con il nostro aiuto lo zar verrà ben presto sconfitto. Allora il sultano tornerà a occuparsi dei conflitti interni e di sicuro per prima cosa vorrà ristabilire la pace alla Mecca. Come facciamo a sapere che non voglia approfittarne anche per dimostrare la propria potenza ampliando i confini del suo impero fino al mare e inglobando Aden? Nonostante il nostro appoggio in questa guerra, non mi fiderei troppo dell'eterna riconoscenza dei turchi! Aden non sarà mai abbastanza potente e, per quanto si possa dire tutto il male possibile di Haines, la sua idea del porto franco è stato un vero colpo di genio! Più Aden diventa indispensabile per la

Compagnia, più aumenterà l'interesse di mantenere la postazione. Anche solo per motivi commerciali. Ah ah», esclamò entusiasta, cambiando argomento e facendo un ampio gesto verso la porta, «più l'ora è tarda, più aumenta l'onore della visita! Ora potremo sentire una valutazione sullo stato delle cose da una bocca esperta e preminente.»

Tre uomini si erano fermati ridendo sulla soglia del circolo ufficiali. Il più giovane, forse intorno ai venticinque anni, era alto e molto magro. I suoi occhi azzurri, tondi come quelli di un bambino, con la stessa espressione stupita e innocente, e la criniera di capelli biondi indomabili, lo indicavano come inglese, forse di origini scandinave. Del secondo era difficile calcolare l'età, di certo intorno alla trentina, ed era un tipo anonimo, ma con modi pacati che ispiravano un'immediata fiducia. Tuttavia era il terzo del gruppo che attirava tutti gli sguardi dei presenti, non tanto per la teatrale presentazione dell'ufficiale, quanto grazie alla sua presenza fisica, al suo aspetto vistoso che faceva impallidire i suoi due accompagnatori. Maya si sentì arrossire, e chinò il capo, abbassando le palpebre, come se così facendo potesse rendersi invisibile, ma Richard l'aveva già scorta. Mormorando parole di scusa, si staccò dai suoi accompagnatori e le si avvicinò a grandi passi, con il cappello in mano.

«Buona sera, signore», salutò con un galante inchino rivolto alla cerchia di dame che lo fissò con quel misto di scandalizzata diffidenza e irresistibile ammirazione che Richard Francis Burton sapeva suscitare quasi sempre nel gentil sesso. Senza aspettare una risposta da parte di Maya, le prese la mano sinistra che lei teneva in grembo e gliela baciò, esattamente nel punto dove si trovava la fede nuziale. Una deliberata provocazione da parte di quest'uomo, considerato da tutti un *enfant terrible*, che Maya seppe interpretare nel modo giusto. «*Enchanté, madame*», mormorò con una luce sarcastica negli occhi, prima di battere i tacchi in maniera esagerata e di tornare dai suoi compagni.

Maya vide Richard gettare distrattamente il cappello sopra la montagna di cappotti e copricapi militari che si era formata in mezzo al tavolo da biliardo, poi prendere il bicchiere che gli offriva un cameriere e quindi unirsi agli altri due nuovi arrivati che stringevano a turno la mano dei presenti e si presentavano per nome, ottenendo dei «piacere» e «onorato», come risposta. Il meno appariscente dei tre doveva essere già noto tra i soldati, tuttavia Maya colse le parole, «Dottor John Steinhäuser... qui all'ospedale... detto *Styggins*, è così che lo chiamiamo...» quando fu presentato a uno degli ufficiali.

Dalle labbra piene e ben modellate dell'inglese biondo uscirono brandelli di frase pronunciati in tono tanto affascinante quanto superbo, «Tenente John Hanning Speke... dieci anni nel 46° reggimento della *Bengal Native Infantry*... tre anni di licenza davanti a me... volentieri in Africa, a cacciare... una collezione già notevole della fauna dell'India e del Tibet...»

Richard Francis Burton evidentemente non aveva bisogno di grandi presentazioni; la sua comparsa e il suo nome, che si sparse rapido per il circolo, sembravano bastare e Maya vide quanto fosse compiaciuto della propria fama quando i soldati gli si riunirono attorno, sebbene suscitasse concitati mormorii e compunte alzate di sopracciglia. Maya notò anche lo sguardo interrogativo che Ralph le gettò e al quale rispose con una stanca alzata di spalle, prima di girare la testa da un'altra parte. Si sentiva avvampare le guance al ricordo dei baci nel vicolo, delle parole di Richard e della sua violenta reazione. Tuttavia non poteva fare a meno di origliare, sforzandosi disperatamente di cogliere frammenti di conversazione tra gli uomini, per quanto riuscivano a penetrare il brusio delle chiacchiere femminili. Queste si stavano occupando al momento di una dama assente che in occasione dell'ultima parata – regolari dimostrazioni della superiorità britannica, che seguivano la legge di Outram secondo cui le uniformi erano equiparabili al rispetto – era stata vista per la seconda volta con un capitano sposato. Questo, secondo le regole della cosiddetta buona società di Aden, era considerata prova di una relazione.

«... i sultanati dell'entroterra...» «... irrilevanti, non abbiamo niente da temere, sicuramente solo sabbia e sassi...» «attenzione, signori miei! Contro Lahej e i suoi alleati si è schierato non solo Fadhli, ma anche altri sultanati. Lahej è ambizioso e avido.

Basti pensare al forte di Shaykh Uthman, che ha fatto costruire un anno e mezzo fa – con il benestare di Haines, tra parentesi – e dal quale può controllare meglio le carovane dei Fadhli e degli Aqrabi. Entrambe le parti cercano di conquistarsi il favore delle tribù delle montagne...»

«...forza militare?» «ma vi prego, che cosa possono sapere questi selvaggi del deserto...» «ottima domanda! Nessun europeo è mai stato là. Territorio proibito, se mi capite.»

«Qui sembra essere pieno di donne e città proibite.» Queste parole furono accompagnate da risate di plauso. «Voi però siete stato in una di esse, Burton. Secondo voi, come evolverà la situazione alla Mecca e quale sarà il ruolo di Aden, nel triangolo tra Bombay, l'Arabia e l'Africa?»

Maya si fece più attenta, riconoscendo la voce di Richard. «La Mecca... naturalmente si tratta anche del commercio di schiavi», lo sentì dire con una risata asciutta e aggiungere in tono sarcastico in risposta all'obiezione di uno dei presenti, «già, forse vi sembrerà un'usanza barbara. Ma noi siamo davvero così superiori a tale riguardo? Provate a pensare solo alla civettuola caccia a un marito delle signore occidentali! Che cosa sono queste, se non schiave che si vendono al miglior offerente...» il resto del suo discorso si perse nell'improvviso tumulto scatenato da alcuni dei soldati ubriachi che si scagliarono contro di lui imprecando con veemenza per difendere l'onore femminile tanto vergognosamente offeso. Anche tra le dame si levò un brusio animato, perché Richard aveva parlato a voce alta e le sue provocanti affermazioni erano giunte fino a loro. Soltanto Maya rimase a sedere muta e impettita, ribollendo di rabbia e di vergogna. Era bastata un'occhiata tra lei e Richard, al quale il dottor Steinhäuser aveva posato una mano sulla spalla per tranquillizzarlo, mentre Ralph allontanava da lui con la forza un militare che voleva aggredirlo. Richard aveva riso, stava ancora ridendo, ma i suoi occhi erano freddi e imperscrutabili. Era bastata quest'occhiata e Maya aveva capito che lui aveva pronunciato tale affermazione per ferirla.

L'atmosfera della serata – ammesso che ce ne fosse stata una – era irrimediabilmente rovinata e poco più tardi la società riunita al circolo si disperse, ciascuno andò per la sua strada, verso la caserma e i bungalow, oppure verso la città.

Durante il tragitto Maya era rimasta taciturna e altrettanto aveva fatto Ralph, ed erano ancora in silenzio quando, raggiunto il bungalow, Ralph si era gettato di schiena sul letto mentre Maya si spogliava e si infilava la camicia da notte. Era in piedi davanti allo specchio appeso al muro sopra la sedia nell'angolo e si stava togliendo le forcine dai capelli, quando Ralph commentò con un profondo sbadiglio, «che persona antipatica». Poi si sfilò gli stivali e li lasciò cadere a terra con un tonfo.

«Chi?» domandò Maya con finto candore.

«Quel Burton. Il *capitano* Burton, ma mi faccia il piacere! Te lo immagini un tipo del genere sulla piazza d'armi? Io proprio no.» Parlava con collera, mentre cercava di slacciare i bottoni dorati della giacca dell'uniforme. «Di sicuro a Bombay sono contenti di essersi sbarazzati di uno scansafatiche come quello senza un briciolo di disciplina e di amor proprio. Meglio che si dedichi alla carriera di scrittore di viaggio, è più adatta a lui, con le diverse dozzine di lingue che si vanta sempre di conoscere! Outram non nutre nessuna stima per questo cocco di Napier, tantomeno per quel farabutto di Napier. Che vergogna per l'esercito, per l'Inghilterra, il comportamento di Napier durante la conquista della provincia di Sindh! Un conto è avere la mano severa, tutt'altro essere brutali. 'Prima una bella scarica di botte, poi l'amicizia, è così che si addomesticano i caratteri più ribelli', pare che abbia detto riferendosi alla sua politica in quella regione. Non c'è da sorprendersi che Outram si sia espresso negativamente nei confronti di questo avventuriero africano. Dovrebbero provare loro a rischiare la pelle, se proprio ci tengono tanto! Forse sarebbe un peccato per Speke, mi sembra un tipo a posto, ma per quel bellimbusto arrogante di Burton, sicuramente no!» Con un gesto stizzito lanciò la giacca per terra, si sfilò le bretelle ma rimase seduto sul ciglio del letto. Maya colse il suo sguardo perplesso allo specchio. «A proposito, tu come fai a conoscerlo?»

Lei rimase immobile per un istante, poi cominciò a spazzolarsi con foga i capelli. «Da prima», spiegò distrattamente.

«Ogni tanto veniva a casa nostra ospite di mio padre, quando ancora studiava a Oxford.»

Ralph si alzò e si sfilò la camicia dai pantaloni. «E come mai vengo a saperlo soltanto ora?»

Maya fece una piccola risata, mentre continuava a spazzolarsi i capelli. «Ma Ralph, se dovessi elencarti tutti gli studenti che sono entrati e usciti da Black Hall nel corso degli anni, mi ci vorrebbe tutta la notte!» Lui le si avvicinò da dietro, guardando alternativamente la sua schiena e il suo volto riflesso allo specchio.

«Non mi piace il modo in cui ti guarda», disse lentamente. Maya si girò e gli rivolse un'occhiata divertita.

«Non sarai mica geloso?»

Lui le afferrò un braccio e la fece voltare di scatto. La spazzola le scivolò dalla mano e rotolò in un angolo. «C'è qualcosa tra voi?» le urlò in faccia scuotendola. Maya fece in modo di nascondere lo spavento, di mantenere la calma.

«Che sciocchezza», ribatté indignata, cercando di liberarsi da lui. «Come ti è venuta quest'idea?» Davanti ai suoi occhi balenò per un istante l'immagine di un vicolo in città dove Richard l'aveva trascinata durante un acquazzone, loro due che si baciavano, e poi l'espressione di Richard al ricevimento, quella di un predatore ferito.

Come se Ralph le avesse letto nel pensiero, la spintonò all'indietro contro il muro, e l'impatto le tolse il respiro. Tenendole strette le braccia, la scrollò, urlando: «Esigo una risposta! C'è qualcosa tra voi?»

«No», urlò Maya, cercando di divincolarsi dalla sua stretta, prendendolo a calci negli stinchi con i piedi nudi. «E adesso lasciami, mi fai male!»

In maniera altrettanto repentina da come l'aveva aggredita, si staccò da lei, crollando letteralmente su se stesso. La guardò sgomento per il proprio gesto, mentre lei si massaggiava le braccia e i polsi doloranti, alzò le mani, le tastò con gesti cauti e incerti prima le spalle, poi le braccia, il viso, quasi dovesse assicurarsi di non averle rotto niente. «Perdonami», balbettò, «non... non volevo. Stai bene?» domandò prudente, prossimo alle lacrime, mentre le accarezzava il viso. Maya annuì, tirò su col naso, sussultò per un istante, ma non si oppose quando lui l'abbracciò. «Non volevo farti del male, lo giuro», le mormorò tra i capelli cullandola dolcemente. «Sei la cosa più importante della mia vita.»

Rimasero abbracciati come due orfani, e tali erano diventati. Maya ripensò alla lettera che Ralph aveva ricevuto due settimane prima dal Gloucestershire dopo un lungo silenzio. Con espressione impietrita l'aveva appallottolata e gettata nel fuoco, poi era sparito per andare al circolo, da dove era tornato solo a tarda notte con passo pesante e accompagnato da una scia di fumo e alcol. Si era coricato senza parlare accanto a lei, si era addormentato all'istante e non le aveva più fatto parola di quella lettera.

Mentre cercavano reciprocamente sostegno, Maya provò la sensazione che fossero in cima a una ripida rampa, dalla superficie perfettamente liscia, e che stessero scivolando con inesorabile lentezza verso l'abisso.

4

A più di duecento miglia di distanza, quella stessa sera, un gruppo di uomini sedeva insieme a bere e a valutare la situazione. Parlavano del porto franco di Aden, di Outram e Haines, e del sultano di Lahej. Ma al posto del gin bevevano tè speziato e la loro lingua non era l'inglese, bensì l'arabo.

Il palazzo del sultano di Ijar era un intricato complesso di edifici allungati, che ricordavano l'architettura dei predecessori del sultano Salih ibn Muhsin al-Ijar. Generazione dopo generazione, il palazzo era stato arricchito di nuovi cortili e nuovi ambienti costruiti attorno a quelli preesistenti. Nel suo nucleo fondamentale era ancora riconoscibile lo scopo originario della costruzione: una fortezza inespugnabile che custodiva le ricchezze del territorio e sorvegliava le strade attraverso le quali esse venivano portate nei sultanati vicini e nei porti sulla costa. Dalle sue torri lo sguardo spaziava verso tutti i punti cardinali che a Ijar riunivano le contraddizioni d'Arabia: a sud e a ovest si ergevano montagne e altopiani; a nord cominciava il deserto del Ramlat as-Sabatayn, una propaggine di quello assai più vasto del Rub al-Khali; a ovest invece si estendeva il terreno fertile che alimentava Ijar: alvei e bacini che durante la stagione delle piogge portavano acqua sufficiente ai campi e ai giardini, facevano prosperare le greggi e mantenevano in vita i villaggi artigianali. L'abbondanza di acqua permetteva a Ijar di vendere in cambio di moneta sonante gran parte dei raccolti e dei manufatti: i raffinati tessuti di cotone colorati, i ricami e i pregiati articoli d'argento sbalzato per cui il sultanato era tanto famoso.

Il sultano Salih, tuttavia, non provava più nessuna gioia ad affacciarsi da quelle torri e a contemplare il suo regno. Era oppresso dalle preoccupazioni, che sminuivano l'orgoglio per ciò che vedeva e che gli davano un sapore amaro. No, per fortuna nessuno soffriva la fame a Ijar, *al-hamdu li-illah*, sia ringraziato Allah! Ma il benessere che faceva prosperare il paese diminuiva di anno in anno. Tutta colpa degli inglesi che si erano accaparrati l'intero commercio dell'Arabia meridionale a Aden.

Il nuovo sultano di Lahej aveva sperato di ottenere dall'insediamento degli inglesi a Aden soprattutto un vantaggio economico, se la presenza britannica avesse attratto il proficuo commercio da e verso l'India. Quasi tutte le rotte carovaniere dell'Arabia verso Aden, infatti, passavano per il territorio di Lahej, a parte un breve tratto costiero appartenente al sultanato di Fadhli. In effetti aveva dimostrato un buon fiuto per gli affari perché la città aveva conosciuto una rapida espansione economica, non da ultimo grazie alla guarnigione in costante crescita che richiedeva nuovi edifici e il mantenimento dei soldati che volevano spendere la loro paga. Il commercio fioriva, non tanto come prima grazie all'incenso o alle spezie come lo zafferano e il pepe scambiati con l'oro, bensì con carbone, bestiame, granaglie, mangimi, frutta e verdura, e soprattutto caffè. Il caffè sul quale i commercianti francesi si gettavano con avidità quanto gli americani e gli egiziani. Tanto la penisola antistante era desolata, tanto era stato reso fertile l'entroterra grazie a un antichissimo e ingegnoso sistema di irrigazione. Lahej poteva quindi intascare ingenti dazi e quando nel 1850 Haines aveva avuto l'idea di trasformare Aden in un porto franco, quindi senza riscossione di imposte doganali, i vantaggi immediati erano stati parecchi: i porti concorrenti di Shuqra nel sultanato di Fadhli e quello del sultano di Aqrabi nelle immediate vicinanze erano stati eliminati dalla corsa per accaparrarsi il favore dei mercanti. Aden ottenne quasi il monopolio sui commerci dell'Arabia meridionale e il sultano di Lahej incassò ancora più tasse, oltre a un trionfo sul suo nemico di sempre Fadhli e a un più saldo legame con gli inglesi. Il crescente benessere di Lahej e Aden era particolarmente visibile nei mercati e nelle botteghe della città portuale.

Gli altri porti lungo la costa al contrario erano quasi alla bancarotta e questo colpiva in particolare Ijar e il sultanato di Bayhan. Entrambi infatti erano i due stati più lontani da Aden, le loro merci dovevano percorrere il cammino più lungo e attraversare il maggior numero di sultanati con i relativi dazi doganali. Quando i beni provenienti da Ijar raggiungevano Aden, i profitti derivanti dalla loro vendita erano praticamente già stati consumati e il fatto di non dover pagare imposte nel porto stesso serviva a ben poco. Erano inoltre aumentati il numero di attacchi da parte dei predoni del deserto: tribù bellicose armate fino ai denti che esigevano imposte ingiustificate oppure razziavano le carovane. Tribù colpite, al pari del sultano di Ijar, dalle mutate condizioni economiche introdotte dalla politica degli inglesi.

Per questo quel giorno il sultano Salih aveva radunato i suoi sceicchi, gli anziani delle tribù di Ijar e i comandanti delle sue truppe per consultarsi con loro. Dopo i saluti di rito, tutti si sedettero a gambe incrociate sui tappeti variopinti stesi sui pavimenti di pietra liscia e placarono la sete con tè e la fame con vivande apparecchiate al centro su vassoi d'argento e piccole ciotole: *kubaneh*, pane ricavato da palline di pasta lievitate cotte in una pentola con coperchio, dalla crosta scura e l'interno ancora fumante, accompagnato da *zhoug*, una crema ricavata da peperoni, aglio, prezzemolo, cardamomo pestati e aromatizzati con sale e pepe, e *shafuth*, latte acido con fagioli piccanti ed erbe. C'erano anche pollo e agnello arrosto con riso e melone e per dolce datteri e *bint al-sahn*, un composto di diversi dischi di pasta ripieni di burro e miele.

L'aria profumata della sera entrava dalle alte e strette finestre aperte sui lati più lunghi della sala. I lumi d'argento sbalzato diffondevano un chiarore ramato e tremolante che infondeva vita alle pareti decorate dando loro la sembianza di un bosco di foglie e fiori dove soffiava un alito di vento. Il sultano aspettò paziente che i suoi ospiti si fossero rifocillati, come era usanza, servendosi solo di qualche boccone occasionale, mentre con lo sguardo osservava gli uomini radunati nella grande sala nel cuore della reggia. I volti degli sceicchi, quattordici in tutto, erano duri, segnati dalle intemperie e brizzolati come lui, familiari come quelli dei figli anch'essi presenti, quasi che gli sceicchi fossero suoi fratelli. Solo i diversi colori e motivi ornamentali delle lunghe tuniche e dei turbanti tradivano le parentele reciproche. Il sultano Salih si sentiva come un capofamiglia, della famiglia di Ijar, al cui benessere era suo dovere provvedere. E non erano forse un'unica grande famiglia, da quando i suoi antenati, dopo secoli di dominazione straniera da parte di mamelucchi, tahiridi e rasulidi, avevano imbracciato le armi più di duecento anni prima e avevano scacciato gli ottomani? Con il clangore delle lunghe spade e il crepitio dei moschetti, importati dai turchi, armi vietate per le mani arabe, che tuttavia avevano imbracciato per poter annientare gli ottomani. Da allora la spada e la *djambia*, il pugnale ricurvo, erano simboli di tradizione difensiva, mentre fucili e bandoliere insegne di forza battagliera. Mentre i territori a nord di Aden, sebbene nominalmente ancora in possesso di Costantinopoli, erano governati dagli imam della dinastia degli Zaiditi, lì nel sud, a ovest di Aden, sulle rovine degli antichi regni di Saba, Ma'in, Qataban, Ausan, Himyar e Hadramaut lungo l'antica via dell'incenso, erano sorti i diciotto sultanati il cui territorio già al tempo di Tolomeo era denominato *Arabia felix*.

All'epoca di Maometto, le dinastie straniere avevano non solo diffuso la fede in Allah, ma poco più tardi introdotto anche il sacro testo del Corano, particolari elementi di architettura, arte e musica, la loro lingua e la loro scrittura. Le popolazioni locali, tuttavia, continuarono a essere orgogliose delle antiche tradizioni, della società tribale e delle leggi che nessuna potenza straniera era riuscita a eliminare, neppure il grande impero ottomano. Era rimasta anche una profonda diffidenza nei confronti di tutti gli stranieri. Chi non era nato lì, chi non aveva trovato il proprio posto attraverso il sangue o le azioni nel complesso tessuto di tribù e famiglia, non era ben visto. Questo valeva sia per le teste matte europee che volevano misurare e descrivere questa macchia bianca sulle loro carte, sia per i pazzi che si sentivano chiamati ad attraversare per puro spirito di avventura il deserto del Rub al-Khali. Con altrettanta preoccupazione si guardava alla presenza inglese a Aden e al legame instaurato dai sultanati più prossimi con l'avamposto europeo nella regione, oltre alle perdite finanziarie che ne erano derivate.

«Sono oramai quattro anni», dichiarò il sultano, quando uno alla volta gli uomini erano tornati a sedere diritti, si erano puliti la mano destra dei resti di cibo e avevano rivolto lo sguardo attento verso di lui. «Quattro anni da quando non vengono più riscossi dazi a Aden. Quattro anni durante i quali il sultanato di Lahej è fiorito e ha prosperato, grazie ai commerci diretti e alla protezione dei *farangi*, degli stranieri. Da quattro anni le casse del tesoro di Lahej si riempiono di soldi, mentre le nostre si svuotano sempre più senza nuovi proventi.» Fece una pausa e guardò l'uno dopo l'altro i suoi sceicchi che annuirono con espressione torva.

«I mercanti si lamentano, e anche i contadini e gli artigiani», disse uno di loro.

«Da noi è lo stesso», concordò un secondo.

«Il sultano di Lahej è un traditore», tuonò un altro in tono sprezzante. «Un traditore delle tradizioni dei suoi fratelli! Si vende ai *farangi*, si fa guardare le spalle da loro e così sputa sul sultano di Fadhli e di Aqrabi!» Il sultanato di Aqrabi in particolare, stretto tra Lahej e Aden, con un territorio esiguo e da tempo amico di Fadhli, si sentiva molto minacciato dalla crescente forza di Lahej e temeva di finire ben presto impoverito accanto al suo vicino sempre più potente e ricco.

«È come se sputasse anche su di noi!» dichiarò il suo vicino, infiammato di indignazione, scatenando così un mormorio irato di accordo da parte degli altri uomini riuniti.

«Il sultano di Fadhli e quello di Aqrabi sono sempre stati i nostri fedeli alleati», riconobbe il sultano Salih, «nei commerci come in guerra, e mi preoccupa che la loro situazione non sia affatto migliore della nostra.»

«I *farangi* hanno addirittura bloccato i porti degli Aqrabi!»

«Lahej ha pagato Fadhli per il suo silenzio e poco dopo lo ha aggredito con l'appoggio dei *farangi*!»

«Lahej vende i diritti esclusivi per le forniture commerciali di pesce, carne, burro chiarificato e tabacco dall'estero verso il suo sultanato a coloro che offrono di più. Gli altri restano con le briciole e perdono una fonte di guadagno!»

«Non appena Lahej si sente minacciato da uno di noi, chiama subito in aiuto i *farangi*!»

Il sultano Salih alzò una mano e attese che gli animi infervorati si placassero e che tornasse la calma. Girò la testa verso gli uomini seduti più distanti, riconoscibili come guerrieri per i volti stagionati dal vento e dalle intemperie, per i turbanti e gli abiti sbiaditi dal sole e non da ultimo per le bandoliere di cuoio. «Che cosa hai da riferire da Aden, Rashad? Sei tornato di recente da là.»

Tutti gli sguardi si rivolsero al guerriero interpellato. Rashad ibn Fahd ibn Husam al-Din al-Shaheen appariva il più giovane del gruppo. La barba, che incorniciava le labbra piene e metteva in risalto ancora di più la mascella volitiva, non aveva traccia di grigio come i capelli, che portava lunghi fino alle spalle, secondo l'usanza più diffusa della sua tribù. Il loro colore corvino si rispecchiava nella tonalità della camicia, legata in vita da una larga fascia di cuoio, riccamente ripiegata sotto le pesanti bandoliere incrociate, nel turbante avvolto ripetutamente intorno alla testa e nei lunghi e ampi calzoni, tinti con l'indaco nelle tonalità del nero, blu, viola e grigio.

Anche se tra gli uomini riuniti ce ne fosse stato uno che non conosceva Rashad al-Shaheen, avrebbe capito facilmente a quale tribù apparteneva. Infatti nel raggio di centinaia di miglia non c'erano molte tribù che usavano l'indaco per tingere i tessuti, ancora meno che sapessero farlo con tanta perizia e nessuna che usasse calzoni al posto delle abituali tuniche. Solo le tribù di cavalieri delle montagne si vestivano in quel modo e solo le donne di al-Shaheen possedevano l'abilità di ricamare i colletti e gli orli delle camicie ai loro uomini con bordure così delicate in bianco e in rosso e di arricchirle di placche d'argento sbalzato che luccicavano al sole. Si diceva che le genti delle montagne non fossero degne di fiducia: erano considerate astute, dedite al furto e prive di onore. Tutti nella sala sapevano che questo non valeva per la tribù di al-Shaheen: i suoi uomini erano considerati ottimi guerrieri con i quali era meglio non confrontarsi. Era una tribù che si muoveva con grande naturalezza sia tra le vallate e le montagne ai margini di Ijar, sia nel deserto del Ramlat as-Sabatayn, che viveva di pastorizia e che prendeva nome dal suo particolare talento per la falconeria. Già da molti anni i suoi migliori cavalieri prestavano servizio per il sultano di Ijar, finché erano giovani e bellicosi.

Questo valeva anche per Rashad, il cui nome significava più o meno «colui che si comporta con rettitudine» e al quale egli rendeva ogni onore così come avevano fatto prima di lui suo padre Fahd e suo nonno Husam al-Din. Una sottile cicatrice, bianca sulla pelle bruno dorata, gli spezzava una delle folte sopracciglia, un'altra si allungava tra gli occhi scuri incavati fino alla radice del naso sporgente. Insieme a quelle sulle grandi mani possenti che stringevano il bicchiere del tè, dimostravano che si era guadagnato coraggiosamente il suo posto di comandante dei soldati del sultano di Ijar. Non era considerato solo un ottimo guerriero, che scortava con successo le carovane del sultano fino a Aden e ritorno, bensì anche un uomo di grande intelligenza e saggezza. Nessuno quindi si stupì del rispetto con cui il sultano si rivolse al comandante tanto più giovane di lui per chiedere la sua opinione. Tutti aspettarono trepidanti la risposta misurata di Rashad.

«Le strade verso la costa, attraverso il territorio di Lahej e fino a Aden, sono molto ambite e pericolose», dichiarò infine, con voce profonda e piena, arrochita dalla sabbia e dal vento. «Le carovane prive di una scorta armata non hanno alcuna possibilità di passare indenni. Grandi difficoltà sono create anche dalle altre tribù dei monti, che si prestano a fare la scorta alle carovane che offrono loro di più e che, quando se ne presenta l'occasione, cambiano campo durante il viaggio.»

«Come si comportano i *farangi*?» volle sapere il sultano.

«Restano all'oscuro della maggior parte di questi scontri, perché non si azzardano a gettare lo sguardo oltre l'orlo del cratere. A meno che il sultano di Lahej non chieda il loro aiuto, allora mandano due o tre uomini, e la loro comparsa basta affinché la carovana giunga indisturbata da Lahej a Aden.» L'espressione di Rashad era imperscrutabile, soltanto un'impercettibile alzata del sopracciglio con la cicatrice poteva forse tradire la sua opinione in proposito.

Il sultano annuì assorto, mentre rifletteva, e poi sceglieva con cura le parole. «Non possiamo accettare più a lungo che Lahej, con l'aiuto dei *farangi*, si arricchisca sempre di più ai danni nostri e dei nostri fratelli, e magari allarghi persino i suoi territori», dichiarò. «Dobbiamo fare qualcosa.» Gli sceicchi manifestarono con alte esclamazioni di condividere questa affermazione del sultano. Quando tornarono in silenzio, il sultano si rivolse nuovamente al comandante dei soldati. «Qual è il modo più efficace per riuscirci, secondo te?»

Rashad tacque, lo sguardo chino sul bicchiere di tè mezzo pieno.

«Tu conosci il modo di pensare e di agire dei *farangi* per esperienza diretta», proseguì il sultano con calma. «Hai vissuto tra di loro, parli la loro lingua.»

Rashad al-Shaheen aveva visto molto, era stato in Somalia come accompagnatore dei mercanti di Ijar insieme a suo padre, era stato in Egitto, fino al Cairo, non appena aveva avuto l'età giusta per essere accolto nella cerchia degli uomini. Conosceva Aden da prima dell'occupazione britannica, faceva parte di quella schiera di uomini che nei primi turbolenti anni si era opposta alla presenza degli inglesi e suo padre aveva pagato questa ribellione con una gloriosa morte da guerriero. «Ho sempre trascorso poco tempo a Aden, quando i miei uomini portavano le carovane incolumi fino a lì e poi aspettavano un nuovo convoglio da riportare indietro. E le mie conoscenze della loro lingua si limitano a pochi concetti essenziali», si schermì Rashad abbozzando un cenno di diniego verso il sultano. Il sultano sorrise. Era proprio questo uno dei tratti caratteriali che gli facevano apprezzare maggiormente il comandante dei suoi soldati, anche se, Allah gliene era testimone, non era certo quello decisivo.

Rashad posò per terra il bicchiere vuoto e appoggiò sulle ginocchia i polsi fasciati da aderenti strisce di cuoio, muovendo le mani in maniera discreta ma efficace. «Un attacco diretto sarebbe del tutto inutile. Né ci si può aspettare che i *farangi* possano mai abbandonare Lahej. Aden e Lahej infatti sono troppo vicini, i *farangi* dipendono troppo strettamente dai campi e dalle sorgenti di quel sultano. Tutto ciò che possiamo fare è fargli capire che devono fare i conti anche con noi e che non possono ignorarci ancora.»

«Dunque parla», lo incoraggiò il sultano Salih, «che cosa proponi?»

Rashad ringraziò con un cenno mentre il suo attendente gli riempiva di nuovo il bicchiere di tè. Guardò il sultano dall'orlo del bicchiere e nei suoi occhi si accese un lampo misterioso. «Dobbiamo colpire i *farangi* con un'abile mossa strategica nel punto per loro più vulnerabile.»

5

Maya era seduta a leggere nella piccola veranda davanti al bungalow. Il mese di ottobre aveva portato con sé temperature se non fresche almeno accettabili e un'aria asciutta e calda che arrecava sollievo alla città liberandola dalla sua consueta cappa di umidità. Una lieve brezza marina soffiava sulla guarnigione, e all'ombra del tetto sporgente si stava proprio bene. Non appena Ralph lasciava il bungalow al mattino, Maya prendeva una sedia e si metteva a leggere uno dei libri arrivati da poco, oppure raggiungeva la spiaggia, dove camminava tra sassi e sabbia, si toglieva le scarpe e lasciava che le onde le accarezzassero i piedi nudi sollevandosi l'orlo del vestito. Erano ore in cui Aden non le appariva più amichevole, ma almeno un po' meno ostile, nelle quali non soffriva per la forzata inattività, perché queste ore avevano qualcosa di un viaggio di piacere verso lidi lontani, anche se neppure nei momenti più spensierati provava un autentico senso di libertà, non con quelle cupe pareti rocciose alle spalle o al margine del campo visivo impossibile da cancellare.

Maya non alzò gli occhi quando sentì un carro che si fermava cigolando a poca distanza da lei. I rumori della guarnigione le erano troppo familiari: ogni giorno regnava un frenetico andirivieni. Solo quando sentì avvicinarsi dei passi, passi maschili, sollevò il capo e il cuore prese a batterle forte nel petto. Tuttavia si alzò molto lentamente, con la stessa espressione concentrata che aveva dedicato alla lettura del libro che ora richiuse e si strinse al petto con le braccia conserte.

«*Jane Eyre*», pronunciò Richard a mezza voce, al posto di un saluto, la testa leggermente inclinata per riuscire a leggere le lettere dorate sul dorso del libro sopra il braccio di Maya. «Un romanzo decisamente sopravvalutato.» Istintivamente Maya strinse più forte il libro e indietreggiò.

«A me piace», ribatté con foga.

«Naturale.» Il volto di Richard rimase imperscrutabile. «La sensazione di essere stranieri e senza radici ovunque ci si rifugi, non appartenere mai veramente a un luogo, la lacerazione interiore: entrambi ci riconosciamo in queste emozioni.» Curvò la bocca in un sorriso sarcastico. «Oppure è Mr. Rochester che ti affascina tanto?»

Maya si sentì avvampare. Com'era possibile che Richard riuscisse sempre a leggerle nel profondo dell'animo?

«Che cosa vuoi?» domandò brusca per cambiare argomento.

Lui rimase in silenzio per un istante, guardandola, poi alla fine disse con voce nostalgica, quasi intenerita: «Eri esattamente come adesso, la prima volta che ti vidi nello studio di tuo padre. Te ne ricordi? Tenevi un libro premuto tra le braccia e mi osservavi diffidente, finché io mi inginocchiai alla tua altezza e ti chiesi che libro fosse. Quanti anni avevi all'epoca? Otto? Nove?»

«Sette», bisbigliò Maya con voce tremante, con l'impressione di essere travolta da un'ondata di lacrime scatenata dalla tristezza e dalla nostalgia di casa. «Avevo sette anni.»

«Pace?» Richard protese la destra con aria implorante, con lo stesso gesto che aveva fatto allora verso quell'altro libro, e con lo stesso sguardo. «Volevo mostrarti qualcosa di Aden, qualcosa che di sicuro non conosci, ma che ti interesserà.»

Come allora, lei piegò verso l'esterno la caviglia sinistra in un gesto di infantile indecisione, e poi, gettando da parte ogni prudenza, lasciò che la curiosità avesse il sopravvento sulla ragione. E così, come aveva fatto da bambina quando si era precipitata verso lo studente sconosciuto per mostrargli il tesoro nel quale poi entrambi si erano immersi con gioia, ora annuì di slancio. «Prendo il cappello.»

Si accomodarono in silenzio sul carro tirato dal pony che Richard aveva noleggiato con tanto di vetturino e che li condusse sul ciglio del cratere, in un punto da cui si potevano vedere le mura delle vecchie cisterne costruite più sotto tra le rocce. In silenzio Maya seguì Richard lungo il sentiero che si inerpicava dietro le case, sull'antichissima colata di lava, luccicante color antracite, con qualche chiazza rossastra qua e là, come se anche la pietra fosse stata arrugginita dall'aria salmastra di Aden. Il ripido sentiero era facilmente riconoscibile, anche se non sembrava più molto utilizzato.

I rumori della città riecheggiavano sotto di loro, le ruote dei carri, lo schiocco degli zoccoli di cavalli e cammelli sul selciato duro, il brusio di voci. Era come se una forza sconosciuta la trascinasse lontana dai tetti, dalle torri e dai minareti di Aden, accogliendola protettiva all'interno della cerchia di rocce, su, verso un altro mondo, dove forse l'aspettavano fantasmi, il diavolo o Dio in persona. Arbusti stentati, poco più di rami spogli con brandelli di pergamena marrone, si abbarbicavano tra le rocce, agitati dal vento che qui soffiava più forte. Da qualche parte si udirono dei cani randagi abbaiare, ma smisero subito. Una quiete assordante regnava su quel luogo e Maya ne rimase soggiogata. Il contrasto con la città sotto di loro non avrebbe potuto essere maggiore. Le gocce di sudore che le imperlavano la fronte le scivolavano sulla nuca e all'interno dell'abito ma venivano subito asciugate dal vento. Era una sensazione meravigliosa, perché scaturiva dal movimento fisico, meravigliosa perché per la prima volta dopo tanto tempo era in grado di respirare a pieni polmoni. Anche se questa arrampicata non avesse avuto una meta, ne sarebbe valsa la pena. Fatti pochi passi, tuttavia, Maya si fermò con un sospiro sorpreso, riconoscendo il luogo dove Richard l'aveva condotta. Ciò che finora, guardando dal basso, le era sembrata una indefinibile macchia chiara sulle rocce nere si rivelò essere una bassa torre circolare che si raggiungeva attraverso un viottolo cinto da mura. Maya rimase a contemplare con tutta calma questa bizzarra costruzione, con solo una porta e nessuna finestra, alla cui base crescevano minuscoli cespugli di capperi dalle carnose foglie verdi e fiori bianchi incredibilmente rigogliosi. Trasalì, facendo un passo indietro, quando scorse tra le erbe delle ossa sbiancate dal sole. *Ossa umane*: tibie, costole, una scapola. Lanciò un'occhiata sgomenta a Richard sotto la tesa del cappello agitata dal vento. «Che cos'è questa?»

Lui non rispose subito, come se prima dovesse assorbire dentro di sé la misteriosa atmosfera di quel luogo, bello e terribile nello stesso tempo. «Questa è la Torre del silenzio», annunciò in tono solenne continuando a fissarla, poi aggiunse voltandosi verso Maya, «è il luogo di sepoltura dei parsi. Per loro terra, fuoco, acqua e aria sono sacri e puri e non devono essere contaminati dai corpi dei morti. Portano qui i loro defunti, per lasciare che vengano distrutti dal sole e da avvoltoi e cornacchie», spiegò rivolgendo un cenno verso il cielo, dove grandi uccelli neri si libravano in cerchio sopra di loro. «A volte capita che qualche osso prelevato dal tetto della torre, dove i parsi depongono i morti, scivoli dal loro becco e cada in terra.»

Maya si sentì percorrere da un brivido. «Che desolazione, non avere una tomba su cui poter piangere.» Strinse le dita attorno al medaglione che racchiudeva il ritratto dei nonni, sulla cui tomba si era recata così spesso.

«No, Maya», la contraddisse Richard dolcemente, «questa è l'autentica libertà! Dopo la morte tornare nel circolo degli elementi. Può esistere qualcosa di più bello, di più sacro? Anch'io desidererei lo stesso per me, quando giungerà la mia ora.»

Maya si rese conto che Richard l'aveva condotta lì per un motivo più recondito. «Perché?»

Gli angoli della sua bocca fremettero, mentre lui puntellava una gamba a un masso sporgente, vi appoggiava il gomito e guardava in basso all'interno del cratere. «Tra una settimana partirò per la Somalia.» Socchiuse gli occhi. «La Royal Geographic Society nutre un grande interesse affinché l'interno del paese venga finalmente esplorato e studiato. Da un lato per preparare una eventuale appropriazione, e inoltre anche come preparazione in vista di una spedizione più grande fino alle sorgenti del Nilo.»

«Era ciò che sognavi da tanto tempo.»

Richard scoppiò a ridere e strappò uno stelo d'erba da una fessura tra le rocce, se lo rigirò tra le dita, senza tuttavia rivolgere lo sguardo verso Maya. «L'amministrazione di Bombay se non altro ha ordinato di non correre inutili rischi. La spedizione inoltre non avrà un carattere ufficiale, bensì sarà del tutto privata e senza una scorta armata. La responsabilità ricade completamente su di me. Finora nessun bianco conosce l'ubicazione precisa di Harar, la città proibita, perché gli indigeni sostengono che verrà immediatamente distrutta non appena il primo cristiano vi metterà piede. Gli esploratori che hanno cercato in passato di avvicinarsi riferiscono di una popolazione barbara e sanguinaria, il cui capo, Abu Bekr, tiene rinchiusi fratelli e altri familiari nel carcere del suo palazzo. Chiunque abbia intrapreso un viaggio in quella regione è stato costretto a fare marcia indietro e a scappare per salvarsi la vita.»

Maya sorrise suo malgrado. «Dopo tanti anni finalmente una specie di addio.»

Lui ondeggiò avanti e indietro reggendosi sul ginocchio, come se fosse tormentato dall'incertezza, poi gettò il filo d'erba che teneva ancora in mano e la raggiunse.

«Ti piace questo genere di sceneggiate, vero?» sbottò lei con la testa leggermente piegata di lato e una scintilla sprezzante negli occhi. «Queste atmosfere così drammatiche. Se non fossi un esploratore, saresti diventato attore. La tua mania di spuntare sempre dal nulla, fugacemente, di non salutare mai con un vero addio meno scenografico, forse, ma più sincero.»

Lui le si fermò davanti e le posò dolcemente la mano nell'incavo tra il mento e il collo. «Tutte le volte che ti vedo mi sembra di guardare in uno specchio.»

Lei deglutì, radunò con cura le parole che le bruciavano sulla lingua e, titubante, le fece scivolare di bocca. «È per questo che da quando ti conosco non fai che fuggire da me?»

Lui tentò invano di sorridere, e parlò con voce esile, quasi avesse un nodo in gola. «Come potrei mai fuggire dall'altra metà del mio essere incompleto, quella migliore? Tu sei sempre con me, ovunque io vada.»

Maya si sentì salire le lacrime agli occhi, mentre una grande emozione si impossessava di lei. «Allora perché all'epoca non mi hai...»

«Shhh», la interruppe lui mentre l'ombra di un sorriso gli illuminava il viso, posandole un dito sulle labbra. «Chi potrebbe mai sopportare di guardarsi negli occhi ogni secondo della propria vita?»

Maya agitò rabbiosa la mano davanti al suo viso. «Ah, vai all'inferno!» esclamò scappando di corsa lungo il sentiero sconnesso.

«Ogni vostro desiderio è un ordine per me, madame», le gridò dietro lui, ma Maya chiuse le orecchie e il cuore alle sue parole, alla sua voce.

Sapeva che lui l'avrebbe seguita con lo sguardo, finché non fosse scomparsa, e anche che non avrebbe tentato di raggiungerla, era il suo modo di dirle addio. Si rendeva conto di non essere da meno, anche lei fuggiva dal proprio doppio, perché lo temeva esattamente quanto lui.

Quel giorno Maya rimase seduta a lungo sulla veranda, il libro di *Jane Eyre* aperto sulle ginocchia, prima nella luce brillante del pomeriggio, poi con un lume ai suoi piedi che diffondeva un tenero alone nell'oscurità. Non sfogliò neppure una pagina, né avrebbe saputo dire dove era la sua mente. Stava aspettando Ralph, era questo che fingeva di credere. Ma ancora di più aspettava che il giorno finisse: aspettava il rifugio del sonno, che tuttavia non le arrecava nessun sollievo, in attesa di un nuovo giorno che sarebbe stato vuoto quanto quello precedente.

Alla fine udì i passi, incerti, faticosi, e la figura familiare di Ralph comparve sulla veranda. Maya balzò in piedi e gli corse incontro, gli gettò le braccia al collo, lo sorresse nel suo precario equilibrio, sforzandosi di ignorare il suo alito pesante di alcol mentre lo baciava. «Ho aspettato tanto a lungo! Perché arrivi così tardi?»

«Avevo da fare», spiegò lui laconico, ricambiando distrattamente il suo bacio, per poi spingerla di lato ed entrare in casa.

Maya raccolse frettolosamente libro, lume e sedia e portò tutto dentro. «Hai fame? Vuoi che ti prepari...»

«No, ho già mangiato al circolo», la interruppe lui, versandosi un bicchiere di brandy da una delle bottiglie che chissà come erano entrate nel bungalow.

Maya lo guardò, mentre beveva in piedi, con voluttà, quasi stesse morendo di sete. «Sei riuscito... sei riuscito a parlare con Playfair?»

Il tenente Robert Lambert Playfair era l'assistente personale di Outram e si occupava, insieme al cappellano G.P. Badger, degli esami di arabo per i soldati. Quest'ultimo aveva molto tempo a disposizione da dedicare ai suoi studi delle scritture arabe, perché il semplice bungalow che fungeva da cappella per la guarnigione in attesa della prevista costruzione di una chiesa anglicana era di rado utilizzato per le funzioni. I soldati di Aden non si dimostravano particolarmente ferventi nella pratica religiosa.

Qualche giorno prima Maya aveva pregato Ralph di proporre a Playfair di fondare una scuola per bambini inglesi e indigeni, e di chiedergli se lui o Badger potessero darle eventualmente lezioni di arabo.

«Come?» Ralph la guardò senza capire, poi bevve un'altra sorsata. Un lampo di comprensione gli illuminò il volto e scrollò la testa. «Non ne ho avuto modo. Lo farò domani.» Si lasciò cadere pesantemente su una poltrona.

Maya annuì, stringendo le labbra, cercando di non tradire tutta la propria delusione. «Non dimenticartene, mi raccomando», lo supplicò comunque.

«Mi sono mai dimenticato di qualcosa?» le rinfacciò lui, allargando le braccia in un gesto collerico.

Maya scosse la testa, turbata. «No, ti chiedo scusa. Sai quanto sia importante...»

«Non illuderti troppo!» Sollevò il bicchiere verso di lei con fare quasi minaccioso. «Non sei una maestra diplomata, Playfair al momento è molto occupato e all'amministrazione abbiamo anche altre cose a cui pensare!» Bevve un'altra lunga sorsata. «E poi, si può sapere che cosa vuoi ancora? Qui hai tutto ciò che ti serve! » Si guardò intorno con aria torva. « Puoi fare tutto quello che ti va, mentre io devo starmene inchiodato alla scrivania in mezzo a insulse scartoffie! » Ralph si alzò per andare a riempirsi il bicchiere vuoto, poi posò la bottiglia impetuosamente. « Non ti capisco proprio. Le altre mogli non si lamentano, non hanno certi grilli per la testa, sono contente della loro vita! »

Maya ricacciò indietro l'orgoglio e si avvicinò al marito. « Io non sono come le altre. Lo hai sempre saputo, fin dal principio. » Gli accarezzò cauta una spalla, ma lui la scrollò via con un gesto brusco.

« Io non sapevo niente, proprio niente! » esclamò gesticolando furiosamente. « Se avessi saputo quello che mi aspettava, non ti avrei... » tacque, vedendo che gli occhi di Maya si riempivano di lacrime. Lei si voltò di scatto, corse in camera da letto e si richiuse la porta alle spalle con tutto l'impeto che la leggera struttura di legno poteva sopportare. Si gettò sul letto, nascondendo la testa tra i bassi cuscini duri, ma il pianto che avrebbe potuto darle sollievo non arrivò. Sentì Ralph che camminava avanti e indietro nella stanza attigua. Dopo un'eternità, la porta si aprì e lui si intrufolò nella camera. Il letto cigolò quando le si sdraiò accanto e Maya si irrigidì sentendo la sua mano toccarle la schiena. « Perdonami », le bisbigliò. « Non dicevo sul serio. » Le accarezzò le spalle, le baciò i capelli e Maya si lasciò racchiudere a malincuore nel suo abbraccio. « Perdonami », ripeté lui più volte, continuando a baciarla. Maya non si oppose quando lui iniziò a spogliarla, la ricoprì di carezze che lei addirittura ricambiò, quasi potesse in questo modo aiutarlo a cancellare le parole offensive di prima. Ma non ci riuscì.

Quando in seguito si appoggiò alla sua schiena nuda, più per abitudine che per vera necessità, e sentì il corpo di lui pesante e caldo per la stanchezza, l'alcol consumato e il desiderio appagato, Maya si sentì terribilmente abbandonata, come non le era mai accaduto prima in tutta la vita.

6

Sebastopoli, ottobre 1854

Cara Maya,

è passato di nuovo tantissimo tempo dalla mia ultima lettera, mentre da te ricevo regolarmente parole affettuose e incoraggianti! Sappi che ne ho proprio bisogno.

Certo, ti do ragione: abbiamo vinto sulle rive dell'Alma, e questo avrebbe dovuto darci slancio. Ma il prezzo pagato è stato così alto! Così tanti feriti, e non avevamo a disposizione né bende, né stecche, né cloroformio, né morfina, né un riparo, cosicché abbiamo dovuto sistemare quei poveri diavoli sulla nuda terra, oppure sulla paglia incrostata di sterco nelle stalle delle fattorie circostanti. Ho amputato membra senza anestesia, mentre i miei pazienti sedevano su casse rovesciate oppure erano sdraiati su vecchie porte staccate; ho operato al chiaro di luna, perché non c'erano candele nei lumi. Siamo stati costretti a spedire altri mille uomini con il colera nel lazzaretto di Scutari, nei pressi di Costantinopoli. Non ti meravigliare se non leggi niente di tutto ciò sui giornali, naturalmente è impossibile ammettere che il nostro glorioso esercito in realtà è composto da un branco di dilettanti e buoni a nulla! È spaventoso lo scarso grado di preparazione degli altri ufficiali medici. Sono ancora giovani imberbi, con meno di un anno di pratica alle spalle. Anche se il ministero ha dato la precedenza a quanti sono in grado di mostrare una buona preparazione chirurgica, i ragazzi non hanno la minima idea di come intervenire nei casi più gravi. Evidentemente l'esame di selezione deve essere stato una barzelletta, almeno questa è la mia impressione.

In tutta sincerità non credo più che potremmo vincere questa guerra così in fretta e facilmente come si dice da tutte le parti. Qui fa ancora caldo, per non dire che si soffoca, ma se all'arrivo dell'inverno saremo ancora qui, che Dio ce ne scampi...

Ti abbraccio in tutta fretta (devo cominciare il prossimo turno di dodici ore) ma non meno affettuosamente,

tuo fratello Jonathan

Sebastopoli, inizio (?) novembre 1854

Mia adorata sorella,

non ricordo neppure che data abbiamo oggi, né che giorno della settimana sia, da queste parti non ha la minima importanza. Mi serve saperlo solo per scriverlo sul certificato di morte e non appena mi getto sulla brandina per poche ore di sonno, me lo dimentico subito. Quando vengo a sapere della frequenza con cui i soldati semplici scrivono a casa, mi sento sempre in colpa, ma dopo ogni turno sono sempre troppo stanco, ho dolori alle mani e alle braccia. Anche Amy mi rimprovera continuamente perché le scrivo di rado, naturalmente si preoccupa che mi possa essere accaduto qualcosa, se non riceve mie notizie per più di due settimane.

Stiamo pagando ora il clima mite che abbiamo avuto a settembre e ottobre: migliaia di uomini non hanno altro abbigliamento che quello che indossano, perché hanno ubbidito agli ufficiali quando hanno ordinato loro di lasciare il bagaglio sulle rive dell'Alma e di riprendere la marcia. Ci siamo sistemati sulle alture sopra Sebastopoli come su un faro; da quassù si gode un panorama eccezionale, e scommetto che i russi ne hanno uno ancora migliore sulle nostre postazioni! Inoltre essi occupano l'unica strada percorribile. Il clima è ancora accettabile, ma le strade non sono battute e spesso diventano fangose per l'umidità del tardo autunno. È escluso rimetterle in sesto prima dell'inverno, dal momento che la regione è disabitata e non è possibile trovare lavoratori locali. Non abbiamo attrezzi e soprattutto non abbiamo carri o bestie da tiro. Ogni giorno devo spedire a Scutari uomini con diarrea, scorbuto e cancrena, oppure semplicemente denutriti e privi di forze.

Balaklava è stata una carneficina. Credo che il numero dei caduti sia stato abbastanza contenuto, data l'entità della battaglia, ma i feriti! Braccia e gambe amputate – ancora con attaccate maniche e pantaloni – sono state gettate a mucchi nella baia del porto, che aveva entusiasmato tanto Lord Raglan per la sua posizione strategica. Le si vedevano scintillare sotto la superficie dell'acqua, e spesso i cadaveri riaffioravano dal fango, un macabro spettacolo! L'acqua un tempo limpida era coperta da una schiuma iridescente e l'aria tutt'intorno sapeva di zolfo.

Devo tornare a occuparmi dei miei pazienti, anche se non so come aiutarli, se non mandandoli a Scutari in sella a ronzini e pony sfiniti oppure a piedi. A piedi, Maya! Nel lazzaretto, anche se le condizioni laggiù non devono essere molto migliori. Ma se non altro sono lontani dal fronte.

Ti mando i miei più cari saluti, anche a Ralph

J.

Sebastopoli, dicembre 1854

Finalmente! Sono felice di sapere che la battaglia di Inkerman ha fatto conoscere la nostra situazione all'opinione pubblica, e che almeno si siano accese animate discussioni su come migliorare le nostre invivibili condizioni qui. Posso solo sperare che i politici non si limitino a parlare, ma prendano in fretta decisioni concrete...

Solo dopo aver spedito le mie lettere, mi rendo conto di tutte le cose terribili che ho scritto. Perdonami se riverso su di te questo fardello, ma non saprei altrimenti con chi confidarmi. Di certo non con mamma e papà! E Amy si preoccupa già così tanto. Tutte le volte devo insistere per impedirle di venire qui e arruolarsi nel corpo di Mrs. Nightingale. Tanto di cappello per ciò che questa donna sta facendo a Scutari! Soprattutto in circostanze a dir poco proibitive come quelle... ma non vorrei sapere Amy in quell'ambiente, non deve vedere certe cose. E bada che non venga in mente neppure a te di fare qualcosa di buono! Basta che lo faccia una persona per tutti. Accidenti, come invidio a Ralph il suo incarico, è davvero un uomo fortunato! Tutti i giorni mi ripeto un migliaio di volte che ce la farò, ne uscirò sano e salvo, poi verrò a riposarmi da voi, me ne starò per giorni seduto in uno di quei bei caffè che mi sembra di avere davanti agli occhi grazie alle tue descrizioni, lasciandomi viziare dal sole. Dopo le nozze con Amy mi stabilirò comodamente a Oxford occupandomi al massimo di gotta, raffreddori e disturbi gastrici, guarderò i miei figli crescere e al massimo racconterò forse ai miei nipoti di questa maledetta guerra.

Nostalgici saluti,

J.

Gennaio 1855

No, non voglio più parlare di malati e di morti. È un tema che ormai potrebbe riempire interi volumi e una mia lettera non cambierebbe neppure una virgola di tale situazione. Questa guerra è un'unica grande catastrofe, e l'assedio della città probabilmente non avrà mai fine. Come pensiamo di vincere la guerra se non abbiamo più uomini in grado di combattere, perché le malattie, il freddo e la fame li hanno falciati a centinaia, a migliaia? Ho sempre più spesso l'impressione di non trovarmi nella realtà, bensì nelle allucinazioni febbrili di un pazzo... ho seriamente paura di perdere la ragione, come tanti altri che perseverano nelle trincee sotto i bombardamenti. Sono tanti quelli che hanno disertato, oppure in preda alla disperazione si sono sparati una pallottola in testa per trovare una fine veloce e indolore. Questa guerra riporterà a casa una generazione di invalidi, invalidi nel corpo e nella mente, una guerra che non è neppure nostra, bensì è combattuta da due potenze estranee.

Preferisco parlare di argomenti più piacevoli. Ah, come mi sono divertito leggendo le tue avventure al bazaar*! M'imma-*

gino la tua espressione perplessa quando la contadina ti ha sommerso di un mare di parole in arabo, perché credeva che tu fossi una di loro soltanto vestita all'europea! Scommetto che, con gli abiti tradizionali, nessuno noterebbe la differenza! Sono fiero di te, perché padroneggi già abbastanza la lingua e riesci a farti capire.

Mi piacerebbe tanto essere da voi nella soleggiata Aden in questo momento! Se scrivo con una grafia così irregolare è colpa del freddo che mi congela le dita (e anche altre parti del corpo); figurati che ho dovuto persino tenere il calamaio al caldo tra le mani prima di riuscire a intingere la penna nell'inchiostro. Ti ricordi l'inverno scorso, quando ha fatto tanto freddo? Santo cielo, penso così spesso a casa nostra, a mamma e papà, ad Angelina e a te; allo scorso anno, quando avevamo tutt'altre preoccupazioni che all'epoca ci sembravano così enormi e invalicabili. Che cosa ci porterà il nuovo anno? Pace, speriamo, e finalmente una licenza a casa...

J.

Ovviamente in quei mesi Maya scriveva a Sebastopoli il più spesso possibile, con descrizioni dettagliate e allegre, per rincuorare il fratello, almeno nei pochi istanti in cui leggeva le sue lettere. Per distrarlo dagli orrori della guerra, di cui era testimone quotidianamente, mentre lei ne sapeva solo quanto scrivevano i corrispondenti sui giornali e le informazioni che Ralph le riferiva. Nonostante la precisione di queste descrizioni, esse le risultavano stranamente piatte e incolori, forse perché ciò che accadeva a Sebastopoli e nei dintorni era troppo raccapricciante per permettere di farsene più che una vaga idea da fuori. Maya scriveva quelle lettere anche per se stessa, per narrarvi la vita che si era immaginata a Aden e che non si era realizzata. Quelle che scriveva non erano bugie, almeno ai suoi occhi, bensì solo descrizioni particolarmente colorite della sua vita quotidiana, dei luoghi che vedeva passeggiando per la città, delle persone che incontrava. Persone che la apostrofavano apertamente, con suo stesso stupore, si rallegravano quando lei si rivolgeva loro nella loro lingua, per quanto le sue conoscenze fossero ancora approssimative, parlavano con lei del tempo, oppure le mettevano in mano fichi e datteri. Nessun aneddoto le sembrava troppo irrilevante da non essere inserito in queste lettere: il richiamo di un uccello che aveva sentito dalla veranda, così diverso da quello degli avvoltoi e delle cornacchie che si libravano in cerchio nel cielo plumbeo, e che apparteneva a un candido falco che si era levato in volo dall'interno del cratere scivolando oltre le pareti di roccia nera, impressionante nella sua aerea eleganza. Gli uomini indigeni che l'avevano colpita da lontano, con il loro insolito abbigliamento, anche nella variopinta Aden, blu scuro, con lunghi calzoni ampi come gonne e stivali, che conducevano per le briglie nobili cavalli nelle strade cittadine.

Ciò di cui non parlava, tuttavia, erano le cose che la rattristavano, e lo faceva per riguardo sia nei confronti di Jonathan che di se stessa. Era già abbastanza che lei e Ralph si stessero allontanando sempre di più, parlassero solo lo stretto necessario, perché non avevano nient'altro da dirsi. La settimana precedente era tornato a casa in piena notte, con addosso un dozzinale profumo muschiato. Maya si era ricacciata in gola domande e rimproveri, fingendo di dormire, anche se poi aveva bagnato il cuscino di lacrime silenziose. Non aveva voluto causare un'altra violenta discussione: i litigi tra di loro erano diventati così frequenti, si accendevano generalmente per piccoli screzi quotidiani, vere sciocchezze, ed erano seguiti da riconciliazioni poco convinte. Ultimamente non c'erano più neppure queste, perché anche il desiderio fisico di Ralph nei suoi confronti sembrava essersi raffreddato. Lei non ne sentiva la mancanza, però lo interpretava come un fallimento da parte propria. Non aveva scritto neppure che alla fine, radunato tutto il proprio coraggio e indossato il suo abito migliore, era stata personalmente a parlare con il tenente Playfair, per presentargli il suo progetto per la fondazione di una scuola. Lui l'aveva liquidata storcendo il naso e chiedendole che cosa c'entrava lei con i bambini indigeni. I bambini inglesi naturalmente andavano a scuola in Inghilterra, non appena avevano l'età giusta, e non era forse giunto il momento che anche lei si preoccupasse di metterne al mondo qualcuno? Come pensava che lui o il cappellano fossero d'accordo a far dare lezioni a una donna!

Né che per due mesi aveva sperato in un bambino, prima che il mestruo le tornasse intenso e da allora non avesse più ritardato; né che aveva la sensazione di essere sterile come le rocce del cratere e altrettanto inutile. Tantomeno aveva voglia di scrivere del vuoto in cui viveva e della noia, e della sensazione di essere separata dagli altri abitanti di Aden da una parete di vetro, che si trattasse di inglesi, bengalesi o arabi, e che il suo antico incubo era tornato a tormentarla. E nemmeno della sua attesa affinché accadesse qualcosa, tanto più intollerabile di quella vissuta a suo tempo a Black Hall. A Aden, infatti, non c'era niente di rilevante in cui occupare le giornate, perché era sola e la comparsa di Ralph nella sua vita, con il dramma che ne era seguito l'avevano gettata ancora di più in una condizione di rassegnata attesa.

Per questo tutte le settimane provava una nuova gioia nello scrivere a Jonathan, nel sedersi al tavolo traballante della stanza e trascorrere ore a rivivere con la mente scene e immagini, ad abbellire i ricordi, scegliere le parole con cura, a disfarle sulla lingua e poi a scriverle. Di tempo ne aveva in abbondanza, ed era quello l'unico momento in cui si sentiva veramente e profondamente felice.

Per questo motivo aggrottò involontariamente la fronte quando, in quella giornata di metà febbraio, qualcuno bussò alla porta, ma poi posò con un sospiro la penna e aprì, restando quindi paralizzata come se fosse stata colpita da un fulmine.

«*As-salamu aleikum*», la salutò Richard, con una naturalezza e una disinvoltura come se fosse stato lì giusto tre settimane prima a pranzo. Era diventato magro, e abbronzato e, nonostante il vestito all'europea, si sarebbe potuto scambiare facilmente per un arabo o un nordafricano. Nonostante l'abbronzatura, tuttavia, era pallido, sotto l'irrefrenabile energia che sprigionava, stanco, prosciugato, quasi malato.

«*Wa aleikum as-salam*», rispose Maya meccanicamente, paralizzata dalla sorpresa e dalla gioia a stento contenuta. Non riuscì a trattenere del tutto il sorriso che si insinuò sul suo volto, e così alla fine lo lasciò libero. «Ce l'hai fatta!»

«La notizia non è ancora arrivata?» rise lui, allargando un braccio, mentre sotto l'altro reggeva un voluminoso pacco avvolto in carta marrone e legato con uno spago. «Puoi farmi i complimenti! Nei panni di 'Mirza Abdullah' sono stato l'attrazione principale alla corte del governatore di Zayla con le mie poesie e racconti delle *Mille e una notte*, con la mia sapienza e la mia abilità nel redigere oroscopi e come prestigiatore, e con lo stesso travestimento ora sono entrato non solo nella città proibita di Harar, bensì al cospetto del tanto temuto emiro, che mi ha persino offerto la mano da baciare. Naturalmente io mi sono rifiutato, in quanto reputo un simile omaggio appropriato solo al leggiadro gentil sesso, con il risultato che ho dovuto aspettare dieci giorni prima di ottenere dall'emiro il permesso di lasciare nuovamente la città per tornare a Berbera. A Harar e ritorno, sono stato il primo europeo a riuscirci!» Una scintilla diabolica gli illuminò gli occhi quando aggiunse sottovoce «oppure farei meglio a dire: all'inferno e ritorno?»

Maya arrossì, abbassò le palpebre e si morse il labbro inferiore. «Hai una memoria davvero notevole», commentò impertinente.

Lui rise, poi fece un breve sospiro.

«Già, che scherzi bizzarri ci gioca a volte la memoria! Gli episodi più importanti della vita spesso sono confusi come un sogno, mentre il ricordo dei dettagli più insignificanti si conserva con dolorosa chiarezza.» Lei alzò gli occhi quando lui prese il pacco e lo soppesò nelle braccia fin troppo slanciate. «Prima che tu mi chieda senza tanti giri di parole che cosa voglio... ho poco tempo, le sorgenti del Nilo mi chiamano! Questa volta insieme a Speke che, a quanto pare, è venuto solo per poter morire in Africa, dopo aver colpito tutto ciò che gli si parava davanti alla carabina», osservò in tono di benevolo scherno pieno di simpatia. «Perciò sono passato a consegnarti questo.»

«Che cos'è?» domandò Maya prendendo il pacco.

«Libri. Li avevo ordinati prima della partenza, e hanno aspettato pazienti che tornassi per poterteli consegnare di persona.» Maya mormorò un ringraziamento abbassando lo sguardo, perché non voleva che lui notasse la gioia sconfinata che questo regalo le procurava. «I tre volumi del mio *Pellegrinaggio* e *Cime tempestose*. Così finalmente potrai leggere un romanzo come si deve.»

Lei gli scoccò un'occhiata scaltra. «C'è davvero tanta differenza tra Mr. Rochester e Heathcliff?» Richard annuì assorto, mentre si toglieva il cappello e se lo rigirava tra le dita. «Ma certo. Heathcliff non tiene nascosta in soffitta una moglie pazza.» Poi aggiunse piano «esattamente come me».

Maya deglutì, evitò per un po' il suo sguardo penetrante, ma intuì che con queste allusioni lui voleva comunicarle qualcosa, finché un barlume di comprensione la sfiorò: Richard le stava facendo la corte, con quel suo modo subdolo tutto particolare. *Troppo tardi*, pensò lei amaramente, *troppo tardi.* Lo faceva adesso, ora che lei era sposata e lui non doveva più temere nulla da un simile vincolo formale. Quando lo guardò di nuovo, aveva corrugato la fronte e la sua voce risuonò asciutta, con una nota minacciosa. «Può darsi. Non dimenticare però che sono la moglie di un altro.»

Richard fece una risata piena di scherno. «Di un uomo che non ti rende felice. Che non è in grado di farlo, perché i suoi orizzonti non sono abbastanza ampi da comprenderti. Per capirlo basta guardarlo e scambiare poche parole con lui. Che Allah ti protegga, il giorno in cui dovesse scoprire chi sia veramente la donna che ha sposato.»

Maya tacque; stringendo il pacco come uno scudo davanti a sé, girò il capo, ma la voce di Richard, che improvvisamente si fece morbida come il velluto, la raggiunse nel profondo dell'animo. «Dimmi, Majoshka, com'è possibile che tutte le volte che ci incontriamo tu sei sempre più infelice?»

Lei diede una scrollata di spalle, impotente e superba, e sul viso si riflettè il suo tumulto interiore, la lotta contro le lacrime. «*Kismet?*» fu la sua replica, artificiosa nella sua civetteria e impotente di delusione.

«Tu non lo ami, Maya», dichiarò Richard spietato. «Esattamente come non ami me. Ami solo ciò che io e lui rappresentiamo: l'esotico, l'oriente e l'irresistibile avventura. L'ho compreso durante questo viaggio a Harar, mentre pensavo a te. Nella tradizione popolare Aden è chiamata anche 'l'occhio d'Arabia'. Vorrei che ti insegnasse finalmente ad aprire gli occhi e a vedere con chiarezza.»

Un impeto di collera si accese in Maya, travolgendola. «Che cosa ne sai *tu* dell'amore?» gli rinfacciò. Ora toccò a Richard abbassare lo sguardo, mentre continuava a giocherellare con il cappello.

Sarebbe stato forse questo il momento giusto per raccontarle delle donne indiane dalla chioma corvina e dalla pelle come seta, della magia delle donne somale con i loro grandi occhi scuri, la pelle marrone vellutata, che sembravano le bellezze di pietra dell'antico Egitto tornate in vita, di tutte le donne che aveva amato e posseduto nei diversi continenti, per dimenticare un altro amore, al quale tutte somigliavano, senza mai riuscire a eguagliarlo. Un amore antico, eppure ancora così giovane. Troppo giovane e troppo intenso nella forza che esercitava su di lui, più inebriante e fatale dell'alcol, dell'oppio, dell'hashish e di tutte le droghe che aveva provato in vita sua.

E invece Richard Francis Burton si rimise il cappello in testa, se lo calcò sulla fronte, in modo che l'ombra della tesa nascondesse i suoi occhi. «Sai», disse con voce arrochita, «gli uomini che si mettono alla ricerca delle sorgenti di un fiume in realtà cercano la sorgente di qualcos'altro, di cui sentono una struggente mancanza, pur sapendo che non lo troveranno mai.» Senza aggiungere altro, si voltò e si incamminò per l'ampia strada, una mano affondata nella tasca dei pantaloni, mentre con l'altra faceva un cenno a un vetturino.

Maya rimase a guardarlo dalla veranda. Fu invasa da un tremito che non era in grado di controllare, che s'impossessò del suo corpo. Lo odiava. Lo odiava perché le sue osservazioni colpivano sempre nel segno, prima che lui l'abbandonasse di nuovo.

7

L'ufficiale medico Jonathan Greenwood si soffiò nelle mani gelate, nel tentativo di riscaldarle almeno un po', le sfregò e le massaggiò, per restituire loro un po' di sensibilità.

Qualche giorno prima il termometro era risalito, e temperature miti avevano infuso nei soldati la speranza che quel terribile inverno mortale stesse per finire. Con il disgelo il terreno si era trasformato in un unico grande acquitrino che, fatti pochi passi, risucchiava gli stivali. Non appena il fango si era seccato, Jonathan ne aveva approfittato per spingersi un po' fuori dal lazzaretto a respirare una boccata d'aria fresca. Quando aveva superato la collina, era riuscito a cogliere una traccia della bellezza della regione intorno a Sebastopoli prima della guerra: verde e digradante, prima che vi fossero scavate le trincee e interi boschi venissero abbattuti per motivi strategici o per ricavarne materiale da costruzione e legna da ardere. Prima che le fortificazioni militari, gli evidenti resti di un accampamento, le fosse comuni e le buche delle granate ne deturpassero la superficie. Ma la natura, indifferente alle azioni umane, aveva fiutato la primavera nel ciclo infinito delle stagioni e aveva colorato i campi nudi di crochi, tulipani e giacinti. Erano macchie di colore di una bellezza sconvolgente, una scintilla di vita nel mezzo di quella desolazione e Jonathan aveva trattenuto a stento le lacrime, perché avevano risvegliato in lui qualcosa che credeva da tempo morto, schiacciato dal dolore che era diventato parte integrante della sua quotidianità, quasi che le visioni infernali di Dante si fossero tramutate in realtà. A mani nude aveva dissotterrato con cura i bulbi di un croco giallo e di un giacinto ancora chiuso e li aveva portati con sé nella tenda medica, dove li aveva piantati in un barattolo di latta con sabbia e terra e innaffiati. I primi boccioli di giacinto erano spuntati proprio quel giorno, stelle di un azzurro cielo, come gli occhi di Amy, che spandevano un profumo dolce e inebriante, carico di speranza, la speranza di una vita dopo la guerra. Una speranza esile come un filo d'erba, perché due giorni prima il tempo era cambiato di nuovo, il ghiaccio era tornato ad ammantare le alture di Sebastopoli, la neve era caduta così fitta da rendere impossibile vedere la tenda vicina a tre metri di distanza, depositandosi intorno alle tende con uno spessore di tre piedi.

Il fuoco della semplice stufa nella tenda dei medici bruciava giorno e notte, facendo avvampare le guance di Jonathan sotto la ispida barba rossiccia che si era fatto crescere. Nonostante la giacca con l'imbottitura di pelo di coniglio, era sempre intirizzito. E pensare che le tende dei medici erano tra gli alloggi migliori: le brandine avevano lenzuola impermeabili, una cassa di patate rovesciata fungeva da sgabello e il terrapieno intorno ai paletti al centro, con sopra un asciugamano, offriva un'altra possibilità di sedersi. Una botte messa di traverso serviva da guardaroba e una cassa da imballaggio da comò. Inoltre c'era il lusso di due sedie e un tavolo pieghevoli al quale era ora seduto Jonathan.

L'ultima lettera di Maya continuava a irritarlo anche dopo la terza rilettura. Piena di slancio come sempre, lasciava trapelare tra le righe una nota di sfinita rassegnazione e insieme di irrequieta tensione estranee a sua sorella. Doveva esserci qualcosa che non andava con la sua amata sorella a Aden, e Jonathan si preoccupava, desiderava sopra ogni altra cosa che Maya fosse felice. Quindi rimuginava, cercando di capire che cosa potesse essere accaduto. Probabilmente lei non si era resa conto di aver trasmesso un simile tono e che Jonathan se ne fosse accorto, e questo gli rendeva ancora più difficile comporre una risposta adatta. Sapeva bene quanto potesse essere caparbia Maya, se veniva messa di fronte a qualcosa che trovava spiacevole. Per un istante valutò se non fosse meglio scrivere prima a Amy, poi decise di dedicarsi a Maya. Accarezzò con la punta delle dita le fotografie che teneva davanti a sé sul tavolo, come sempre, quando scriveva ai suoi cari: quella della sua famiglia, che lo accompagnava fin dai tempi dell'India, e quella di Amy, che lei gli aveva spedito per Natale. Sgranchì un'ultima volta le dita irrigidite, poi prese la penna, la intinse nel calamaio e cominciò a scrivere.

Sebastopoli, 22 febbraio 1855

Mia sorella amatissima,

*sembra che il peggio sia passato, anche se l'inverno non vuole proprio andarsene. Il numero dei contagi diminuisce di giorno in giorno; abbiamo combustibile e, sebbene il nostro rancio non offra altro che carote e piselli stufati o pane vecchio e marmellata, almeno non soffriamo la fame. Inoltre abbiamo caffè in abbondanza e, con un generoso schizzo di brandy, ci aiuta a tenere alta la voglia di vivere! Abbiamo avuto qualche giorno di primavera, e tu*______

Jonathan fissò confuso il tratto d'inchiostro che occupava la metà del foglio, causato dalla sua mano che, agendo da sola, aveva premuto il pennino in profondità sulla carta. Purtroppo non ebbe più tempo di domandarsi che cosa stesse succedendo, perché in quello stesso momento la penna compì un volo ad arco nella tenda quando un crampo gli contrasse il braccio mentre lui si piegava in due assalito da lancinanti e insopportabili fitte di dolore all'altezza dello stomaco. I movimenti incontrollati dei muscoli lo fecero cadere a terra con un tonfo sordo. Annaspò, sentendosi soffocare, come se ogni muscolo volesse uscirgli dal corpo. *Maya*, invocò il suo cervello annebbiato dal dolore, *devo ancora raccontarti che ho visto il bucaneve... anche a Amy... Amy...* Poi perse i sensi, mentre il suo corpo si dibatteva e si contorceva, lasciando fuoriuscire tutto ciò che conteneva.

Lo sguardo di Maya era raggiante, mentre teneva in mano la lettera spedita per posta militare almeno tre settimane prima, poi si oscurò, quando vide una grafia diversa da quella del fratello, si spense del tutto quando la aprì in preda a un oscuro presentimento e la spiegò con dita tremanti.

Gentile Mrs. Garrett,

abbiamo trovato il Vostro indirizzo tra la corrispondenza personale di Vostro fratello. Per questo ci riteniamo in dovere di comunicarVi, con grande rincrescimento, che l'ufficiale medico Jonathan Alan Greenwood, nato il 17 giugno 1826, è caduto nel compimento del suo dovere per la corona e la patria... morto il 23 febbraio di quest'anno... colera... Le sue spoglie mortali... seppellite sul suolo russo... Le nostre più sentite condoglianze.

Firmato: Generale di brigata George Buller,

Rifle Brigade, Sebastopoli

Le righe danzarono davanti ai suoi occhi, disfacendosi in alcuni punti, dove le lacrime caddero sul foglio sciogliendo l'inchiostro. Compì qualche passo incerto, barcollando e inerme, poi stramazzò lanciando un grido gutturale, mentre le pareti del bungalow le giravano intorno. E Maya pianse, come non avrebbe mai creduto possibile fare.

Ralph la trovò in quelle condizioni la sera, rannicchiata sul pavimento, un foglio di carta spiegazzato stretto al petto. Lei lo guardò con gli occhi rossi e gonfi, ma era come se non lo vedesse per davvero.

«È morto», bisbigliò, la voce arrochita dal pianto. «Jonathan. È morto.» Con mano tremante gli porse la missiva, in un gesto nel contempo supplice, chiedendogli di sostenerla nel dolore. Ralph deglutì. Cereo in volto, cercò a tentoni una sedia, l'attirò a sé e ci si sedette lentamente, come se non si fidasse più della concreta esistenza degli oggetti. Lisciò il foglio alla meno peggio con movimenti lenti, fissò a lungo le aride righe senza parlare. Molto a lungo.

Si passò la mano libera sul mento e sulle guance, l'allungò verso la spalla di Maya, ma si fermò a metà strada, e poi invece le restituì la lettera. «Se non altro lui è diventato un eroe», dichiarò con voce rotta, poi aggiunse pieno di amarezza, «a me non è stato concesso.» Maya si limitò a guardarlo e qualcosa dentro di lei si spezzò.

Lei non gli prese di mano la lettera, e lui la lasciò scivolare a terra, poi si alzò faticosamente e si diresse verso la porta. Ebbe un attimo di esitazione, come se volesse rivolgerle nuovamente la parola, poi invece uscì. Maya chiuse gli occhi: sentì solo la porta che si chiudeva alle spalle del marito.

Nei giorni e nelle settimane che seguirono, Maya sprofondò in un abisso di tenebra. Ore in cui la sofferenza la dilaniava, le lacrime sgorgavano da lei inarrestabili, fino a farle credere di non averne più per tutta la vita, si alternavano a fasi in cui si raggomitolava apatica in un angolo oppure fissava il soffitto sdraiata a letto. Ore in cui si sentiva svuotata, privata di qualsiasi moto interiore, perché era come se tutto dentro di lei fosse morto. Sembrava impossibile che Jonathan non ci fosse più, suo fratello: le era stato accanto per tutta la vita ed erano cresciuti così uniti da avere l'impressione che anche un pezzetto di lei fosse morto insieme a lui. Jonathan l'aveva sempre appoggiata, nonostante gli scherzi fraterni. Malgrado gli sforzi di Ralph, che le portava tè e un po' di frutta, che le restava accanto, esortandola con insistenza a ingoiare il cibo, le teneva la mano, in quel mese di marzo Maya imparò una lezione che non avrebbe mai più dimenticato: esistono uomini che non sopportano di vedere una persona soffrire così tanto davanti a loro, che non possono offrire né accettare sostegno, mentre essi stessi soffrono per un amico e per un'occasione sfumata e che si concedono solo la consolazione offerta dal bicchiere. Uomini come Ralph Garrett.

Solo dopo parecchi giorni, si affacciò alla mente di Maya il pensiero che non era sola nel suo lutto. Che c'erano dei genitori, un'altra sorella, una fidanzata, che avevano sofferto la stessa perdita, e forse persino peggiore. Ma tutte le volte che Maya si sedeva davanti al foglio bianco le mancavano le parole, la mano con cui stringeva la penna le tremava e infine le scivolava dalle dita inerti. Come poteva dare consolazione, se non ne provava alcuna neppure lei? Da dove cominciare per riavvicinarsi nuovamente alla famiglia? Proprio ora questo le sembrava possibile, molto più che nei mesi passati, eppure era indicibilmente più pesante.

A fine aprile, trascorse più di cinque settimane dall'annuncio della morte di Jonathan, Maya era di nuovo alla disperata ricerca delle parole per ristabilire un contatto con i suoi genitori. Ma tutte le volte che cercava anche solo di avvicinarsi a quella incommensurabile perdita le frasi le apparivano aride e vuote, e scatenavano in lei una nuova ondata di dolore che le rendeva impossibile continuare a scrivere. Irata per la propria debolezza, Maya gettò via la penna e nascose il volto tra le mani. *E non abbiamo neppure un luogo dove poterlo piangere*, pensò. Sollevò di scatto la testa, quando le venne in mente la Torre del silenzio, dove Richard l'aveva portata nell'ottobre precedente. Col senno di poi le apparve come un funesto presagio e insieme il segnale di un involontario presentimento.

La popolazione inglese di Aden era stata esortata dall'alto comando di non allontanarsi dalla città per la propria tutela: nelle settimane precedenti c'erano stati piccoli incidenti sull'istmo tra la penisola e la terraferma in cui erano rimasti coinvolti i beduini e qualche cittadino inglese, fortunatamente senza gravi conseguenze per nessuno. Persino la porta nella parete rocciosa lungo la strada di accesso per Aden era sorvegliata da sentinelle armate. Maya tuttavia si sentiva al sicuro in quel luogo sacro ai parsi, proprio perché la torre sorgeva in completa solitudine su uno sperone roccioso.

Ogni passo che compiva lungo il ripido sentiero, a volte aiutandosi con le mani, perché il peso della sofferenza era troppo pesante, Maya lanciava maledizioni al cielo, a Dio e al destino che si era portato via il fratello. L'aria imbevuta di sole e piacevolmente calda le asciugava le lacrime non appena le sgorgavano dagli occhi. Raggiunse la torre trafelata, si fermò, chiuse gli occhi e strinse i pugni, mentre il vento e il silenzio l'avvolgevano e penetravano sotto il leggero tessuto dell'abito chiaro. Maya credeva di sentire la presenza di Jonathan, la sua voce, la sua risata, incorporei e provenienti da un punto al di là del tempo e dello spazio.

Urlò, sfogò tutta la rabbia per questa ingiustizia, per la sua misera esistenza, le speranze infrante, il dolore e la perdita. Raccolse dei sassi dal terreno e li scagliò in tutte le direzioni, strappò le piante, come se dovesse sradicare le erbacce. Quando le mancò la voce cadde in ginocchio ansimando, scavò l'arido terreno con le dita, smosse sassolini e sabbia che le penetrarono sotto le unghie finché il suo sangue si mescolò con il suolo. Cercò sostegno e Maya lo trovò nei muri bianchi di calcare, sui quali generazioni di persone prima di lei avevano pianto la perdita dei propri cari. Non era un luogo di pietà cristiana, bensì di un'altra fede, di un'altra popolazione, di un'altra forma di distacco. E tuttavia il risultato era identico, soffuse Maya di consolazione mentre piangeva per il fratello, e alla fine del giorno le sue lacrime si asciugarono. Seduta appoggiata alla base della torre, il sole a scaldarle il volto, gli steli d'erba che ondeggiavano ad accarezzarle i polsi, fu invasa da una specie di pace. E comprese che cosa doveva fare.

In quello stesso momento, nelle immediate vicinanze della torre che i parsi di Aden avevano eretto per i loro morti, a poca distanza dai crepacci e dalle rocce del cratere, Rashad al-Shaheen e una mezza dozzina dei suoi uomini si erano radunati. Le cisterne diroccate fuori dalle mura cittadine erano il loro punto di ritrovo nei giorni in cui si inoltravano in città, parlavano con vecchie conoscenze, ne stringevano di nuove e promettenti, tenevano costantemente gli occhi e le orecchie aperti per apprendere più dettagli possibili sulla struttura e soprattutto sui punti deboli della potenza d'occupazione inglese. Rashad aveva ritenuto troppo rischioso trattenersi sempre in città, e i bacini di raccolta in muratura, collegati da canali di approvvigionamento e di scolo, nascosti da arbusti e da erbe, offrivano un nascondiglio perfetto: isolato, non visibile dall'interno del cratere e soprattutto deserto.

Nell'autunno dell'anno precedente il colonnello James Outram ne aveva avuto abbastanza di Aden ed era tornato a Bombay, dove lo attendeva un incarico decisamente migliore. Il suo successore, il colonnello William Coghlan, era troppo occupato a familiarizzare con il lavoro lasciato da Outram e a mantenere lo status quo nell'amministrazione e nelle attività correnti per potersi occupare di più ambiziose misure edilizie nel territorio di occupazione, e così per il momento le cisterne restavano in balia della loro lenta decadenza, ignorate dalla città sotto di loro.

Sebbene fossero giunti lì da poco, Rashad al-Shaheen a un certo punto si alzò per andare a controllare i cavalli legati più in basso a poca distanza. Per quanto fosse quasi sempre inutile, era un'abitudine che lui si rifiutava di abbandonare perché sapeva quanto fosse cruciale avere a disposizione animali e finimenti in perfette condizioni in caso di necessità. Un'altra sua abitudine era quella di scrutare a intervalli regolari la zona circostante con estrema attenzione, anche se appariva tranquilla e placida. Quando Ali al-Shaheen, cugino di Rashad e suo braccio destro, notò che il comandante fissava assorto un punto in diagonale sotto di loro, all'interno del cratere, balzò in piedi e lo raggiunse. «Strano», mormorò quando anche lui fissò la Torre del silenzio e vide una figura femminile in abito chiaro sollevarsi da terra, scrollarsi l'ampia gonna e incamminarsi lungo il sentiero. «Una donna parsi da sola *laggiù*?»

Il sauro girò verso Rashad il suo bel muso allungato e il guerriero lo accarezzò sulla fronte e sulle froge. «Non è una donna parsi», informò Ali. «È vestita come una *farangi.*» Per quanto Rashad apparisse occupato ad accudire il cavallo, Ali notò il lampo nei suoi occhi e capì dalla sua espressione che stava riflettendo. A metà tra il perplesso e lo sgomento, Ali spostò lo sguardo dalla donna inglese, il cui abito spiccava nitido sulle rocce laviche, al suo comandante.

«Non avrai intenzione...»

«Le uniche donne *farangi* che vivono qui sono le mogli dei soldati», spiegò Rashad senza batter ciglio. «E io ho detto che dobbiamo colpirli nel loro punto più vulnerabile.»

Ali annuì rivolgendo al cugino il suo più smagliante sorriso. «Che piano astuto!» Lanciò un'occhiata dietro di sé e afferrò le redini del proprio cavallo. «Allora dobbiamo sbrigarci!»

Rashad scrollò la testa e indicò ad Ali di seguirlo per raggiungere nuovamente gli altri. «No, non c'è fretta. Lei tornerà.» I suoi occhi seguirono il puntino chiaro sulla parete di rocce nere che scendeva veloce, si socchiusero, quasi potessero rivedere anche da lontano il gesto con cui la donna poco prima si era asciugata gli occhi e le guance con un misto di determinazione e sollievo. «Com'è vero che io sono qui», mormorò.

«Mi puoi dare dei soldi, per favore?» Quella sera Maya accolse con queste parole Ralph, quando tornò a casa dal circolo molto dopo la fine del turno. «Ho bisogno di un abito da lutto e voglio tornare in Inghilterra, dalla mia famiglia. Hanno bisogno di me e io di loro.»

Lui la fissò sbigottito, sorpreso da quella richiesta, dalla sua inconsueta energia e dalla determinazione mostrata. Poi chinò il capo, si voltò e cominciò a riempirsi il bicchiere di brandy con mani tremanti. Maya aspettò un istante, poi fece qualche passo verso di lui. «Ralph?»

Lui bevve due lunghe sorsate. «Non ho più niente», lo sentì dire dopo un po'.

«Non ho bisogno di molto», insistette Maya tenace. «Mi farò fare un vestito molto semplice, qui non costa tanto, e non è necessario che viaggi in prima classe.»

Il marito continuò a bere e tra un sorso e l'altro Maya ebbe l'impressione di sentirlo mormorare parole come «debiti» e «gioco». «Come hai detto?» Fece quella domanda in tono pericolosamente basso, incredulo e già quasi adirato.

«Non devi preoccuparti.» Lui si voltò e si appoggiò disinvolto al muro. «Sento che tra qualche giorno la fortuna tornerà a girare dalla mia parte e tu potrai partire!» Si sforzava di darsi un tono sicuro di sé e trionfante, ma somigliava più che altro a uno studente in cerca di un pretesto per schivare l'inevitabile punizione.

«Come hai potuto!» fu tutto ciò che Maya riuscì a dire, mentre tornava stancamente alla sua poltrona e si sedeva con la fronte appoggiata ai pugni stretti. *Nella tradizione popolare Aden è chiamata anche «l'occhio d'Arabia». Vorrei che ti insegnasse finalmente ad aprire gli occhi e a vedere con chiarezza.* Le tornarono in mente le parole di Richard. Alzò la testa e guardò attentamente Ralph, e forse per la prima volta lo vide per ciò che era veramente: un uomo adatto solo a combattere contro i soldati nemici, ma incapace di affrontare le battaglie della vita e costretto in ginocchio da ogni avversità. Che preferiva il mondo effimero dell'oblio alla realtà nitida e spigolosa, che si cullava nell'illusoria sicurezza di poter essere padrone del gioco e della fortuna nel piccolo mondo in apparenza prevedibile del tavolo da gioco. Non ce l'aveva neppure con lui: non aveva mai finto con lei, non aveva mai affermato di essere più di ciò che rappresentava. Era tutta colpa sua se, travolta dall'amore e ribellandosi alla volontà della famiglia, non si era presa il tempo necessario per conoscerlo meglio, prima di fuggire con lui e di commettere l'errore più grande della sua vita.

Forse lui aveva letto l'impeto di compassione sul suo viso, perché quando si alzò e si incamminò verso la camera da letto, lo sentì dire con una voce carica di odio: «Puoi sempre chiedere aiuto al tuo fantastico amico Burton!» Maya si voltò confusa verso di lui. «Già, è tornato, ma senza gloria né splendore, bensì come paziente di Steinhäuser! A Berbera lui e i suoi uomini sono stati assaliti dai somali. Speke è stato fatto prigioniero, ma è riuscito a scappare gravemente ferito e dopo aver perso molto sangue. Un altro tenente ha dovuto pagare con la vita per l'indolenza di Burton, che non aveva fatto sorvegliare l'accampamento con sufficiente attenzione. Se non altro anche Burton ha avuto il castigo che si meritava: un giavellotto conficcato in mezzo alla faccia! Lo hanno proprio impalato! Ma questo è niente, a paragone di ciò che Coghlan e Playfair gli faranno quando indagheranno sull'incidente: si assicureranno che non possa più avere neppure un'occasione con l'esercito! » Ralph sbatté il bicchiere vuoto sul tavolo e superò Maya impetuosamente, entrando in camera e gettandosi sul letto vestito di tutto punto. Maya rimase a guardare il vuoto davanti a sé, stringendosi le braccia al petto: all'improvviso sentiva tanto freddo.

8

«Mi rincresce molto, ma non vuole vedervi.» Pieno di compassione, il dottor John Steinhäuser vide la speranza spegnersi sul volto di Maya. Le aveva aperto, aveva ascoltato la sua richiesta, era scomparso dietro una delle pesanti porte di legno nella parte posteriore della casa per tornare subito dopo. La delusione si impossessò di lei, mescolandosi alla preoccupazione che già era presente nei suoi lineamenti. Maya annuì, il mento teso e indurito, schivando le occhiate del medico e fissando l'anticamera: un ambiente quadrangolare, con pelli di animali e fotografie incorniciate alle pareti giallo chiaro. Gli infissi delle finestre affacciate sulla strada erano dello stesso legno del portoncino d'ingresso e delle porte che conducevano nelle stanze adiacenti, e anche delle due semplici sedie impagliate e del tavolo quadrato leggermente storto su cui era posato un mucchio di lettere. In realtà Maya non si era aspettata di ricevere un'accoglienza diversa da Richard, quando, il giorno successivo, era andata a trovarlo a casa del dottor Steinhäuser ai margini della città. «È... molto grave?» domandò. Vedendo il medico esitare, si affrettò ad aggiungere: «Appartengo a una famiglia di medici, potete parlare apertamente con me».

Sul volto giovanile del dottor Steinhäuser spuntò un sorriso compiaciuto, prima che inclinasse leggermente la testa. «La punta del giavellotto munito di uncini è entrata qui», si posò l'indice sullo zigomo sinistro, «ha attraversato il palato trasversalmente, rompendo un paio di molari ed è uscita qua sotto», con l'indice sinistro si indicò la guancia destra. «Purtroppo non ero in città quando è stato trasportato in albergo dal molo, ma il medico di turno ha fatto un buon lavoro. Ancora gli risulta difficile mangiare, bere e parlare a causa delle ferite aperte, ma la febbre sta scendendo e confido che possa guarire in fretta.» Fece una pausa, valutando se fosse il caso di rivelare altri particolari sullo stato di salute del suo amico e paziente; particolari che lo preoccupavano decisamente più delle ferite al volto. Alla fine però decise che la malattia venerea in stadio avanzato non era cosa da riferire a una giovane dama, per quanto appartenente a una famiglia di medici. Tacque anche il fatto che essa aveva indebolito il fisico di Richard e che, unita all'esposizione al clima caldo umido dei mesi successivi e alla epidemia di pertosse scoppiata in città, avrebbe potuto essergli fatale. Non voleva impensierire ulteriormente Maya. «Volete provare a tornare la prossima settimana? Forse sarà più disponibile, una volta che la guarigione sarà più avanzata.» Maya annuì, nient'affatto convinta, e si congedò.

Quando tornò dopo una settimana – quella del suo ventiduesimo compleanno che Ralph aveva completamente scordato – Richard Francis Burton era partito da Aden per tornare in Inghilterra. Lei aveva trascorso quel tempo dibattendosi se vendere il medaglione di sua nonna al mercato di Aden per ricavare qualcosa, ma poi non aveva avuto il coraggio di farlo.

«Ha lasciato questa per voi», disse il dottor Steinhäuser, consegnando a Maya una busta con su scritto il suo nome. Lei l'aprì impaziente.

Maya,

di sicuro ti sarai offesa perché non ho voluto vederti. Ma con le mie ferite non ero e non sono un bello spettacolo (ammesso che lo fossi prima; in ogni caso il buon Styggins mi ha promesso che mi resteranno cicatrici davvero affascinanti), e la vergogna per il fallimento di questa spedizione non contribuisce certo a darmi la forza di guardarti serenamente negli occhi, anche se non è mia la responsabilità della nostra sventura. Coghlan, che mi è stato detto ha versato addirittura lacrime al capezzale di Speke, la pensa diversamente, come pure Playfair & Co. Vogliono punirmi, e questo sicuramente non gioverà alla mia carriera militare già piuttosto malmessa. Per questo, e non solo, sto accarezzando l'idea di arruolarmi volontario per la Crimea dopo il mio ritorno dall'Inghilterra, nella speranza di farmi onore in questa guerra e di guadagnarmi finalmente la tanto sospirata promozione. Dammi pure del sentimentale: anche se il tanto sopravvalutato patriottismo non gioca alcun ruolo in queste mie riflessioni, di sicuro ne ha il pensiero di tuo fratello.

Adieu, a giorni migliori.

R.

Maya si sentì mancare le ginocchia e lasciò che il dottor Steinhäuser la guidasse dolcemente verso una delle sedie, lo sentì chiamare il maggiordomo e subito dopo offrirle un bicchiere d'acqua. Il bordo le sbatté tintinnando contro i denti, da quanto le tremava la mano, mentre si sforzava di bere a piccoli sorsi lenti. Restituì il bicchiere vuoto al dottore con un'espressione di riconoscenza e fece un paio di respiri profondi per calmarsi. Avrebbe dovuto immaginarlo che la notizia della morte del fratello sul campo di battaglia lo avrebbe raggiunto passando dal circolo e dal dottor Steinhäuser, anche se nelle settimane e nei mesi precedenti non aveva frequentato i mensili incontri femminili. Tuttavia non avrebbe mai immaginato che potesse scatenare una simile reazione in Richard.

«Si può sapere che cosa ci trovate mai voi uomini di tanto affascinante nelle guerre?» mormorò tra sé, facendo scoppiare a ridere il dottor Steinhäuser.

«Veramente non lo sappiamo bene neppure noi.» Diede un'alzata di spalle impacciata. «Di sicuro l'avventura, la voglia di farsi onore. E forse la speranza di una scintilla di immortalità di fronte alla morte.»

Maya scrollò il capo con una risata beffarda. «Non lo capirò mai.»

Il dottor Steinhäuser sorrise un po' impacciato. «Molto probabilmente no.» Le porse il braccio vedendo che voleva alzarsi. «Come vi sentite? Non volete aspettare ancora un po'?»

Maya scosse la testa. «No, sto... sto bene.» Naturalmente era una bugia, ma non voleva restare lì un minuto di più, nonostante la presenza in fondo benefica del dottor Steinhäuser. Dopo averlo ringraziato ed essersi congedata da lui, non si diresse verso il bungalow, e neppure in giro per la città, bensì verso la Torre del silenzio, che ormai era diventato il suo rifugio.

Dall'ultima volta che era stata lì, la temperatura si era sensibilmente alzata: la stagione calda annunciava già il suo ritorno. Maya si slacciò i nastri del cappello e lo posò accanto a sé mentre si sedeva con la schiena appoggiata alle fondamenta della torre. Non sopportava il pensiero che anche Richard perdesse la vita in quella interminabile guerra in Crimea, ammantata all'inizio di romantiche aspettative e che poi aveva causato tante vittime inutili. Il rimprovero da lui formulato, che lei non avesse mai amato né lui né Ralph, l'aveva profondamente colpita. *Nella tradizione popolare Aden è chiamata anche «l'occhio d'Arabia». Vorrei che ti insegnasse finalmente ad aprire gli occhi e a vedere con chiarezza.* Mentre stava seduta lassù e guardava le pareti del cratere tutt'intorno a lei, che da quel punto di osservazione sembravano meno minacciose, più maestose e imponenti, persino nobili nella loro rudezza, Maya si rese conto di quanto si fosse lasciata coinvolgere dai propri sogni e dalle proprie illusioni. Aden non era l'Arabia delle *Mille e una notte*, che aveva letto di nascosto nella traduzione francese su consiglio di Richard, né aveva mai affermato di esserlo. Era stato lo sguardo trasfigurato di Maya a provocarle questa disillusione, e aveva impiegato un anno intero per rendersene conto. Esattamente come aveva preteso da Richard e Ralph che potessero darle più magia, più senso, più appagamento di quanto una persona fosse umanamente in grado di offrire. Strappò lentamente la lettera di Richard in minuscoli pezzi che raccolse nella mano prima di allargare le dita e affidarli al vento che prontamente se ne impossessò, facendoli vorticare e trascinandoli lontano, in una danza sul terreno, su, su verso il cielo, oltre le rocce, come fiocchi di neve.

«E ora?» mormorò seguendoli con lo sguardo. Provò una cocente nostalgia per i genitori, addirittura per Angelina, per un nuovo inizio, e per quanto le costasse fatica, per quanto dovesse ingoiare il proprio orgoglio che le bloccava la gola, si impose di scrivere finalmente a zia Elizabeth per chiederle i soldi per tornare a casa.

Animata dalla soddisfatta convinzione di aver preso la decisione giusta, che poteva rappresentare il principio di un'opera di superamento del mucchio di frantumi a cui si era ridotta la sua vita, e in un improvviso impeto irresistibile di assoluta libertà, Maya chiuse gli occhi, appoggiò la testa alla pietra calda e fece un profondo respiro.

Un fruscio, più forte di quello delicato e regolare con cui la brezza accarezzava gli steli d'erba e i rami degli arbusti, così forte da competere con il sibilo del vento, la irritò, facendole aprire gli occhi suo malgrado. Trattenne il respiro alla vista di una mezza dozzina di uomini che si avvicinavano a lei, vestiti di blu scuro, gli ampi pantaloni e le maniche delle camicie che svolazzavano al vento, le piccole placche d'argento cucite sopra che luccicavano al sole. Avevano le facce coperte, a parte gli occhi, e l'espressione determinata dei loro sguardi e la sicurezza con cui le si avvicinavano con movimenti energici non lasciavano dubbi circa il loro proposito.

Maya si sollevò puntellandosi al muro e cominciò a correre intorno alla torre, ben sapendo di essere in trappola, perché poco oltre la roccia tornava a salire ripida e piena di crepacci. Inciampò su un sasso, vacillò, si lanciò in avanti e continuò a correre a tutta velocità. Una fugace occhiata alle spalle le rivelò che l'avevano quasi raggiunta, tutti a parte uno, che era rimasto indietro e doveva essere il capo della banda.

Lanciò un grido quando alla fine venne afferrata per un braccio e strattonata all'indietro. Colpì intorno a sé con furia disperata, invocò aiuto e lanciò maledizioni, finché una mano si posò sulla sua bocca, e lei l'addentò, sentendo il sapore di pelle e sangue estranei. Qualcuno accanto a lei urlò. Subito dopo, poco più distante, una voce maschile gridò irata, «*Lâ!* No!» Poi Maya sentì un violento colpo alla tempia e vide una miriade di stelle danzarle davanti agli occhi prima che intorno a lei scendesse un silenzio di tenebra.

III

Sotto la luna color zafferano

Vedere un Mondo in un granello di sabbia,
E un Cielo in un fiore selvatico,
Tenere l'Infinito nel cavo della mano
E l'Eternità in un'ora.

WILLIAM BLAKE
Gli auguri dell'Innocenza
(trad. di Georges Bataille, versione it.
a cura di V. Magrelli, Einaudi, Torino, 1996)

1

«In che senso *scomparsa*?» il colonnello Coghlan era indignato. «Potreste essere più preciso, tenente?» Con sguardo penetrante fissò il suo sottoposto che, l'aria infelice, la barba incolta e un aspetto stropicciato, cercava di stare sull'attenti davanti alla sua scrivania.

Il tenente Ralph Garrett si schiarì la voce e fece un respiro profondo. «Signore, quando sono tornato a casa ieri sera tardi, mia moglie non c'era. Non è ricomparsa per tutta la notte e non è tornata neppure oggi. Ho interrogato la nostra bengalese e i vicini, senza risultato. L'ultimo a vederla, ieri pomeriggio intorno alle tre, è stato Styg, il dottor Steinhäuser», rivolse un cenno verso il dottore che, appoggiato a braccia conserte al muro crepato dell'ufficio di Coghlan, annuì a sua volta per confermare la dichiarazione, «quando è stata da lui.» La mano che Ralph teneva distesa dietro la schiena si serrò a pugno, al pensiero delle due visite che Maya aveva fatto al dottore, delle quali Steinhäuser gli aveva riferito, descrivendogli anche la reazione di lei alla lettera lasciatale da Richard Francis Burton. L'idea che Maya fosse scomparsa per seguire Richard in Inghilterra gli fece provare un violento crampo allo stomaco.

Coghlan scambiò un'occhiata con il tenente Playfair, che si era accomodato su una sedia vicino alla scrivania, poi allungò la mano verso una cartelletta portadocumenti di pelle, aprendola e richiudendola più volte distrattamente. «Ebbene, tenente Garrett», rispose lentamente, con un sorriso malizioso agli angoli della bocca, «certamente è un grave colpo per voi che vostra moglie vi abbia abbandonato, dopo che voi avete rovinato la vostra carriera per lei. Ma, con tutta la buona volontà, non riesco a capire perché vi rivolgete a noi.» Richiuse bruscamente la cartelletta, si appoggiò alla spalliera e guardò il tenente Garrett alzando le sopracciglia con espressione interrogativa, mentre Playfair soffocava chiaramente una risata. Ralph arrossì.

«Signore, lo riconosco, May... mia moglie e io abbiamo avuto qualche difficoltà negli ultimi tempi. Per questo inizialmente avevo pensato anch'io a tale ipotesi.»

In effetti il primo sospetto che gli era venuto era che Maya avesse in qualche modo saputo delle sue visite alle prostitute indiane in città, ma dopo tutto si era trattato di poche occasioni: era sempre successo dopo allegre serate trascorse a bere al circolo, e in compagnia di commilitoni che non nutrivano grande interesse a rendere noti i loro passatempi di quel genere, perché avevano mogli lì o in Inghilterra. Per questo aveva subito scacciato quell'ipotesi. Inoltre già da diverse settimane non le frequentava più: la sperata sensazione di forza, di sentirsi padrone della situazione e di non dover dare niente, bensì di poter prendere egoisticamente ciò che voleva, che ricordava da analoghi passatempi dell'epoca dell'India, non era subentrata e ben presto quella pratica aveva perso ogni attrattiva. «I suoi oggetti personali però sono ancora a casa, non manca niente.» *Nemmeno le lettere che quel maledetto Burton le ha scritto nel corso degli anni*, aggiunse mentalmente e strinse i denti, come aveva fatto quando, alla ricerca di un indizio per capire dove fosse finita Maya, aveva tirato fuori la sua borsa da viaggio da sotto il letto, l'aveva aperta e aveva scoperto il plico di lettere. Non aveva provato la minima consolazione vedendo che anche le sue, quelle scritte all'epoca del corteggiamento, erano conservate sopra le altre.

«E dunque?» Coghlan alzò e abbassò le spalle sotto l'uniforme. «Evidentemente l'hanno aiutata, oppure si è preparata con cura alla fuga. A mio modo di vedere si tratta, con tutto il rispetto, di una sua disgrazia personale, tenente, e di niente che giustifichi un'ulteriore perdita di tempo prezioso da parte vostra e soprattutto da parte nostra... Fisker, che cosa le salta in mente?» esclamò rabbioso verso la porta, dalla quale era entrato precipitosamente un soldato giovane e imberbe senza bussare.

«Vi... vi chiedo perdono, signore», balbettò il giovane sotto l'elmetto, visibilmente spaventato e sforzandosi di salutare con aria marziale. «Ma... mentre facevo la guardia sul piazzale, un cavaliere a volto coperto è passato al galoppo e mi ha scagliato addosso questo che si è conficcato a meno di una spanna dal mio viso sullo stipite della porta.» Con mano tremante posò l'oggetto bene in vista sulla scrivania di Coghlan. Gli uomini presenti fissarono ammutoliti il *corpus delicti*: una *djambia*, il pugnale dalla lama ricurva a doppio filo nella quale era infilzato un brandello di stoffa sfrangiato e che recava un nastro blu scuro legato al manico d'argento cesellato.

«Questo è un pezzo del vestito di Maya», dichiarò Ralph sgomento, riconoscendo la leggera mussola con il disegno a fiorellini e il volant applicato. *Il vestito che le ho comprato lo scorso anno per il compleanno*. Deglutì assalito dai sensi di colpa, rendendosi conto di essersi completamente dimenticato del compleanno caduto una settimana prima.

«Soldato Fisker, vada a chiamare il cappellano Badger. E faccia cercare il cavaliere», ordinò freddamente Coghlan al giovane soldato e, vedendo che indugiava per un secondo, gli gridò: «*subito!*»

«È proprio escluso che si tratti di un errore?» insisteva ancora Coghlan a due ore di distanza.

Il cappellano fece una smorfia dondolando il capo prudente. «Non posso affermarlo con assoluta sicurezza. Il mio ambito di ricerca sono le grafie e le miniature arabe classiche. Ma al mercato ho già visto *djambia* con disegni simili», tracciò con il dito gli intricati arabeschi sul manico del pugnale, «e tutti provenivano da Ijar. Io non sono mai stato lì, ma so che ci sono genti delle montagne che lavorano come mercenari per il sultano di Ijar. E alcune tribù di montagna si vestono d'indaco.» Come a conferma di questa dichiarazione, prese in mano un lembo del nastro di stoffa legato al manico.

Coghlan strinse le labbra e si mise a passeggiare avanti e indietro per l'angusto studio tinteggiato di bianco, la fronte corrugata.

«Anche il cavaliere era vestito di blu scuro», osservò il soldato Joseph Fisker che, dopo aver eseguito gli ordini del colonnello, si era rimesso a sua disposizione.

Coghlan si voltò di scatto e fece un gesto irato verso di lui. «Quello che *lei* si è fatto scappare!»

«Signore», gli schermì Fisker con un tono di prudente indignazione, «era troppo veloce e si è allontanato subito!»

Il tenente Playfair appoggiò un gomito al bracciolo della sedia e si girò verso Coghlan. «Se poi avesse ripreso un'andatura normale, di sicuro è riuscito a passare oltre la porta senza essere notato dalle sentinelle, che non avevano idea di quanto accaduto», disse indicando con l'altra mano il pugnale ricurvo. «C'è sempre un gran viavai di persone ogni giorno.»

«Signore», insistette Ralph con veemenza, «dovete inviare dei soldati a Ijar per...»

«Non ditemi quello che devo fare, tenente», lo interruppe Coghlan alzando eccessivamente la voce. «Quasi sicuramente vostra moglie non è stata prelevata dalla sicurezza del suo bungalow qui alla guarnigione. Se voi l'aveste controllata meglio, ora non ci troveremmo in questa intollerabile situazione!»

Ralph ingoiò la collera e una risposta tagliente e si limitò a pronunciare un «sissignore».

Il dottor John Steinhäuser gettò un'ultima occhiata al pugnale poi tornò ad appoggiarsi al muro, tra gli scaffali abborracciati pieni zeppi di cartellette e documenti. «Per quale motivo avranno rapito Mrs. Garrett? Se avessero voluto, chiedo scusa», rivolse un breve cenno in direzione di Ralph, «semplicemente farla sparire, non ci avrebbero consegnato una simile prova. Tuttavia non è accompagnata da nessuna richiesta.»

Coghlan si accarezzò la barba e alzò gli occhi verso il ventaglio a soffitto, osservò le crepe nell'intonaco, dalle quali tutte le sere, in occasione della salva di cannone delle otto, si sfarinava un po' di pulviscolo e si staccavano minuscoli pezzetti. «Ijar ha tutte le ragioni di avercela con noi per la nostra politica. Molto probabilmente è un modo per vendicarsi. Oppure hanno preso Mrs. Garrett come ostaggio, per costringerci a una correzione di rotta. Il colonnello Outram mi ha raccontato che nei primi anni più tormentati dell'occupazione era stato sventato un piano per rapire il comandante Haines. Viste le premesse, è lecito pensare qualcosa del genere.»

Sebbene il sultano di Lahej, al cui territorio apparteneva anche l'arida penisola, avesse inizialmente promesso agli inglesi di cedere loro quelle settantacinque miglia quadrate, in seguito aveva cambiato idea. Persuaso dai sultanati vicini, tra i quali anche il suo acerrimo nemico, il sultano di Fadhli, avevano dichiarato tutti insieme una *jihad*, una guerra santa in nome di Allah contro gli occupanti inglesi. Il tira e molla diplomatico e militare per Aden era durato quasi cinque anni, ed era culminato in un assedio agli inglesi, per isolarli dagli approvvigionamenti provenienti dall'entroterra. Ma Haines, nel frattempo nominato rappresentante della corona britannica per Aden, era riuscito a respingere tutti gli attacchi e a siglare trattati di pace con i sultanati immediatamente circostanti di Lahej, Haushebi, Basso Yafa e Aqrabi, mentre il sultano di Fadhli si era ritirato offeso nel suo territorio, rifiutandosi di raggiungere un accordo con gli inglesi e rompendo l'alleanza con Lahej. Ma con la morte del vecchio sultano di Lahej nel 1847 e l'ascesa al trono di uno dei suoi figli molto più accondiscendente verso gli inglesi, la situazione si era spianata. Se non altro così era sembrato sino a quel giorno.

«Gli arabi da queste parti rapiscono continuamente qualcuno», dichiarò impaziente Playfair. «I beduini si impossessano di mercanti in viaggio, oppure i mercenari di un sultano prendono in ostaggio gente di un sultanato nemico. Il sultano di Lahej con il suo palazzo regna su un vero e proprio villaggio nelle cui casupole tiene prigioniere le sue vittime. In genere lo scopo è sempre quello di ottenere un riscatto il più ingente possibile. È una tradizione di questo paese, non è considerato neppure un crimine e inoltre sembra una pratica lucrosa.»

«Tuttavia per il momento non abbiamo ricevuto richieste in tal senso», obiettò Steinhäuser.

«Forse arriveranno», fu il commento indifferente di Playfair.

Il colonnello andò alla finestra e guardò torvo oltre le sbarre. Il rapimento di Mrs. Garrett non avrebbe potuto coincidere con un momento meno favorevole. Oltre alle incombenze quotidiane e l'ampliamento della parte inglese di Aden, era costretto a occuparsi delle indagini sul tragico esito della spedizione somala del capitano Burton. Sia a Londra sia a Bombay gli facevano pressioni affinché chiarisse l'episodio in maniera più veloce e approfondita possibile e allegasse ai documenti d'indagine sempre più voluminosi una prova inconfutabile della colpevolezza di Burton. Farlo era anche nel suo interesse, ma a causa di testimonianze contrastanti non risultava così facile come era apparso all'inizio. Nel frattempo Coghlan stava valutando anche un'occupazione del porto di Berbera, per condurre sul posto indagini e interrogatori e per far capire in maniera inequivocabile alle autorità locali chi avesse il controllo della situazione.

Per il colonnello Coghlan non esistevano dubbi che Mrs. Garrett si fosse esposta al pericolo con un comportamento avventato, e ciò che gli era stato riferito su di lei da Playfair, oltre a quanto aveva potuto constatare di persona durante i loro brevi incontri, glielo confermava. Viceversa, era una cittadina inglese, e per questo non poteva lasciarla semplicemente al suo destino. Se la notizia fosse giunta a Bombay o a Londra, il rapimento e il suo esito ancora incerto avrebbero avuto ricadute pesanti anche su di lui. Se tuttavia avesse inviato un drappello di soldati a Ijar per liberarla, avrebbe dovuto mettere in conto di non rivedere neppure uno di quegli uomini a causa dell'atteggiamento ostile dei sultanati più lontani. Il pensiero che Mrs. Garrett potesse fungere da esca per attirare i suoi uomini in una trappola gli metteva i sudori freddi. Comunque girasse e rigirasse la cosa, non sembrava esserci una soluzione soddisfacente. Di sicuro nessuna che potesse proteggerlo da gravi ripercussioni data la sua posizione. E tutto solo per una donna...

Si voltò e puntò il dito verso il tenente Garrett. «Sarete *voi* che andrete a riprendervi vostra moglie! Dopo tutto è *vostra* moglie e avete la vostra bella parte di responsabilità per averci cacciato in questo pasticcio! Otterrete un cavallo e le provviste, uomini del sultano di Lahej come interpreti e guide e poi partirete e la riporterete indietro sana e salva. Altrimenti farete meglio a non farvi più vedere qui!»

«Ma signore», fece per obiettare Ralph, *è una missione suicida.* Poi si ricacciò in gola il resto della frase, vedendo chiaramente dall'espressione di Coghlan che il colonnello sapeva bene che cosa gli aveva ordinato. Poche miglia oltre l'istmo che collegava la penisola di Aden alla terraferma, cominciava la *terra incognita*, un territorio sconosciuto mai esplorato, e nessuno di quanti erano partiti a scopo esplorativo era mai riuscito a spingersi molto in là, o a tornare vivo. Il soldato Fisker gli lanciò un'occhiata compassionevole e si attirò subito la collera del colonnello. «E *lei* lo accompagnerà, Fisker, per punizione di essersi lasciato sfuggire il cavaliere!» Senza batter ciglio di fronte all'espressione raccapricciata e offesa del soldato, Coghlan tornò alla sua scrivania, prese la cartella che c'era sopra e poi la lasciò subito cadere. «Questa impresa naturalmente non è ufficiale ed è sotto la vostra completa responsabilità. Ci siamo capiti?!»

«Ci avete cacciato proprio in un bel ginepraio», sibilò il soldato Fisker mentre usciva insieme a Ralph nella luce del crepuscolo.

«Davvero», confermò Ralph meccanicamente, senza averlo ascoltato. Si sentiva abbattuto e stordito, come se fosse appena uscito da una violenta rissa, ma per la prima volta da tanto tempo si sentiva anche di nuovo vivo. Finalmente! Dopo un anno di forzata inattività in ufficio, finalmente di nuovo un incarico! Sentì crescere dentro di sé la trepidante aspettativa, incurante dei pericoli che avrebbe potuto incontrare là fuori. Ma neppure le più audaci fantasie di orde di beduini che galoppavano verso di lui lanciando grida raccapriccianti con le spade sguainate riuscivano a impaurirlo quanto la tempesta di pensieri ed emozioni che si era scatenata dentro di lui. Odio e raccapriccio si alternavano quando si chiedeva che cosa avessero fatto i rapitori a Maya o che cosa avessero intenzione di farle. Era ferita, soffriva? Forse in quello stesso momento erano in procinto di arrecarle dolore, impossessarci del suo corpo, violarla? Venne assalito da un profondo rimorso al pensiero di come l'avesse considerata fastidiosa negli ultimi mesi: prima con quel suo attaccamento, nato dalla noia e dalla separazione dalla famiglia, poi con la sua allegria e fiducia forzate, che avrebbero dovuto dargli consolazione e invece gli facevano mancare l'aria e lo avevano spinto tra le braccia delle prostitute, infine quel suo apparentemente insuperabile dolore per la perdita di Jonathan. Ovviamente anche lui aveva sofferto per la morte dell'amico, ma Jonathan era andato in guerra come soldato, e a volte i soldati muoiono. Si vergognava per la rabbia che aveva sentito ribollire tanto spesso dentro di sé, quando la guardava e rifletteva che era per colpa sua se era finito lì, in quel posto odioso, con un incarico ingrato. Perché lei lo aveva irretito con la sua bellezza esotica e misteriosa, che gli ricordava tanto l'India, al punto da togliergli il sonno al pensiero di non poterla più rivedere, di non poterla sposare.

Si vergognava ancora di più del sollievo provato rendendosi conto di non essere colpevole della sua scomparsa, sapendola in mano nemica, piuttosto che liberamente in viaggio verso Richard Francis Burton.

La notte precedente, trascorsa insonne tormentato dall'ansia, aveva osservato a lungo il mucchio di lettere ingiallite che aveva davanti, finché la curiosità e la gelosia avevano avuto il sopravvento. E del resto le buste erano già tutte aperte, giusto? Erano lettere che poteva ordinare in base alla data, da quando Maya aveva nove anni, poi tredici, diciassette, venti. Erano molte, eppure incredibilmente poche, se si teneva conto del lungo intervallo di tempo in cui erano state scritte. Il loro contenuto aveva profondamente scosso Ralph nelle sue convinzioni. Non erano lettere che si scrivevano a una bambina, a un'adolescente, bensì erano rivolte a una persona alla pari, con descrizioni di paesi sconosciuti, riflessioni sulla vita e la morte, l'amore e la conoscenza del mondo. Per quanto lui stesso non fosse un ingenuo, Ralph rimase scioccato dalla libertà con cui Burton scriveva a una giovanissima Maya – non ancora sedicenne – dell'amore fisico. Sapere che Maya, ancora evidentemente vergine per lui, fosse informata di tutto ben prima della loro notte di nozze, addirittura più di lui, e che forse si fosse aspettata qualcosa di più da lui, gli provocò grande sgomento e disgusto. Ciò che aveva decifrato alla luce del lume fino all'alba da quella minuscola scrittura illeggibile gli mostrava una Maya che non conosceva, della quale ignorava completamente l'esistenza. E non invidiava Richard Francis Burton tanto per il fatto che conoscesse Maya fin da piccola, e l'avesse accompagnata, sebbene da lontano, durante la sua crescita e il suo sviluppo. Lo invidiava piuttosto perché conosceva questo lato del suo essere che a Ralph era rimasto nascosto.

Mentre si dirigeva verso il bungalow solitario, Ralph si fermò e alzò gli occhi al cielo, inondato dalla luce vellutata del tramonto. Allora comprese che la vera *terra incognita* non si trovava al di là di Aden, bensì dentro Maya stessa. «Ti ritroverò», bisbigliò nell'aria tiepida. «Ti riporterò indietro e sarò un marito migliore per te. Te lo prometto.» E sperò che i sentimenti racchiusi in queste parole potessero raggiungere Maya. Dovunque si trovasse in quel momento.

2

L'eco di un suono familiare penetrò fino a Maya, monotono e musicale nello stesso tempo, e le variazioni di tonalità della voce del muezzin, che vibravano ancora nell'aria, la riportarono alla realtà. Aprì faticosamente gli occhi, sbatté le palpebre guardandosi intorno nella minuscola e spoglia stanzetta. Nella penombra le pareti non erano di un bianco freddo, bensì di una tinta marroncina chiara, calda come terra di Siena. Quando alzò la testa provò una fitta pulsante: aveva tutte le membra indolenzite. Si sollevò dal semplice pagliericcio, riuscì a mettersi seduta e appoggiò la schiena contro il muro fresco con un profondo respiro. Il mal di testa si trasformò in un diffuso formicolio, si sentì mancare e un'ondata di nausea l'assalì, facendola vomitare. Strisciò carponi fino al secchio di legno chiaramente destinato ai suoi bisogni e vomitò un liquido acquoso che sapeva di bile. Si rialzò tossendo, si trascinò fino al pagliericcio e afferrò con mani tremanti la brocca e il boccale d'argilla posati lì accanto. Riempì il bicchiere con gesti insicuri e bevve con tale avidità da sbrodolarsi l'acqua sul mento. Era acqua fresca e pura, che alleviò la sua sete, sciacquò il ripugnante sapore della sua bocca e spense il bruciore nella gola irritata. Quando tornò a respirare con più calma, si sentì decisamente meglio. Che cosa le avevano fatto?

Cominciò a tastarsi il corpo con gesti frenetici, cercando ferite e lividi, e sospirò sollevata constatando che era tutto a posto, era illesa e i suoi abiti erano intatti. Aveva ancora persino la fede nuziale e la catena con il medaglione. Mancava solo un brandello di stoffa grande come un piatto dall'orlo dell'abito e, siccome era già rovinato, ne strappò un altro pezzo, lo immerse nell'acqua della brocca, lo strizzò e se lo passò sulle mani e sul viso. Proruppe in un grido di dolore quando si toccò la fronte e si tastò in quel punto. Aveva un livido all'altezza dello zigomo, ma non sembrava niente di grave. Il suo stomaco si contrasse brontolando quando il suo sguardo cadde sul piatto dietro la brocca d'acqua, che conteneva una focaccia rotonda e verdure fredde. Maya esitò, mentre si toccava le ciocche di capelli che si erano sciolte e se le sistemava a tentoni. E se il cibo fosse stato avvelenato? Protese il labbro inferiore, lo spostò a destra e a sinistra, assorta, poi scrollò impercettibilmente il capo. Non aveva senso, perché avrebbero dovuto avvelenarla? Se avessero avuto intenzione di ucciderla sarebbe già accaduto, oppure l'avrebbero lasciata lì a morire di fame e di sete. Ciononostante si ammonì di essere prudente, mentre strappava un grosso pezzo del morbido pane, lo usava per raccogliere una generosa porzione di verdura, se l'avvicinava al naso e ne aspirava l'aroma pungente e speziato prima di metterlo in bocca con cautela. Era squisito e così divorò famelica anche il resto.

Mentre mangiava, sentì una corrente d'aria che sapeva di mare e alzò gli occhi. Il suo sguardo incontrò una finestrella quadrata nella parete di fronte, incorniciata dai raggi del sole. Si pulì le dita sulla gonna, si alzò e si avvicinò da quella parte. La finestra era abbastanza in alto, il lato inferiore le arrivava allo sterno, e Maya si mise in punta di piedi per riuscire a vedere meglio fuori.

Inondate dalla luce del tramonto cangiante dal porpora, al giallo pesca e blu acciaio, sotto di lei si allungavano le casette di una cittadina: accurati edifici quadrangolari interrotti dai minareti e le cupole di due semplici moschee. Poco più di un villaggio di pescatori di fronte a una spiaggia di sabbia e rocce, sulla quale spiccavano chiare le vele triangolari delle barche tirate in secco. Il mare al di là era una distesa di un azzurro mutevole punteggiata d'oro. «In ogni caso una stanza con vista sul mare», sospirò Maya in un impeto di tetro umorismo, poi appoggiò le mani sul davanzale e si issò sino a riuscire a vedere sotto di sé. La sua prigione si trovava al terzo piano dell'edificio, il muro scendeva liscio e perpendicolare, senza offrire alcuna possibilità di discendere né di saltare sulla pista di sabbia fiancheggiata di palme che correva lì davanti senza rompersi qualche osso o prendere una bella botta. Inoltre la finestra era troppo stretta per permetterle di sgusciarvi attraverso, come constatò mentre si sollevava di nuovo e ne colpiva con la nuca lo stipite e con la spalla l'angolo sinistro. «Accidenti», esclamò, dando un calcio al muro. Venne assalita dal terrore di dover trascorrere il resto dei suoi giorni in quella stanza, visto che nessuno a parte i suoi rapitori era a conoscenza di dove si trovasse. Trasalì spaventata all'udire il grido stridulo di un uccello e osservò sorpresa il piumaggio chiaro di un falco che passò vicinissimo alla finestra, volando attraverso le ultime chiazze di luce del sole al tramonto. Sembrò quasi che le sue ali prendessero fuoco prima che esso sparisse dalla sua vista.

Un fruscio all'esterno della porta spinse Maya a voltarsi. Vide entrare una donna che reggeva un vassoio di legno con una brocca d'acqua fresca. Si scambiarono un'occhiata sorpresa. La donna perché sicuramente non si era aspettata di trovare Maya già in piedi, e Maya perché questa donna, pur essendo velata, non era vestita di nero come le arabe di Aden, ma indossava una tunica a più strati blu spento e rosso acceso con ricami gialli. La donna s'inchinò tenendo lo sguardo basso e mormorò parole incomprensibili, prima di accingersi a cambiare la brocca e a portare via il piatto e il secchio. Fu solo un attimo in cui la donna le voltò le spalle e Maya si rese conto che la porta era rimasta socchiusa. Senza riflettere, si precipitò fuori e finì tra le braccia della sentinella di guardia che la fermò senza fatica. «*Musadâ*, aiuto!» gridò verso il corridoio deserto, mentre lottava con la guardia che indossava colori analoghi a quelli della donna. Maya lo investì di tutte le parolacce che le venivano in mente in inglese, mentre lui a sua volta l'apostrofava parlando un arabo così veloce di cui lei non capiva neppure una parola. Alle spalle di Maya risuonarono dei passi affrettati, poi un paio di sillabe brusche pronunciate in tono autoritario da una voce maschile. Prima che potesse girare la testa, si sentì afferrare saldamente per le spalle e strappare via dalla guardia. Venne gettata nella stanza dove andò a sbattere impetuosamente contro il muro. Con la coda dell'occhio vide la donna uscire spaventata e chiudersi la porta alle spalle, ma una figura scura rimase con lei. Maya si lanciò in avanti e afferrò il boccale d'argilla dal pavimento, per poi scagliarlo con foga in un angolo, dove si frantumò. Si precipitò a raccogliere un grosso coccio appuntito e lo rivolse contro l'uomo. «*Yalla rûh*, sparisci!» gli gridò, con una voce che suonava sorprendentemente controllata anche alle sue orecchie. La collera le dava forza: quella provocata dal fallito tentativo di fuga e quella per la propria stupidità, per aver creduto di potersene andare tanto facilmente. Se ne stava lì in piedi a gambe larghe, ogni muscolo del corpo teso allo spasimo, pronta a difendersi, eppure era impaurita: il suo avversario non dava l'impressione di lasciarsi intimidire da un coccio d'argilla. Era molto alto per essere un arabo, più alto di Maya e molto muscoloso. Di sicuro sarebbe stato capace di sopraffarla in un istante, prima che lei fosse riuscita anche solo a graffiarlo. Ma non dava segno di volersi muovere, né per uscire dalla stanza, né per aggredire Maya; se ne stava lì, una figura fuoriuscita dall'ombra della stanza, e la guardava. Siccome era vestito di blu scuro, Maya ne dedusse che fosse uno degli uomini che l'avevano rapita alla Torre del silenzio, o che comunque facesse parte della stessa tribù. Era difficile dargli un'età definita, forse era sulla trentina, e aveva lineamenti molto marcati. Non erano tanto le bandoliere incrociate o il pugnale ricurvo che teneva infilato nell'ampia cintura di cuoio a renderlo minaccioso, bensì i capelli neri lunghi fino alle spalle, il modo di protendere il mento mentre la fissava, e le cicatrici sul volto, delle quali una gli attraversava il folto sopracciglio.

«*Yalla rûh*», ripeté Maya in tono energico, ma meno convinto della prima volta. Anche la sua mano tremava quando agitò la scheggia d'argilla in un gesto difensivo. Gli occhi neri di lui lampeggiarono, quasi fosse divertito dalla sua belligeranza, anche se a lei parve di coglievi pure un impeto di rispetto. Con un movimento fluido e tranquillo sollevò le mani in segno di resa.

«Non voglio farvi del male», disse in un inglese dal forte accento.

«Parlate la mia lingua?» Maya lo guardò sospettosa, come se temesse di cadere in trappola.

Lui piegò leggermente la testa. «Un po'.»

«Che cosa volete da me?» Le vennero in mente le storie delle donne europee rapite e destinate all'harem di qualche libidinoso sultano, e fu percorsa da un brivido. «Non possiedo niente di prezioso, a parte questo.» Con l'altra mano gli mostrò il medaglione che aveva al collo, quasi volesse offrirglielo in cambio della libertà. Tenendo le mani sempre in alto, lui si avvicinò lentamente al paglericcio, senza diminuire la distanza tra di loro né staccare lo sguardo da lei. Maya fece qualche passo all'indietro, incerta sulle intenzioni dell'uomo, e per prudenza protese ancora un po' il braccio che brandiva l'arma di fortuna. Lui si mise a sedere agilmente sul paglericcio a gambe incrociate, appoggiando i gomiti alle ginocchia, e si sfiorò la guancia con l'indice e il medio.

«Vi fa ancora male?» domandò invece di risponderle. Maya si portò automaticamente la mano alla tempia e scrollò il capo. «Mi rincresce molto che Ali vi abbia colpita. Volevo impedirglielo, ma non ho fatto in tempo», spiegò lui. Per quanto si capisse che sceglieva con cura le parole pronunciando a fatica i suoni morbidi e marcando quelli duri, di certo aveva sottovalutato le proprie conoscenze della lingua inglese. «Ali è ancora molto giovane e deve imparare che anche un guerriero ha delle regole da rispettare. Non bisogna mai perdere l'autocontrollo, quando si ha comunque il sopravvento, neppure nel caso si venga morsi.» Sulle sue labbra comparve l'ombra di un sorriso e Maya sentì anche la propria bocca sollevarsi involontariamente. Allora si affrettò a stringere le labbra e anche il suo interlocutore tornò serio. «Mi rincresce altresì che non abbiate sopportato il sonnifero. Non era mia intenzione trattarvi così, e spero che accettiate le mie scuse per questo. Sono contento che stiate di nuovo bene.»

Maya aggrottò la fronte. «Quale sonnifero?»

Lui tornò a sorridere. «Quando vi siete risvegliata, vi siete dimostrata decisamente... battagliera. Per evitare di dare troppo nell'occhio venendo qui, vi abbiamo somministrato un sonnifero che però deve avervi fatto male.»

Maya ricordava vagamente delle mani che la tenevano ferma e che con la forza le avevano fatto ingoiare un liquido amaro, e ora comprendeva anche perché le era venuta la nausea. «Come avete fatto a portarmi fuori dalla città? Da quanto tempo mi trovo qui? E *dove* mi trovo?» chiese a raffica.

«Sotto il mantello di un beduino c'è molto posto. Anche per un vestito del genere», disse lui indicando la sua ampia gonna. «Quando c'è molto viavai all'ingresso in città, le guardie non osservano con troppa attenzione chi o che cosa si porta in sella. Abbiamo cavalcato tutta la notte e ci troviamo a Shuqra, nel palazzo del sultano di Fadhli. Domani ripartiremo. Naturalmente se sarete in condizioni di farlo.»

«Dove volete portarmi?»

«A Ijar, a qualche giorno di viaggio da qui.»

«E poi?»

Lui piegò leggermente il capo. «E poi dipende dalla vostra gente, se sarà disposta a trattare.»

Maya deglutì, pensando al colonnello Coghlan e al tenente Playfair, che non le sembravano proprio persone da scendere a patti con dei rapitori. «Che cosa ne sarà di me se loro non vorranno trattare?»

Lui tacque, distolse lo sguardo per una frazione di secondo, che tuttavia fu sufficiente a Maya per essere assalita da una nuova ondata di nausea, stavolta causata dal terrore. «Non dovete preoccuparvi», le disse lui con un po' troppa baldanza, quando tornò a guardarla. «Siete sotto la mia protezione.»

«Una prospettiva davvero tranquillizzante», mormorò Maya sarcastica, accarezzandosi lo zigomo.

Lui si alzò senza fretta. «Per comprenderlo, dovreste conoscere di più le leggi della mia tribù», ribatté aspro. «Sapete cavalcare?» aggiunse in tono un po' più benevolo.

Maya fece un cenno incerto con la testa. «È da molto tempo che non salgo più in sella.»

«Bene.» Lui annuì. «Allora vi farò preparare un animale adatto.»

Solo quando lui si mosse verso la porta, Maya si rese conto che era quasi buio e che aveva lasciato cadere a terra il coccio di terracotta. Lui si voltò un'ultima volta verso di lei. «Avete anche un nome?»

«Maya. Maya Garrett.»

«Maya», ripeté lui lentamente, e il modo in cui accentuò le sillabe fece vibrare qualcosa dentro Maya, e ancora di più quando aggiunse, «*Ana ismi Rashad.*»

Si richiuse lentamente la porta alle spalle e Maya sentì lo scatto della serratura. Facendo un profondo respiro si appoggiò con le spalle al muro, e girò la testa verso la finestra. Nel cielo buio brillava un punto luminoso, circondato da un alone rosa e Maya fissò turbata la stella della sera, che di solito le era sempre apparsa così promettente, mentre adesso, nella sua infinita lontananza e solitudine, le trasmetteva un senso di abbandono. Piegò le ginocchia, si rannicchiò su se stessa e nascose la testa tra le braccia. Avrebbe tanto voluto trovarsi in un incubo, ma sapeva che tutto ciò che la circondava era fin troppo reale. Da quanto riferitole da quel Rashad, era evidente che lui e i suoi uomini avevano recapitato un messaggio alla guarnigione, per informarli che Maya era in loro possesso e a lei non restava che sperare che a Aden decidessero in fretta come ottenere la sua liberazione. «Quando sarà?» bisbigliò tra sé, mentre si sedeva sul pavimento, si abbracciava le ginocchia e vi posava sopra il mento. *E se Coghlan decidesse di non intervenire?* Maya aveva una vaga idea di quanto fosse immensa la regione che si dispiegava dietro l'istmo tra Aden e la penisola arabica. Se avessero voluto, i suoi rapitori avrebbero potuto farla sparire senza che lei rivedesse mai più i suoi cari, senza che nessuno sapesse ciò che le era accaduto. Pensò a Ralph, si chiese se fosse in ansia o se la rimproverasse in silenzio, magari sentendosi sollevato di essersi liberato di lei.

Maya era sconsolata. Avrebbe desiderato poter far tornare indietro il tempo, non essere andata alla torre il giorno prima, non aver mai messo piede a Aden, non essere fuggita con

Ralph. In quel momento, se fosse stato possibile cancellare l'ultimo anno, senza alcuna esitazione Maya avrebbe stretto un patto con il diavolo. Lei allora non si sarebbe trovata lì, Jonathan sarebbe stato ancora vivo e Richard forse sarebbe stato in viaggio verso la Crimea. Ma la vita non poteva tornare indietro, intrecciava implacabile le conseguenze delle decisioni e delle azioni umane. Mentre era seduta immobile nella camera dove si allungavano le ombre della sera, Maya avvertì l'incessante fluire del tempo che la trascinava in avanti con sé, verso un futuro incerto.

Per la prima volta Maya sentiva nel corpo e nell'animo cosa si provasse a mettersi in viaggio verso la Mecca, verso Harar, Berbera o Sebastopoli, senza garanzia di ritorno, affidandosi ciecamente al fato. Udì la risata di Richard, la sua inconfondibile risata asciutta, mentre le gridava sarcastico: *è la punizione che ti meriti, Majoshka! Hai rincorso tanto a lungo l'avventura, l'hai desiderata così intensamente: ora potrai dimostrare se ne sei veramente all'altezza!* «Lo sono eccome!» gli rispose Maya sprezzante, facendosi coraggio. «Ce la farò! Mamma e papà non perderanno un altro figlio.» Per ricacciare indietro le lacrime che le bruciavano negli occhi, mentre pensava a Gerald e Martha, a Jonathan, si morse il labbro inferiore, strinse le palpebre e appoggiò la testa al muro.

«Ce la farò», si ripromise in un sussurro. «In un modo o nell'altro.»

3

Il mattino seguente di buon'ora, poco dopo il sorgere del sole, quando le invocazioni di preghiera dai minareti si erano già spente da tempo, la stessa donna del giorno prima portò a Maya il pasto. Maya almeno credette che si trattasse della stessa persona, perché tutto ciò che riusciva a vedere di lei erano gli occhi, grandi occhi con l'iride bruna, una corona di lunghe ciglia nere e le prime rughe dell'età. Occhi che guardavano con compassione quelli arrossati di Maya, che tradivano una notte di pianto. Quando fu di nuovo sola, Maya bevve a piccoli sorsi il caffè caldo e vide mutare la luce arancione che filtrava dalla finestra in quella bianca e luminosa del giorno pieno. Il caffè nero era forte e così dolce da risultare molto denso in bocca, mettendo in risalto il sapore piccante del pesce bianco con le verdure colorate dove a Maya sembrò di riconoscere un sentore di pepe rosso e coriandolo. C'era anche un pane fragrante e ancora caldo che alleviò il bruciore alla lingua e alla gola. Nonostante avesse lo stomaco inizialmente vuoto, Maya non riuscì a finire tutto il cibo che riempiva il piatto fondo di sottile metallo sbalzato. Ma fu confortata all'idea che i suoi rapitori volessero tenerla in forze.

Voltò il capo quando la porta si aprì di nuovo e la donna tornò portando stavolta una tinozza piena d'acqua. Teneva sul braccio un asciugamano e tra le dita un pettine a denti larghi mentre con i palmi delle mani reggeva la tinozza. Alle sue spalle comparve Rashad, con un involto di stoffa scura e un paio di stivali che gettò sul paglericcio accanto a Maya. «I vostri abiti per il viaggio.» Maya afferrò curiosa gli indumenti, poi li fece ricadere all'istante quando si accorse che si trattava di una camicia e di calzoni come quelli che portava Rashad, chiaramente usati. Lui piegò gli angoli della bocca in una smorfia sarcastica. «Sono puliti.»

Maya si sentì arrossire per la vergogna. «Io... temo di non sentirmi ancora abbastanza bene per riprendere il viaggio», disse nel tentativo di ritardare la partenza, come aveva deciso di fare al termine delle sue riflessioni quella notte, nella speranza che gli uomini di Coghlan fossero già sulle sue tracce. Vide che Rashad gettava un'occhiata al piatto semivuoto, che la donna aveva raccolto, poi curvava le labbra in un sorrisetto trattenuto e si sentì avvampare ancora di più. «Djamila e io aspetteremo fuori dalla porta che vi prepariate», si limitò a dire indicando con un cenno del capo alla donna di seguirlo.

Con espressione accigliata Maya rimase a sedere ancora qualche istante, poi fece un sospiro rassegnato e si alzò, slacciandosi i bottoni dell'abito. Se lo sfilò, poi sganciò le due leggere sottovesti e lasciò cadere tutto distrattamente sul pagliericcio accanto al quale aveva riposto a tarda notte anche le scarpe. Si lavò a fondo e con soddisfazione, schizzando per ripicca dappertutto, si districò i capelli col pettine e li raccolse senza troppo garbo in una pratica crocchia. Si soffermò qualche istante con indosso solo calze e biancheria, indecisa se tenerle o toglierle, poi vi infilò sopra la camicia senza bottoni e gli ampi calzoni con il cordoncino, stringendoseli in vita. Come la camicia erano di taglia troppo grande e le scesero sui fianchi. Con la punta delle dita prese gli stivali, li tenne a distanza di sicurezza e li annusò. Sospirò di nuovo. Erano chiaramente usati, ma con un paio di calze potevano andare, così li calzò coraggiosamente e si accorse che erano un pochino troppo grandi. Restava solo il panno lungo diverse spanne da avvolgersi intorno alla testa. Maya se lo lasciò scivolare tra le dita, assorta, guardando verso la finestra. *Chissà se era abbastanza lungo...* cercò con lo sguardo intorno alla finestra, poi in tutta la stanza, e constatò seccata che non c'era niente da usare come appiglio dove annodare il tessuto, se avesse voluto almeno provare a infilarsi attraverso l'apertura e a calarsi di sotto. Con gesti stizziti si avvolse allora il panno sui capelli in qualche maniera, lasciando che un'estremità le ricadesse sulla spalla. Si sentiva terribilmente ridicola, come un moro in una rappresentazione natalizia. «Pronta», annunciò contrariata verso la porta. Quando Rashad entrò, scoppiò in una fragorosa risata, una risata che proveniva da qualche punto in fondo al suo corpo e scoprì due file di denti bianchi e regolari. Maya ribolliva di rabbia e gli scoccò un'occhiata risentita.

«Così si vede anche da lontano che non siete una di noi!» Indicò il proprio copricapo. «Ve lo siete messo male.» Maya si strappò con gesti bruschi il turbante dalla testa e si passò la mano tra i capelli, risistemando nella crocchia due ciocche che si erano sfilate.

«Permettete?» Continuando a ridere piano, lui allungò la mano verso la striscia di stoffa. Maya rispose con una scrollata di spalle e gliela porse. «Le *keffiyeh* sono usate in tutta l'Arabia», spiegò l'arabo mentre spianava il tessuto attorcigliato. «Sono di forme, colori e disegni diversi. È dal modo di portare il turbante che si riconosce la provenienza di un uomo, la sua tribù di appartenenza.» Maya gli permise suo malgrado di riavvolgerle da capo la striscia di tessuto intorno alla testa. Si capiva che lui si sforzava di farlo limitando allo stretto necessario i contatti tra loro. «Questo», disse tenendole il lembo libero davanti alla bocca e al naso, «lo potete usare per proteggervi dal vento e dalla sabbia, fermandolo qui», e indicò un punto sopra l'orecchio destro. Maya annuì impaziente e piegò la testa all'indietro. Averlo così vicino, al punto da sentirne il respiro, le causava un profondo disagio, sebbene Rashad non emanasse un cattivo odore, sapeva di legno di cedro, cuoio, cotone sbiadito dal sole e sale. Come se si fosse accorto di qualcosa, lui fece tre passi indietro e la guardò insistentemente, cosa che Maya non trovò meno imbarazzante. Annuì, in apparenza soddisfatto della propria opera. «Benissimo. Così da lontano potranno scambiarvi per un giovane guerriero della tribù. In realtà mancherebbe una *djambia*, come quella che riceve ogni ragazzo quando viene accolto nella cerchia degli uomini adulti. Ma siccome non vorrei ritrovarmela infilata di notte nella schiena...» accarezzò il manico cesellato e il fodero del pugnale che teneva infilato nella cintura, poi sorrise e indicò la mano sinistra di Maya. «Vi chiedo solo di toglervi l'anello. È troppo visivo.»

«*Vistoso*», lo corresse Maya brusca in un impeto di superbia, di cui si spaventò lei stessa. Rashad, tuttavia, non sembrò curarsi di questa sua osservazione impertinente.

«Vistoso», ripeté con un cenno del capo, quasi a scusarsi dell'errore commesso.

Lei si sfilò l'anello, pescò la catena sotto il collo della camicia, la sganciò e ve lo infilò. L'anello scivolò contro il medaglione con un tintinnio, poi lei rimise la collana al suo posto.

«Andiamo.»

«Le mie cose!» esclamò Maya chinandosi verso i suoi vestiti.

Rashad scrollò il capo. «No, quelli restano qui.»

Maya deglutì. Non le importava tanto del vestito in quanto tale, non poteva comunque essere indossato, ma lasciare lì il suo familiare abbigliamento inglese le dava la sensazione di non poter più tornare in nessun caso alla sua vita di un tempo. Siccome tuttavia Rashad non le lasciava altra scelta, fece un profondo respiro, trattenne a fatica un singhiozzo e lo seguì fuori.

La guardia li precedette e, alla fine dello scarno corridoio, Rashad lasciò il posto a Maya, forse per poterla tenere meglio sottocchio nel caso avesse tentato di fuggire un'altra volta. Per tutta la discesa lungo la scala in pietra che si snodava con piccoli pianerottoli quadrangolari tra pareti senza finestre, Maya percepì la sua presenza alle proprie spalle, come quella di un'ombra in carne e ossa. La scala terminava bruscamente davanti al vano di una porta inondato dall'accecante luce del sole che loro superarono uscendo all'aperto.

All'interno della stanzetta che conservava una piacevole frescura grazie agli spessi muri, Maya si era quasi dimenticata di quanto facesse caldo. L'aria la investì opprimente e niente affatto mitigata dalla leggera brezza che soffiava dalla vicina costa. Strizzò gli occhi per proteggersi dall'abbagliante luce del sole. Tre degli uomini di Rashad, con i lembi dei turbanti tirati sul naso e sulla bocca e l'espressione truce e imperscrutabile, li aspettavano a cavallo. Dalle loro selle ornate di nappe, reggevano altri due cavalli per le redini e Maya aggrottò la fronte quando le parve di riconoscere Djamila in groppa a un altro cavallo, a cavalcioni. Da uno spacco laterale della sua tunica si intravedeva un pezzo di stoffa violetto e sotto di esso l'orlo di un pantalone dal quale spuntava un malleolo e una calzatura di quelle tipiche dell'Arabia: una pantofola con la punta ricurva di cuoio scuro a disegni incisi e con la suola sottile e piatta.

«Perché devo vestirmi da uomo, se viene anche Djamila con noi, con i suoi abiti normali?» protestò con Rashad.

Lui sollevò un angolo della bocca. «Nel caso che la vostra gente ci raggiunga, penseranno che Djamila sia voi, e comunque rimarranno confusi. Questo ci permetterà di guadagnare del tempo prezioso. Inoltre», inarcò un sopracciglio, «vi renderete perfettamente conto che ci sono cose per le quali la presenza di una donna vi sarà di sicuro più piacevole di quella dei miei uomini.» Il suo sguardo non lasciava dubbi su *quali* cose intendesse e Maya avvampò.

«Il sultano di Fadhli vi ha messo a disposizione volentieri una delle sue servitrici, e anche una prigione per il vostro ostaggio?» le sfuggì di bocca troppo impetuosamente per riuscire a mascherare il proprio imbarazzo.

Rashad non rispose subito, quasi dovesse rielaborare con calma quel fiume di parole per dargli un significato, poi rise. «Proprio così. Da noi si dice: due fratelli sono come due mani, l'una lava l'altra.» La sua risata si trasformò in un sorriso. «Ma vi prego, non *ostaggio*, piuttosto consideratevi mia *ospite.*» Maya sbuffò sprezzante, senza rispondere.

Avevano raggiunto i cavalieri e Rashad posò una mano sulla groppa del sauro, con la sella vuota ma notevolmente carico come tutti gli altri cavalli, mentre con l'altra indicava il baio accanto facendo cenno a Maya di montare in sella. «Non posso cavalcare su una sella simile», annunciò lei, sempre intenzionata a perdere più tempo possibile prima della partenza. Rashad le rivolse un'occhiata interrogativa. «Non così», spiegò e per dimostrare la differenza tra la posizione maschile e quella all'amazzone, allargò le gambe negli ampi pantaloni per poi unirle subito e inclinare le ginocchia di lato. «Ma così.»

«Così però è meglio», replicò Rashad indicando la sella.

«Io però non ci riesco», insistette Maya sussultando quando si accorse di come suonava stridula e poco convincente la sua voce, mentre spalancava gli occhi e sbatteva le palpebre. *Come Angelina*, si sorprese a pensare, *mi comporto come Angelina!* Per un attimo dimenticò tutto ciò che la circondava. Laddove Maya aveva sempre domandato e avanzato le proprie richieste senza troppi giri di parole, Angelina aveva sempre civettato, lusingato, messo il broncio per raggiungere lo scopo. Perché sapeva che nessuno poteva resistere a una femmina tanto fragile e affascinante, mentre Maya, con i suoi modi spicci, era spesso ostacolata. Adesso, siccome non poteva semplicemente dire «non voglio venire», faceva ricorso, senza rendersene conto, alla stessa identica tattica della sorella. Forse allora anche Angelina aveva adottato un tale modo di fare non solo perché tutti si aspettavano da lei che si comportasse così, bensì per un misto di impotenza e insicurezza, per la paura di ricevere un diniego nudo e crudo?

«Dovessimo rimanere qui anche fino a domani, non vi servirà a niente.» La voce di Rashad la strappò dalle sue riflessioni. «Nessuno a Aden sa che siamo qui. La vostra gente sa solo che veniamo da Ijar. Nient'altro.»

Ancora con la mente rivolta ad Angelina e offesa dalla facilità con cui lui aveva smascherato la sua tattica temporeggiatrice, Maya infilò un piede nella staffa. Solo al quarto tentativo le riuscì di issarsi e di gettare l'altra gamba oltre la groppa del cavallo. Non appena si trovò in sella, però, cominciò a vacillare e Rashad protese il braccio verso di lei, offrendole sostegno senza tuttavia toccarla. «Così va bene?» le domandò piano. Maya si affrettò ad annuire paonazza in viso, mentre si raddrizzava. Lo vide montare in sella senza la minima difficoltà e farsi consegnare da uno dei suoi uomini una lunga spada con un fodero munito di una striscia di cuoio che si legò intorno alla vita e anche un fucile che si mise a tracolla. Gli altri tre uomini che lo affiancavano erano armati allo stesso modo con tanto di *djam-*

bia infilata nella cintura sopra l'ampia camicia scura. Rashad si nascose la parte inferiore del viso con il lembo del turbante e al suo gesto Maya fece lo stesso. Poi egli alzò la mano verso la sentinella che ricambiò il saluto. «*Yalla*, partiamo!» risuonò il suo ordine ovattato e il drappello si mise in movimento lungo la pista di sabbia, ghiaia e palme che Maya aveva visto dalla finestra. Procedevano lentamente, come se non avessero alcuna fretta di arrivare a Ijar.

Maya gettò una prima e ultima occhiata alla «reggia» del sultano di Fadhli: una semplice costruzione in pietra sul terreno pianeggiante e polveroso a ridosso di una parete di roccia nera. Di colore ocra come le pareti interne, presentava come unico ornamento una decorazione bianca arabescata intorno alle semplici finestre. Maya girò il capo e guardò verso la città, le cui mura riflettevano quasi accecanti la luce del mattino. La superficie blu verde del mare luccicava in lontananza interrotta da baffi di schiuma bianca dove le onde si infrangevano sulle rocce. Improvvisamente Maya venne assalita da un timore mortale che le tolse il respiro. *Mio Dio, fa' che gli uomini di Coghlan trovino le nostre tracce, ci taglino la strada e mi liberino da qui!* Strinse convulsamente le briglie. Rashad allungò il braccio e per un istante posò le dita sul collo del cavallo di Maya, abbassò le palpebre e le sollevò di nuovo. La pelle intorno ai suoi occhi, così scuri da sembrare neri, si increspò di rughe, come in un tacito incoraggiamento, prima che egli spronasse il sauro e si mettesse in testa al corteo. I cavalieri cambiarono posizione: Djamila cavalcava alla sinistra di Maya, uno dei guerrieri poco più indietro sulla destra e gli altri due come retroguardia. Gli speroni sembravano oggetti sconosciuti da queste parti; gli uomini guidavano i cavalli con la pressione dei talloni e con trazioni quasi impercettibili delle redini. Per un istante Maya ebbe la tentazione di spronare al galoppo il suo cavallo e di fuggire via. Ma lei stessa si rendeva conto di quanto fosse instabile sulla sella, di come dovesse ricorrere a tutta la sua forza muscolare per restare in equilibrio, sebbene l'animale sotto di lei procedesse docile come un agnellino. *Forse domani potrei provarci*, pensò tra sé, *domani di sicuro mi sentirò abbastanza bene. Op-*

pure dopodomani. Si aggrappò a questo pensiero, mentre avanzavano lungo la costa, superando solitarie strisce di sabbia lambite dall'acqua verde cangiante, e continuò a farlo anche quando, poco più tardi, imboccarono una pista verso l'entroterra.

A più di settantacinque miglia di distanza verso sud-est, l'impiegato dell'ufficio postale provvisorio di Aden marciava fischiettando allegramente per la guarnigione, come faceva tutte le mattine. Si fermò al bungalow del tenente Garrett, ammutolì e soppesò pensieroso una lettera tra le mani. La notizia della fuga di Mrs. Garrett e della generosità del colonnello Coghlan, che aveva concesso al tenente non solo delle ferie bensì anche un soldato per cercarla e riportarla indietro, si era diffusa con la velocità del vento. «Che ci faccio adesso con questa?» borbottò contrariato tra sé, mentre rifletteva. Alla fine diede un'alzata di spalle, salì in veranda e infilò sotto la porta la busta con il timbro della regina Vittoria sul francobollo. Tornò baldanzoso per strada e riprese il cammino fischiettando.

Nessuno sarebbe più tornato per molto tempo al bungalow per aprire la lettera, nella quale Gerald Greenwood pregava la figlia di tornare a casa.

4

La strada era poco più di una pista battuta nei secoli dagli zoccoli dei cavalli e dei cammelli delle carovane. Ripida e tortuosa saliva per i pianori che si susseguivano come grandi gradoni. La roccia scura, creata dalla dirompente violenza dell'interno della terra, raffreddatasi lentamente e domata solo in parte dagli elementi, era piena di fenditure e crepacci, picchi appuntiti e corrugamenti. La via era costellata di buche di crateri, in parte riempite d'acqua che brillava verde sotto il sole. L'aria sopra le montagne e le distese di sabbia tremolava. Il paesaggio in lontananza appariva sfocato e ingrandito, e tornava di dimensioni normali quando vi si avvicinava: quelli che sembravano alberi diventavano arbusti, gli arbusti grovigli di erba secca. Dall'alto d'un pianoro, da cui Maya volgendo lo sguardo dietro di sé scorse ancora le case di Shuqra simili in lontananza a puntini neri sullo sfondo del mare illuminato dai riflessi danzanti del sole, la distesa di lava appariva meno ostile e nei punti piani sembrava quasi morbida come velluto grigio. Subito oltre, però, antichissime montagne tornavano a innalzarsi verso il sentiero, i loro pendii spazzati e levigati da tempo immemore dal vento, ai loro piedi piccole frane causate dalla escursione termica tra giorno e notte. Era un vento asciutto quello che soffiava lì, sembrava di stare in un forno, come se nei crepacci si nascondessero fiabesche creature simili a draghi che soffiavano il loro alito rovente. Mentre il sole saliva sempre più in alto, attraversarono un mondo immobile. Non c'erano animali in vista, nessuno parlava. Il silenzio opprimeva Maya come un pesante fardello. Un paio di volte aveva cercato di intavolare un dialogo con Djamila usando il poco arabo che conosceva, per parlare del caldo, delle montagne o del paesaggio. Ma Djamila si era sempre limitata a guardarla con un'espressione carica di rimprovero, scrollando la testa e portandosi un dito all'altezza della bocca. Maya si era zittita, imbarazzata e confusa. L'unico suono era il rumore secco degli zoccoli, il tonfo con cui il peso dei cavalli scuoteva la terra e il sibilo tremolante del vento in sottofondo, come un sussurro incessante, i fruscii e gli scricchiolii causati quando passava attraverso i rami delle tamerici, con le loro foglie secche che brillavano argentee. Il resto della vegetazione, minuscoli alberi duri e contorti spesso forniti di lunghe spine, che si abbarbicavano alla pietra, restava immobile.

Per mezzogiorno si fermarono in una ampia vallata sul fondo della quale un corso d'acqua nutriva una rigogliosa vegetazione. Alcune vacche dal manto grigio, sparse lì intorno a brucare rami verdi e steli d'erba, rivelavano che a poca distanza doveva esserci un insediamento umano. Una sosta per abbeverare i cavalli, riempire gli otri di pelle di capra, mangiare pane e datteri e dissetarsi bevendo con le mani; una sosta per consentire a Maya di trovare un angolino appartato dove accovacciarsi dietro un panno scuro rettangolare che Djamila teneva teso con il capo rivolto altrove. Dopo aver fatto lo stesso da qualche parte dietro i cespugli e le rocce, Djamila mostrò a Maya come pulirsi le mani con la sabbia nel caso non ci fosse acqua a disposizione.

Ripresero il cammino nel fondovalle. Più si addentravano, più le pareti si facevano alte e ripide, il ruscello si ridusse a un rivolo che ben presto scomparve del tutto sottoterra. Lo sterco di cammello essiccato dimostrava che quella era una pista battuta dalle carovane. Ben presto scorsero anche tali animali, i corpi massicci con gli zoccoli frangiati su zampe lunghe e fragili. Altre mucche e interi greggi di pecore e capre erano raccolti intorno alle sorgenti sotterranee. C'erano donne chine sui recinti di pietre a secco che rastrellavano rumorosamente tutt'intorno con bacinelle di metallo per raccogliere fino all'ultima goccia del prezioso liquido. Maya non riusciva a distogliere lo sguardo dalle delicate figure con le lunghe gonne avvolte intorno alle gambe e le semplici bluse, perché i loro volti segnati dal duro lavoro e dalle difficili condizioni di vita non erano coperti. Solo i capelli erano nascosti sotto scialli dai colori vivaci annodati sulla nuca. Ogni tanto uno sguardo altrettanto incuriosito si soffermava sul corteo di cavalieri in movimento. C'erano asini grigi e bruni carichi di otri d'acqua da portare nei villaggi e trogoli di legno riempiti d'acqua per abbeverare il bestiame. Altre donne, sedute insieme all'ombra di alberi stentati, chiacchieravano e ridevano mentre tenevano d'occhio gli animali: una di loro scacciava con un bastone le pecore più impertinenti, per far avvicinare all'acqua anche le mucche e le capre più pazienti.

Superata la valle, la pista si inoltrò in una vasta pianura, delimitata in lontananza da catene montuose sulle quali Maya scorse i contorni di alcuni villaggi. La vegetazione scomparve repentinamente com'era spuntata. Restarono solo sparuti alberi bassi e contorti, con le foglie allungate e i rami spinosi. Rashad guidò il suo cavallo verso uno di essi e così facendo spaventò una capra che si era allontanata e, sollevata sulle zampe posteriori, allungava il collo verso l'albero. Si allontanò belando indignata, mentre Rashad armeggiava tra i rami senza smontare di sella e poi tornava tenendo qualcosa nel pugno destro.

«Tenete.» Porse a Maya sul palmo della mano alcune bacche rosse e lucide, come ciliegie allungate. Maya guardò diffidente da quelle a lui e viceversa e Rashad gettò la testa all'indietro e scoppiò a ridere. Si rimosse il velo dal viso e si mise in bocca una delle bacche. «Si chiamano *dom* e sono buone», spiegò masticando. Quando Maya lo vide deglutire, si scostò a sua volta il velo dal viso, dapprima incerta, e addentò una bacca, mangiandone solo la metà. Sotto la buccia soda e liscia si nascondeva una polpa gialla dolce e succosa. Con un sorriso soddisfatto Rashad fece scivolare il resto delle bacche nella mano di Maya e ripartì in testa al corteo. Maya afferrò le redini con la mano sinistra mentre con la destra si infilava in bocca i frutti uno dopo l'altro. Il loro succo le ammorbidì le mucose riarse, sciogliendo il senso di appiccicoso che neppure l'acqua era riuscita a mandare via e lei si soffermò a riflettere a lungo sul gesto premuroso dell'arabo.

Giunsero in vista di un villaggio, nel bel mezzo di quel deserto, e lo superarono in fretta, senza che Maya avesse visto altro che bambini quasi nudi con la pelle scura ricoperta da uno spesso strato di polvere grigia, che saltellavano gioiosi, immersi nel gioco, senza degnare d'uno sguardo il passaggio dei cavalieri. Il sentiero si inerpicò e poi scese in un'altra vallata, anch'essa con acqua, vegetazione e una sosta. Maya fu felice di sentire di nuovo il terreno solido sotto i piedi e di poter sgranchire le membra indolenzite, anche se i muscoli delle cosce le tremavano e i primi passi appena smontata di sella le risultarono faticosi. Rashad aveva accelerato decisamente l'andatura, ma Maya non osava pensare che le avesse concesso prima alcune ore di cavalcata più lenta per farla riabituare a stare in sella.

Era bello inginocchiarsi in riva al ruscello che scorreva placido, arrotolare le maniche dell'ampia camicia e immergere le braccia nell'acqua, raccoglierla nell'incavo delle mani e farsela scorrere per la gola. Anche se sapeva di muschio e terra, era di gran lunga meglio di quella contenuta negli otri che aveva preso un deciso sapore di capra. Si passò le mani bagnate sul viso incrostato di sudore e di sabbia intorno agli occhi e si posò le dita fresche sulla nuca rovente. Con un sorriso osservò dei conigli che, come pupazzi caricati a molla, sfrecciavano qua e là, si fermavano, si accovacciavano agitando il naso e poi saltellavano via.

Questi roditori non erano gli unici animali selvatici che vivevano lì, come Maya constatò proseguendo il viaggio nella vallata. Tra i rami spinosi degli alberi c'erano nidi panciuti e dalla trama fitta come piccoli sacchi di iuta. Uccelli gialli e neri svolazzavano agitando le ali solerti, allontanandosi e poi tornando a imboccare i loro piccoli. Il loro cinguettio riempiva l'aria di una gioiosa cascata di note.

A poche miglia di distanza venne loro incontro una carovana, una processione di cammelli carichi di merci che incedevano ondeggiando accompagnati da uomini con vesti color sabbia, dalla pelle abbronzata e con la fronte e le guance scurite con l'indaco. Chi era in groppa ai cammelli teneva il fucile appoggiato sulle ginocchia, mentre chi procedeva a piedi lo portava di traverso sulle spalle come un giogo, le braccia appoggiate inerti sulla canna e sul calcio. Maya deglutì e si sentì salire il cuore in gola quando vide avvicinarsi quel corteo in marcia verso sud, verso la costa, con ogni probabilità diretto proprio al porto di Aden. Gli uomini non le sembravano troppo affidabili, eppure rappresentavano forse una possibilità di salvezza, di sicuro erano superiori al drappello di Rashad. Esitò, attese che il primo cammello fosse giunto alla sua altezza, ma Rashad la precedette. Fece rallentare il proprio sauro sino ad affiancarsi al placido baio di Maya e poi le prese le briglie. Compì questi gesti con la massima calma, ma con inequivocabile determinazione.

«Non provateci neppure», le mormorò dietro il lembo di tessuto che gli nascondeva il viso. Sentendosi smascherata, Maya arrossì e chinò lo sguardo. Provò un brivido di paura al suono minacciosamente duro della sua voce. Il suo corpo però reagì di sua volontà; quando il primo cammelliere fu alla sua altezza, a circa un braccio di distanza, lei contrasse i muscoli, strinse le briglie, pronta a staccarsi dal corteo e a lanciare un grido d'aiuto. In quello stesso istante, tuttavia, trattenne il fiato, perché Rashad le aveva afferrato il braccio così saldamente da farle spuntare le lacrime agli occhi, rischiando di farla cadere da cavallo per la paura e il dolore. Rashad la tenne in equilibrio, ricambiò il cenno di saluto rispettoso e distaccato dei cammellieri e liberò Maya solo quando l'ultimo cammello si fu allontanato dondolando la coda. Maya impiegò diverso tempo a riprendersi dallo sgomento e ad accertarsi che la stretta di Rashad non le avesse spezzato qualche osso del braccio. A quel punto il corteo di cavalli e la carovana di cammelli erano tornati nuovamente distanti.

«Vi avevo avvisata», disse Rashad, spronando il proprio cavallo e riportandosi in testa al gruppo. Maya girò la testa e lanciò un'ultima occhiata malinconica ai cammelli sempre più lontani. Il suo sguardo incrociò quello imperturbabile dei due uomini che cavalcavano alle sue spalle e allora si voltò di nuovo rivolgendo la propria attenzione alla veste scura di Rashad davanti a lei e poi al suo cavallo. Con il dorso delle mani si asciugò le cocenti lacrime di rabbiosa delusione che le erano spuntate agli angoli degli occhi.

Al calar del sole, mentre le rocce ardevano ramate, giunsero in vista di un villaggio piuttosto grande e a pianta quadrangolare, circoscritto da un muro di sterco secco dall'odore alquanto penetrante. Riunite attorno allo spiazzo centrale c'erano alcune casupole di pietra e molte semplici capanne di legno e paglia. Si sentiva un abbaiare di cani, mentre alcune donne spingevano verso l'ovile greggi di pecore e capre insieme a qualche mucca. Un'ampia distesa di campi si apriva accanto al villaggio, arida e in trepidante attesa delle prime piogge, cosparsa dalle stoppie dell'ultimo raccolto. Come se Rashad cercasse la solitudine delle montagne, oppure volesse percorrere prima di notte la maggior parte del cammino che ancora mancava alla meta, continuarono a cavalcare fin dopo il tramonto, quando le rocce verso occidente si fusero con il crepuscolo.

Sfinita, Maya si mise a sedere su un sasso e osservò gli uomini di Rashad accanto a lei scaricare una parte del bagaglio e montare con pochi gesti sicuri tre tende quadrate dello stesso tessuto blu scuro delle loro vesti. Il braccio di Maya era ancora dolorante; i segni lasciati dalle dita di Rashad erano passati dal rosso a un colore giallo violetto. Anche il resto del corpo era indolenzito, affaticato e scosso. Ma più di tutto le facevano male le mani, lacerate e piene di vesciche a causa delle strisce di cuoio delle briglie. Maya raccolse un po' di saliva in bocca e la sputò sui palmi delle mani, spargendo quel poco di umidità e soffiandoci sopra. Quel rimedio tuttavia le offrì solo un lieve refrigerio e nessun beneficio. Nella semioscurità risuonarono colpi di ascia e poco più tardi davanti alle tende si accesero esili scintille che ben presto si trasformarono in un grande falò. Alla luce rossastra uno degli uomini mescolò acqua e farina poi sotterrò l'impasto gommoso sotto la cenere ardente che si era già formata, mentre un altro affettava qualcosa di duro. Il terzo si stava occupando dei cavalli e a giudicare dal lieve lappare e dal soffocato ruminare Maya intuì che gli aveva dato l'acqua e appeso al collo i sacchi con il mangime. Ben presto le arrivò l'irresistibile aroma di pane fresco, carne arrostita e qualcos'altro. Maya comprese come mai la lasciassero seduta lì da sola al buio in apparenza senza sorveglianza. *Che scaltrezza*, pensò piena di rabbia, *che scaltrezza trascinarmi a cavallo tra le montagne! Sanno benissimo che dopo una giornata del genere sono troppo stanca per riuscire ad allontanarmi anche di dieci passi soltanto dall'accampamento. Che al buio non riuscirei a trovare la strada per il villaggio e probabilmente mi romperei l'osso del collo sulla strada accidentata!* Più il cammino riportava nell'entroterra, più ogni tentativo di fuga diventava insensato, senza cartina, poco esperta a cavallo e ignara delle usanze e dei costumi degli arabi nei confronti di una donna inglese che viaggiava da sola.

«Fatemi vedere le mani.» Maya alzò la testa, mentre Rashad le si avvicinava tenendo tra le mani un ramo spinoso coperto di foglie. Incerta sulle sue intenzioni, memore della sua micidiale stretta al braccio, nascose le mani tra le pieghe degli ampi calzoni e scosse la testa. Con un sospiro lui le si accovacciò accanto, tirò fuori dalla cintura un piccolo pugnale e praticò numerose incisioni nel legno ancora verde, dalle quali subito uscì una linfa densa. «Ho sentito dire che le donne inglesi sono docili, ma vi posso assicurare che voi non avete niente da invidiare alle donne della mia tribù. Adesso datemi le mani», aggiunse brusco, «non voglio che poi mi rinfacciate di non essermi preso cura di voi.» Maya ubbidì controvoglia e lui le fece gocciolare il succo lattiginoso sul palmo delle mani. «Ora fate così.» Posò il ramo e si strofinò le mani l'una contro l'altra, annuendo soddisfatto quando Maya lo imitò.

«Perché lo fate?» domandò Maya mentre Rashad incideva nuovamente la corteccia e le faceva sollevare le mani col palmo verso l'alto. Erano appiccicose per il succo che vi aveva spalmato e che le provocava un piacevole bruciore e un effetto rinfrescante. Rashad mostrò brevemente i denti. «Perché siete preziosa.»

«*Preziosa?*» Maya non era sicura di averlo capito bene, o che lui avesse scelto la parola giusta per esprimere il concetto.

Rashad rimase in silenzio, in apparenza concentrato a fare in modo di stillare dal ramo fino all'ultima goccia della benefica linfa. «Voglio riconsegnarvi alla vostra gente senza danni, per quanto sia in mio potere. Ne va del mio onore», le disse mentre bagnava nuovamente i palmi di Maya.

«Non capisco.»

Sul suo viso si accese un sorriso. «No, infatti. È naturale.»

«Perché non me lo spiegate?» insistette Maya timidamente dopo una breve pausa. Era convinta che l'avrebbe lasciata senza risponderle, mentre invece lui cominciò a parlare lentamente, come se dovesse scegliere e soppesare con cura ogni parola.

«Qui nel sud la vita scorre rispettando antiche leggi. Leggi che regolano il comportamento in famiglia, tra uomini e donne, padri, madri e figli, tra giovani e vecchi. Il comportamento in una tribù, tra le tribù, nei confronti del sultano, tra i sultanati.»

«Come sta scritto nel Corano?» domandò Maya, fiera di avere imparato qualcosa sul mondo arabo da Richard. Rashad rise piano.

«Per certi versi, sì. Ma a paragone delle nostre usanze, la nostra fede è ancora molto giovane. E noi abbiamo un grande rispetto dei nostri costumi. Hanno guidato le nostre tribù attraverso periodi difficili, le hanno mantenute fiorenti fin dagli albori dei tempi. 'L'eredità di tuo padre vale più di anni di studio', si dice da noi. Siamo fieri che niente e nessuno sia mai riuscito a privarci di queste usanze e dell'orgoglio con cui le rispettiamo. Prima di tutto siamo appartenenti alla tribù, e poi credenti. È sempre stato così, e così sempre sarà.» Dopo una breve pausa riprese: «Una di queste leggi si chiama *sayyir*. Regola il rapporto tra due tribù. Se io come al-Shaheen mi muovo in un territorio che appartiene a un'altra tribù, con la quale abbiamo un *sayyir*, tutta la tribù deve fare in modo che io possa lasciare quel territorio incolume. Voi, Maya, siete sotto la legge del *rafiq* rispetto a me. *Rafiq* significa offrire a uno straniero temporaneamente la protezione di una tribù. Io vi ho preso sotto la protezione della mia tribù per un certo tempo, là sulla Torre del silenzio. Fino a quando non vi potrò riconsegnare alla vostra gente a Ijar».

Maya si soffermò a pensare a quelle parole, inizialmente incomprensibili, finché non vi individuò un senso. «*Rafiq* dunque significa una protezione che mi viene imposta per un viaggio che non ho scelto di fare?» disse lei, riassumendo la sua spiegazione con parole proprie.

Rashad rise. «Se volete metterla così... sì, esatto. Almeno per quanto mi riguarda.» Tacque un istante, poi proseguì: «Un *rafiq* è sempre legato anche al pagamento di un riscatto. In questo caso vogliamo qualcosa da Coghlan in cambio della vostra protezione».

«E secondo voi quanto posso valere?» Maya non riuscì a trattenersi dal pronunciare questa battuta sarcastica.

«Moltissimo», rispose Rashad serio, come se non avesse notato il suo tono in parte irritato, in parte petulante. «Tanto quanto il sultanato di Ijar ha perduto in ricchezze da quando Haines ha trasformato Aden in un porto franco e quanto ne perderà ancora in futuro se non agiamo.»

«È per questo che parlate così bene inglese, per poter trattare meglio con i vostri nemici e quelli del sultano?» Maya credette di scorgere un'espressione stupita sul volto di Rashad per questa domanda. Lui scrollò la testa e grattò il terreno con un'estremità del ramo.

«Voi inglesi non siete nostri nemici. Non vi vogliamo qui, questo è vero. Ma siete stati più forti e ciononostante finora ci avete lasciato la nostra libertà. Va bene così. A noi dell'interno non interessa fondamentalmente a chi appartenga il porto di Aden. Ma diventa una questione di ricchezza o povertà se il vostro governo persegue una politica che favorisce il sultano di Lahej a danno di tutti gli altri territori.»

«Mi spiace per questo», si sentì in dovere di rispondere Maya, pur sapendo quanto suonasse falso e forzato.

Rashad rise di nuovo. «Non è necessario. Non si tratta di una questione, come si dice... *personevole?*»

«Personale», lo corresse Maya.

«Non è una questione personale», ripeté Rashad. «Nessuno vi ritiene responsabile della politica di Coghlan. E io mi limito a eseguire un ordine che ho ricevuto come soldato del sultano.»

Detto questo tacque e anche Maya rimase in silenzio a riflettere sulle sue parole, accarezzandosi sovrappensiero i lividi sull'avambraccio. Molto di ciò che le aveva detto Rashad le dava da pensare, ma una cosa in particolare l'aveva colpita, che non riusciva a mettere in relazione con le donne arabe velate di nero che aveva visto a Aden.

«Che cosa intendevate», chiese, «dicendo che non ho niente da invidiare alle donne della vostra tribù?»

I denti del guerriero brillarono nuovamente nell'oscurità. «Le donne di al-Shaheen sono considerate valorose quanto gli uomini. Si occupano della casa, del bestiame e dei bambini; filano, tessono e cuciono, come in ogni altra parte del mondo. Ma a volte è necessario che combattano i nemici al nostro fianco. Sono abili con la spada e coraggiose e, siccome si sentono nostre pari, non permettono agli uomini di dire loro che cosa devono o non devono fare.»

Maya ebbe un momento di esitazione prima di porre un'altra domanda, temendo di sembrare troppo sfacciata. «Voi... voi avete una moglie? Oppure più d'una?»

«*Una*», rispose Rashad ridendo. «Sto troppo poco con la mia famiglia per potermi occupare di più di una moglie e lei comunque è sempre stata contraria che ne prendessi un'altra. È una brava moglie! Mi ha regalato due figli maschi e una femmina. Il maggiore è guerriero come me, quello più giovane è già stato accolto nella cerchia degli uomini e per la femmina cercheremo presto un buon marito.» Disse queste cose pieno di malinconia, e nello stesso tempo con un tono distaccato, come se parlasse di un altro.

«Non credevo che foste già così vecchio», si lasciò sfuggire Maya, suscitando una nuova fragorosa risata da parte di Rashad.

«Io non so molto di voi inglesi, ma mi pare di capire che la vita di un uomo da noi scorre in maniera diversa che da voi.» Tacque per un istante e, com'era accaduto prima a Maya, sembrò esitare prima di porle un'altra domanda. Poi chiese in tono impacciato: «Voi avete figli?»

«No», rispose Maya con voce malferma.

Rashad si alzò in tutta la sua statura e in tono quasi sollevato commentò: «Un motivo in più per riportarvi sana e salva da vostro marito: in modo che possiate regalargli ancora tanti figli».

Lei lo guardò tornare dai suoi uomini intorno al fuoco, gettare tra le fiamme il ramo che causò una pioggia di scintille, poi sedersi a gambe incrociate e accettare il boccale che gli veniva offerto, infine prendere parte alle chiacchiere e alle risate. Lungo il tragitto aveva incrociato Djamila, che stava portando a Maya qualcosa che si rivelò essere un piatto di legno pieno di cibo e un boccale di terracotta con una specie di infuso che sapeva di cardamomo e fiori di garofano. Le aveva portato anche un mantello di lana contro il freddo della notte sceso all'improvviso, di cui Maya non si era resa conto finché Rashad era rimasto con lei.

Dapprincipio Maya aveva creduto che l'inquietudine che provava fosse causata dalla fame. Ma dopo aver finito quasi tutto – carne di capra arrosto, pane fresco che sapeva di sabbia e fuliggine, con una densa salsa piccante di piselli e fagioli – continuava ad avvertirla, sebbene più attenuata. Maya si disse che era causata dal pensiero di Ralph e della loro mancanza di figli che Rashad aveva fatto riaffiorare da un angolino nascosto e dalla rabbia per il fatto che ovunque andasse il suo valore come donna era considerato solo quello di concepire e partorire; infine dal fatto che si era messa a rimuginare se dovesse considerare un complimento essere definita una «brava donna» da un uomo, e se Ralph avesse mai pensato a lei in questi termini.

Solo quando si rifugiò sotto la tenda accanto a Djamila e si addormentò all'istante sul giaciglio fatto di coperte, questa inquietante sensazione l'abbandonò.

5

Il mattino successivo, dopo un breve tragitto a cavallo, videro comparire una città ai piedi di un pendio ripido e roccioso dietro il quale si ergeva l'imponente parete di un altopiano. Edifici fortificati si abbarbicavano lungo il fianco della montagna, collegati gli uni agli altri da ripide scalinate, mentre altri gradini conducevano verso il basso a un agglomerato di casupole che da lontano somigliavano a briciole di pietra. Rashad fece fermare il cavallo e si tolse il panno dal viso. «Salim!» chiamò girando la testa, e uno dei suoi si affrettò a raggiungerlo, annuì con foga mentre Rashad gli impartiva qualche ordine e poi partì al galoppo senza indugiare oltre. Rashad guidò il suo sauro accanto a Maya e con un cenno in direzione della città spiegò: «Quella è Az-Zara. Da qui si entra nel territorio del sultano di Lodar. Non è un uomo piacevole. Salim gli porterà la notizia del nostro arrivo. Non appena entreremo in città, non fatevi notare e comportatevi in tutto e per tutto come i miei uomini».

Maya annuì indicando di aver capito. Il cuore le batteva forte per la paura e i palmi delle mani sudate la costringevano a stringere saldamente le redini. Si diressero verso la città a passo misurato e Maya notò una frenetica attività sulle gradinate più in alto. Persone grandi come puntolini neri salivano e scendevano alacri per le scale, in tutto e per tutto simili a operose formiche.

Le case di Az-Zara erano fatte di blocchi di pietra tenuti insieme dal fango: erano edifici alti, semplici e lineari, in parte costruiti tra le rocce grigiastre, in parte sopra di esse. Salim li aspettava trepidante su uno spiazzo in mezzo alla città. Aveva il volto scoperto e teneva il cavallo per le briglie. Dietro di lui si stavano raggruppando i soldati che erano scesi di corsa dalle scale non appena avevano scorto il drappello di cavalieri in arrivo dalla loro postazione di guardia sulle mura. Portavano panni neri intorno ai fianchi e bandoliere dall'aria pesante; tenevano i fucili a tracolla sopra i gilè senza maniche che coprivano i busti nudi e magri. I loro turbanti erano rigidi e lucenti, impregnati di molti bagni di indaco e lasciavano scoperte ciocche di capelli ricci e scuri che sembravano ricoperti di brillantina. Tra le pieghe di ogni turbante spuntava, con aria quasi beffarda, un mazzolino di erbe e fiori di campo.

Maya gettò un'occhiata dietro di sé e vide che anche gli altri due guerrieri rimasti con loro si erano tolti il lembo del turbante dal viso, scoprendo lineamenti di sicuro delicati – uno dei due era ancora quasi imberbe – ma decisamente maschili. Deglutì terrorizzata.

«Rashad», sibilò voltandosi in avanti e lui fermò il cavallo alzando interrogativamente le sopracciglia, finché Maya giunse alla sua altezza. Si abbassò il lembo del turbante dalla bocca e dal mento e indicò allarmata il proprio viso.

«Non posso levarmelo, mi riconoscerebbero subito come donna. Come una straniera!»

Rashad unì le sopracciglia con espressione divertita. «Da vicino sì, da lontano non necessariamente. Restate sempre in mezzo ai miei uomini, e tenete la testa bassa. Nessuno farà caso a voi.» Esitò, poi piegò gli angoli della bocca in un sorriso sprezzante. «Almeno finché io non commetterò un errore e il sultano resterà ben disposto nei nostri confronti.»

«Questo sì che mi tranquillizza», mormorò Maya tra sé. Rashad curvò le labbra in un sincero sorriso e Maya lo ricambiò suo malgrado, nonostante l'incertezza e la preoccupazione. Lui si girò sulla sella e fece un cenno ai due uomini, quindi ammiccò incoraggiante a Maya e spronò nuovamente la cavalcatura.

Si fermarono accanto a Salim, Rashad davanti a tutti, Maya tra gli altri due guerrieri a qualche passo di distanza, e smontarono di sella. I due uomini si sistemarono immediatamente davanti a Maya che abbassò il capo come le era stato indicato, cercando disperatamente di controllare il tremito alle ginocchia. Non osava neppure pensare a ciò che l'avrebbe aspettata nel caso fosse stata scoperta la sua vera identità: in un paese dove i due sessi erano rigidamente separati, di sicuro le conseguenze sarebbero state molto gravi. Trasalì quando da dietro si sentì stringere le dita intirizzite dalla paura da una mano calda. Djamila le si era avvicinata, le strinse brevemente la mano, le rivolse un'occhiata d'incoraggiamento, poi si fece da parte, le mani pudicamente unite in grembo, la testa coperta chinata, come si confaceva a una donna e serva. Maya si sarebbe sentita molto più tranquilla a potersi presentare in vesti simili.

Di sottecchi e attraverso le spalle dei due guerrieri di al-Shaheen, Maya vide un ometto magro con la chioma e la barba grigie passare in rassegna la fila dei soldati che si misero prontamente sull'attenti, con espressione seria e solenne. La sua apparizione, la reazione dei suoi uomini e gli sguardi timorosi dei cittadini che osservavano incuriositi la scena lo identificarono come il sultano di Lodar. Il suo abbigliamento invece, a parte una camicia nera scolorita sopra la veste avvolta intorno ai fianchi, non era diverso da quello del suo esercito e anch'egli era armato di fucile. Mancava solo il mazzolino di fiori sul turbante, sostituito da una piuma di pavone. Era seguito da due uomini più giovani, con delle piume marroni infilate nel copricapo, che, a giudicare dalla somiglianza nei tratti del viso, dovevano essere i suoi figli.

Il sultano si fermò all'incirca a metà della riga dei soldati e indicò a Rashad con un gesto magnanimo di avvicinarsi a lui. Rashad ubbidì misurando ogni passo, sfilando davanti alla muraglia di soldati dall'altra parte. A circa tre passi di distanza dal sultano si fermò e i due uomini rimasero a misurarsi con lo sguardo, né amichevoli, né ostili. Poi il sultano alzò un braccio e la linea dei soldati si divise, formando un corridoio in fondo al quale era visibile un cerchio bianco sulla parete di una casa, verso il quale il sultano indicò senza parlare. Rashad sembrava conoscere la cerimonia, perché si tolse di spalla il fucile, prese la mira e sparò, ricaricò l'arma con una cartuccia dalla bandoliera e sparò di nuovo; in tutto ripeté l'operazione tre volte, prima di rimettersi in spalla l'arma e fare un passo indietro. Il sultano lo imitò, lo stesso fecero i suoi due figli e, a un cenno seguito da un ordine, tutti i soldati spararono insieme un colpo a salve. Maya gettò un'occhiata allarmata ai cavalli, per paura che si spaventassero e si imbizzarrissero. Invece parevano anch'essi abituati a quel rito assordante e bellicoso: si limitarono ad agitare le orecchie, restando per il resto immobili con espressione annoiata.

Solo dopo questa cerimonia il sultano e Rashad si salutarono con una salda stretta di mano, accompagnata da formule di benvenuto pronunciate a gran voce, domande da parte del sultano e risposte di Rashad, da dove venissero, dove fossero diretti, quale fosse il motivo del loro viaggio e quali novità recassero dalla costa. Maya non riusciva a capire tutto, ma le parve d'intendere che Rashad indicasse come scopo del loro viaggio verso nord il trasporto a Ijar di «merce di scarso valore». Venne steso un panno sul terreno e dopo un gesto invitante Rashad e il sultano si sedettero l'uno di fronte all'altro, mentre i figli si accomodavano ai lati del padre. Un servitore offrì loro con un profondo inchino del caffè il cui aroma arrivò invitante fino a Maya con una nota di zenzero. Sebbene non fosse ancora mezzogiorno, il sole splendeva implacabile nel cielo senza nubi e il colloquio tra il sultano e Rashad sembrava prolungarsi all'infinito. Un tintinnio ripetuto destò l'attenzione di Maya che trattenne il fiato alla vista di una processione di prigionieri che si avvicinava dalle case ai margini della città. Malnutriti e vestiti di stracci, avanzavano a piccoli passi o saltellando, impediti nei movimenti dai ceppi alle caviglie collegati tra loro da una pesante catena. Sospinti da due soldati, si sistemarono in una fila alle spalle del sultano che allargò le braccia orgoglioso, come a dire: «Guardate, appartengono tutti a me!» Lui e Rashad si scambiarono ancora qualche parola, poi Rashad si girò verso Salim e lo fece avvicinare con un breve gesto della mano. Evidentemente Salim sapeva che cosa fare, perché rovistò nelle bisacce e porse al suo comandante qualcosa che a sua volta egli posò contando sul panno disteso per terra: erano monete che luccicavano al sole e che il sultano intascò soddisfatto.

Finalmente i due si alzarono, si congedarono festosamente e Rashad diede il segnale di partenza con un movimento in avanti del dito indice. Quando Maya si fu issata in sella, uno dei guerrieri spinse il suo cavallo davanti a lei, per proteggerla dagli sguardi del sultano. Sollevando la mano in un gesto di saluto, Rashad partì con andatura sostenuta per uscire da Az-Zara.

Appena furono a distanza di sicurezza dalla città, Maya spronò il cavallo e si affiancò a Rashad. «Perché avete pagato il sultano?» gli chiese.

«Affinché ci lasciasse attraversare il suo territorio. Un lasciapassare in denaro. È una consuetudine da queste parti.»

«E chi erano quei prigionieri?» Maya fu percorsa da un brivido ripensando a quei poveri uomini in catene. L'arabo le rivolse un'occhiata di sottecchi.

«Ostaggi del sultano.»

Maya sentì un sapore freddo e metallico in bocca. «Allora devo esservi grata, che non mi avete incatenato!» Avrebbe voluto dirlo con tono sprezzante, e invece constatò sgomenta che era sembrata quasi una lusinga.

Rashad si voltò e la guardò con un'espressione sorpresa che fu subito sostituita da una più severa quando corrugò le sopracciglia. «Per il sultano di Lodar è solo un divertimento. Prende prigionieri i viaggiatori che non hanno soldi, oppure quelli che non gli piacciono. Il suo modo di agire non ha niente a che fare con *rafiq* o *'ird*, il mio dovere di aiutare rettamente il mio sultano.» Le rivolse un breve cenno. «Vi tratto com'è mio dovere fare.»

Spronò il cavallo a un leggero galoppo e, quando si fu allontanato a sufficienza, tornò a un'andatura più moderata. Maya rimase a guardare esterrefatta la sua schiena, ostile nella sua posa eretta. Si sentì avvampare quando si rese conto di aver sperato che lui agisse così perché aveva a cuore il suo benessere e non perché lei rappresentava una preziosa merce di scambio per le trattative tra il sultano di Ijar e il colonnello Coghlan e Rashad si sentiva legato al severo codice d'onore della sua tribù. Maya si rese conto con sgomento del pericolo in cui si trovava, di quanto la sua vita dipendesse da Rashad e si sorprese a pensare a tutte le possibilità che poteva avere per assicurarsi il suo favore: l'adulazione, la civetteria, l'apparente sottomissione. Le tornò di nuovo in mente il modo di fare di Angelina. La sorella non aveva forse sempre cercato di guadagnarsi l'approvazione degli uomini, non solo per soddisfare la propria vanità, bensì soprattutto per conquistare uno di loro che prometteva di essere un buon partito e così le potesse assicurare un futuro? Allo stesso modo in cui Maya, per caso, si era ritrovata intrappolata tra i due fronti opposti dei sultanati da una parte e dell'amministrazione britannica di Aden, anche Angelina era prigioniera delle convenzioni sociali ed entrambe cercavano di uscirne nella maniera migliore. Sopraffatta da una struggente tenerezza per la sorellina tanto smaniosa di piacere e innamorata di se stessa, sorridendo Maya spronò il cavallo, fiduciosa che avrebbe rivisto la sorella quanto prima. Anche se il cammino fin lì l'avrebbe condotta prima nel cuore dell'Arabia.

Non molto distante da Az-Zara, sulla sommità d'una piatta collina sabbiosa, sorgeva l'insediamento successivo. Sebbene fosse più esteso di Az-Zara, era costituito da poche costruzioni in pietra, due moschee malandate e una schiera di semplici casupole di legno. Si accamparono sull'altro versante della collina, in una vasta pianura coperta di campi seminati di recente, nei pressi di una fonte quadrangolare di pietra bianca riccamente decorata da incisioni straordinarie per quei luoghi desolati. Mentre si accingeva a bere, Maya sollevò il capo all'udire una lieve vibrazione del terreno e nell'aria. Un cavallo pomellato stava sopraggiungendo al galoppo, e il suo cavaliere con la lunga veste da beduino e il turbante rosso smontò con un balzo prima ancora di essersi fermato completamente, rivolgendo un festoso cenno di saluto agli uomini radunati intorno alla fonte. Questi, che stavano abbeverando i propri animali, ricambiarono il saluto con grida gioiose. Rashad gli si avvicinò a grandi passi e i due si strinsero la mano tra un coro di risate, poi si abbracciarono e si baciarono sulle guance. Durante il vivace dialogo che seguì, il cavaliere sconosciuto protese il palmo della mano verso Rashad, annuì con un sorriso e fece un gesto come a dire «non tanto male». Maya ne dedusse che doveva trattarsi di Ali, l'uomo che lei aveva morso quando era stata rapita alla Torre del silenzio, e soppresse un sorrisetto di gioia maligna. Ali continuava ad annuire con foga, poi indicò alle proprie spalle, verso Az-Zara e infine fece un cenno di rammarico, quasi a significare «non è colpa mia». Rashad tornò al suo cavallo quindi si unì nuovamente ad Ali porgendogli un sacchetto di cuoio. Il commiato non fu meno caloroso dell'accoglienza; Ali si issò agilmente in sella e spronò il cavallo verso la direzione da cui era giunto.

«Tutto a posto?» si informò Maya, quando Rashad tornò da loro.

«Sì, sì», rispose lui con aria soddisfatta. Mentre afferrava le redini del suo cavallo, ebbe un momento di esitazione, si soffermò a riflettere, poi aggiunse: «Ali e un altro dei miei uomini sono in viaggio verso sud travestiti da mercanti. Due soldati inglesi si sono messi in cammino verso Ijar».

Maya si morse il labbro inferiore e guardò Rashad rimontare in sella. «E ora dove si trovano?» domandò, schermandosi gli occhi con una mano quando alzò la testa verso di lui.

Lui rise. «Questo non ve lo dico di sicuro! Chissà altrimenti che cosa vi verrebbe in mente pur di rallentare il nostro viaggio.»

Il pensiero che dei soldati della guarnigione fossero in viaggio, magari li stessero già tallonando, non le dava pace. Non appena tornò in sella, si affiancò a Rashad, cavalcandogli accanto. «Il sultano di Lodar li lascerà passare?»

Rashad scrollò le spalle. «Dovranno pensarci loro.»

«Non avreste potuto mettere già una buona parola con il sultano?» replicò lei con enfasi. «Del resto è anche nel vostro interesse che arrivino presto a...»

Rashad fece voltare di lato il cavallo, per bloccare la strada a quello di Maya che indietreggiò spaventato. Maya si aggrappò alla sella per non finire disarcionata. Nonostante l'aspetto irato, lui le spiegò con la massima calma: «Se avessi detto al sultano che eravate con me e per quale motivo, non ci avrebbe mai lasciato passare e avrebbe cercato di ottenere da Ijar e da Aden tutto il denaro possibile». Fece un cenno alle proprie spalle. «*Yalla.* Voglio superare il passo di Talh entro oggi!»

Con andatura sostenuta si avvicinarono al massiccio di granito rossiccio, la cui erosione tingeva di ruggine i rivoli che alimentavano il letto del fiume ormai quasi asciutto. Sulle rocce nude di fronte al rilievo montuoso erano state costruite delle case di pietra, così piccole come se fossero abitate da nani. Il complesso roccioso era variamente modellato, suddiviso in numerose sfaccettature, con molteplici strati sovrapposti, spigoloso o dilavato in morbide curve. La pista saliva regolare tra crepacci e pietraie su entrambi i lati. Le postazioni di guardia, con feritoie nei muri grossolani, erano appollaiate come nidi tra le rocce. Salirono sempre più in alto e sempre più vicino al massiccio che si ergeva minaccioso davanti a loro, in apparenza invalicabile nella sua asprezza. Dopo il calore dei bassopiani, un vento piacevolmente fresco agitava la camicia e il turbante di Maya. Giunti su un piccolo pianoro, un movimento di Rashad e un lieve tintinnio alle sue spalle destarono l'attenzione di Maya. Rashad aveva imbracciato il fucile, abbassando il cane, imitato dai suoi uomini, e Maya li vide scrutare tutti e quattro l'ambiente circostante con grande attenzione.

«Che cosa c'è?» bisbigliò inquieta una volta raggiunto Rashad.

«Questo territorio si trova tra quelli di due tribù diverse», mormorò lui senza guardarla. «È una terra di nessuno. È qui che combattono le loro faide. Se necessario, anche sulla pelle dei viaggiatori.»

Intorno a mezzogiorno fecero una breve pausa. Non si trattò di una sosta riposante, perché mentre uomini e animali si dissetavano, Salim distribuiva pane cotto in precedenza e condito con olio di sesamo, c'erano sempre almeno due guerrieri che facevano la guardia con il fucile spianato. Maya tirò un sospiro di sollievo quando ripresero il cammino. Era già rimontata in groppa, quando Rashad portò il suo sauro alla sua altezza e si mise a trafficare con il bagaglio fissato dietro la sella di Maya. «Tenete.» Le porse un mantello di lana color indaco, con un cordone per legarlo al collo. «Vi servirà.»

«*Shukran*», rispose lei, «grazie.» Lui le rivolse solo un cenno e si gettò sulle spalle un indumento simile.

Il vento si fece più forte e più freddo mentre si lasciavano alle spalle ogni traccia di insediamenti umani. Le erti pareti rocciose che avevano dinanzi sembravano unirsi le une alle altre per impedire loro di procedere, ma Rashad seguiva imperterrito il sentiero battuto. Le nubi oscurarono il sole, allungandosi sulle rocce e lasciando la loro ombra sulle cavità piene di acqua piovana che costellavano il suolo. Maya chinò la testa quando un uccello grigio bruno le saettò vicino, in apparenza spuntato dal nulla e diretto verso il nulla, incredibilmente simile a una tortora domestica. Al di là della svolta successiva trattenne il fiato stupefatta, fermando di scatto il cavallo. Una lepre spaventata scappò a zig zag davanti a loro, rifugiandosi tra la vegetazione, un ammasso di foglie informi da cui spuntavano numerosi bastoncini coronati da ombrellini di un rosso brillante. Fiori arancioni dalla consistenza setosa su lunghi rami sottili si alternavano a foglie sottili come filigrana e spine. Tra le crepe e nelle rocce crescevano folti cespugli, quasi alberi, e aloe dall'alto fusto con infiorescenze a grappolo lucide e turgide di un rosso acceso e giallo carico spuntavano tra le foglie carnose. Quando erano aperte somigliavano a slanciate campanelle dalla superficie opaca e scanalata. Maya non aveva mai visto in vita sua una bellezza tanto selvaggia e sconosciuta, né avrebbe immaginato che in quella landa desolata potesse crescere una vegetazione così affascinante. Incantata da quello spettacolo si sentì salire le lacrime agli occhi e dimenticò tutto quanto la circondava. Non si rese neppure conto che Rashad aveva alzato una mano per segnalare al resto del corteo di fermarsi e ora aspettava paziente, osservandola con attenzione, finché scorse nello sguardo di lei un fremito che indicò come si stesse staccando da quel tripudio di colori. Allora fece segno di riprendere il cammino.

L'ascesa diventò difficile. Non tanto per i cavalli, che sembravano abituati a procedere su quel terreno, quanto per Maya, inquieta per il terriccio smosso sul quale posavano gli zoccoli. Cominciò a tirare più spesso le redini, per evitare punti che le sembravano poco sicuri e pericolosi. Rashad si era accorto del passo irregolare del baio di Maya e, dopo essersi dato un'occhiata dietro di sé, aspettò che lei arrivasse alla sua altezza, mise la sicura al fucile e se lo sistemò di nuovo in spalla. Poi con un cenno le prese di mano le redini, dolcemente ma con determinazione, e guidò entrambi i cavalli in avanti, sempre più in alto, e poi poco dopo verso destra, dentro una gola stretta e profonda, seminascosta dalle nubi.

Maya si girò ancora una volta indietro. In lontananza si estendeva fino al mare un'immensa pianura, inondata di sole, circoscritta dalle colline sparse e dalle montagne da cui erano giunti, mentre a una certa distanza si stagliavano coni nerastri dall'estremità dentellata come vulcani da tempo spenti. Poi scomparvero nell'oscurità del passo di Talh, desolato e arido, cavalli e cavalieri simili a figure da gioco di fronte alle imponenti pareti rocciose in apparenza infinite. Avrebbero potuto essere in viaggio da mesi, da giorni oppure soltanto da ore, in quel luogo non avrebbe fatto differenza. Rashad guidava con sicurezza il cavallo di Maya con sé.

Così com'era cominciata, la gola li risputò fuori all'improvviso, su un altopiano dal quale la vista spaziava su una terra simile a un mare grigio bruno leggermente increspato. La superficie era costellata di rocce nude e lucenti, da inserti color salmone, rosso sangue e giallo ocra, interrotti da contorti alberi curvati dall'età e dalle intemperie.

«*Bilad ash-Shaitan*», sentì mormorare Maya da Rashad accanto a sé. Lo guardò trasalendo. «La terra del diavolo.» Le rivolse un sorriso sprezzante, poi si coprì di nuovo il viso con il telo. Il modo in cui aveva pronunciato quelle parole, con un misto di malinconia, appagamento e rispetto, il suo modo di curvare le labbra, la luce nei suoi occhi avevano sovrapposto per un fugace istante un altro volto a quello dell'arabo. *Richard.* Il cuore di Maya prese a battere veloce, molto più veloce degli zoccoli dei cavalli mentre scendevano verso la pianura al di là del Talh.

Non riuscirono a percorrere più molta strada per quel giorno, per quanto Rashad li spronasse ad affrettarsi quel tanto che era loro consentito sulla pista di ghiaia. Il sole era già scomparso, facendo scendere nella sua scia il crepuscolo, che si adagiò come un pesante manto sulla vallata desertica e sulle pendici delle montagne. Rashad aveva spiegato a Maya che le vallate ampie e prolungate come quella si chiamavano *wadi*. Completamente asciutta per molti mesi l'anno, poteva essere invasa da un'impetuosa corrente d'acqua alle prime piogge. Scelsero per accamparsi un punto vicino a quel fiume, ora ridotto a una mera pozzanghera, mentre tra le pareti di roccia era già scesa la notte.

Maya non riusciva a dormire, nonostante avesse tutto il corpo affaticato e dolorante, si fosse saziata di pane e riso con fagioli e il respiro regolare di Djamila accanto a lei avesse un effetto cullante. Muovendosi piano per non svegliare la compagna, Maya prese il mantello che aveva disteso sopra la coperta vera e propria, e scivolò fuori dalla tenda. Scrollò gli stivali che aveva lasciato fuori prima di calzarli, come le aveva mostrato Djamila. Anche senza parole Maya aveva capito che insetti e rettili amavano annidarsi dentro simili ripari. Il fuoco oramai era quasi spento. Tra le braci ardevano ancora poche fiammelle che ben presto si sarebbero estinte. Maya stirò voluttuosamente le membra indolenzite e inspirò a fondo l'aria fredda e limpida che recava ancora in sé l'aroma delle montagne.

«*Masâ al-chêr*, buonasera», disse dal buio al di là del falò la voce profonda e inconfondibile di Rashad. Maya esitò un istante, non sapendo bene come comportarsi, poi girò decisa intorno al fuoco fino a distinguere la sagoma dell'uomo seduto per terra.

«*Masâ an-nûr*», rispose come si conveniva. Alla flebile luce vide Rashad prendere un panno, usarlo per pulirci un boccale, poi riempirlo con un liquido caldo da un recipiente di latta e porgerglielo. Con la mano fece un gesto invitante accanto a sé e

Maya si mise a sedere a gambe incrociate. «*Shukran.*» Era strano come si fosse abituata a rapidamente a quell'abbigliamento estraneo, ai comodi calzoni e all'ampia camicia. Solo in certe occasioni, soprattutto quando era in imbarazzo come adesso, le mancavano i familiari gesti che le davano conforto, come lisciarsi la gonna, oppure giocherellare con un volant.

«Non riuscite a dormire?» si informò lui. Maya scrollò il capo. Per qualche motivo, che non riusciva a spiegare neppure a se stessa, sentiva il bisogno di comunicare con lui nella sua lingua.

«*Kathî*, molto», cominciò posandosi la punta delle dita sulla tempia, «*Hâna*, qui.» Poi abbassò la mano sullo sterno, appena sopra il cuore. «*Wa-hâna*. E qui.»

Rashad rispose con un suono affermativo, ma non aggiunse altro e questo non fece che aumentare il disagio di Maya.

«Il caffè è buono», disse dopo una pausa, quindi ne bevve un altro sorso, «con... con», cercò il termine arabo giusto, ma le sfuggiva. «Zenzero», aggiunse alla fine in inglese con un sospiro rassegnato.

«Zanjabil.»

«*Zanjabil*», ripeté Maya ed entrambi risero piano, senza tuttavia guardarsi negli occhi, fissando ostinatamente le ultime fiamme che guizzavano sempre più deboli, consumandosi in fumo.

Quando Maya ebbe finito di bere, posò il boccale per terra davanti a sé. Rashad allora si alzò e fece qualche passo verso il buio lontano dall'accampamento. «Venite con me.»

Maya si sentì salire il cuore in gola per la paura, e lanciò una rapida occhiata alle tende. Che Rashad avesse frainteso come manifestazione di disponibilità il fatto che lei fosse rimasta vicino a lui, sforzandosi di parlare arabo? Sentì i suoi passi allontanarsi scricchiolando sul terreno arido, e non ebbe più molto tempo per decidere. Balzò in piedi e si affrettò a seguire il suono dei suoi stivali, premurandosi tuttavia di mantenere una distanza di sicurezza, stringendosi involontariamente le braccia intorno al corpo e curvandosi lievemente in avanti.

Percorsero una ventina di metri, poi Rashad si fermò, si tolse il mantello dalle spalle e lo posò per terra, poi si mise seduto sulla nuda terra a una certa distanza. Maya si avvicinò lentamente, con aria circospetta. Con cautela si mise seduta sul margine esterno del mantello lanciando occhiate di sottecchi all'arabo, che tuttavia non sembrava badare a lei. La sua diffidenza, tuttavia, non sparì e lei continuò a adocchiarlo di nascosto mentre lasciava vagare lo sguardo nell'oscurità, poi lo alzava al cielo. Trattenne il respiro per lo stupore.

Le stelle sembravano a portata di mano, come se cielo e terra si toccassero. Miriadi di schegge di cristallo scintillanti, in uno sfarzo e in uno splendore che non aveva più niente di terreno, ma sembrava di origine divina. Maya si sentì pervadere da una intensa beatitudine, anche se si riteneva minuscola sotto quel mare di luci e spaventosamente insignificante. Una scia argentea solcò l'indaco del cielo notturno, lenta e solenne, quasi volesse assicurarsi che Maya la notasse, prima di accelerare e scomparire poco sopra l'orizzonte. *Esprimi un desiderio!* esclamò una voce infantile dentro di lei, no, due, tre. Maya, Angelina, Jonathan, tanti anni prima. La stella cadente si era consumata nel giro di pochi secondi, come una vita umana di fronte all'eternità. *Morta. In cielo.* Tanto tempo prima qualcuno le aveva raccontato che l'anima di una persona diventava una stella, alla sua morte. *Chi è stato... il nonno, era stato il nonno durante la prima festa di Natale a Black Hall. Quale stella sarà la sua? E quale quella di Jonathan? Jonathan...* Le lacrime le rigarono le guance, mentre un singhiozzo le sfuggiva dalla gola. Jonathan non c'era più. Era inconcepibile. Spaventoso nella sua ineluttabile certezza. Nella sua definitività. Eppure lo sentiva vicinissimo a sé, ora, lì, per sempre, in ciò che lei serbava di lui, in ciò che avevano in comune, nei ricordi, nelle emozioni. Pianse nascondendosi il volto tra le mani. Piena di vergogna per aver attribuito a Rashad intenzioni poco onorevoli, mentre in realtà lui aveva voluto mostrarle solo quello spettacolo. *Ma come facevo a saperlo...* allo stesso modo aveva causato preoccupazioni ai suoi genitori, perché aveva seguito il cuore. *Come facevo a sapere che stavo commettendo un errore?* Era in collera con se stessa, con le decisioni prese, le occasioni sfuggite, invocava il perdono. Soprattutto da se stessa. Ma nonostante la sua insignificanza, la sua impotenza, Maya si sentiva protetta e al sicuro, e non solo per la luce argentea delle stelle.

Rashad era rimasto seduto in silenzio. Aspettò che il pianto di Maya si fosse sfogato. Solo allora disse sottovoce, in arabo, e lentamente, per accertarsi che Maya comprendesse ogni particolare: «Questo è ciò che il deserto fa con noi, quando ci apriamo a lui: ci mostra quello che abbiamo nascosto dentro di noi e fa chiarezza. Solo chi è abbastanza forte è in grado di sopportarlo».

Chissà se Richard era mai stato abbastanza forte da aprirsi in quel modo al deserto? Oppure era stato troppo occupato a esplorare, misurare, superare avventure e tenere tutto a memoria per le sue cronache? *E nel caso lo fosse stato, quanto doveva essergli sembrato terribile ciò che aveva visto in me?* Ma il pensiero di Richard Francis Burton si spense all'istante come una stella cadente. E ancora più in fretta si estinse quello di Ralph, che non aveva neppure mai osato guardare negli occhi la realtà.

Addio, Jonathan.

Forse Rashad aveva pronunciato quelle parole per una ragione precisa, perché per lui erano importanti.

«Avevo un fratello», disse Maya quasi suo malgrado nella sua lingua natale. «È morto nella guerra contro la Russia. È accaduto non molto tempo fa. Per questo mi trovavo su alla torre.»

Trascorse qualche istante, prima che lei udisse nuovamente la voce di Rashad, che parlò a sua volta nella sua lingua. «Mio padre è morto con una pallottola inglese nel petto. Io gli ero accanto. Avrebbe potuto colpire me. L'ho tenuto tra le braccia fino all'ultimo respiro. Sono trascorsi già molti anni.» Parlò senza rimprovero nella voce, senza muovere accuse, ma con una nota di tenero struggimento.

Rimasero entrambi in silenzio, perché non c'era bisogno di dire altro. Vegliarono insieme i loro morti, sino a che le stelle impallidirono e loro tornarono alle tende, dove ciascuno andò per la sua strada. Entrambi fermamente decisi a fingere che quella notte non fosse mai esistita, ma consapevoli che non ci sarebbero riusciti.

6

Il corso del *wadi* Hatib guidò il loro cammino. Dapprincipio sottile, come il solco tracciato dal dito di Dio tra i cocuzzoli rocciosi. *Oppure dall'artiglio del diavolo*, pensò Maya quando le tornò in mente la definizione che Rashad aveva dato di quella regione: *Bilad ash-Shaitan*, la terra del diavolo. Le pendici montuose di roccia porosa mista a sabbia arretravano gradualmente, man mano che nel corso della giornata il *wadi* si ampliava. Alvei più piccoli si dipartivano dal centro della vallata asciutta per dissetare il terreno come sottili ramificazioni di un vaso sanguigno. Delimitate dall'uomo con file di pietre, si allungavano attraverso il pianoro, fino alle zone terrazzate tra valle e pendio. Il gruppo tuttavia incontrò altri esseri umani solo dopo diverse miglia: si trattava di tre uomini, avvolti in turbanti rossi e blu sbiaditi, che si avvicinavano a dorso di cammello. Salim raggiunse Rashad, che procedeva in testa al corteo, e quest'ultimo gli consegnò alcune monete poi fece fermare il gruppo, mentre Salim ripartiva verso i cammellieri alzando la mano in un gesto pacifico di saluto. Maya approfittò di quel momento per far allontanare il proprio cavallo di qualche passo e gettare una timida occhiata a Rashad che seguiva le trattative di Salim da lontano con espressione assorta. Andava avanti così fin dal mattino, si evitavano da quando erano partiti, non si scambiavano parola, al massimo si lanciavano qualche occhiata fugace. Tuttavia un invisibile cordone elastico li attirava incessantemente l'uno verso l'altra, inducendo Maya ad accelerare l'andatura e Rashad a rallentare il proprio sauro, finché entrambi se ne rendevano conto e si affrettavano a ristabilire le distanze tra loro. Allo stesso modo ora Maya fissava ostinatamente Salim che, raggiunto un veloce accordo con i cammellieri, porse loro i soldi e tornò dagli altri. «Possiamo proseguire», annunciò a Rashad che distolse lo sguardo da Maya, annuì e spronò il cavallo con i talloni.

Solo diverso tempo dopo incontrarono un insediamento umano: costruzioni fortificate, aggrappate alle pendici delle colline da cui sembravano spuntare come protuberanze spigolose. Poi per lungo tempo non apparve più niente di cui l'occhio potesse gioire o su cui posarsi e Maya si trovò a pensare che fosse quello l'aspetto demoniaco della regione. Miglio dopo miglio, ora dopo ora in una successione in apparenza immutabile di scenari e immagini: rocce e sabbia, pianori e alture, tamerici e arbusti nodosi che possedevano qualcosa di veterotestamentario. La regolare alternanza tra marcia e soste inoltre rafforzava questa sensazione di monotonia.

Con sollievo di Maya e dei suoi occhi stanchi, a un certo punto il *wadi* tornò a restringersi e i cavalli, procedendo in fila indiana, si inoltrarono in un canale asciutto dal fondo pietroso. Lì c'erano anche distese di orzo maturo accarezzate dal vento e zolle di terra bruna ricoperte dall'alito verde dei semi in boccio, irrigati da una sorgente da cui un asino e un cammello attingevano l'acqua necessaria con una carrucola cigolante. *Com'è ingiusta la ripartizione di deserto e terra fertile...* su un'altura sorgeva un villaggio, costituito da basse case in pietra intorno a una imponente fortezza, incredibilmente simile a una città medievale europea. Solo la cupola e le tombe segnate da mucchi di pietre grezze sotto di essa liminavano tale impressione. Anche qui videro avvicinarsi degli uomini su cammelli, stavolta cinque, e di nuovo fu Salim che funse da intermediario, contrattò il salvacondotto in denaro e si accordò amichevolmente con loro. I cammellieri scortarono i cavalieri di Rashad come ombre colorate alla luce del pomeriggio, tenendosi ad appropriata distanza, finché il *wadi* si trasformò in una pietraia attraversata da una pista battuta. I loro accompagnatori si fermarono e alzarono la mano in un gesto di saluto. Maya immaginò che il territorio della tribù terminasse lì, e Rashad e i suoi uomini le confermarono tale ipotesi imbracciando immediatamente i fucili. Il sole al tramonto inondò il cielo e le pietre di colori fiammeggianti. Il sentiero sfociò infine in un'ampia conca circondata da alte pareti rocciose, un luogo ideale per un accampamento.

Mentre gli uomini come di consueto alzavano le tende e uno di loro si era arrampicato sulle rocce alla ricerca di legna asciutta per il fuoco, Maya si avvicinò piena di stupore ai blocchi di pietra quadrangolari che si ergevano dal terreno sabbioso al centro della conca, superandola in altezza di parecchie spanne. Sfiorò con la punta delle dita la superficie corrugata, seguendo i solchi dell'incredibile rilievo nei punti dove non era del tutto cancellato. Somigliava a una grafia cuneiforme, fatta di segni larghi e gradevolmente irregolare nella sua multiforme varietà. Alzò lo sguardo quando si accorse con la coda dell'occhio che Rashad le si stava avvicinando e abbassò la mano impacciata, come se si trovasse in un museo e avesse toccato di nascosto un reperto in esposizione.

«Si dice che risalgano all'epoca degli himyariti», l'apostrofò lui in inglese senza alcuna traccia di rimprovero nella voce. «La tribù il cui territorio abbiamo appena attraversato si ritiene loro discendente. Himyar era un antico regno molte e molte generazioni fa, ben prima dell'arrivo del profeta. A poca distanza da qui esistono ancora le rovine di una fortezza. Un tempo Himyar era così potente che aveva sottomesso persino il mitico regno di Saba. Poi venne sconfitto dal regno di Aksum e infine scomparve. Aksum, insieme alle tribù beduine.» Con una nota di malcelato orgoglio aggiunse: «Tra di esse anche i miei antenati di al-Shaheen. È una leggenda che viene tramandata dai vecchi ai giovani».

Sotto la camicia Maya sentì sulle braccia una piacevole pelle d'oca. Più di mille anni prima qui erano vissute delle persone, probabilmente il paesaggio era stato rigoglioso, era sorta una città piena di vita e i reperti in pietra di fronte a lei forse erano stati luogo di culto o monumento di gesta eroiche. Allungò di nuovo la mano e toccò la pietra erosa dal vento, dalla sabbia, dal sole e dalla pioggia, come se in questo modo potesse creare un legame con il tempo passato. Lì erano nate e morte delle persone, ma i blocchi di pietra con le loro incisioni erano sopravvissuti, fino a oggi. *Un pezzo di eternità. L'immortalità.*

«Dove si trovava Aksum?»

«Al di là del Bab el-Mandeb.» Lui spostò lo sguardo dalla stele di pietra a Maya e viceversa. «Vi piace?» domandò piano, e nella sua voce risuonò una insolita dolcezza.

Maya annuì. «Io sono cresciuta in mezzo alle antiche iscrizioni, per così dire. Mio padre le studia.» Avrebbe voluto aggiungere ancora qualcosa, ma le mancò la voce quando dentro di lei esplose l'irrefrenabile desiderio di poter mostrare a Gerald queste pietre. Un groppo le chiuse la gola.

«Allora vi piacerà Nisab. Sono i resti di un'antica città mercantile», con la mano Rashad indicò verso nord, «sull'antica via dell'incenso. Se tutto andrà bene, ci arriveremo tra due giorni.» Esitò, come se le parole che custodiva nel cuore faticassero a uscirgli dalle labbra. «Vi va di raccontarmi di vostro padre? Più tardi, davanti al fuoco?»

Il chiarore delle fiamme si rifletteva bronzeo e dorato sui contorni dell'iscrizione, mentre la luce delle stelle la inondava d'argento. Forse un tempo erano state davvero ricoperte di metalli preziosi, che i secoli avevano cancellato via via; preziose e ricche come era stato Himyar, secondo ciò che Rashad aveva raccontato di quanto era stato tramandato presso il suo popolo. La ricchezza di Himyar si basava sul commercio d'incenso e mirra, le resine di alberi locali che Maya aveva scorto per la prima volta quel giorno e che in passato erano stati venduti a peso d'oro per le loro proprietà medicinali, cosmetiche e aromatiche.

Maya raccontò dei viaggi di suo padre, della sua passione per tutto ciò che era antico, che aveva sfidato la caducità, dei suoi sforzi per evitare che cadesse di nuovo nell'oblio, delle ore trascorse insieme nel suo studio. Aveva parlato di Oxford e dei suoi edifici carichi di storia all'ombra delle torri. Si era sforzata di dare un'immagine vivace e sgargiante, tuttavia aveva dovuto ricorrere a perifrasi per spiegare concetti inesistenti nell'immaginario di Rashad, aiutandosi con i gesti e la mimica, oppure disegnando con il dito nella sabbia ai loro piedi. La neve per esempio, che Rashad non aveva mai visto, di cui ignorava persino l'esistenza, perché sulle montagne faceva molto freddo e spesso pioveva, ma le due cose non avvenivano mai insieme.

Anche Rashad fu costretto a utilizzare spesso i gesti per esprimere ciò che intendeva parlando di suo padre, di come gli aveva insegnato a cavalcare ancor prima che Rashad imparasse a camminare, e poi a usare il fucile e la spada. Maya ascoltava rapita i racconti dei falchi che gli uomini della tribù allevavano e addestravano, per cacciare piccola selvaggina e addirittura antilopi. Infatti chi credeva in Allah non poteva mangiare carne che non fosse stata macellata ritualmente e accuratamente dissanguata. I falchi di al-Shaheen avevano esclusivamente una livrea bianca. «Chiara come la sabbia del deserto da cui provenivano i nostri antenati», spiegò Rashad, e da loro prendeva nome anche la tribù: *al-Shaheen* significava «il falco bianco».

Le descrisse l'immenso deserto del Rub al-Kahli, così ostile da essere evitato persino dai beduini. Veniva chiamato semplicemente *Al-Rimal*, «Le sabbie», perché non c'era altro che sabbia e calore, un calore inimmaginabile, che si estendeva per centinaia di migliaia di chilometri in tutte le direzioni. I beduini si spostavano solo ai suoi margini e si avventuravano nel suo fratello minore, il Ramlat as-Sabatayn. Ma secondo la leggenda non era sempre stato così. Prima che le dune alte come case si espandessero e inghiottissero quasi ogni forma di vita, in quella regione c'erano stati laghi e fiumi, orici, bufali, ippopotami oltre a asini, capre e pecore allevate dagli abitanti. E nel cuore del paesaggio ora inaridito sorgeva una città, tanto sontuosa e scintillante da oscurare il sole, ricca per i commerci di incenso e costruita per volontà del potente re Shaddad, un successore di Noè.

«Iram, la città delle colonne», disse Maya con voce trasognata.

«Conoscete la leggenda?»

Maya annuì. «L'ho letta. 'Andate ed erigete una fortezza

inespugnabile, che si levi verso il cielo, e costruite intorno a essa migliaia di padiglioni, ciascuno con migliaia di colonne di crisolito e rubino con i tetti d'oro'», citò un brano delle storie delle *Mille e una notte* che le era rimasto particolarmente impresso nella memoria.

«Nelle nostre sacre scritture si dice che Iram fosse abitata dalla tribù di 'Ad. Il re Shaddad aveva ignorato gli avvertimenti del profeta Hud, che esortava gli abitanti a seguire una condotta di vita retta.»

«E come castigo il deserto inghiottì la città?» indovinò Maya. Rashad annuì.

«Sembra che in tutte le culture antiche sia esistita una Iram», mormorò Maya. «Una città distrutta secondo la leggenda per i peccati dei suoi abitanti. Nell'antica Roma Pompei e nella storia greca Platone narra del regno di Atlantide sommerso dalle acque.»

Le sue frasi restarono sospese nel silenzio della notte ed entrambi rimasero in ascolto di questa eco dentro di loro, che fece vibrare all'unisono qualcosa di antico quanto l'umanità.

«Sshhhh», fece Rashad di colpo. Si mise in ascolto nelle tenebre, che per le orecchie di Maya erano mute. Si sentiva solo il lieve sbuffare dei cavalli che si smorzò subito dopo, quasi anche loro fossero in ascolto. Un istante più tardi, Rashad afferrò il fucile con una mano, con l'altra il braccio di Maya e la sollevò insieme a sé mentre balzava in piedi. La trascinò per pochi passi tra la sabbia ancora rovente e fino alla stele di pietra, poi mormorò qualcosa in direzione delle tende dove i suoi uomini si erano ritirati a dormire già da parecchie ore, come pure Djamila. Gli bastò pronunciare una singola parola, in tono autoritario. Maya si sentì spintonata tra i blocchi di pietra e quindi premuta verso il basso. «Restate qui. Giù», le mormorò Rashad. Poi scomparve e subito dopo si udì un frastuono disordinato di molte voci che si avvicinava fulmineo all'accampamento. Grida, spari, invocazioni, ansiti, clangore di metallo, poi silenzio, nuovo rumore. Maya si rannicchiò su se stessa, le mani a proteggere la testa e il collo, con la sensazione di essere terribilmente vulnerabile. Avrebbe voluto tenere gli occhi aperti, per la propria sicurezza, invece li serrò impaurita, come aveva sempre fatto fin da bambina durante i temporali. Altre detonazioni, che risuonarono a lungo nella notte, e l'odore di polvere da sparo. Poi un colpo, molto vicino a lei, che la fece sussultare. E improvvisamente di nuovo silenzio. Un silenzio totale. Agghiacciante.

Maya batté le palpebre, si sforzò poi di aprire gli occhi. Lanciò un grido soffocato quando vide l'uomo riverso di schiena sulla sabbia di fronte a lei. La spada gli era scivolata dalle dita inerti, la lama a poca distanza da lei. Gli occhi sbarrati, sembrava fissare il cielo punteggiato di stelle, la bocca spalancata per lo stupore con un rivolo scuro che dal mento colava fino a terra. Sul petto nudo, vicino al cuore, aveva un foro lacerato. Maya cercò a tentoni le pareti rocciose, vi si aggrappò e si rimise in piedi. Provò un tuffo al cuore di sollievo alla vista di Rashad che le si avvicinava a lunghi passi, il fucile stretto nella destra con la canna rivolta verso il basso.

«State bene?» le chiese.

Maya annuì e fece per andargli incontro. Poi il suo sguardo si posò su uno degli uomini di Rashad che, con la chioma lunga fino alle spalle scoperta e scompigliata, sfilava la spada con un sibilo raccapricciante dal corpo di un altro uomo a terra, la lama insanguinata fino a metà altezza. Con la punta dello stivale mosse il cadavere. Maya si guardò attorno. Intorno al fuoco e tra le tende vide le sagome di altri corpi a terra, sette, otto, forse di più, e si sentì mancare le ginocchia. Qualcosa colpì la sabbia accanto a lei con un tonfo sordo e lei si sentì prendere e sostenere, poi fu appoggiata contro qualcosa di morbido e piccole superfici fredde e metalliche le premettero sulla guancia. Ma sotto c'era qualcosa di solido, che irradiava un benefico calore, mentre un odore di legno piacevole sebbene intenso l'avvolse e lei sentì un cuore che batteva, veloce e agitato.

Era il suo?

«È tutto a posto», sentì mormorare da Rashad. «È tutto a posto.»

Lentamente, per verificare ciò che i suoi sensi avevano intuito, alzò la testa. Negli occhi di Rashad ardeva la fiamma ancora viva del guerriero nato, ma dietro c'era qualcosa di morbido e tenero che le chiuse la gola. Lui alzò una mano, quasi volesse accarezzarle la fronte, ma poi si bloccò. *Il suo prezioso ostaggio*, si sorprese a pensare Maya e nello stesso momento lo sguardo di Rashad si oscurò, e lui si staccò bruscamente da lei. Si voltò di scatto e raccolse il fucile.

«Sto bene», annunciò Maya impacciata, si passò le mani nervosa sulla camicia e sulle cuciture laterali dei calzoni e superò Rashad con passo rigido come un soldatino di piombo, diretta verso la sua tenda, sforzandosi di non gettare occhiate ai cadaveri che incontrava. Djamila, che sbirciava cauta da una fessura del telo, lo scostò per farla entrare. Fu il suo sguardo sopra il velo che le nascondeva il viso a bloccare Maya. «Siete una donna coraggiosa», la sentì dire Maya scandendo le parole. Erano le prime che Djamila le rivolgeva direttamente. Djamila, il cui volto Maya non aveva mai visto, perché lo teneva sempre nascosto e mangiava sempre da sola.

Avrebbe voluto rispondere qualcosa, ma non le veniva in mente nessuna parola araba in grado di esprimere ciò che provava. Alla fine scosse il capo mesta, tentando invano di sorridere, poi entrò nella tenda, felice per la sicurezza e la protezione che l'oscurità sotto il telo prometteva di offrirle.

7

La regione appariva così desolata, che il giorno dopo Maya si convinse quasi di aver sognato la fallita aggressione quando uscì dalla tenda. Gli uomini di Rashad, tra l'altro, avevano provveduto a rimuovere i cadaveri nel corso della notte e a spargere sabbia sopra le pozze di sangue, in modo da cancellare ogni possibile traccia. Solo il comportamento di Rashad nei suoi confronti dimostrava che era successo qualcosa, che le immagini e i rumori che avevano perseguitato Maya anche in sogno erano stati reali.

Rashad si teneva a distanza da lei, il volto coperto e gli occhi sempre rivolti altrove. Procedeva molto davanti al gruppo, almeno per quanto glielo consentiva il sentiero accidentato tra le rocce e le colate laviche raffreddate nere e spigolose. Era una cavalcata faticosa, per animali e persone, quasi più difficile che il passaggio al valico di Talh, con la differenza che stavolta Rashad non la aiutò. Maya non riusciva a distogliere gli occhi dalla schiena di lui, cercando febbrilmente un motivo qualsiasi per rivolgergli la parola, per chiedergli qualcosa. Per esempio, quando giunsero in vista delle mura diroccate di una vecchia fortezza sul dorso scuro di una montagna, le sarebbe piaciuto sapere se si trattava veramente di quella del regno di Himyar di cui lui le aveva raccontato il giorno precedente. Anelava alle sue attenzioni, come quelle che le aveva rivolto la sera prima accanto ai blocchi di pietra con le iscrizioni e dopo l'assalto, e questa consapevolezza la faceva arrossire. Strinse i denti dandosi della pazza. Di sicuro l'unico motivo che lo spingeva a procedere con andatura sostenuta era la volontà di superare il più in fretta possibile quel territorio inospitale e nient'altro.

Dall'altura in cima alla quale li aveva condotti il sentiero sassoso videro sotto di loro un ampio *wadi* sabbioso e una pianura polverosa estesa fino all'orizzonte. *Bilad ash-Shaitan*. Maya fece un profondo respiro, soffocò il senso di paura che le strinse lo stomaco e spronò il cavallo giù per il lieve pendio, sempre sulle orme di Rashad.

«Dovete mirare al cerchio bianco e possibilmente fare centro», bisbigliò Muhsin al tenente Ralph Garrett, che gli aveva lanciato un'occhiata perplessa in cerca d'aiuto. «Per tre volte. Il sultano non deve perdere il rispetto che ha per voi e considerarvi inferiore.»

«Con il revolver o il fucile?» replicò Ralph sempre sottovoce.

Muhsin si trattenne dall'alzare gli occhi al cielo e si limitò a dare una scrollata di spalle. «Spetta a voi deciderlo.»

Ralph gettò un'occhiata indecisa verso il sultano di Lodar, che stava immobile come una statua d'argilla a qualche passo da lui. Soltanto le sopracciglia grigie corrugate sotto la fronte aggrottata rivelavano che si sarebbe sentito offeso nell'onore se Ralph non avesse dato inizio quanto prima alla cerimonia di saluto. Mentre a Bombay e Calcutta c'erano ancora resistenze a equipaggiare i soldati con la maneggevole arma di produzione americana, Haines e i suoi successori avevano preferito anteporre l'utilità alla tradizione, viste le condizioni spesso critiche di Aden, e superare i vecchi rancori con la ex colonia, ordinando un certo numero di revolver di diversa fattura per la santabarbara della guarnigione. In via amichevole il colonnello Coghlan aveva fornito anche il tenente Ralph e il soldato Fisker di un revolver ciascuno con un'abbondante scorta di munizioni per la loro missione. Presa una rapida decisione, Ralph estrasse la sua Colt Dragoon dalla fondina attaccata a una tracolla all'altezza del fianco, prese la mira, abbassò il calcio e sparò in rapida successione tre colpi che andarono a conficcarsi a meno di un pollice di distanza l'uno dall'altro nel bersaglio sul muro della casa. Esaminò soddisfatto il risultato ottenuto e così non colse il lampo di interesse che si accese negli occhi del sultano alla vista di quell'arma tanto maneggevole con cui era possibile sparare più colpi in successione senza dover ricaricare, bensì soltanto azionando una leva tra i singoli colpi.

Ralph fece un passo indietro e lasciò il posto al sultano di Lodar e dopo di lui ai suoi figli, prima che le due righe di soldati sparassero una salva di saluto e il sultano stringesse calorosamente la mano di Ralph. Muhsin si fece prontamente avanti come interprete, siccome le conoscenze linguistiche di Ralph lasciavano molto a desiderare, dato che la sua attività d'ufficio riguardava esclusivamente la corrispondenza in inglese con l'amministrazione a Bombay. Muhsin, al contrario, era stato scelto per accompagnare la delegazione dei due soldati britannici proprio per la sua lunga attività di intermediario tra Lahej e Aden che lo aveva portato a imparare bene l'inglese. Alla domanda sul «da dove», Ralph rispose in maniera veritiera «Aden» per quanto riguardava se stesso e Fisker, «Lahej» invece rispetto a Muhsin e i suoi cinque uomini, rimasti in attesa a rispettosa distanza accanto ai cavalli e ai cammelli con i bagagli. Muhsin si era messo le mani tra i capelli quando Ralph aveva insistito per intraprendere il viaggio fino a Ijar in sella a un cavallo. «Dobbiamo attraversare le montagne, *said*! Non esistono cavalli adatti per un tragitto del genere. Soltanto le popolazioni delle montagne hanno gli animali adatti!» Ralph però aveva insistito a prendere i due castrati della guarnigione. Dopo tutto, non aveva forse attraversato le montagne intorno a Peshawar con i cavalli delle *Guides*? Appunto!

Il «dove» e il «a che scopo» del sultano indussero Ralph a una breve riflessione. Se si fosse spacciato per un mercante, il sovrano, che somigliava piuttosto a un brigante, si sarebbe immaginato che trasportasse chissà quali ricchezze con sé. Tuttavia lui e Fisker non bastavano come delegazione diplomatica. Avevano infilato le giacche dell'uniforme nelle bisacce dietro la sella, perché non erano partiti nella loro veste ufficiale di militari, ma potevano magari comunque tornare loro utili (senza contare il fatto che entrambi non se l'erano sentita di lasciare alla guarnigione le giacche rosse con le passamanerie dorate che simboleggiavano la loro appartenenza a una nazionalità, uno status sociale e un prestigio). Per non essere riconosciuti come militari anche da lontano, si erano messi in marcia con calzoni chiari e stivali, camicie bianche a collo alto, panciotto ricamato e mantello contro il freddo della notte. Turbanti bianchi con un lembo sciolto nascondevano i capelli biondi di Ralph e quelli castano chiaro di Fisker. Solo giunti a poca distanza dal confine di Ijar avrebbero indossato le uniformi, per farsi riconoscere come soldati inglesi ed emissari di Coghlan.

«Un viaggio di esplorazione a Ijar allo scopo di migliorare i rapporti tra il sultano e Aden», s'affrettò quindi a spiegare, e Muhsin tradusse zelante con espressioni infiorettate come piaceva sentire al suo sultano.

Ralph non era in grado di placare la sete di notizie da Aden, e si lasciò sfuggire solo qualche commento sul clima e sulla crescita economica della città. Il sultano tuttavia si mostrò almeno altrettanto interessato all'Inghilterra, e travolse Ralph di domande su quel paese straniero e, pur dopo aver ricevuto ripetutamente la conferma che sul trono di quel regno sedeva una donna, il sultano sembrava sempre convinto che Ralph volesse giocargli uno scherzo. Anche Muhsin si adoperò a riferire notizie di ogni genere su Lahej e così il drappello rimase a sedere per molte ore sul tappeto steso a terra con il sole a picco, bevendo caffè e mangiando poi carne di capra arrosto con fagioli diabolicamente piccanti.

Era questa tranquillità, questa flemma con cui la gente del posto viveva e lavorava ciò che mandava fuori dai gangheri Ralph. Lui e Fisker avevano fatto i bagagli in tutta fretta il mattino dopo la scoperta del rapimento di Maya e con altrettanta rapidità avevano percorso le diciassette miglia sino a Lahej. Ma già lì li attendevano tentennamenti e indugi, perché il sultano di Lahej aveva soppesato a lungo i pro e i contro del mettere a disposizione uomini per una missione a suo parere così spinosa. Non voleva rovinare i suoi rapporti con Ijar, che a sua volta era strettamente legato al suo vecchio nemico, il sultano di Fadhli, né con gli inglesi. Alla fine il beneficio immediato di mettersi in buona luce agli occhi del colonnello Coghlan vinse su tutte le remore e il pagamento di settanta talleri di Maria Teresa fece il resto. Ma poi cominciarono i rimuginamenti su chi mandare con i due inglesi. Muhsin come guida, oppure Mohammed o ancora Abdallah? E chi altri doveva accompagnarli? Ralph cominciava già a nutrire il sospetto che Lahej fosse schierato segretamente dalla parte di Ijar e dei rapitori e che volesse dar loro il maggior vantaggio possibile, quando finalmente la scelta cadde su Muhsin insieme a uno dei suoi fratelli, due cugini, un cognato e un nipote. Ma anche la preparazione dell'equipaggiamento e delle provviste richiese molto tempo, e finalmente si misero in viaggio da Lahej con un giorno a mezzo di ritardo, diretti prima a Shuqra e quindi da lì verso Lodar.

«Il sultano ci propone di essere suoi ospiti per questa notte», spiegò Muhsin a Ralph. Questi gonfiò le guance e stava già per declinare educatamente ma con fermezza l'invito, quando si accorse che i raggi del sole erano ormai bassi tra le case di Az-Zara che brillavano di una luce ramata. Di sicuro per quel giorno non sarebbero riusciti a spingersi molto avanti prima che calasse la notte e rendesse impossibile percorrere la strada già disagevole. Inoltre un cenno d'assenso appena abbozzato di Muhsin gli fece capire che sarebbe stato meglio accettare; per questo Ralph ringraziò il sultano per il suo generoso invito.

Il sultano di Lodar rese giustizia alla tanto rinomata ospitalità araba. Condusse i suoi ospiti in giro per la città, la *sua* città, mostrò loro le estese fortificazioni e naturalmente i suoi molti prigionieri, come se presentasse un'intera collezione di medaglie al valore. A tarda sera fu organizzato un banchetto piuttosto modesto ma sontuoso per le possibilità di Lodar, con pollo, colombi arrosto e altri fagioli, prima che i viaggiatori avessero il permesso di ritirarsi nell'alloggio messo a loro disposizione.

Il soldato Fisker, che riteneva Ralph il solo responsabile della sua forzata partecipazione a quel folle viaggio e si limitava a scambiare con lui solo le poche parole strettamente necessarie, si addormentò subito russando sul pagliericcio; lo stesso fecero gli uomini di Lahej, sebbene avessero promesso di fare la guardia al bagaglio trasportato in casa. Soltanto Ralph era ancora sveglio e non a causa della gran quantità di caffè che aveva bevuto per educazione.

I suoi pensieri erano con Maya, mentre si faceva scivolare tra le dita il suo scialle verde e marrone, vi affondava ripetutamente il viso e inalava a fondo il suo inconfondibile profumo. In realtà non ci sarebbe stato posto per inutili oggetti personali in mezzo a tutti gli otri, i sacchi di farina, di riso e di lenticchie, la carne essiccata e la polvere di caffè e le munizioni, ma Ralph aveva voluto portare con sé qualcosa di Maya in questo viaggio e per questo aveva infilato nelle bisacce lo scialle e, dopo un attimo di esitazione, anche il pacco delle sue lettere. Sperava ardentemente che stesse bene... Chissà dove si trovava in quel momento. Muhsin gli aveva confermato che l'unica rotta verso nord-est passava da Az-Zara e Lodar. Ma quando Ralph aveva chiesto se nei cinque giorni precedenti fosse passata di lì una donna inglese accompagnata da cavalieri vestiti di nero, aveva ottenuto solo un'occhiata perplessa e un dispiaciuto cenno di diniego da parte del sultano. Come avevano fatto a travestire Maya affinché il sultano non si accorgesse di lei? Tutti quegli inutili ritardi lo innervosivano soprattutto perché avrebbe voluto raggiungere i rapitori e liberare Maya prima di arrivare a Ijar. Di sicuro non potevano essere andati molto lontano. Chi intraprendeva quel viaggio lo faceva a dorso di cammello, gli aveva assicurato Muhsin, lanciando un'altra occhiata sprezzante al cavallo di Ralph. I cammelli carichi procedevano molto lentamente, come aveva potuto constatare fin troppo bene Ralph lungo il tragitto fino ad Az-Zara. La prospettiva del viaggio che ancora lo aspettava era deprimente. Ma gli ordini erano ordini e lui sarebbe stato pronto a spingersi ancora più avanti nell'entroterra per poter stringere di nuovo tra le braccia Maya. *Quando avremo superato questa prova*, pensò, *ricominceremo tutto daccapo.*

Il tenente Ralph Garrett non era l'unico a non riuscire a dormire quella notte, inseguendo i propri pensieri. Dopo aver affidato a Salim il turno di guardia sull'accampamento, Rashad si avventurò verso la distesa sabbiosa di Al-Hadhina, che conosceva bene quanto le bisacce del suo sauro grazie ai suoi frequenti viaggi tra Ijar e Aden. Avrebbe preferito allontanarsi a cavallo, ma bisognava far riposare gli animali, perché avevano ancora un lungo tragitto da compiere, anche se la maggior parte del viaggio era già alle loro spalle. Si incamminò sul terreno soffice come se avesse una meta precisa, marciando a ritmo con il proprio respiro e il proprio cuore, finché la voce interiore gli disse che aveva trovato il posto giusto e si mise seduto. Rimase a lungo così, sotto lo sconfinato manto indaco del cielo punteggiato d'argento, aspettando la lucidità e la calma che provava sempre nel deserto. Ma stavolta la sua attesa fu vana.

C'era qualcosa che lo inquietava. E questo non faceva parte del suo carattere. Immerso nei pensieri, affondò la mano destra sotto la sabbia, sempre più in profondità, come se potesse rinsaldare in questo modo le sue radici in quella terra, nella tribù e nella famiglia. Con la punta delle dita toccò qualcosa di solido in mezzo alla sabbia e ripescò un piccolo oggetto piatto e rotondo, lo ripulì e lo sollevò verso la luce delle stelle. Era una moneta, intaccata e levigata dal movimento incessante della sabbia come ce ne erano a bizzeffe lungo le antiche rotte mercantili, perdute da tempo immemorabile da carovane o ladri.

Maa-yaa, risuonò dentro di lui. Era stupefatto che lei non si fosse mai lamentata, non avesse mai mostrato alcuna paura per la propria condizione, e al contrario si fosse mostrata coraggiosa e avesse accettato il destino con un fatalismo quasi orientale. Cavalcava attraverso il paese con gli occhi aperti, assorbendone tutte le forme, i colori, gli odori, voleva conoscere e comprendere ciò che la circondava. Era in aperta contraddizione con gli inglesi che lui aveva frequentato sino a quel momento.

Ma. Ya. Due sillabe morbide, più simili a quelle della sua lingua, che a quella di lei, molto più dura e spigolosa. Lui aveva imparato con sorprendente rapidità quei suoni bizzarri, non appena si era mescolato a quel popolo straniero che si era insediato con le armi nella penisola di Aden. Era stato informatore per i sultani, dapprima nelle vesti di bracciante e successivamente di mercante, infine come il mercenario che era veramente. In tale condizione aveva offerto la protezione della propria spada e del proprio fucile alle carovane in viaggio. Non provava odio per gli stranieri, allo stesso modo in cui non odiava gli avversari in battaglia. Perché la battaglia era il destino del guerriero ed era un onore trovarvi la morte. Il meridione, *al-Yaman*, era stato per millenni teatro di numerose guerre. Non era una terra per i miti, e non perdonava né leggerezza né vigliaccheria. Questa era la sua natura, ed essa aveva forgiato la natura dei suoi abitanti. «Io contro i miei fratelli. Io e i miei fratelli contro i miei cugini. Io e i miei fratelli e i miei cugini contro il resto del mondo», era questo che veniva insegnato ai giovani di al-Shaheen non appena venivano strappati dal seno materno.

Rashad pensò a Nashita che era la moglie di un guerriero da metà della sua e della propria vita. Il legame era stato sancito come di consueto dalle loro famiglie quando lei aveva quattordici anni e lui sedici. Era graziosa e caparbia e rideva molto, era piena di vita, come indicava il suo nome, e non ci sarebbe stato motivo di essere infelice. Rashad al-Shaheen aveva due figli maschi e una femmina, tutti e tre sani, poi non aveva avuto altri figli. Aveva compiuto il proprio dovere, per la famiglia, la tribù, come faceva sempre, e anche per il sultano di Ijar e gli anziani di al-Shaheen. Lo aveva fatto volentieri. Sempre. Perché era un al-Shaheen.

Esattamente come anche ora stava compiendo il proprio dovere, portando Maya sana e salva sino a Ijar per poi aspettare lì l'arrivo degli inglesi che secondo le indicazioni di Ali e i suoi calcoli dovevano essere all'altezza di Az-Zara. Ali si era appostato nelle vicinanze di quella località, per poter intervenire prontamente nel caso il sultano avesse intralciato l'attraversamento degli inglesi. Mancavano ancora tre giorni e mezzo all'arrivo a Ijar. Forse altri cinque all'arrivo degli uomini di Coghlan. Rashad avrebbe trattato con loro e, non appena trovato un accordo, avrebbe consegnato loro Maya. Poi sarebbe finito tutto. Esattamente come era stato previsto. Dunque non c'era motivo di sentirsi inquieti.

Rashad protese il braccio all'indietro, pronto a gettare la

moneta nella sabbia, ma poi ci ripensò e la tenne in mano. La custodì tra le dita strette a pugno per non perderla mentre tornava all'accampamento. Non c'era motivo di sentirsi inquieti.

8

«Quanto?!» Con il volto paonazzo Ralph guardava alternativamente dal sultano a Muhsin. L'interprete chinò il capo per precauzione, storse la faccia bruna, che a Ralph ricordava sempre quella di un furetto, in una smorfia impaurita sotto il turbante a quadretti rossi e bianchi.

«Cinquanta talleri di Maria Teresa per proseguire il viaggio», ripeté Muhsin, traducendo la richiesta del sultano. «Ci metterà a disposizione anche una scorta armata fino ai confini del suo territorio.»

Avevano saputo fin dal principio che sarebbe stato necessario pagare salvacondotti in denaro lungo il viaggio per Ijar, ed erano muniti di una corrispondente somma in contanti. Una somma che Coghlan aveva tirato fuori da una scatola e per la quale Ralph aveva sottoscritto una cambiale. Era sufficiente per comprarsi il viaggio d'andata e ritorno da Ijar, e anche per procurarsi delle provviste lungo il tragitto, nel caso fossero rimasti a secco. Ma Ralph non aveva nessuna intenzione di versare nelle avide mani di un rozzo sultano, intenzionato a sfruttare economicamente la posizione del proprio territorio sulla principale arteria di comunicazione, una cifra così esosa all'inizio del viaggio. Ricordando l'usanza orientale della contrattazione, alzò una mano allargando le dita. «Cinque», ribatté, «e non uno di più.»

Il sultano scrollò il capo e ripeté insistente la propria richiesta. I suoi calcoli erano stati estremamente semplici: tutti gli inglesi erano ricchi, questa notizia era giunta sino a Lodar. Chi inoltre sfoggiava indumenti chiaramente nuovi, possedeva dei cavalli e aveva per arma una meraviglia della tecnica poteva benissimo valere cinquanta talleri.

Le ore del mattino trascorsero in queste tenaci trattative, finché Ralph propose venti talleri come ultima offerta e il sultano s'interruppe al grido del muezzin e si ritirò per la preghiera di mezzogiorno. La cosa tuttavia non riguardò la maggior parte dei soldati che, pur ritirandosi all'ombra delle case e delle fortificazioni, continuarono a imbracciare le armi. Sette uomini contro un esercito vero e proprio: un'impresa impossibile anche per una ex *Guide* come Ralph.

Con aria afflitta si mise seduto sul pagliericcio nella camera dell'alloggio, rimuginando su una possibile soluzione del loro dilemma, mentre Fisker si comportava come se il tutto gli fosse sommamente indifferente. Era già pomeriggio e Ralph era in procinto di pagare semplicemente i cinquanta talleri richiesti, per non perdere altro tempo prezioso, quando Muhsin si precipitò da lui con un sorriso smagliante, reggendo sulle spalle un sacco stracolmo con i loro averi. «Possiamo ripartire!»

Ralph lo guardò sbigottito. «Com'è possibile?»

Il sorriso si allargò ulteriormente sul viso di Muhsin. «Un mercante di passaggio è venuto a sapere della nostra disdicevole situazione e ha dato trenta talleri al sultano. Ora abbiamo il permesso di andarcene.»

Il soldato Fisker prese le sue cose, impaziente di partire, mentre Ralph rimase a sedere immobile. C'era qualcosa di strano, quasi di sospetto in quella faccenda. Era come se qualcuno dimostrasse un interesse particolare a far proseguire loro il viaggio senza ulteriori intoppi. Balzò in piedi di scatto. «Questo mercante è ancora qui?» Vedendo Muhsin scrollare il capo, lo incalzò. «Che aspetto aveva? Com'era vestito? Di nero tinto con l'indaco?»

Muhsin lo guardò con aria infastidita e scrollò le spalle. «Non saprei. Che importanza ha? Dobbiamo sbrigarci, prima che il sultano ci ripensi.»

Questi insistette per ricevere da Ralph i venti talleri promessi, poi li lasciò andare senza ulteriori ritardi, con la soddisfatta consapevolezza di aver concluso un ottimo affare quel giorno. Ralph non riuscì a ottenere altre informazioni sul misterioso mercante, a parte che era vestito come un beduino e che di recente era passato diverse volte da Az-Zara, ma il concetto di «recente» restava non meglio specificato. Mentre caricavano di nuovo cavalli e cammelli e lasciavano la città, Ralph si guardò intorno. Il pensiero che i rapitori avessero mandato qualcuno a tenerli d'occhio non lo tranquillizzava, anche se stavolta aveva rappresentato un vantaggio per loro. Fece schioccare le redini del suo castrato e partì al galoppo in direzione del passo di Talh.

In tarda mattinata il gruppo di cavalieri intorno a Maya e Rashad si lasciò alle spalle la distesa sabbiosa di Al-Hadhina. Si erano inerpicati su per una scarpata, incontrando poi qualche difficoltà nella discesa a causa del pietrisco, che emetteva un suono metallico sotto gli zoccoli dei cavalli. Si erano poi inoltrati in una serie di *wadi* successivi, il cui fondo polveroso aveva attutito i passi degli animali fino a inghiottirli quasi del tutto. Videro ragazzine vestite di rosso e di verde con capelli ispidi e sporchi, numerose collane di perline d'argilla colorate come ornamento, che badavano alle capre sotto alberi di mirra e di fico. Con grida chiassose e lunghi bastoni scacciavano gli animali dai campi e dai cespugli ricoperti di piccole bacche violette che evidentemente rappresentavano una irresistibile tentazione per gli animali. Nell'ultimo dei *wadi* c'erano terrazze di fango sovrapposte occupate da campi abbastanza estesi. Donne e bambini abbeveravano il bestiame, battevano sui tronchi con i bastoni per raccogliere le bacche che Maya aveva assaggiato qualche giorno prima. Mentre anche il gruppo dei viaggiatori si fermava a fare una sosta con acqua e pane, Rashad portò a Maya una manciata di quelle bacche, consegnandogliele senza parlare, sebbene il suo sguardo sopra il panno blu scuro fosse tutt'altro che ostile.

Sulle pendici montuose in lontananza comparvero delle torri; a poco a poco presero la forma di una fortezza intorno alla quale si affollavano casette anonime che avevano una sottile striscia bianca intorno alle finestre, perché la calce qui era rara. Infine spuntò una macchia chiara nell'aria vibrante all'orizzonte: Nisab. Sembrava a portata di mano, eppure il tragitto per raggiungerla a Maya parve interminabile, perché gli zoccoli dei cavalli affondavano nel terreno, morbido e fluido come farina di mais. Il cielo si oscurò quando un vento alzò una nuvola di polvere e sabbia, ostacolando ulteriormente la loro marcia. La città sembrò allontanarsi di nuovo, nascosta dietro una cortina giallognola. Dal terreno polveroso si alzarono catene di colline, brune come i villaggi di fango costruiti ai loro piedi.

Davanti a uno di questi agglomerati regnava una vivace confusione: gruppi di persone con l'abbigliamento sgargiante simile a un tessuto ricavato da pezzi di stoffa variopinti, rosso e blu accesi, oca, grigio e giallo, malva, verde muschio e indaco, a righe, a quadri, a fiori. Un giovane con una tunica bianca stretta in vita da una cintura verde ricamata in cui era infilata una *djambia* andò loro incontro di corsa, agitando le lunghe braccia e gridando a gran voce, interrotto da allegre risate. Rashad fece segno al gruppo alle sue spalle di fermarsi e avanzò. Giunto all'altezza dell'uomo si chinò sulla sella, e fu investito da un fiume di parole cui rispose dapprima con una scrollata di capo, poi con una risata e infine con un cenno d'assenso. Il giovane, soddisfatto, corse gioioso verso il villaggio.

«Siamo invitati. È la vigilia del matrimonio», spiegò Rashad in un arabo comprensibile anche a Maya, quando tornò da loro e insieme si recarono al villaggio dove si celebrava la festa.

Ciò che da lontano era sembrata un'unica massa umana si suddivise avvicinandosi in due gruppi distinti di uomini e donne. Queste ultime circondarono Djamila non appena scese da cavallo. Il giorno prima Maya si era dovuta rivolgere a lei con grande imbarazzo per chiederle aiuto a causa del ciclo mensile e Djamila, perfettamente attrezzata, le aveva fornito dei teli dal suo bagaglio, oltre a fare in modo che il gruppo facesse più soste che nei giorni precedenti e a occuparsi di sotterrare discretamente sotto la sabbia i teli usati. Maya le lanciò un'occhiata malinconica, perché la risata argentina delle donne esercitava su di lei un'irresistibile seduzione. Alcune donne ballavano su melodie elementari ma non ripetitive, accompagnate da un ritmico battere di mani, e l'allegria era ampliata dai trilli acuti che s'innalzavano verso il cielo dalle loro gole. Come accadeva sempre in queste occasioni, Maya venne protetta da due degli uomini di Rashad, mentre si dirigevano verso l'altro gruppo, preceduti da Rashad e Salim. Anche qui stavano ballando: due uomini alla volta danzavano nel cerchio formato dagli abitanti del villaggio, saltellando e tenendosi per i mignoli delle mani sollevate in alto, finché un terzo si staccava dal cerchio e sostituiva uno degli altri due. Il momento del cambio era segnato da un battito di mani. Erano tutti molto slanciati e in apparenza molto giovani, con lunghi riccioli svolazzanti e occhi neri luminosi. Ballavano con grazia, ma senza niente di effeminato; a un certo punto altri uomini si unirono ai ballerini battendo velocemente i piedi per terra e creando una vibrazione nel suolo. Il loro canto somigliava a un profondo mormorio che fece provare a Maya un piacevole brivido sulla pelle. Gli assolo in falsetto che interrompevano regolarmente la melodia creavano una variazione come l'alternanza tra lampo e tuono. Maya si chiese da quale epoca lontana provenisse quella danza, trasmessa da una generazione all'altra, lì in quel territorio abitato da millenni a poca distanza dalla mitica via dell'incenso. Il suo sguardo si posò su Rashad che, poco lontano da lei, batteva a tempo le mani, e il suo cuore accelerò. Anche lui aveva ballato allo stesso modo, prima del suo matrimonio, nel cerchio degli uomini della sua famiglia, della sua tribù? Intuì vagamente che cosa si dovesse provare a crescere in una comunità così affiatata, legata a tradizioni millenarie, radicata nell'alternanza degli elementi, nella convivenza tra uomo e animale. Lui doveva essersi accorto del suo sguardo, perché si girò verso di lei. E le sorrise.

Le case di Nisab si stagliavano nitide nella luce del crepuscolo quando si fermarono nella sabbia a poca distanza da esse e innalzarono le tende. Nisab, un tempo centro commerciale di beni di lusso provenienti dalla Cina e dall'India: spezie, avorio, giada, seta e altri tessuti preziosi, destinati alle grandi civiltà del bacino del Mediterraneo. Dalla direzione opposta, dall'Africa orientale, provenivano legni preziosi, piume, pellicce, pelli animali e oro. Il passato.

Ciò che restava erano anche qui ruderi in pietra, semisommersi dalla sabbia, davanti ai quali Maya si inginocchiò nella luce crepuscolare. Liberò dallo strato di ruvida sabbia le lastre incise e tracciò le iscrizioni con i polpastrelli. Alzò la testa vedendo avvicinarsi un alone di luce. Rashad veniva verso di lei dall'accampamento, reggendo in mano una torcia di fortuna ricavata da un robusto ramo che conficcò nel terreno tra i blocchi di pietra, prima di accovacciarsi a sua volta.

«Vorrei poterle leggere», sospirò Maya.

«Il padre di mio nonno conosceva ancora qualche parola dell'antica lingua», rispose Rashad. «Purtroppo io non l'ho più imparata.» Rimasero in silenzio per qualche istante, poi lui armeggiò con la cintura e posò un oggetto sulla lastra di pietra davanti a lei.

«Una moneta antica. L'ho trovata ieri. Forse vi fa piacere averla.»

Maya raccolse il disco metallico e lo avvicinò alla luce tremolante della fiaccola, rigirandoselo tra le dita. Il delicato bassorilievo mostrava il profilo di un uomo dai capelli corti e il naso aquilino, incoronato da un serto di alloro che correva anche intorno al bordo della moneta.

«Sembra una moneta dell'antica Roma», commentò Maya. «Risale all'epoca di Himyar?»

Rashad alzò le spalle. «Può darsi.»

«Il mondo è così grande», mormorò Maya tra sé, «e tuttavia esistono sempre legami tra i diversi continenti. In ogni epoca. Anche quando si interrompono, ne vengono allacciati di nuovi. Grazie», bisbigliò felice, racchiudendo la moneta tra le mani e stringendosela al petto. Senza immaginare quale dono prezioso avesse fatto a Rashad con quelle parole, quel gesto, la luce nei suoi occhi, in cambio di un pezzo di metallo di scarso valore.

«*Said*», si sentì chiamare Ralph dalla voce di Muhsin, stridula per la collera e l'ansia, «non va bene continuare a viaggiare ancora! Fa troppo freddo e la luce è troppo scarsa!»

Su questo aveva indubbiamente ragione. Dopo il calore della giornata e la faticosa cavalcata, il freddo della notte risultava ancora più marcato. Lassù, lungo la pista di ghiaia verso il passo, faceva così freddo che sia Ralph sia Fisker, contrariamente a quanto deciso in precedenza, avevano tirato fuori le giacche dell'uniforme dal bagaglio e le avevano indossate sotto i pesanti mantelli. Ralph portava inoltre lo scialle di Maya avvolto intorno al collo per ripararsi dal forte vento. «Ce la faremo!» gridò per tutta risposta. Voleva assolutamente recuperare il tempo perduto.

«Ma *said*», protestò Muhsin, «non conosco così bene la strada!»

Ralph pensò di aver sentito male, spronò la cavalcatura e galoppò in testa al gruppo. «Come dici?» A Lahej Muhsin gli aveva giurato di conoscere la strada per Ijar così bene come le pieghe del suo turbante. Si trattava di una bugia bella e buona.

«Naturalmente, la conosco», si affrettò a correggersi Muhsin, «ma non così bene come quelli che la percorrono regolarmente. Vi prego, *said*», implorò, «fermiamoci qui finché non sarà giorno.»

Ralph fermò il cavallo, incerto sul da farsi. Proseguire al buio, senza distinguere bene il sentiero e senza conoscerlo personalmente, era molto rischioso. Pernottare lì sarebbe stato più che disagevole e avrebbe significato un'ulteriore perdita di tempo. La sua indecisione si trasmise anche al suo castrato, peraltro abituato a veloci cavalcate in pianura, al massimo ad affrontare terreni sabbiosi, ma non adatto per le montagne, in particolare se aveva in sella un cavaliere come Ralph che non era in grado di guidarlo con mano sicura per quell'accidentato percorso. L'animale mosse qualche passo nervoso, posò lo zoccolo su una pietra non salda che dondolò e perse l'equilibrio. In preda al panico, cercò di riportare la zampa sul suolo più fermo e barcollò leggermente. Ralph gli rivolse parole tranquillizzanti, lasciandogli fare qualche passo indietro. Ma ancora una volta l'animale perse la presa sul terreno, tastò freneticamente con lo zoccolo intorno a sé, finì con la zampa nella scarpata e perse l'equilibrio. Ralph tirò le redini per riportarlo nuovamente sul sentiero. Poi, sentendosi cadere all'indietro, istintivamente sfilò gli stivali dalle staffe, lasciò le redini e si gettò di slancio lateralmente. Colpì con violenza il terreno, mentre nelle sue orecchie risuonavano i nitriti terrorizzati del cavallo. Si sentì scivolare su uno spuntone spigoloso, si afferrò a una sporgenza rocciosa, si tirò su a forza di braccia, mentre alle sue spalle si udiva un tonfo sordo. Delle mani lo afferrarono e lo riportarono al sicuro. Le grida dell'animale gli straziavano il cuore. Senza rifletterci troppo, estrasse il revolver e fece fuoco seguendo l'udito, verso il basso nella tenebra, svuotando il tamburo. Quando anche l'eco dell'ultimo colpo finì di risuonare da tutte le parti, rimase solo il silenzio. Un silenzio di morte.

Il soldato Fisker staccò le mani dalle spalle di Ralph, gli diede una pacca con l'intenzione di rincuorarlo e tornò al suo cavallo, che uno degli uomini di Muhsin aveva provveduto a tranquillizzare. Ralph rimase a fissare l'oscurità sotto di lui, che aveva inghiottito non solo la sua cavalcatura, bensì anche il sacco a pelo, i vestiti, il fucile e le munizioni.

«Prima di Nisab non ci sarà possibile acquistare da nessuna parte un nuovo cavallo, *said*», sentì dire dalla voce di Muhsin. Ralph annuì, anche se Muhsin non era in grado di vederlo. Erano tutte cose che si potevano rimpiazzare. *Le lettere. Ho perso le tue lettere.*

Ralph si passò la mano tremante sulle guance bagnate. Aveva paura. Quella non era una montagna uguale alle cime che aveva esplorato nel nord dell'India. Non gli appariva solo ripida, bensì decisamente ostile, proprio come tutto ciò che aveva visto finora di quella terra. L'intero viaggio sembrava nato sotto una cattiva stella. Suo malgrado alzò gli occhi al cielo. Gran parte delle stelle era nascosta da banchi di nuvole. Si trovava lì per espiare? *Rimedierò a tutto, Maya, rimedierò a tutto.*

Dopo un breve tragitto in salita, raggiunsero un piccolo pianoro che offrì loro una sistemazione scomoda ma sopportabile per la notte. Il mattino dopo, al levar del sole, Ralph si fece calare dagli uomini di Muhsin nel burrone dov'era precipitato il cavallo. Riuscì a recuperare le munizioni, il sacco a pelo arrotolato e una parte delle provviste. Il fucile tuttavia aveva subito gravi danni ed era inutilizzabile e la sacca di cuoio legata alla sella che conteneva le sue camicie e il plico di lettere si era staccata per l'impatto ed era scomparsa. *Perdonami! Questo e tanto altro.*

9

Il tragitto scelto da Rashad per il suo viaggio verso Ijar, lo stesso percorso secoli prima da cammelli carichi di tesori, si snodava ai piedi di massicci conici dalle profonde scanalature, mentre sul lato destro si estendeva il mare di sabbia del Ramlat as-Sabatayn. Il vento sferzava incessante le dune, trasportando verso le montagne sottili veli di sabbia, che bruciavano negli occhi dei viaggiatori e graffiavano loro la pelle. L'aria sul terreno vibrava per il calore, si innalzava e quindi tornava a distendersi. Maya credeva sempre di vedere delle pozze d'acqua davanti a sé, ma tutte le volte, poco prima di raggiungerle, esse sparivano, miraggi causati dall'aria surriscaldata. Poco dopo Rashad fece una sosta, si tolse il telo dalla bocca e indicò verso la piccola scarpata alla loro destra. «Volete fare un bagno?»

Maya, convinta che volesse farle uno scherzo, scrutò nella direzione indicata da lui, ma la superficie d'acqua rimase ben visibile. «Qui?»

Rashad curvò gli angoli della bocca poi indicò la sponda opposta. «Oppure di là. Scegliete voi.»

Anche a sinistra della pista di sabbia battuta c'era dell'acqua, persino più abbondante. Il laghetto sembrava profondo, scintillava addirittura azzurro e poi si trasformava in una specie di torrente che si allargava in un *wadi* per poi perdersi tra le montagne più avanti. Un bagno nell'acqua limpida era una tentazione irresistibile, dopo quasi una settimana in mezzo a rocce, sabbia e caldo rovente, senza mai la possibilità di lavarsi completamente. Si guardò intorno. «In mezzo al nulla?»

Rashad fece un ampio gesto verso quella terra dimenticata da Dio dove si trovavano. «Non c'è anima viva in giro. Voi scegliete un lato e andate a fare il bagno con Djamila», rivolse un cenno all'araba dietro di lui. «I miei uomini vanno dall'altra parte e io resto qui sopra a fare la guardia. Naturalmente voltandovi le spalle», aggiunse mentre si chinava agilmente verso di lei dalla sella e abbassava la voce a un sussurro. Di fronte al suo ingegnoso piano per mantenere il decoro, Maya non ebbe bisogno di altri incoraggiamenti.

«Scelgo la parte destra.»

Porse le redini a Rashad e con un balzo scese da cavallo. Scivolò lungo il pendio sfilandosi gli stivali con un gesto impaziente e gettandoli lontano. Afferrò sotto gli ampi calzoni l'elastico delle calze che le erano scivolate lungo le gambe, si tolse anche quelle e le lanciò via con una smorfia disgustata. La sensazione della sabbia calda sotto i piedi nudi era indescrivibile e, quando toccò l'acqua con la punta delle dita, si lasciò sfuggire un sospiro beato. Quando si girò, vide che Djamila l'aveva seguita tenendo in mano un sacchetto di tela, mentre Rashad, sul ciglio della strada, era rimasto impettito a cavallo e le voltava le spalle, la camicia e gli ampi pantaloni agitati dal vento. Maya si tolse sbrigativamente il turbante e se lo gettò alle spalle, poi si sfilò le forcine dai capelli, anche se per farlo fu costretta a uscire di nuovo dall'acqua per posarle ordinatamente sul telo indaco appallottolato. Si passò le dita tra i capelli annodati e appiccicati per pettinarli, si massaggiò il cuoio capelluto, si sfilò anche camicia e calzoni e corse nell'acqua con indosso la biancheria macchiata di sudore. Era più tiepida di quanto si aspettasse, e più profonda: al centro le arrivava fino al petto. Maya si chiuse il naso, piegò le ginocchia e si immerse completamente, più volte, fino a che non riuscì più a trattenere la risata prorompente e l'esclamazione di giubilo che le risalì dal petto, di fronte a quella impagabile sensazione. Riaffiorò soffiando e schizzò rumorosamente intorno a sé, finché lo sguardo le cadde su Djamila, che era rimasta sulla riva ancora completamente vestita. «*Ta'âli*, vieni», le gridò in arabo, con un cenno della mano. Per tutta risposta Djamila sollevò il fagotto con un gesto di incoraggiamento.

«Che cos'è?» domandò Maya tornando verso riva e fermandosi gocciolante davanti a Djamila, che allargò prontamente il cordone del sacchetto, tirò fuori un ammasso verdastro simile a cera e lo porse a Maya.

«Sapone», esclamò questa meravigliata in inglese, per poi scoppiare a ridere di fronte al proprio stupore, come se vedesse quell'oggetto per la prima volta o dopo tantissimo tempo. Anche Djamila strizzò gli occhi divertita.

«*Ta'âli*», ripeté Maya, in tono insistente, facendo un passo verso l'acqua. Djamila tuttavia continuava a esitare e Maya si chiese se qualche motivo religioso o tradizionale le impedisse di entrare nell'acqua, o forse di farlo con lei che era straniera e inglese. Alla fine Djamila posò il sapone da una parte e si sfilò lentamente la sopratunica rossa e blu dalla testa, rivelando una veste color lilla scuro rifinita lungo l'orlo e la scollatura con un ricamo bianco, che si modellava sulle curve del suo corpo non proprio slanciato. Si tolse le babbucce di cuoio e fece un passo nell'acqua, che subito tinse di scuro l'orlo dei suoi calzoni. Si fermò, con espressione chiaramente combattuta. Poi un profondo sospiro le attraversò il corpo, quasi dovesse superare una resistenza interiore, e allora liberò con gesti pignoli il velo che le copriva il viso e se lo sfilò completamente, tenendo la testa china come se si vergognasse profondamente.

La prima impressione sbigottita di Maya fu che Djamila era molto più vecchia di quanto avesse immaginato, o almeno così sembrava. Le profonde rughe tra naso e bocca, insieme alle numerose ciocche argentee nella chioma castana severamente raccolta indicavano un'età intorno ai cinquant'anni. Ma subito dopo Maya si portò una mano alla bocca per soffocare un grido di raccapriccio. Una rete di cicatrici rossastre e in rilievo risaliva dal collo verso il mento fino allo zigomo sinistro dell'araba, interessando anche un lato della bocca che sembrava fissata in un agghiacciante sorriso. Maya deglutì e si sentì salire le lacrime agli occhi. Ora comprendeva perché Djamila facesse sempre tanta attenzione a non togliersi il tradizionale velo in sua presenza, neppure quando erano tra di loro e le sarebbe stato permesso. Maya si sentiva impotente, non sapeva come reagire, e l'unica cosa che le venne in mente fu di calciare uno spruzzo d'acqua verso Djamila, bagnandola fino all'altezza dei fianchi. Come una bambina piccola, che invita un'altra bambina sconosciuta a giocare, piegò la testa di lato e sorrise timidamente. Djamila la guardò sbigottita e quando Maya si chinò e la schizzò di nuovo con le mani, ridendo divertita, comprese. Un sorriso le illuminò il volto sfigurato, si trasformò in una risata incredibilmente profonda e roca per una donna e poi, dapprima impacciata, poi sempre più audace, si vendicò di Maya. Tra gridolini e risate le due donne si misero a saltare e spruzzare nell'acqua, come se avessero ancora dieci anni, giocarono a rincorrersi, increspando e muovendo la superficie liscia del laghetto. Quando si fermarono trafelate, mentre Djamila si chinava in avanti per bagnarsi la testa, Maya alzò lo sguardo verso il pendio e vide che Rashad aveva girato il busto verso di loro e le osservava a braccia conserte, con quella che sembrava un'espressione sorridente. Maya socchiuse gli occhi. Si alzò esuberante in tutta la sua statura, raddrizzò la spina dorsale e fissò decisa Rashad, ben sapendo che il sottile batista della camiciola le aderiva al corpo, trasparente, lasciando vedere più di quanto celasse. Rimase così, lanciando una tacita sfida, profondamente consapevole della propria femminilità, e trascorsero diversi secondi prima che il sorriso di Rashad si accentuasse ed egli si voltasse, molto lentamente.

Insaponate e risciacquate, i capelli lavati e lisciati col pettine, profumati di olio d'oliva e gelsomino, Maya e Djamila si sedettero l'una accanto all'altra sulla riva per lasciarsi asciugare dal sole, accanto alle calze che Maya aveva strofinato per bene con il sapone. Djamila rovistò nella sua sopratunica e tirò fuori da una tasca interna una manciata di biscottini piatti non più grandi di una moneta.

«Prendi», disse offrendoli a Maya, «un dono della festa di ieri.» Si adoperava per parlare lentamente e in maniera chiara; le parole le uscivano leggermente storpiate dalla bocca rigida.

A Maya piaceva molto la sua voce, roca e piena di calore. Con espressione complice le due donne si suddivisero i biscotti, croccanti, dolcissimi e appiccicosi, con un sapore di mandorla e frutta secca.

«Djamila», esordì Maya quando ebbe finito di mangiare. «Com'è...» tacque e si portò un dito al mento.

Djamila strinse gli occhi e li rivolse verso il laghetto. «Un incendio. Nella stalla. Volevo salvare le capre. Ero così», protese la mano e indicò all'altezza di un bambino di cinque anni. «Per questo», la voce le tremava mentre indicava le proprie cicatrici, «non c'è stato nessuno che volesse sposarmi. Oppure solo per molto denaro. Ma la mia famiglia era povera.» Fece un profondo respiro, come se le costasse fatica proseguire. «Allora sono stata comprata dal sultano, come servitrice. Lì non dovevo mostrare il volto a nessuno.» Gettò un'occhiata di sbieco a Maya, piena di ironia e insieme divertita, che rivelava una serena accettazione del destino. Maya provò ancora più rispetto per lei. «Ma», proseguì Djamila scuotendo lievemente il capo, «il viso non è poi così importante. Gli occhi», allargò il dito indice e il medio a V indicando alternativamente dai propri agli occhi di Maya, «gli occhi sono importanti.» Annuì grave, come a sottolineare questa affermazione. Maya le afferrò impulsivamente la mano. Djamila abbassò lo sguardo sulle loro mani unite, poi tornò a posarlo sugli occhi di Maya, ricambiando con altrettanta forza la sua stretta.

Per due giorni e due notti seguirono l'antica via dell'incenso attraverso il deserto e per le montagne. Fu un tragitto solitario; incontrarono solo tre carovane e ne superarono una quarta anch'essa in viaggio verso Ijar, ma più lenta rispetto ai cavalieri di Rashad a causa dei cammelli carichi di merci. Due giorni durante i quali, come al solito, si parlò poco, non da ultimo perché era necessario tenere il volto coperto a causa della sabbia finissima trasportata dal vento. Due notti però nelle quali Maya e Rashad recuperarono tutto ciò che era rimasto non detto sotto il sole a picco. Era come se fossero prigionieri di un incantesimo che di giorno li condannava al silenzio e permetteva loro di parlare liberamente solo davanti al fuoco o sotto le stelle. In una lingua comune nella quale si mescolavano le loro due madrelingue a formarne una nuova che apparteneva a loro soltanto. La notte creava confidenza e affiatamento, rendeva più facile raccontare; erano storie del passato, che appare sempre più vicino quando non c'è più la luce del giorno a far balzare nitidi agli occhi i contorni del presente. Si sedevano l'uno accanto all'altra come i beduini e si scambiavano i ricordi.

Così, tra le ombre della notte, Black Hall prese vita con i suoi recessi bui nei corridoi, i suoi tetti e i suoi abbaini, il giardino con l'altalena di Maya sotto il melo. Gerald e Martha, Jonathan e Angelina erano con loro, come i miraggi del deserto, nitidi ma irraggiungibili, si avvicendavano accanto al fuoco, ascoltavano le storie che Maya raccontava su di loro, annuivano concordi poi si rialzavano e scomparivano nell'oscurità. Richard venne a trovarli per un po', la barba che fremeva divertita, mentre ascoltava la versione di Maya dei propri viaggi avventurosi, senza comunque contraddirla. Corrugò tuttavia le sopracciglia, quando lei raccontò dell'amore che aveva nutrito per lui e di quanto avesse sofferto. Di come anelasse a eguagliare lui, il capitano Richard Francis Burton, in audacia e sfrenata libertà, e come avesse fallito nel tentativo di cogliere una vita del genere al fianco di Ralph. Maya non perseguiva nessuno scopo raccontando quelle cose a Rashad: per lei era una necessità e lui si dimostrò un bravo ascoltatore, attento e paziente. Anche Maya era un'ottima ascoltatrice, quando le parole di Rashad rievocarono le montagne dove era cresciuto, intorno al Jabal Sa'fan. Non rivelò molti particolari di sé, non più di quanto Maya già conoscesse. Preferiva raccontare ciò che si tramandava nella sua tribù. Per esempio la storia di un giovane sceicco che un giorno aveva trovato tra la sabbia del deserto un prezioso orecchino. Incaricò una vecchia saggia di rintracciare la proprietaria. Quando la giovane, più bella di tutti i gioielli, venne ritrovata, porse allo sceicco l'altro orecchino con le parole «affinché siano di nuovo insieme». «Una bellezza con un cuore grande come un principe», dichiarò lo sceicco che decise di prenderla in moglie. Grazie alla sua ricchezza e al suo potere ottenne facilmente la mano della giovane, la portò alla sua tribù e la sposò. Durante la prima notte di nozze, però, il cugino della sposa andò da lui e gli confessò di provare da lungo tempo un sincero amore per lei. Lo sceicco ne rimase commosso e rinunciò magnanimamente al proprio diritto. Consegnò la sposa al giovane – «affinché siate di nuovo insieme» – e ricoprì gli sposi di sontuosi regali.

In ciò che Rashad raccontava della sua gente con la sua voce profonda, Maya riconosceva molti aspetti di lui che aveva scoperto nei giorni precedenti, e le sembrava di aver visto tutto con i propri occhi. Di tanto in tanto tacevano entrambi, apprezzando il gusto dell'ignoto a cui ciascuno aveva ridato vita, immaginandosi che cosa avrebbero provato a trascorrere un giorno soltanto nei panni dell'altro. Quest'emozione li legava, creando tra loro un ponte che non si dissolveva neppure alle prime luci del mattino.

Purtroppo anche la notte più lunga è destinata a terminare e così, dopo la settima notte della vita nomade di Maya – la nona dopo il suo rapimento –, sorse un nuovo giorno che le mostrò, con il passare delle ore, un nuovo volto, diverso, di quel paese: alte e svettanti costruzioni di pietra rossiccia, coronate da merlature dipinte di bianco. Bianche anche le pitture geometriche sui muri, delicate come merletti, di forma circolare oppure a meandri; le decorazioni intorno alle finestre a sesto acuto, alle arcate e alle gallerie. Veri e propri boschi di palme da datteri gettavano ombra, le loro fronde fitte e rigogliose di un verde scuro, come malachite. Altrettanto verde era il fogliame degli albicocchi, dei mandorli e dei noccioli, dei cespugli lungo i molti laghetti e canali d'irrigazione. Verdi come i campi, che si estendevano ai lati della strada simili a lucenti tappeti. In lontananza Maya scorse monti rossastri e davanti a essi il contorno di una città, anch'essa color rame, ma inframmezzata di muri bianchi tra i quali si ergevano slanciati minareti e cupole. Capre, mucche e pecore si accalcavano intorno alle fontane in pietra, brucavano nei prati. Gli oleandri fiorivano fucsia e bianchi, i grandi fiori setosi dell'ibisco erano rosso scarlatto, rosa salmone e giallo limone; le minuscole stelle dei gelsomini bianco latte e giallo chiaro. Un giardino dell'Eden, circondato per miglia e miglia da sabbia e rocce, e Maya non sapeva se in vita sua avesse mai visto tanta incantevole bellezza.

«Questa è Ijar», annunciò Rashad alle sue spalle, spronando il cavallo al galoppo, perché le strade erano ben tenute, spianate e battute. Superarono diversi piccoli agglomerati, fino a raggiungere uno degli insediamenti più grandi, la città che Maya aveva già scorto da lontano. Su un'altura si ergeva un ampio complesso di edifici, fornito di torri e imponente, verso il quale si diressero. Percorsero la lieve salita e attraversarono un portone aperto sorvegliato da soldati che li salutarono allegramente gridando parole amichevoli a Rashad.

Al di là del portone si apriva un ampio cortile dove si fermarono e furono accolti da altri soldati con i turbanti della stessa tonalità calda e squillante dei muri delle case. Rashad scese agilmente da cavallo e li salutò a uno a uno ridendo e con una salda stretta di mano. Maya vide che anche Djamila e gli uomini di Rashad smontavano di sella e li imitò titubante. Non era una reggia sontuosa, almeno non dall'esterno, sembrava piuttosto una fortezza, ma bella nella sua semplicità, con le sue decorazioni bianche, le pietre rossastre o marroncine su fondo chiaro. C'erano file di finestre lungo i muri e su ciascun lato si apriva un portoncino più piccolo che conduceva nelle ali laterali. Da uno di questi Maya vide uscire a passo svelto una donna velata con una veste rosso papavero rifinita da un bordo ricamato con fili d'oro. Dischetti dorati orlavano il panno che le copriva la testa, così sottile da lasciar intravedere sotto la chioma castana, e risuonavano lievi mentre avanzava, a ritmo con i ciondoli dei braccialetti e gli orecchini. Si fermò a pochi passi dal gruppo dei cavalieri.

Rashad si avvicinò a Maya. «Sa'adiyah vi accompagnerà negli alloggi delle donne», le spiegò in inglese. «Verrete ospitata lì fino all'arrivo degli uomini di Coghlan e al termine delle trattative.» Doveva aver colto lo sguardo sconcertato di Maya, perché si affrettò ad aggiungere: «Non ci vorrà molto. È questione di qualche giorno». Maya annuì, sebbene tutto in lei si opponesse a quel nuovo ambiente. Finché Rashad le era stato accanto, si era sentita sicura, dimenticandosi quasi di non aver intrapreso questo «viaggio» di sua spontanea volontà. Ma ora era impaurita.

«Voi dove andrete?» gli chiese pertanto, nella speranza che lui la tranquillizzasse rispondendo che avrebbe continuato a vegliare su di lei. Invece evitò il suo sguardo implorante fissando insistentemente il cavallo e accarezzandogli il collo.

«Rimarrò da queste parti», annunciò brusco, con voce rotta. «Djamila resterà con voi.» Diede una pacca affettuosa alla groppa del cavallo e fece un passo indietro, l'espressione imperscrutabile.

La donna indicata come Sa'adiyah indicò a Maya di avvicinarsi gesticolando energicamente. «*Marhaba*, benvenuta!» esclamò allegra e Maya le andò incontro suo malgrado, seguita da Djamila. Giunta sulla soglia, si voltò un'ultima volta. Rashad era in piedi sotto il sole, ancora così alto in cielo da non proiettare alcuna ombra sul terreno, e rimase a guardarlo fino a che Sa'adiyah la fece entrare parlando sottovoce e richiuse il portone dietro di loro. In quel momento Maya ebbe l'impressione che le mancasse l'aria e ricambiò riconoscente la stretta delle dita di Djamila che si erano richiuse intorno alle sue.

Rashad al-Shaheen fissò l'arcata oblunga del portone. Il suo sultano l'aspettava, avrebbe ascoltato con gioia che la prima parte del piano si era conclusa con successo, rispettando fin nei minimi particolari la previsione di Rashad. Avrebbe dovuto sentirsi sollevato.

Invece non lo era.

10

«Quanto manca ancora?» gridò Ralph a Muhsin, mentre il cammello sotto di lui si inginocchiava controvoglia solo grazie alle insistenze di un arabo e, così facendo, faceva ondeggiare pericolosamente la minuscola sella sistemata tra le sue gobbe. Muhsin alzò gli occhi al cielo della sera scintillante d'oro e invocò in silenzio l'assistenza di Allah. Da cinque giorni, da quando avevano finalmente superato il passo di Talh, si ripeteva sempre la stessa scena a ogni sosta: non appena avevano individuato un luogo dove piantare le tende, l'inglese se ne usciva con la sua domanda, formulata sempre con lo stesso tono spazientito e incalzante. Prima ancora che l'animale avesse chinato del tutto la massiccia corporatura, cosa che poteva avvenire solo con spinte all'indietro, il tenente scivolava dalla sella, sollevato di toccare di nuovo il terreno con i piedi. L'insolita andatura di quegli animali, la diversa foggia della sella che lo costringeva a stare rannicchiato con le gambe piegate in una posizione innaturale, era uno strapazzo per i suoi muscoli, mentre la lentezza con cui la piccola carovana procedeva metteva a dura prova i suoi nervi. Fece istintivamente due passi indietro, a ragion veduta, perché il cammello girò la testa verso di lui, l'allungò sul collo proteso, sollevò il labbro superiore cascante e diviso in due e scoprì i denti giallastri e consumati spalancando le fauci in un ringhio ostile.

«Pazienza, *said*, pazienza», fu come al solito la risposta di Muhsin, mentre provvedeva a grattare affettuosamente il ciuffo di pelo sulla sommità del cranio allungato del suo animale.

Ralph si mise a camminare sulla sabbia per sgranchirsi le gambe, mentre esaminava il paesaggio intorno a lui, scrutando la catena montuosa all'orizzonte. Socchiuse gli occhi, credette di scorgere i contorni dei paesi e sbuffò piano. Gran parte del loro ritardo era dovuto anche agli abitanti dei *wadi* che si erano lasciati alle spalle, i quali, incapaci di contenere la curiosità di fronte ai due viaggiatori stranieri dalla pelle chiara, erano corsi loro incontro circondando i cammelli e invitandoli con insistenza a bere del caffè, mangiare carne di capra essiccata nelle loro umili abitazioni, dove li avevano tormentati chiedendo loro da dove venissero e dove fossero diretti. Ralph aveva ordinato a Muhsin di spiegare loro che avevano molta fretta; ma Muhsin gli aveva lanciato un'occhiata stupita, dicendogli chiaramente che sarebbe stato maleducato non accettare l'offerta ospitale. Sarebbe stato poco saggio giocarsi la benevolenza delle popolazioni che risiedevano lì, *vero said*?

E così Ralph aveva dovuto cedere di malavoglia, si era seduto a gambe incrociate davanti o all'interno della capanna di uno sceicco, di un anziano, e si era sforzato di essere un ospite educato, sebbene gli capitasse di accigliarsi perché Muhsin si sdebitava per l'invito e il pasto ricevuto con un sacco di riso o di lenticchie, dicendo che era quella l'usanza. Ralph nutriva una diffidenza sempre maggiore nei confronti dell'arabo. Infatti anche le trattative di Muhsin con tre gruppi diversi di cammellieri armati per accordarsi sul pedaggio e la scorta armata si erano prolungate oltremisura a parere di Ralph e si erano concluse ogni volta con il pagamento di venti talleri di Maria Teresa. Con grande disappunto di Ralph, l'essere accompagnato per un tratto di strada da quegli arabi imbacuccati lo aveva fatto sentire più in pericolo che al sicuro. Possibile che la sua guida ritardasse il cammino forse con l'intenzione di dare ai rapitori il maggior vantaggio possibile? Questa ipotesi era rafforzata dal fatto che quando Ralph chiedeva informazioni su un gruppo di uomini vestiti di nero con una donna inglese, riceveva sempre risposte negative da parte degli abitanti dei villaggi.

Il suo stivale affondò in qualcosa di morbido nella sabbia. Guardò meglio: «Muhsin!» gridò burbero, chiamando l'uomo di Lahej e indicando lo sterco di cavallo essiccato dal sole che aveva calpestato. «Potrebbe essere una traccia, non trovi?» Spostò il dito verso l'orma di uno zoccolo che si era conservata riparata dal vento da un mucchio di pietre. «Devono essere passati di qui!»

Se Muhsin fosse stato un beduino, avrebbe saputo riconoscere dal tipo di impronta a quale tribù appartenesse il cavallo, se era originario delle montagne o della costa, se aveva un cavaliere in groppa e, in questo caso, se si trattava di una persona inesperta e impacciata, o invece di chi era abituato a stare in sella fin da bambino. Allo stesso modo i beduini non dimenticavano mai l'impronta di un cammello dopo averla vista una volta sola e sapevano distinguere lo zoccolo con i brandelli di pelle degli animali del deserto sabbioso da quello liscio tipico invece della razza che proveniva dalle pietraie. Dallo sterco di cavalli e cammelli i beduini erano in grado di risalire a ciò che avevano mangiato, se mangime conservato o foraggio fresco. Potevano capire quando avevano bevuto per l'ultima volta e, grazie alle loro nozioni circa l'ubicazione delle riserve d'acqua, anche valutare più o meno dove. E poi c'era l'esercizio più semplice di tutti: da quanto tempo l'animale era passato di lì. Ma Muhsin non era un beduino; la sua famiglia si era stabilita da generazioni nei campi di Lahej e ne andava fiera, così come della sua fama di abili commercianti, e considerava con notevole disprezzo i nomadi che riteneva primitivi, subdoli e riservati.

Per questo ora si limitò a dare una scrollata di spalle. «È possibile, *said*.»

Ralph perse anche gli ultimi brandelli della sua pazienza per altro già strapazzata. «Maledizione, Muhsin, che cosa sai con sicurezza? Mi stai almeno guidando sulla via giusta per Ijar?»

L'arabo gli scoccò un'occhiata profondamente offesa, carica di altrettanto disprezzo. «Vi sembro forse un beduino, *said*? Se aveste preferito farvi accompagnare da uno di loro, ne avreste dovuto scegliere uno come guida! Sono molte le strade che conducono a Ijar, ma questa è l'unica sulla quale guidare dei viaggiatori inesperti senza correre il rischio che si rompano l'osso del collo! Senza essere assaliti da tribù predoni dietro ogni curva! Se gli uomini del sultano di Ijar non hanno condotto la vostra sposa per questa strada, allora pregate il vostro Dio di poterla rivedere sana e salva! » Dopo aver pronunciato queste parole, si allontanò impettito a testa alta tornando verso i cammelli.

Ralph lo seguì con lo sguardo, attonito, poi diede un calcio stizzito a un pezzo di sterco sollevando una nuvola di polvere, avanzò rabbiosamente sulla sabbia e andò ad accovacciarsi su una roccia da cui rimase a fissare l'arido paesaggio. Con le dita pescava sassi dalla sabbia e li scagliava lontano, quasi volesse affidare a ciascuno di essi un pensiero rabbioso o opprimente e liberarsene.

Dovunque si fosse trovato in passato, nel Bengala, a Lahore, Peshawar o Rawalpindi, era sempre stato accompagnato dalla consapevolezza di avere alle spalle un esercito completo: l'interezza di tutti i reggimenti che avevano fatto dell'India una parte dell'impero britannico. Difenderne i confini, proteggerne il territorio erano stati il suo incarico, sostenuto dal diritto del più forte, del Signore in terra, davanti a Dio e alla regina. Lo stesso sarebbe accaduto se avesse potuto combattere come tiratore scelto della *Rifle Brigade* contro il nemico giurato russo. Da una parte gli inglesi, accanto gli alleati, che magari andavano ancora convinti, e dall'altra il nemico: ecco come avrebbe dovuto essere.

Qui invece doveva rinunciare al sostegno della potenza militare britannica per non offendere guerrieri e sceicchi e mettere a repentaglio la propria vita. Lui e il sempre taciturno soldato semplice Fisker erano da soli in mezzo a una distesa di sabbia e rocce, senza cartine, senza ordini dai comandi superiori. Dovevano affidarsi, nel bene e nel male, alla benevolenza degli uomini di Lahej che conoscevano la strada ed erano ben accetti da quelle parti. Dipendevano dalle loro capacità di contrattare con gli abitanti dei sultanati e dei territori tribali che dovevano attraversare, dove anche i semplici contadini andavano in giro armati di *djambia* e fucile e dove dietro l'ospitalità più generosa si nascondeva una bellicosa vigilanza. Ralph avrebbe potuto affrontare aggressioni e sparatorie dirette, ma non sopportava questa atmosfera che cancellava i confini tra amicizia e ostilità come il vento le orme sulla sabbia.

Il tenente Ralph Garrett faticava ad accettare tutto questo. Non meno della quanto mai evidente peculiarità orientale del prendersela comoda, del fatalismo: «Ciò che deve accadere, accadrà. Forse oggi, o domani, oppure tra un anno». Sebbene avesse conosciuto questa mentalità durante la sua esperienza indiana, qui assumeva un significato affatto diverso con conseguenze inimmaginabili. Infatti, mentre in quel caso si era trattato di portare a termine incarichi di governo che potevano aspettare ritardi di giorni o settimane, qui si trattava della vita di sua moglie, probabilmente giunta a Ijar già da parecchio tempo. Che forse sopravviveva in una cella senza finestre in mezzo alla sporcizia perché lui si era scordato di chiedere in anticipo la licenza di matrimonio e non aveva saputo prendersi meglio cura di lei.

Quando non trovò più sassi da lanciare, e mentre intorno a lui scendeva la sera, Ralph nascose la testa tra le mani e pianse.

Il mattino dopo, percorse meno di due miglia, incontrarono di nuovo un gruppo di guerrieri che offrirono loro una scorta armata in cambio di denaro contante e poi li invitarono anche a un banchetto che si protrasse fino al pomeriggio.

In quelle stesse ore Maya usciva sulla terrazza del palazzo di Ijar che apparteneva agli alloggi delle donne. Mura ad altezza uomo impedivano di vedere ai piedi dell'altura dove sorgeva il complesso; palme, enormi oleandri e cespugli di gelsomino in vasi d'argilla invetriata gettavano ombra sulle pietre lisce, offrendo una piacevole frescura. La brezza dalle montagne percorreva la sua strada preordinata e si faceva imprigionare volentieri in quel recinto quadrangolare, mantenendo le foglie in costante movimento e procurando un ulteriore refrigerio.

Maya si diresse decisa verso la panchina collocata in un angolo particolarmente ombroso della terrazza, una lastra di pietra quadrata su un piedistallo riparata dalle fronde delle palme e degli alberi fioriti. Dopo essersi seduta, si sfilò le leggere babbucce di cuoio, appoggiò la pianta dei piedi sulla superficie liscia della pietra e si abbracciò le ginocchia. Accarezzò distrattamente il tessuto della sua veste, liscio come seta ma di cotone fitto e tinto di un rosso acceso. Era il quarto giorno che trascorreva a Ijar e nella sua mente era ancora vivo il ricordo del giorno del suo arrivo, così pieno di nuove impressioni.

L'iniziale paura era stata del tutto infondata, perché le donne della reggia avevano accolto lei e Djamila in amicizia. Erano molte, più di una dozzina, di mezza età, più giovani, giovanissime, e insieme a loro vivevano diversi bambini, il più grande d'una dozzina d'anni, il più piccolo appena svezzato. Per evitare che finisse calpestato nella calca, una delle donne – forse la madre? – lo aveva preso in braccio e da lì lui aveva fissato Maya con gli occhi sgranati, mettendosi in bocca tre dita grassocce. A prima vista Maya non sapeva dire se tutte le donne appartenessero alla famiglia del sultano o fossero servitrici, perché indossavano vesti e veli simili in tutte le tonalità del rosso, arancione e giallo che evidentemente erano i colori di Ijar, in acceso contrasto con il verde dei campi e degli alberi. Anche i loro gioielli, gli orecchini e bracciali, le collane cesellate che spuntavano da sotto le scollature rifinite di bordi ricamati, si assomigliavano molto, in parte d'argento, in parte d'oro, e non permettevano a Maya di valutare quale fosse lo status della donna che li indossava. Le esclamazioni di benvenuto furono accompagnate da risate di fronte all'abbigliamento maschile di Maya, che le arabe prontamente cominciarono a tirare di qua e di là per liberarla da quell'affronto. Djamila, a cui non era sfuggito che Maya non gradiva di essere toccata da mani estranee, si frappose energica e chiese con voce autoritaria dell'acqua e un paio di altri oggetti che Maya non conosceva. L'intervento di Djamila fu accolto positivamente dalle donne, e due di loro si allontanarono di corsa per esaudire le richieste, mentre le altre conducevano Maya e Djamila in una stanza ariosa: da un lato c'era un grande letto con lenzuola fresche e cuscini, dall'altro un pagliericcio imbottito di cotone. Sarebbe stato il loro alloggio per i giorni seguenti. Niente di lussuoso, ma neppure una prigione. Molte donne avevano dato una mano a trascinare dentro un mastello riempito d'acqua per metà. Altre due trasportarono un cesto di vimini con boccette, brocche, bacinelle di vetro e d'argilla, un mucchio di grandi asciugamani e qualcosa di rosso, ripiegato, sul quale erano posate un paio di delicate babbucce con la punta ricurva. Una terza portò una grande brocca d'acqua, poi Djamila fece uscire tutte con parole di ringraziamento e chiuse la porta con inequivocabile decisione.

Maya provava un certo imbarazzo a spogliarsi completamente sotto gli occhi di Djamila. Ma siccome l'araba le aveva coraggiosamente mostrato il proprio volto sfigurato, anche Maya prese un bel respiro, come aveva fatto Djamila al laghetto, e si decise a spogliarsi. Mormorando lieta tra sé parole incomprensibili, Djamila si arrotolò le maniche e cominciò a impastare una sostanza bruno dorata di consistenza gommosa in una delle ciotole, ne spalmò una certa quantità sulla gamba di Maya e la staccò subito con un movimento deciso. Maya lanciò un grido, di paura e perché si sentì pungere, Djamila però schioccò la lingua soddisfatta mentre osservava i peli rimasti attaccati alla gomma che profumava di caramello. «È proprio necessario...» provò a protestare Maya debolmente, ma Djamila rimase irremovibile, proseguì la procedura su entrambe le gambe, sulle braccia e infine, con doloroso sgomento di Maya, anche sul triangolo tra le cosce. Quando poi Djamila la spinse nella tinozza, e si accinse a strofinarla con una specie di sapone in polvere, Maya si rifiutò categoricamente. Poteva benissimo lavarsi da sola! Però non disdegnò di essere sciacquata ripetutamente da un getto di acqua pulita. Djamila riuscì a lavarle i capelli e a pettinarglieli, poi l'asciugò e la massaggiò con creme e oli, continuando a canticchiare allegramente tra sé, come se l'intero processo la mettesse di ottimo umore. C'era un profumo squisito, di rosa e gelsomino, d'incenso e cannella, di legni e fiori che Maya non sapeva identificare. La veste lunga fino alle caviglie con le ampie maniche le scivolò seducente sul corpo e Djamila la rifinì con un ampio scialle quasi trasparente che drappeggiò abilmente sulle spalle di Maya, le passò sul capo e poi le mostrò come fissare tramite un gancetto e un occhiello in modo da coprirsi la parte inferiore del viso.

Sa'adiyah, la donna che le aveva accolte in cortile, venne a prenderle e insieme incontrarono il gruppo delle altre donne in un'ampia sala ricoperta di tappeti, dove erano sedute in cerchio a gambe incrociate su cuscini colorati a viso scoperto. Dietro l'incoraggiamento delle altre, anche Maya e Djamila si accomodarono, ricevettero bicchieri colorati di tè che profumava di frutta, cardamomo e rosa. Furono portati vassoi e ciotole di riso e verdure variopinte, calde e speziate, e bocconcini di pollo arrosto con una salsa rossa molto piccante. Come se Djamila si sentisse più sicura in presenza di Maya, oppure fosse avvezza a tali usanze, si abbassò con noncuranza il velo dal viso sfigurato, senza apparentemente notare il fugace momento di attonito silenzio, né le occhiate sbigottite o spaventate delle altre donne. Maya provò compassione per lei. Mentre mangiavano, usando esclusivamente la mano destra, inondarono Maya di domande. Da dove veniva, per quanto tempo aveva vissuto a Aden, che novità c'erano laggiù, se aveva un marito e dei figli. *Come* era arrivata fin lì da tanto lontano? Com'erano le cose da dove veniva lei, come si vestivano le donne, che cosa si mangiava e si beveva, da chi era composta la famiglia di Maya. Maya si sforzava di rispondere nella maniera più completa possibile; le donne proruppero in stridule esclamazioni di entusiasmo quando si resero conto che Djamila non serviva da interprete e che Maya conosceva abbastanza l'arabo da farsi capire. Tutte le volte che le mancava la parola giusta, si aiutava in qualche maniera con la mimica e i gesti e quando si scusava per le sue carenti conoscenze linguistiche, veniva incoraggiata da schiocchi di lingua e gesti di diniego. I bambini più piccoli la fissavano con gli occhi sbarrati senza nascondere la loro curiosità che tuttavia si spense in fretta. Alcuni presero ad aggirarsi con disinvoltura tra le donne, raccogliendo baci e carezze da tutte le parti, si lasciarono imboccare di leccornie e poi si unirono ai loro compagni di gioco, facendo scoppiare piccoli litigi tirandosi per i capelli o correndo fuori dalla stanza tra urla e schiamazzi;

altri preferirono restare appoggiati con lo sguardo velato e la bocca aperta in uno sbadiglio alla spalla di una delle donne, per poi lasciarsi scivolare nel loro grembo, appoggiandosi al morbido seno, le palpebre già abbassate per la stanchezza. Dopo un po' anche Maya si azzardò a fare qualche domanda: chi di loro appartenesse al sultano e in quale rapporto fossero le donne tra di loro. In mezzo alle risate risuonarono nomi esotici per la stanza, *Adiba*, *Munawwar*, *Zaynab*, *Durrah*, e rapporti di parentela sempre più intricati... moglie, moglie del secondogenito, cugina della moglie del primogenito, sorella della cugina della moglie del terzogenito, finché Maya capitolò ridendo. Una cosa però credeva di averla capita: si trovava in un ambiente dove non esisteva una gerarchia in senso stretto, bensì dove ogni donna aveva un suo ruolo specifico come in un grande clan.

Questa supposizione venne confermata nel corso dei tre giorni successivi. Nessuna delle donne trascorreva troppo tempo inattiva: c'erano pasti sempre sontuosi da preparare nella cucina con il fuoco sempre acceso. Le stanze arredate con semplicità – molto simili a quella dove alloggiavano Maya e Djamila – erano occupate da diverse donne ciascuna e dovevano essere spazzate e tenute pulite. C'era il bucato da lavare alla fonte del piccolo cortile interno, protetto dalle mura del quartiere delle donne e poi da stendere sui fili tesi in giro. Anche i vestiti di Maya furono lavati e riposti con cura in un semplice baule nella sua camera da letto: la biancheria inglese e l'abbigliamento da uomo di al-Shaheen. C'erano da preparare unguenti e tinture, cucire, rammendare e ricamare abiti. Non da ultimo c'era da insegnare i lavori più semplici ai numerosi bambini quando non giocavano tra di loro, oppure ascoltavano delle storie, ripetevano poesie o cantavano melodie tradizionali.

Maya venne lasciata a se stessa; era scontato che non avrebbe lasciato l'ala del palazzo riservata alle donne e la cui unica uscita comunque sfociava nel grande cortile dove Maya era entrata il primo giorno e il cui portone era costantemente sorvegliato. Per questo si aggirava tra le stanze e i corridoi, esaminando ogni cosa in tutta calma, osservando le donne intente alle loro occupazioni, inspirando l'aria che sapeva di bucato, fieno e pietra; di anice, di comino, zafferano, timo e menta, olio di sesamo e d'oliva. Di essenze come muschio e ambra, dense e inebrianti, d'acqua di rose, galbano e canfora, entrambi intensi eppure freschi, oppure di aromi dolci e fioriti come vaniglia e violetta.

Maya si era ripetutamente offerta di aiutarle, ma tutte le volte le donne avevano riso, dandole dei colpetti sulle braccia o sulle spalle: lei era *ospite*, doveva riposarsi e non lavorare! Al massimo le veniva affidato uno dei bambini più piccoli se intendeva stare troppo attaccato alle gonne della mamma intralciandola nel lavoro, e Maya lo coccolava tenendolo sulle ginocchia, gli cantava canzoncine in inglese e gli faceva delle smorfie fino a quando non la smetteva più di ridere e trillava felice ed entusiasta.

Sebbene si trovasse nella reggia di Ijar, non c'era niente che ricordasse a Maya lo sfarzo leggendario che si era sempre immaginata pensando all'Arabia. Niente colonne di marmo e lampadari d'oro; niente eunuchi con calzoni a sbuffo che vegliavano su un harem di belle odalische orientali; niente sontuosi gioielli con diamanti e rubini grossi come uova di colombo. Tutto era semplice e lineare, rurale, quasi contadino, ma soffuso da una propria magia: gli affreschi sui muri, semplici colori stesi sull'intonaco, alcuni dei quali chiaramente antichi – motivi geometrici, fiori e tralci di foglie, ornamenti astratti; stuoie leggere dai colori brillanti, con una trama così fitta che Maya riusciva a distinguere i singoli fili solo esaminandole molto da vicino, ma che da lontano sembravano dipinte; cassapanche impreziosite da delicate incisioni con cerniere di metallo sbalzato, e soprattutto tessuti di ogni foggia e colore immaginabile; nell'abbigliamento, sui cuscini e sui soffitti. Non c'erano sete, da nessuna parte, bensì cotone, che poteva essere spesso e morbido, oppure così sottile e luminoso da fare invidia a un tessitore di seta. Maya era stupefatta dalla ricchezza di filati e colori realizzati, dalla maestria con cui venivano miscelati i colori e le diverse sfumature, dal rosso carminio al rosso ciliegia, al corallo, fino al giallo limone o giallo oro. Le venne spiegato che i disegni usati per tessere le passamanerie, stampare i tessuti e ricamare gli orli erano molto antichi. Quasi ogni famiglia ne possedeva di diversi, tramandati alle figlie da una generazione all'altra, eppure tutti si assomigliavano nelle linee fondamentali, perché dovevano dimostrare che la mano che guidava l'ago, la donna che possedeva o indossava il tessuto, proveniva da Ijar.

C'era pur sempre tempo per chiacchierare, e soprattutto la sera le donne restavano a lungo sedute insieme, sorseggiando tè e facendo uno spuntino, tra chiacchiere e risate, e quelle che erano scese in città riferivano le novità incontrate. L'una o l'altra raccontava ridendo compiaciuta di come un'occhiata civettuola con un battito di ciglia sopra il velo rivolta a un commerciante le aveva immediatamente assicurato un prezzo più favorevole.

Il giorno prima l'atmosfera a tarda ora si era scaldata in maniera particolare: Sa'adiyah, che a quanto poteva capire Maya, ricopriva il ruolo di padrona di casa, si era messa a lodare l'aspetto e il portamento di Rashad ibn Fahd e alcune delle altre donne l'avevano imitata con altrettanto trasporto. Subito dopo, in tono confidenziale e con sguardi avidi, le donne avevano chiesto a Maya come fosse la virilità degli inglesi, per esempio quella di suo marito, e quali fossero all'estero le posizioni usuali per l'amplesso. Maya era arrossita per la vergogna, annaspando in cerca di parole, finché Djamila si era intromessa, spiegando che la sua padrona era stanca e doveva andare a dormire, con un tono che non ammetteva obiezioni.

Non era stato tanto per pudore che Maya aveva reagito così, quanto per l'inaspettato confronto che si era trovata a dover fare tra Ralph e Rashad, che aveva scatenato in lei una travolgente ridda di impressioni che avrebbe preferito di gran lunga ignorare. Ma una volta risvegliati, questi pensieri non volevano lasciarla in pace e proprio per causa loro quel giorno Maya si era rifugiata lassù, cercando l'ombra nella terrazza peraltro inondata di sole.

Con un sospiro Maya si accarezzò nuovamente la veste, come se ci fossero delle pieghe da lisciare. Djamila le aveva strofinato a lungo i palmi delle mani inumiditi con una specie di spugna essiccata dai minuscoli pori, sino a eliminare del tutto le vesciche e i calli provocati dalle redini, poi le aveva ordinato di tenere le mani a bagno in una ciotola d'olio e fiori profumati sino a quando non erano tornate morbide e lisce.

Con il mento posato sulle ginocchia, si costrinse a riflettere ancora, per quanto le costasse fatica, non solo perché le risultava spiacevole, bensì anche perché la forzata inattività, per quanto le fosse stata imposta a fin di bene, le intorpidiva anche lo spirito. Era colpa anche degli abbondanti pasti, troppo buoni per accontentarsi di pochi bocconi; Maya inoltre non sapeva bene quando era possibile rifiutare qualcosa senza essere considerati maleducati.

Se non si sbagliava, erano passate giusto due settimane dal suo rapimento, eppure le sembrava trascorsa un'eternità da allora. Era il suo quarto giorno di permanenza lì... da un momento all'altro potevano arrivare gli uomini di Coghlan. Era dunque solo questione di tempo e si sarebbe ritrovata sulla strada di Aden, per ricongiungersi a Ralph. Ma l'idea di riprendere la sua vita infelice di prima, a fianco di un uomo che non la considerava, e verso il quale lei stessa non provava più quasi nessun sentimento, era inconcepibile. Che cosa sarebbe successo, dopo? *Ci penserò quando sarà il momento. Inutile farlo prima. Però devo tornare a casa, assolutamente! Da papà, da mamma e Angelina. Devo tornare in Inghilterra. A casa.* Che cosa sarebbe successo, però, se da parte inglese avessero rinunciato, perché ritenevano troppo alto il prezzo per la sua liberazione? Se fosse stata condannata a restare lì? *No, non posso nemmeno pensarci*, si ordinò. *Se non ci penso, non accadrà. E Rashad non lo permetterebbe mai.* Oppure sì?

Suo malgrado Maya era costretta ad ammettere di sentirne la mancanza. Una volta lo aveva visto affacciandosi per caso alla finestra, mentre risaliva al galoppo l'altura diretto alla reggia, i suoi movimenti tutt'uno con quelli del suo sauro. Le mancava la sua voce, il suo sorriso beffardo, la pacatezza e la determinazione che lo circondavano come un'aura. Tutte le mattine, quando risuonavano le voci dei muezzin prima del sorgere del sole, seguite subito dopo dai mormorii di preghiera delle donne, le mancava il suono delle voci di Rashad e dei suoi uomini, che l'avevano svegliata ogni giorno durante il loro viaggio. Lo sciacquettio o il fruscio, quando si purificavano con acqua o sabbia, quando uno di loro gridava agli altri, «*Allahu akbar*», Dio è grande. Quando mormoravano tutti insieme i sacri versetti, il cui significato Maya aveva cominciato a decifrare poco a poco: «In nome di Allah, il Compassionevole, il Misericordioso. La lode appartiene ad Allah, Signore dei mondi, il Compassionevole, il Misericordioso, Re del Giorno del Giudizio. Te noi adoriamo e a Te chiediamo aiuto. Guidaci sulla retta via, la via di coloro che hai colmato di grazia, non di coloro che sono incorsi nella Tua ira, né degli sviati». Ed erano stati gli stessi suoni, le stesse parole a cullare Maya di sera, prima che a fianco di Rashad trascorresse le ore del prezioso riposo notturno dialogando o restando in silenzio. Di quelle ore non rimpiangeva neppure un secondo. Maya ci pensava sempre, tutte le volte che a Ijar risuonavano le cinque preghiere quotidiane, e avrebbe voluto tanto tornare sulla strada sassosa. Solo per Rashad.

Che assurdità pensare e provare certe cose! Nei confronti di un uomo che le aveva rubato la libertà. Stranamente, non si era sentita quasi mai prigioniera, né durante il viaggio, né da quando si trovava lì a Ijar. Di sicuro non più che a Black Hall o a Aden. Era mai stata veramente libera? Come si poteva misurare la libertà?

Un rumore di passi la strappò a quelle riflessioni, facendole alzare la testa. Si trovò davanti un uomo, di statura piuttosto bassa e di corporatura esile, a quanto poteva giudicare dalla veste bianca con l'orlo e la scollatura ricamati in rosso stretta in vita da una alta fascia arancione in cui era infilata una preziosa *djambia* d'argento. Il colore della cintura era ripreso nel turbante che sovrastava un volto segnato dagli anni simile a quello di un falco. Doveva aver superato la cinquantina, valutò Maya dalla barba brizzolata e dalla pelle non più liscia sul dorso delle mani.

«Mi è stato detto che vi avrei trovata qui», l'apostrofò l'uomo con un sorriso. Aveva benevoli occhi castano scuri. Maya lo guardò in silenzio ed egli aggrottò la fronte. «Conoscete la nostra lingua, no?»

Maya annuì, poi dondolò leggermente il capo. «Un poco», rispose sincera con un sorriso che lui ricambiò.

«Vi chiedo perdono se vengo a trovarvi solo oggi, i miei impegni non mi hanno permesso di farlo prima.» Si posò la mano destra sul cuore e fece un profondo inchino. «Sono il vostro ospite, il sultano Salih ibn Muhsin al-Ijar.»

Maya balzò subito in piedi, confusa e incerta su come comportarsi, e decise impulsivamente di ricorrere a una beneducata riverenza britannica. «Maya Garrett», si affrettò a presentarsi, afferrando di nascosto le babbucce con le dita dei piedi.

«Ditemi, trovate tutto di vostro gradimento?» si informò il sultano Salih. Non era un sovrano come il sultano di Lodar, che si divertiva a vantarsi del numero dei propri prigionieri. In circostanze normali si sarebbe accontentato di sapere dalla sua servitù che la donna inglese stava bene, del resto sapeva che il pegno da utilizzare nelle trattative con l'amministrazione di Aden era in ottime mani affidato alle cure delle sue mogli. Ma il sultano Salih era per natura un uomo curioso e le voci che aveva sentito negli alloggi delle donne – che questa straniera parlava arabo, s'interessava alla vita della reggia, si era offerta di collaborare alla conduzione domestica e in cucina, e in generale si dimostrava una persona molto aperta e interessata – non gli avevano dato pace, inducendolo a farsi un'idea di persona della sua ospite. Che gli fece immediatamente un'ottima impressione.

Maya annuì, ma lui doveva aver colto una lieve traccia di esitazione.

«Avete forse qualche desiderio che io posso esaudire con i miei modesti mezzi?»

Maya si morse brevemente il labbro inferiore, riflettendo se fosse il caso di osare, poi non riuscì a trattenersi. «Vi chiedo perdono, ma non avreste dei libri?»

L'espressione stupita sul volto del sultano indusse Maya a chiedersi allarmata se avesse scelto la parola giusta, *kutub*, e se l'avesse pronunciata nel modo corretto. Ma poi i suoi lineamenti si distesero ed egli annuì. «Certo, seguitemi.»

Al primo piano della reggia c'era un passaggio che portava dal quartiere femminile al resto dell'edificio e, a poca distanza da lì, il sultano condusse Maya in una stanza dov'erano sistemati diversi bauli. Le pareti di legno scurito dal tempo erano decorate con delicate incisioni, gli angoli e il coperchio erano ricoperti da placche di metallo ingiallito a forma di foglie appuntite o bandelle quadrangolari. Maya non avrebbe saputo dire se fossero di ottone o di bronzo. Sul tappeto nei toni del blu e del rosso, c'era un tavolo quadrato con un mosaico a forma di stella negli stessi colori sul piano. Arrivava all'altezza del polpaccio di Maya e davanti c'era uno spesso cuscino ricamato e fornito di nappe agli angoli.

«Prego», disse il sultano con un gesto invitante, «cercate pure ciò che preferite. Potete portare i libri con voi, oppure leggerli qui. Tutte le volte che volete.» Maya si avvicinò con passo incerto a uno dei bauli, vi si inginocchiò davanti e alzò il coperchio. Trattenne il fiato lanciando un grido di stupore e di felicità mentre il familiare odore polveroso e vellutato dei libri vecchi, che le era tanto mancato, le faceva salire le lacrime agli occhi. I preziosi volumi erano riposti l'uno sull'altro, rilegati in pelle e con caratteri arabi impressi in oro. Lei ne prese in mano uno con cautela, lo sollevò e decifrò con la fronte aggrottata quei ghirigori intricati, lo aprì e sfogliò le pagine. Trascorse diverso tempo a esaminare i singoli libri. Era così immersa nella valutazione di questo tesoro, da dimenticarsi persino della presenza del sultano, e non si accorse neppure di come la sua espressione passasse da una quieta gioia a un assorto stupore, quando egli sentì sbocciare in sé qualcosa che aveva creduto perso da tanto tempo.

Una volta trovato finalmente ciò che cercava, Maya rimise al loro posto i libri che aveva consultato e si voltò, stringendo tra le braccia conserte tre volumi. «*Shukran*», ringraziò con un sorriso raggiante.

Aveva dei libri. Era salva.

Così pensava.

11

Le sentinelle del sultano di Nisab, che poco più di una settimana prima avevano riconosciuto Rashad e gli uomini di al-Shaheen già da lontano grazie al loro abbigliamento e al modo di cavalcare e li avevano lasciati passare senza intoppi rispettando il *sayyir* sancito tanto tempo prima, si insospettirono alla vista dei due stranieri vestiti di chiaro accompagnati da cammelli e da un cavallo. Per questo spronarono i loro destrieri e andarono incontro ai viaggiatori, chiedendo loro cortesemente ma in maniera decisa e spianando i fucili di seguirli per spiegare direttamente al sultano il motivo della loro presenza in quel territorio. Il sultano di Nisab ascoltò in silenzio le informazioni circa la loro provenienza e la loro destinazione. Ci si poteva fidare di stranieri che si erano spinti tanto addentro nel paese? Fingevano solo di voler allacciare contatti amichevoli con Ijar, e in realtà nutrivano intenzioni ostili nei confronti dell'amico sultano Salih? Quanto poteva valere per loro il resto del viaggio sino a Ijar, venti talleri? Quaranta? Cinquanta o più? Siccome il sultano di Nisab non era un uomo da prendere decisioni affrettate, decise di offrire agli *ospiti* appena arrivati uno spazioso alloggio nella sua reggia sotto la sorveglianza dei suoi guerrieri, «affinché non accadesse loro nulla di male.» Così ebbe modo di riflettere in tutta calma sul da farsi. Soppesò i pro e i contro, valutando persino l'ipotesi di inviare un messaggero a cavallo al sultano Salih.

Ma... con calma, si disse. *Con calma.*

I confini tra giorno e notte svanirono mentre Maya leggeva. Dapprima incontrò qualche difficoltà a familiarizzare di nuovo con la scrittura straniera, a separare gli uni dagli altri o a unire le linee ondulate, i riccioli e i punti e a ricordarsi il loro significato. Alcune parole le erano comunque sconosciute, e poteva solo intuirne il senso, oppure lasciarle come lacune. Ma la magia della parola scritta non la tradì, disegnò nella mente di Maya immagini, scene, interi mondi. Sfogliò le pagine rigide, rese fragili dal tempo, gli angoli ripiegati, finché trovò quello che cercava: la storia del re Shaddad e la sua città delle colonne, Iram. Vi erano citati anche l'antico regno di Himyar, quelli di Hadramaut e di Saba, lì in *al-Yaman*. Venne assalita da un brivido di esaltazione, al pensiero che le storie tramandate potessero avere un fondamento nella realtà. E così forse c'erano ancora resti di quelle antiche culture nascoste sotto «Le sabbie», da qualche parte nella distesa del Rub al-Khali. Ma per il momento preferì lasciare da parte gli intricati racconti di Sherazade. Sherazade, che ogni sera cominciava una storia ma non la portava a termine, in modo che il sultano, ansioso di sapere come andava a finire, al mattino non le facesse tagliare la testa come aveva sempre fatto con le mogli precedenti. Finché la principessa, dopo mille e una notte, riuscì a conquistare con la propria intelligenza e abilità narrativa il cuore del sovrano.

Maya aveva trovato anche un volumetto di versi, dov'erano raccolte le poesie di Qays ibn al-Mullawah ibn Muzahim, un beduino della tribù Bani Aamir. A questa tribù apparteneva anche Layla bint Mahdi ibn Sa'd, detta anche Layla Aamiriya, alla quale il destino aveva voluto che appartenesse il cuore di Qays. A lei soltanto, per sempre. Egli le scriveva poesie, dove parlava del suo amore, della sua passione, della sua accettazione del fato che li aveva destinati l'uno all'altra.

Qays aveva chiesto la mano di Layla al padre di lei. Ma costui, indignato per i versi che il poeta aveva composto e recitato in pubblico, lo ritenne un affronto, una trasgressione alla decenza e alla tradizione e diede Layla a un altro uomo che la portò con sé lontano. Quando Qays seppe del fidanzamento di Layla, fuggì nel deserto dove vagò a lungo senza meta, tanto che la sua famiglia a un certo punto perse ogni speranza di vederlo tornare e gli affibbiò il nome di Madjnun, «il folle». Molti anni più tardi venne ritrovato morto sulla tomba di Layla, circondato dagli animali che avevano accompagnato i suoi vagabondaggi. Su una roccia poco distante aveva inciso ancora alcuni versi, gli ultimi che si conoscevano di lui.

Queste righe, ciò che rimaneva della sua vita e del suo tragico destino, commossero molto Maya che le rilesse più volte. Quando Djamila le portò tè e frutta in terrazza e si sporse a sbirciare da sopra la sua spalla, Maya chiuse il libro e glielo porse. Djamila scrollò il capo e alzò le spalle in un gesto di rammarico.

«Non sai leggere?» provò a indovinare Maya e Djamila annuì. Maya le prese la mano. «Scusami, non lo sapevo. Vuoi... vuoi imparare?» Djamila rimase indecisa per un istante, poi annuì energicamente con gli occhi luccicanti.

Che strano, pensava spesso Maya durante le ore che trascorreva con Djamila china sul foglio di carta, armeggiando con penna e calamaio che il sultano le aveva messo a disposizione dietro sua richiesta, *che strano, io, una straniera, che insegno a Djamila i caratteri della sua stessa lingua.*

Il tempo intanto passava senza che lei se ne rendesse conto, mentre insegnava a leggere e a scrivere a Djamila, portando sempre appresso un libro dovunque andasse, in camera come per i corridoi o in terrazza. Con le storie di Sherazade, che in arabo erano più rudi, sensuali, ma anche più poetiche rispetto alla traduzione fattane all'inizio del secolo precedente da Antoine Galland, sembrava che non esistesse nessun passato da inseguire, nessun futuro a cui rivolgere il pensiero, ma soltanto un presente interminabile.

Allo stesso modo non dedicava alcuna riflessione a ciò che forse l'aspettava quando il sultano andava a trovarla e si informava delle sue letture e del suo stato. Non si accorgeva del suo sguardo scintillante, né del suo passo lieve e spensierato.

Le sue mogli però lo avevano notato. Non lo gradivano e i loro cuori cominciarono a chiudersi nei confronti della straniera capitata tra loro.

Cominciò tutto in maniera abbastanza innocua: sguardi che si abbassavano non appena Maya si avvicinava alle donne, scuse mormorate in fretta, che il riso si bruciava, il fuoco andava attizzato, per allontanarsi precipitosamente; un'improvvisa stanchezza quando si trattava delle riunioni serali, oppure un bambino che non stava bene e richiedeva le attenzioni della madre; un libro che Maya era sicura di aver lasciato accanto al letto, e che era scomparso.

Un pomeriggio Maya andò in camera sua a prendere la cassettina di legno dove teneva gli strumenti per scrivere, e la trovò rovesciata a terra, le penne spezzate sparse lì accanto e una macchia d'inchiostro nero sulle lenzuola. Pensò che si fosse trattato di un incidente, magari durante le pulizie. Allo stesso modo doveva essere capitato per caso che un ingrediente sbagliato fosse finito nell'unguento che Djamila stava per spalmarle sul corpo dopo il bagno e che le aveva creato un arrossamento e fatto bruciare le dita della fedele servitrice. Soltanto Djamila, curata con essenza d'incenso, che conosceva la vita nella reggia di un sultano, cominciò a sospettare qualcosa. Senza dirlo a Maya, decise di tenere gli occhi e le orecchie bene aperti. A maggior ragione quando il giorno successivo trovò il pavimento della loro camera cosparso di pezzi di tessuto blu e bianco e lì in mezzo gli stivali accuratamente tagliuzzati con un coltello affilato.

«Avete visto come la guarda?» Adiba, la prima moglie del sultano, schiumava letteralmente di rabbia. «Va a trovarla più spesso che a noi!»

«Ma perché?» rincalzò Munawwar, la seconda moglie. «Avesse capelli biondi o ramati e pelle come latte, lo capirei. Ma sembra una di noi!»

«Tuttavia», intervenne Zaynab, la terza e più giovane moglie del sultano Salih, «esercita un grande fascino su di lui. È giovane e forte, può avere molti figli!»

«Che cosa ne sarà di noi?» Munawwar diede voce all'interrogativo che angustiava tutte quante.

«La preferirà a noi e i suoi figli ai nostri», dichiarò Adiba piena di amarezza.

«Però dovrà restituirla alla sua gente, non appena arriveranno a Ijar», cercò di tranquillizzarle Zaynab, sempre alla ricerca dell'armonia.

Seguì un breve silenzio, interrotto da Adiba che riprese la parola. «E se lei non volesse tornare? Avete visto come lo adula, e con che bravura lo fa!» Poi aggiunse sottovoce, «non deve restare qui più a lungo. Dobbiamo fare qualcosa».

Si erano azzardate a parlare apertamente, solo perché sapevano che Maya era di sopra in terrazza. Quando saliva lassù, potevano trascorrere ore, prima che tornasse giù, spesso solo quando scendeva la sera. Ma Djamila, accortasi di aver dimenticato la torta di datteri da accompagnare al tè per Maya, era tornata in cucina e le aveva sentite benissimo. Fu assalita da una intensa rabbia, e insieme provò paura. Paura per l'incolumità della giovane alla quale si era tanto affezionata. Come la figlia che le era stato negato per sempre di avere e che perciò serviva con tutta la dedizione e l'amore di cui era capace. Come una leonessa che veda minacciato il suo cucciolo, decise senza indugio che nessuno avrebbe osato far del male a Maya.

Questa determinazione le fu d'aiuto fin dal giorno seguente, quando Djamila udì le grida di Maya. Lasciò cadere il mucchio di bucato che aveva appena ritirato nel cortile interno e corse in direzione della camera che dividevano. Maya si era appiattita contro lo stipite della porta e fissava terrorizzata il pavimento della stanza dove era acciambellato un serpente. Una spirale di squame grigio brune, che circondavano la testa triangolare maculata e si muovevano strisciando le une sulle altre con un sibilo minaccioso.

«Non muoverti!» le ordinò Djamila con voce perentoria, prendendola per un braccio. «Non ti farà niente. Torno subito!»

«Djamila», la chiamò Maya vedendola scappare via. Chiuse gli occhi, ma li riaprì subito per non perdere di vista il serpente, cercando di trattenere il tremito che l'aveva assalita e di restare immobile.

Djamila tornò trafelata, reggendo in una mano un grosso bastone e nell'altra una pietra usata per macinare i cereali. Con movimenti lenti e dolci girò intorno al serpente, tenendo sollevato il bastone con la punta biforcuta. Pronunciando suoni gutturali e sibilanti, lo agitò lentamente, per aizzare il rettile che alla fine attaccò scagliando la testa in avanti. Djamila allora gliela bloccò sul pavimento con il bastone, poi la colpì ripetutamente con la pietra, con forza, finché non si sentì più alcun suono. Staccò il bastone dal terreno, lo infilò sotto il corpo del serpente morto che ricadde inerte ai due lati e con una smorfia disgustata lo gettò fuori dalla finestra.

«Avevo... avevo paura che mi seguisse se fossi scappata.» La voce di Maya era flebile e lamentosa, quasi volesse scusarsi del proprio comportamento. Djamila posò bastone e pietra e scosse il capo. «Va bene così. Vieni», bisbigliò, portando Maya con sé fuori in terrazza.

In poche parole riferì a Maya il dialogo che aveva ascoltato il giorno prima. Maya, ammutolita, tenne lo sguardo fisso davanti a sé, soltanto il ritmico aprirsi e chiudersi dei suoi pugni rivelava i sentimenti che si agitavano in lei. «Il serpente potrebbe essere entrato anche da solo», disse dopo un lungo silenzio. L'incertezza con cui pronunciò tali parole, tuttavia, lasciava intendere che neppure lei ci credeva, sebbene le sembrasse impossibile che le donne, che l'avevano accolta con tanta benevolenza, all'improvviso potessero odiarla così. Era un atteggiamento inspiegabile ai suoi occhi.

«Bambina mia», Djamila le prese la mano e se la mise in grembo, «questi serpenti vivono solo nel deserto. Non si avvicinano da soli alle case di una città.» Vedendo il lampo di paura negli occhi di Maya, si affrettò ad aggiungere: «Probabilmente volevano solo spaventarti. C'erano molte altre donne che come me sapevano come ucciderlo». Strinse la mano di Maya. «Dobbiamo chiedere aiuto a Rashad.»

Maya non rispose subito. Come mai gli uomini di Coghlan non erano ancora arrivati? Forse invece si trovavano già da tempo a palazzo ma non riuscivano a raggiungere un accordo con il sultano? Più ci pensava, più si rendeva conto che Djamila aveva ragione. Dovevano chiedere aiuto a Rashad, lui se non altro avrebbe saputo che cosa fare.

Sottrasse la mano da quella di Djamila e si tastò lo scialle nel quale aveva annodato l'antica moneta, poi la porse a Djamila. «Vuoi fargliela avere? Così saprà che ho bisogno di parlargli.» Djamila prese la moneta e annuì, sperando in cuor suo che Allah volesse salvarle.

Ebbero fortuna. Rashad si presentò nel cortile del palazzo già il giorno successivo. Aveva un'espressione torva, qualcosa non era andato come previsto. Vigile come sempre, non gli sfuggì il luccichio nell'aria sopra di lui, il sordo tintinnio con cui qualcosa lanciato da molto in alto rimbalzava più volte sul selciato. Scese da cavallo e raggiunse il punto da dove aveva sentito provenire quel suono. Perplesso raccolse la moneta e piegò la testa all'indietro. A una delle finestre vide Djamila, che evidentemente non si fidava a sporgersi o a chiamarlo, ma gesticolava furiosamente. Rashad non capì che cosa volesse da lui, ma intuì che era importante, così le fece un cenno d'assenso e poi si fece annunciare al sultano che lo aspettava.

Ovviamente il sultano permise al suo comandante di informare Maya sullo stato delle cose e di accertarsi personalmente che stava bene. A tale scopo si incontrarono nel cortile interno e, prima che Maya avesse tempo di pronunciare una sola parola, Djamila gli riferì da dietro il velo gli avvenimenti degli ultimi giorni, in modo che nessuna parola potesse filtrare all'esterno. Rashad ascoltò in silenzio, senza guardare nessuna delle due, gli occhi fissi sulla parete alle loro spalle, mentre si rigirava incessantemente la moneta tra le dita. Man mano che il racconto di Djamila proseguiva, le sue sopracciglia si aggrottavano di più. Rimase in silenzio anche quando la donna ebbe terminato il racconto.

«Ve ne prego, dovete crederci e aiutarci», sbottò infine

Maya in inglese, quando non fu più in grado di sostenere quel silenzio. Lui la guardò.

Come avrebbe potuto non crederle? Conosceva bene quel genere di serpenti che Djamila gli aveva descritto, come lei sapeva che vivevano solo nel deserto e come renderli innocui. Tutti lì ne erano a conoscenza. Ma sapeva anche quanto fosse velenoso il loro morso, mortale, e che c'erano persone senza scrupoli che sapevano catturarli, li richiudevano in ceste e, in cambio di molto denaro, li vendevano dietro le bancarelle del *suk* a quanti volevano sbarazzarsi velocemente di una persona indesiderata. Ora capiva anche la strana luce negli occhi del sultano, che aveva notato durante la sua ultima visita. Tutte le volte che avevano parlato del ritardo degli inglesi, oppure di Maya. Rashad inizialmente l'aveva interpretato come segno di irritazione per il ritardo delle trattative, ma ora gli appariva sotto un'altra luce e lo metteva a disagio.

«La vostra gente arriverà al più tardi tra quattro giorni», annunciò. «Sono stati trattenuti a Nisab, ma ora si sono rimessi in cammino. La scorta armata di quel sultano provvederà a che non ci siano altri ritardi.»

Maya scosse lentamente la testa. «Non so se basterà.»

L'espressione di Rashad era imperscrutabile. Ci fu solo una rapida contrazione di un muscolo della mandibola che poi si rilassò subito.

«Datemi una giornata», ribatté alla fine brusco, in inglese, poi si voltò per andarsene, per tornare dal sultano, la cui presenza avvertiva dietro una delle finestre.

Era una risposta affermativa? Maya non avrebbe saputo dirlo. «Dovete aiutarmi», gli gridò disperata in inglese.

Lui girò brevemente la testa verso di lei. «Un giorno.»

Maya lo vide scomparire oltre il portone. E, come era accaduto un tempo a Sherazade, sperò di sopravvivere a quella giornata.

Mentre il sole scendeva dietro le montagne accendendo di rosso l'imponente catena rocciosa, Rashad si inoltrò a cavallo nel deserto del Ramlat as-Sabatayn. Non aveva fretta: aveva tutta la notte. Il peso delle preoccupazioni gli curvava le spalle, schiacciandolo sulla sella come gli zoccoli del suo cavallo schiacciavano pietre e polvere. Quando la prima stella spuntò in cielo, fermò il sauro e smontò di sella. Si mise a sedere a gambe incrociate nella sabbia, osservando il paesaggio intorno a lui tingersi d'indaco, mentre un disco quasi perfettamente rotondo si alzava arancione all'orizzonte: era quasi luna piena.

Il suo piano era stato ben congegnato. Tuttavia non aveva preso in considerazione il fatto che gli inglesi potessero perdere un cavallo né – si lasciò sfuggire un'esclamazione sprezzante – che avessero scelto come guida un cialtrone oppure un uomo troppo codardo per compiere il viaggio speditamente. La loro prolungata sosta a Nisab era stato un altro intoppo imprevedibile, legato alla volubilità del locale sultano. Per fortuna, dopo aver aspettato invano di avvistare la carovana per diversi giorni, il bravo Ali era tornato a Nisab e, grazie alle sue capacità diplomatiche e a una borsa bella piena, l'ostacolo era stato velocemente superato. Ma ciò che aveva spiazzato Rashad più di ogni altra cosa erano state la gelosia e la viltà delle mogli. Non avrebbe mai creduto possibile che fossero proprio loro a mettere a repentaglio il suo piano. E com'erano state furbe a fare in modo che nessuno potesse accusarle di niente. Era la parola di Djamila contro le mogli del sultano. In fondo però era stato suo l'errore di sottovalutare il fascino di Maya: forse lui stesso aveva fatto di tutto per minimizzarlo, allo scopo di proteggere prima di tutto se stesso?

Ciò che il sultano desiderava gli apparteneva. E, riguardo alle sue donne, non si faceva dare ordini da nessuno. Rashad gli aveva giurato fedeltà, e aveva impegnato il proprio onore e quello della sua tribù per mantenere tale giuramento. Aveva degli obblighi nei confronti dei suoi uomini, oltre che di sua moglie e dei suoi figli. Se avesse aiutato Maya a fuggire dalla reggia, si sarebbe opposto al sultano, a Ijar, alla sua stessa tribù e alla sua famiglia. Per non parlare poi del costo che quell'impresa aveva avuto sino a quel momento, tutti soldi usciti dalle tasche del sultano e quindi irrecuperabilmente perduti.

Sull'altro versante, tuttavia, c'era il *rafiq*, e la sua promessa di proteggere Maya, che aveva altrettanto peso. Se le fosse capitato qualcosa prima che l'avesse consegnata di propria mano agli inglesi, la colpa sarebbe ricaduta su di lui. Sarebbe potuto succedere in qualsiasi momento: una spinta fuori dalla finestra, presentata poi come incidente o suicidio.

Rashad comprese di essere giunto a una svolta dove non esisteva più bene e male. Soltanto conseguenze da valutare. Qualunque fosse stata la sua decisione, avrebbe perduto l'onore. Ciò che un guerriero aveva di più prezioso, persino della vita stessa.

Alle prime luci del giorno, Rashad ibn Fahd ibn Husam al-Din prese la sua decisione. E pregò Allah di perdonarlo.

12

Il giorno successivo fu il più lungo in tutta la vita di Maya. Le ore si succedevano interminabili mentre aspettava rannicchiata sul letto, sussultando a ogni rumore. Per preservare un'apparenza di normalità, Djamila aveva sparso la voce tra le donne del palazzo che Maya non si sentiva bene – «niente di grave, solo un lieve disturbo, molto probabilmente dovuto agli insoliti cibi» – e aveva continuato a rendersi utile nelle faccende domestiche come era solita fare, passando tuttavia a controllare spesso la sua protetta e incoraggiandola con sguardi e gesti.

Che cosa sarebbe accaduto se Rashad non l'avesse aiutata? Se fosse arrivato troppo tardi e le donne avessero già formulato un piano per sbarazzarsi definitivamente di lei? Lui l'avrebbe aiutata, il *rafiq*, quella straordinaria legge tradizionale, valeva anche in un caso del genere? Più a lungo Maya ci rifletteva, più aumentava la sua inquietudine e la paura, mentre lo stomaco le si stringeva per il panico e le sembrava di soffocare.

Alla fine, dopo quella che era sembrata un'eternità dalla sua ultima visita, Djamila tornò trafelata da lei e si inginocchiò sul morbido scendiletto. Si sfilò il velo dal viso, tolse le mani di Maya che lei teneva strette alle ginocchia e le serrò con trasporto. «Tieniti pronta!» le bisbigliò, con un luccichio negli occhi scuri. «Rashad è arrivato. Quando il muezzin chiamerà per la preghiera della sera, io distrarrò le donne e lui verrà a prenderti.»

Maya trattenne il respiro, poi singhiozzò sollevata e ricambiò la stretta di mano di Djamila. Qualcosa però nelle sue parole la lasciò interdetta. «Tu verrai con me», dichiarò sforzandosi di apparire determinata. Non era una domanda, non poteva esserlo, era escluso.

Djamila alzò e abbassò le sopracciglia, le corrugò, mentre evitava lo sguardo di Maya che cercava di leggere la risposta nei suoi occhi. Le accarezzò il dorso delle mani con i pollici e poi scosse la testa. «Vedi», esordì lentamente, lo sguardo fisso sulle dita di Maya, «più a lungo crederanno che sei ancora qui a letto, più grande sarà il vostro vantaggio. Se scomparissi anch'io, capirebbero subito che sei fuggita. Perciò è meglio se io resto.»

«Ma verrai punita per questo», replicò Maya attonita. «Non posso permetterlo, io...» Cercò di staccare le mani, ma Djamila gliele tenne saldamente.

«Devi!»

«Perché lo fai?» chiese Maya con le guance rigate di lacrime.

Djamila rimase per un attimo in silenzio, poi un sospiro silenzioso le attraversò il corpo e lei si portò la mano destra di Maya verso di sé. Quando Maya si rese conto che Djamila gliela voleva posare sul proprio seno sinistro, si irrigidì. Djamila la tenne ferma con tutte le forze, premette le dita di Maya sulla morbida protuberanza carnosa e Maya tastò al di sotto dei noduli duri, anche attraverso la stoffa. «Djamila, devi andare dal dottore!»

L'araba scrollò la testa. «Ormai è troppo tardi. La morte è un cammello nero che si accovaccia davanti a ogni porta. Prima o poi tutti dobbiamo salirgli in groppa. Andare incontro alla morte è meglio che cercare di sfuggirle. Non ho paura di ciò che mi aspetta.» Staccò la mano di Maya da sé e la depose dolcemente sulle ginocchia dell'altra. «Dal momento che non ho potuto dare la vita a un figlio, permettimi almeno di restituirti la tua.» Un fremito le scosse il mento, ma la sua bocca era sorridente. «Così se non altro la mia avrà avuto uno scopo.»

Si sollevò sulle ginocchia e si chinò in avanti, prese il viso di Maya tra le mani, la baciò teneramente sulla fronte e sulle guance. Maya le gettò le braccia al collo, la strinse a sé con tutta la forza che aveva, per esprimerle ciò che le parole non bastavano a descrivere. Djamila si liberò dall'abbraccio di Maya, le accarezzò la guancia con la punta delle dita.

«Sii felice, sii libera», bisbigliò, poi si alzò e uscì in fretta dalla camera.

Fu l'ultima volta che Maya la vide.

Quando il sole si tinse di rosso, scivolando dietro l'orizzonte, i muezzin alzarono il loro sacro canto lamentoso che riecheggiò per la città e la campagna, fin sotto le mura del palazzo di Ijar.

Rashad al-Shaheen aspettava in un corridoio buio, seminascosto dietro uno stipite, e guardava verso il cortile interno. Si era congedato per tempo dal suo sultano che, fiducioso, credeva che il suo comandante dovesse andare incontro agli inglesi quel giorno stesso per condurli sani e salvi a Ijar, e che quindi non potesse purtroppo partecipare alla preghiera della sera. Era universalmente noto che beduini e guerrieri anteponevano le necessità di viaggio a quelle della preghiera, e del resto il cavallo di Rashad era adeguatamente carico di bagaglio. Ma mentre il sultano insieme agli altri uomini nella reggia si recava nella stanza delle preghiere, Rashad non aveva lasciato l'edificio, come aveva fatto credere; aveva invece cercato un passaggio verso gli alloggi delle donne, che aveva trovato dove immaginava che fosse, ed era rimasto in attesa di una occasione favorevole.

Al suo arrivo alla reggia aveva inoltre mostrato un foglio di carta ripiegato e aveva ottenuto dal sultano Salih il permesso di incontrare Djamila di fronte al portone degli alloggi delle donne per consegnarle un messaggio per Maya da parte degli inglesi che gli aveva portato Ali. Una volta incontratosi con la donna, le aveva consegnato il foglio bianco, spiegandole in poche parole ciò che aveva in mente di fare e quando, e Djamila si era dichiarata disponibile ad aiutarlo per la sua parte. A quel punto Rashad era tornato dal sultano.

Uno scalpiccio di zoccoli che riecheggiava dal pavimento e dalle pareti del cortile interno richiamò la sua attenzione ed egli trattenne un sorriso soddisfatto. Non gli era risultato difficile convincere Salim che il sultano lo aspettava all'ora del *Salatu-I-Maghrib*, la preghiera del tramonto, per poi cenare insieme a lui e a Rashad e discutere dell'imminente incontro con gli inglesi, perché Salim si fidava di lui. Rashad non aveva voluto né osato confidarsi con lui. Salim si sarebbe sentito in obbligo di dissuaderlo e Rashad si rifiutava di spingerlo ad assumersi la stessa colpa di cui era in procinto di macchiarsi lui stesso. Era già abbastanza grave che egli commettesse un tale tradimento. *Il traditore è fratello dell'assassino.*

Mentre aspettava che Salim legasse il proprio cavallo accanto al suo sauro e poi entrasse nella reggia dal portone laterale, Rashad si mise a frugare nella propria uniforme, estraendo gli indumenti che aveva nascosto sotto l'ampia camicia e il mantello. Poi si mise in cammino, seguendo le indicazioni che gli aveva fornito Djamila.

Maya sussultò sentendo dei passi che si avvicinavano, decisi, pesanti, come di stivali, e si affrettò alla porta. Nella penombra scorse una sagoma nera circondata da un mantello svolazzante. *Rashad*, esclamò dentro di sé, e qualcosa che aveva tenuto prigioniero il suo cuore si spezzò, facendolo tornare a battere libero e leggero.

«Tieni», le disse lui al posto di un saluto, quando l'ebbe raggiunta, e le porse qualcosa di scuro e morbido. «Metti sotto questo. E sopra questo.» Maya ubbidì, infilandosi i calzoni, poi si girò di spalle per stringersi il cordone intorno alla vita e infilarsi sopra la tunica. Mentre si gettava il mantello sulle spalle, Rashad le avvolse la *keffiyeh* intorno al capo; per riuscire a nasconderle i capelli sotto il tessuto, fu costretto a rigirarglieli con le dita e questo provocò in lei un piacevole brivido che dal cuoio capelluto le scese lungo la spina dorsale. Senza dire altro, lui la sospinse fuori dalla stanza e giù per le scale, dove riecheggiava il mormorio delle voci radunate nella stanza delle preghiere, quindi oltre il portone verso i due cavalli che aspettavano pazienti il ritorno dei loro padroni.

La sera era scesa in fretta tra le mura del cortile; il crepuscolo ammantava tutto di grigio, disfacendo contorni e particolari. Rashad armeggiò con le proprie bisacce e porse un paio di stivali a Maya. Lei si tolse le babbucce e li calzò, mentre Rashad nascondeva le sue scarpe, poi le porgeva le redini del cavallo. Maya si arrampicò in sella e nascose sommariamente l'orlo della veste sotto le pieghe del mantello che teneva stretto davanti a sé con una mano.

«Fa' tutto quello che faccio io», le sibilò lui, poi si diressero affiancati verso il portone d'ingresso. Le due sentinelle rivolsero loro un gesto di saluto, accompagnato da qualche parola amichevole che Rashad ricambiò, mentre Maya si limitava ad annuire in silenzio, poi si avviarono lentamente giù per il pendio.

Si allontanarono in silenzio dalla città, accompagnati dallo scalpiccio degli zoccoli e ben presto essa fu solo una distesa di luci nell'oscurità, sempre più piccole e distanti, finché scomparvero del tutto lasciando il posto alle stelle del cielo. *Che Dio ti protegga, Djamila.*

«*Yalla*», esclamò Rashad all'improvviso, partendo al galoppo, e Maya lo imitò. Si gettarono nella notte, e il vento che li sferzava in sella, facendo svolazzare impetuosamente i mantelli alle loro spalle, fu la sensazione più meravigliosa che Maya avesse mai provato. *Libera, sono libera!*

«Piano», le ordinò Rashad dopo un po', e Maya fece rallentare la sua cavalcatura lanciando a Rashad un'occhiata di sottecchi. Si accorse che il terreno sotto gli zoccoli era più morbido e si sollevava in zampilli di sabbia.

«Dobbiamo risparmiare i cavalli», lo sentì dire. «Ci aspettano tre giorni nel deserto.»

«Perché non abbiamo preso i cammelli?» domandò Maya con una risata esuberante.

Rashad sbuffò involontariamente. «I cammelli vanno bene per i lunghi viaggi nella sabbia alta e per un bagaglio pesante. Ma per essere veloci su questo terreno, i nostri cavalli sono più indicati.» Detto questo piombò in un silenzio che ferì Maya per la sua irraggiungibilità e lei non osò più aprire bocca.

Fu una cavalcata faticosa, estenuante per loro due e per gli animali, nel corso di una lunga notte e di una ancora più lunga giornata. Ogni passo era una conquista; il sole, riflesso brutalmente dalla sabbia, accecava, rendendo l'aria incandescente. Maya aveva sete, ma non osava chiedere a Rashad altra acqua rispetto al boccale riempito da uno degli otri che lui le dava da bere nelle brevi pause, e sperava ardentemente che le scorte bastassero soprattutto per i cavalli. Era tormentata da fitte lancinanti, stordita da un senso di oppressione intorno alla testa. Le bruciavano gli occhi, anche la gola, e continuava ad appisolarsi per la stanchezza, finché uno scossone di Rashad non la risvegliava bruscamente. Lui non pronunciava parola, né Maya lo pretendeva. Faticava già abbastanza a tenersi in equilibrio sulla sella, a non lasciarsi sfuggire le redini, a non dimenticarsi di respirare. *Questo è il prezzo della libertà.*

Il sole si trasformò in un disco rosso sangue e la sua luce fiammeggiante mutò il colore della sabbia da giallo a rosa, *come un oceano di petali calpestati.* Maya si strofinò il dorso delle mani davanti agli occhi, per vedere meglio. Le dune si spensero in un rosso ruggine, si raffreddarono poi a un lilla e infine a un blu ghiaccio.

Rashad fermò il cavallo, smontò di sella e Maya lo imitò, lasciandosi cadere in ginocchio perché le gambe non riuscivano a reggerla. Sfinita lo guardò portare i cavalli a qualche passo di distanza e legarli a un paletto, quindi mettersi ad armeggiare per terra. Un tintinnio e uno sfregamento metallico e poi i cavalli si misero a bere. Maya si risollevò, spinta più dalla curiosità che dalle forze, e lo raggiunse.

«Una sorgente», esclamò con voce arrochita vedendo il cerchio di pietre, il secchio legato a una catena in cui i cavalli immergevano alternativamente il muso. Rashad tornò a calare il secchio nella buca, lo tirò su e offrì a Maya un boccale pieno fino all'orlo. «Acqua sotterranea», spiegò mentre lei glielo restituiva vuoto, tossendo per aver bevuto troppo in fretta. «Non è l'unica da queste parti.» Riempì di nuovo il contenitore e, mentre Maya si accovacciava e beveva più lentamente, tirò fuori un telo scuro dal bagaglio e con pochi gesti esperti montò una piccola tenda. Lei era troppo sfinita per offrirsi di aiutarlo, e del resto lui non sembrava aspettarselo. Era incredibile quanto gli risultasse familiare quel deserto in apparenza disabitato. Sembrava conoscere ogni singola pietra, ogni mutevole rilievo delle dune di sabbia. Non era neppure un paesaggio: non c'era senso dello spazio, solo la volta celeste e il terreno sabbioso o roccioso, eppure Rashad sembrava riuscire a orientarsi senza fatica, mentre Maya non trovava punti di riferimento. Una volta preparata la tenda, lui uscì, si chinò più volte per raccogliere qualcosa, strattonò in un altro punto fino a strappare da terra qualcos'altro.

«Non è molto», disse tornando con una bracciata di arbusti contorti, «ma basterà per un caffè.»

Si misero a sedere in silenzio accanto al fuoco stentato, bevvero il caffè, masticarono il pane gommoso che Rashad aveva diviso tra di loro. I due cavalli sbuffavano stanchi e Maya cominciò a riprendersi un pochino.

«Dove siamo diretti?» chiese, quando non riuscì più a sopportare il silenzio.

«Facciamo una deviazione attraverso il Ramlat as-Sabatayn per guadagnare tempo. Poi torneremo sulla via dell'incenso. Se tutto va bene, lì incontreremo la tua gente.» Maya era ferita dalla sua laconicità e ingoiò la domanda circa che cosa sarebbe successo se le cose non fossero andate bene. Guardò l'oscurità oltre il bordo del boccale, la luna piena e tonda che saliva nel cielo notturno di un giallo zafferano. Il suo sguardo si spinse oltre, poi reclinò la testa all'indietro. Le stelle erano così profonde, limpide e scintillanti che Maya ebbe l'impressione di poterle raccogliere allungando il braccio.

«E Allah parlò», sentì la voce di Rashad accanto a sé, «se non ci fossi stato tu, Mohammed, non avrei creato il firmamento.» Maya rimase immobile, lasciò risuonare dentro di sé le sue parole, la sua voce, sopraffatta dalla travolgente e inquietante bellezza del cielo e del deserto che si spiegava davanti ai suoi occhi, che la circondava, e sbatté gli occhi pieni di lacrime. Lacrime di assoluta beatitudine e di struggente nostalgia. *Tre giorni... no, due soltanto... e poi? Non ci rivedremo mai più...* si rispose da sola. Si voltò a guardarlo quando lo sentì muoversi. Lo vide tirare fuori qualcosa dalla cintura e porgerglielo.

«Questa ti appartiene.»

Le loro dita si sfiorarono quando Maya riprese la moneta dell'epoca di Himyar. Fu questione di un attimo, ma bastò per far scoccare una scintilla che trafisse Maya nel profondo del cuore. Lo sentì trattenere il respiro, le parve di scorgere una crepa nella corazza di distacco che si era creato attorno, e poi lo vide voltarsi di nuovo, apparentemente indaffarato.

«Grazie», disse impacciata, stringendo la moneta nel pugno e avvolgendosi nel mantello. «Grazie», ripeté con più forza. «Di tutto.»

«Dovresti andare a dormire», rispose lui brusco. «La tenda è per te. Stanotte diventerà ancora più freddo. E domattina ci aspetta un'altra lunga giornata a cavallo.»

Maya annuì, posò il boccale vuoto e si alzò senza parlare. Indugiò un istante tenendo sollevato il lembo della tenda. *Ancora due giorni... nessuno lo verrà mai a sapere.* Per un fugace istante pensò a Ralph, venne assalita dai sensi di colpa come una leggera contrazione interiore che scacciò con tutte le proprie forze. *Nessuno lo verrà mai a sapere.*

«Se stanotte», esordì, poi deglutì di fronte alla propria audacia e raccolse tutto il proprio coraggio. «Se stanotte farà davvero tanto freddo, puoi venire anche tu nella tenda...» si interruppe, rimase in ascolto nel punto in cui le deboli fiamme disegnavano il contorno della sua figura. Non ottenendo risposta, si morse il labbro e si infilò sotto la tenda, si sfilò rabbiosamente gli stivali gettandoli sulle coperte che Rashad le aveva preparato. Piena di vergogna verso se stessa, nascose il volto infiammato tra le braccia. *Sei così stupida, Maya! Ora crederà che volessi offrirgli il mio corpo per ringraziarlo del suo aiuto! Spero che non decida di lasciarmi qui da sola nel deserto. Me lo meriterei!*

Rashad stringeva il boccale con tale forza da temere che potesse spezzarsi da un momento all'altro. Fino a pochi istanti prima era stato ancora abbastanza convinto di aver intrapreso questa pazzia solo per tener fede al *rafiq*, ma il deserto, per quanto esso stesso tendesse trappole ingannevoli, non ammetteva illusioni a metà. Non per niente attirava da sempre profeti e santi, che vi sentivano la parola e la presenza di Dio. Il deserto offriva solo verità o pazzia, mai niente di meno. E Rashad, figlio di Fahd, figlio del figlio di Husam al-Din, della tribù al-Shaheen, non sapeva bene a quale delle due si affidasse, quando posò il boccale e si alzò, per dirigersi verso la tenda, in un gesto di disobbedienza verso l'onore e il dovere mai osato prima in vita sua, deciso a seguire il proprio cuore, che aveva avuto l'audacia di affermarsi con tanta forza dentro di lui da fargli oltrepassare la sottile linea tra giusto e sbagliato.

Maya doveva essersi addormentata combattuta tra i sensi di colpa, perché trasalì sentendo dei rumori, un lieve tintinnio, uno scalpiccio. Trattenne il respiro e al di sotto del battito del proprio cuore percepì il leggero ansito di un altro respiro. Allungò la mano nella totale oscurità della tenda. Avvertì un lieve formicolio sulla pelle, prodotto dal calore emanato da un altro corpo umano. Serrò le labbra, incredula, poi curvò la bocca in un sorriso. Protese di più il braccio e soffocò un grido sorpreso quando qualcosa l'afferrò al polso, la trascinò sulle coperte fino al fulcro di quell'irresistibile calore. Con il volto cercò il respiro di lui, vi si chinò sopra, posò dolcemente la bocca sulla sua, dove la lasciò immobile per un istante prima di baciarlo.

Rashad era immobile e Maya temeva già che si sarebbe sottratto, l'avrebbe allontanata da sé, invece lui ricambiò il suo bacio. Duro e pungente all'inizio, quasi in un tentativo di difesa. Ma Maya lo lusingò e lo circuì con le labbra e con la lingua, finché la bocca di lui si ammorbidì sotto la sua, si aprì, cominciò a dare quanto riceveva. Lei inspirò con violenza quando lui l'afferrò per le spalle, le accarezzò le braccia, si premette contro di lei, poi la staccò da sé per sfilarle il panno dalla testa, e pettinarle la chioma con le dita callose, a cui i capelli rimasero attaccati come sanguisughe. Lei appoggiò bocca e naso contro il suo collo, udì il battito sotto la pelle, si immerse nel suo aroma, pesante, come un legno intriso di acqua di mare. Sussultò, quando con le dita toccò il freddo metallo delle cartucciere, che egli si sfilò prontamente. Maya udì un lieve tintinnio quando le mise da parte, poi un altro, quando si slacciò la cintura. Si bloccò.

Era un suono che le risultava familiare, anche se era da tanto tempo che non lo sentiva più. Scoppiò in una risata muta, quando si rese conto del dove. *Il mio sogno, è come nel mio sogno...*

Si liberarono dei vestiti uno strato dopo l'altro, fino a restare pelle contro pelle. Maya aderì al corpo di lui, coprendolo con la propria nudità. *È assurdo*, le venne da pensare, *quello che stiamo facendo è del tutto assurdo.* Ma quel pensiero si dissolse subito in un sospiro beato che sgorgò da dentro di lei, quando lui le esplorò il corpo con la bocca e le mani. Le circostanze del loro incontro, ciò che avevano alle spalle, ciò che li aspettava, niente di tutto questo aveva posto nella piccola tenda in mezzo al deserto, sotto la luna color zafferano. Lì c'erano solo un uomo e una donna, che si desideravano. Quando le scivolò dentro, il cuore e il respiro di lei si fermarono un istante, per poi riprendere più veloci, allo stesso ritmo con cui si muovevano l'uno nell'altra. A Maya sembrò di arrampicarsi fra le sue braccia su uno scoglio, lentamente e a scatti, di fermarsi in precario equilibrio sul ciglio, fare un profondo respiro e poi tuffarsi in un profondissimo mare.

Quando il mattino successivo si svegliò era sola, pudicamente coperta. Si vestì in fretta e poi rimase per qualche minuto dentro la tenda, indecisa, prima di farsi coraggio e uscire. Rashad le voltava le spalle e stava caricando sul cavallo l'ultimo otre d'acqua. Il cuore le batteva veloce e spaventato, per paura che quanto successo tra di loro non significasse niente per lui, fosse stato solo un impeto di passione notturna completamente svanito nella luce abbagliante e rovente del giorno. Ma quando si voltò a guardarla, comprese che non era così. La fissò a lungo, alla fine le sorrise e Maya comprese che anche lui provava il suo stesso sentimento.

Restavano ancora due giorni e una notte. Due giorni da trascorrere avanzando faticosamente nel deserto, da una sorgente all'altra, in compagnia di polvere e sabbia, qualche rara lucertola che guizzava intorno a loro e un serpente spaventato che si allontanò scivolando lateralmente sulla sabbia. Giorni durante i quali non parlarono, perché erano giunti ormai al di là di qualsiasi parola. Bastavano gli sguardi, il modo in cui a volte i loro cavalli si affiancavano e le loro ginocchia si sfioravano. La mano di Rashad che stringeva la sua per un breve istante. Una notte in cui con le carezze si dissero tutto quanto restava ancora da dire. Un uomo e una donna, lontani da ogni concezione del bene e del male, al di là dei confini creati dagli esseri umani. Due anime che si erano ritrovate, senza essersi mai cercate. Il paradiso in mezzo alla sabbia, la polvere e il caldo.

Era il loro terzo giorno nel deserto di Ramlat as-Sabatayn, gli zoccoli dei cavalli calpestavano nuovamente un terreno più solido e roccioso che permetteva loro di procedere più speditamente. Rashad di colpo fermò il proprio sauro.

«Che cosa c'è?» Maya lo raggiunse. Lui scrollò il capo e si portò un dito alle labbra, poi girò la testa in tutte le direzioni, il volto teso e concentrato. Anche Maya si mise in ascolto, ma a parte il sibilo del vento che spazzava il terreno sollevando nuvolette di sabbia, non riusciva a sentire niente.

«Arrivano», annunciò lui in un tono sobrio e distaccato.

Maya chiuse gli occhi. Una vibrazione le attraversò la pelle, sfiorandole i peli sulle braccia. Un lieve fremito le agitò lo stomaco. Come se il suo corpo fosse più sensibile del suo orecchio. Maya però non capiva da dove venissero, e riaprì gli occhi.

«Sono due gruppi», spiegò Rashad. «Uno da là», indicò nella direzione dalla quale erano venuti loro. «Arabi. I miei uomini e quelli del sultano. L'altro da là», indicò un punto obliquo davanti a loro, nella luce accecante del tardo pomeriggio. Maya socchiuse gli occhi per il riverbero, poi fu costretta a distoglierli. «Cammelli, preceduti da due cavalli, ma non sono arabi. Inglesi dal passo più pesante.» Chinò lo sguardo sulle proprie mani che stringevano le redini. «La nostra strada è giunta al termine, Maya.»

Sembrava rilassato, quasi sereno, e Maya capì che tutto stava andando come aveva progettato: evitare gli uomini del sultano che erano partiti all'inseguimento del guerriero traditore e dell'ostaggio da lui sottratto, fino a che gli inglesi fossero abbastanza vicini da permettergli di affidare loro Maya. Fu colpita dalla sua capacità strategica, ma l'ammirazione venne inghiottita subito dalla marea della tristezza che la sommerse. Aveva saputo che questo momento sarebbe arrivato, eppure se ne sentiva sorpresa, stranamente tradita. Maya si sforzò di deglutire il groppo che le chiudeva la gola. «Dove andrai tu?»

Rashad evitò il suo sguardo, fissò le cinghie dei finimenti, le accarezzò con le dita, le afferrò da sotto, quindi le lasciò nuovamente. «Andrò incontro ai miei uomini, per trattenerli e fare in modo che voi possiate tornare indietro senza incontrare ostacoli.»

«Che cosa ti faranno?» La voce di Maya era solo un sussurro.

La bocca gli tremò sotto la barba. «Mi sottoporranno al giudizio del loro tribunale.»

Maya strinse le palpebre per la sofferenza che l'assalì pensando a quale potesse essere la sentenza. «Non posso permetterlo», obiettò roca.

Rashad la guardò e rise piano. «Maya, io sono un al-Shaheen. Ho infranto il giuramento verso il mio sultano. E ho macchiato due volte l'onore: il tuo e il mio.» Abbassò la voce. «Non mi pento di nulla. Ma non posso neppure fingere che non sia accaduto niente.»

Lei lo capiva, eppure si ribellava con tutta se stessa. «Allora scappa», lo implorò, «oppure vieni con me!»

Il suo sguardo si intenerì. «Ormai non è più possibile nessun 'oppure', Maya. Non riuscirò a sfuggirgli, sono molto numerosi, in sella a cavalli veloci almeno quanto il mio. Non posso aspettarmi clemenza neppure dalla tua gente, per quanto», proseguì vedendo che Maya voleva replicare qualcosa, «per quanto tu possa cercare di intercedere per me. Per noi non esiste un luogo dove poter stare insieme. Torna da tuo marito», concluse dolcemente. «Io affronterò le conseguenze delle mie azioni, mantenendo così l'ultimo briciolo d'onore che mi resta.

Almeno», corrugò le sopracciglia fino a unirle alla radice del naso, «se non altro ho tenuto fede al *rafiq*: torni sana e salva dalla tua gente.»

«Non voglio restare senza di te», obiettò lei in un sussurro, mentre le prime lacrime le sgorgavano dagli occhi rigandole le guance.

«Non accadrà», replicò lui con voce arrochita. Le prese la mano e se la posò sul petto, nel punto in cui il cuore gli batteva sotto il tessuto indaco. «Questo ti appartiene. Finché esisterò, tu sarai qui dentro.»

Quando la lasciò, lei si portò le mani alla nuca e sganciò la chiusura della catena che portava al collo, poi fece un cenno a Rashad che abbassò ubbidiente il capo verso di lei. Gli mise al collo il medaglione dei nonni e la fede nuziale che erano infilati alla catena, a simboleggiare tutto ciò di sé che gli lasciava. Sentirlo così vicino, avvertire la sua pelle sotto le dita, le provocò uno strazio indicibile, mentre controllava che la chiusura fosse ben agganciata.

«Che possa proteggerti, Rashad della tribù al-Shaheen...» Le mancò la voce e abbassò le mani, posandole sulle redini. Ma non aveva intenzione di allontanarsi; rimase a guardarlo, tentando disperatamente di imprimersi nella memoria ogni minimo dettaglio del suo aspetto esteriore. Perché sapeva che ogni abbraccio, ogni bacio l'avrebbero straziata di fronte alla ineluttabilità dell'addio.

«*Yalla!*» gridò lui con forza, dando una pacca alla groppa del cavallo di lei che balzò in avanti con un nitrito, ridestando Maya dal proprio torpore. Lei si voltò un'ultima volta a guardarlo.

Rashad la seguì con gli occhi, si portò la mano destra socchiusa alle labbra, poi alla fronte, mormorando parole che lei non poteva più udire, poi aprì leggermente le dita e le rivolse verso il cielo. Fu un gesto lieve, come una preghiera o un giuramento che inviava lassù, ad Allah, prima di spronare il sauro e partire al galoppo nella direzione opposta.

Maya si sforzò di guardare davanti a sé, guidando il cavallo nella direzione indicatale da Rashad. Accecata dalle lacrime, cavalcava a tentoni nella luce abbagliante del sole. Finché dal terreno vide spuntare, fluide e vibranti, le sagome di due cavalli, piatte e ondeggianti come un miraggio, con in sella due uomini dalle uniformi rosse. Gli uomini di Coghlan.

«Tenente!» Ralph trasalì. La strada gli sembrava interminabile, e nonostante avesse acquistato un buon cavallo a Nisab, pagandolo una somma esorbitante, avanzavano a fatica, perché gli uomini di Muhsin con i cammelli continuavano a procedere con andatura indolente. Socchiuse gli occhi e guardò nella direzione indicata dal braccio del soldato Fisker. C'era un cavaliere che si avvicinava dal deserto, vestito di rosso e blu, e imboccò la via dell'incenso, procedendo con passo incerto, come se il suo cavallo fosse molto stanco oppure egli fosse confuso e sfinito.

Sono lì. Mi riporteranno a casa. A casa. Assalita da un'improvvisa ondata di sollievo, Maya si strappò il turbante, si scrollò i capelli e agitò la *keffiyeh* indaco verso di loro.

Il soldato Fisker e il tenente Ralph Garrett si scambiarono un'occhiata perplessa, poi spronarono i cavalli e partirono al galoppo, per prendere in consegna Maya e riportarla sana e salva sino a Aden.

Ma lei percepì nitidamente che una parte di sé restava lì nel deserto. Con Rashad.

IV

Il corso del destino

Perché ci incontriamo sul ponte del tempo
per scambiarci un saluto e separarci?
Ci incontriamo per separarci;
ma il folletto che è in me domanda:
forse ci separiamo per incontrarci? Ah! È così?

RICHARD FRANCIS BURTON,
The Kasidah of Haji Abdu El-Yezdi

1

Elizabeth Hughes, nata Greenwood, richiuse in silenzio la porta della camera degli ospiti e scese in punta di piedi la ripida scala. Giunta a metà, le parve di aver sentito un rumore, così si fermò e rimase in ascolto. Trasse un sospiro di sollievo constatando che si era trattato solo delle gocce di pioggia che tamburellavano sul tetto e contro i vetri, e riprese a scendere. Giunta davanti alla porta del salotto, si fermò. Betty, la sua cameriera, che ormai aveva all'incirca la sua età, era indaffarata intorno al carrello di servizio, sforzandosi di fare meno rumore possibile, mentre serviva il tè e posava le tazze piene sul tavolino basso accanto ai tramezzini al cetriolo e alle fette di torta. Zia Elizabeth rimase a fissare piena di compassione le ampie spalle nell'uniforme rossa e dorata che spuntavano dalla bassa spalliera della poltrona, la nuca con i capelli color sabbia ben pettinati, leggermente china in avanti. *Povero ragazzo, deve essersi addormentato di colpo.*

«Grazie, Betty», sussurrò con un cenno del capo, mentre la buona donna faceva la riverenza e tornava in cucina, poi entrò in salotto in punta di piedi, per posare la testa stanca su un cuscino. Ma il tenente Ralph Garrett non dormiva.

«Portami a Bath», lo sentì mormorare. Quelle parole gli uscirono flebili dalla bocca, come se non avesse neppure più la forza di parlare. «Continuava a ripetere, 'Portami a Bath da zia Elizabeth'.»

Invece di prendere i cuscini dal divano come pensava inizialmente, zia Elizabeth si voltò verso il mobile basso di fianco alla porta con le ante decorate da cestini di frutta intagliati, si chinò faticosamente a girare la chiave poi tirò fuori due bicchieri panciuti e una caraffa di cristallo.

«Non so come vi sentite voi», disse mentre richiudeva le ante con il gomito, tornava verso l'ospite e si sedeva con un sospiro sul divano. «Ma a me occorre proprio un cognac.» Mentre parlava, riempì i due bicchieri e li posò davanti a sé e a Ralph, lasciando la caraffa per sicurezza a portata di mano.

Ralph rimase immobile, lo sguardo fisso davanti a sé, gli avambracci appoggiati sulle ginocchia. Zia Elizabeth bevve una generosa sorsata, tossicchiò quando la forte bevanda le scese per la gola, poi irradiò nel suo stomaco un calore che si propagò subito fino alla punta delle dita. Aveva creduto di morire quando quel giorno, a metà mattina, inaspettatamente e senza preavviso, si era trovata davanti all'ingresso della sua casa al numero 4 di Sydney Place sua nipote e il marito, dopo mesi senza loro notizie e in condizioni deplorevoli. Dopo lo spavento iniziale, il senso pratico di zia Elizabeth aveva ripreso il sopravvento e lei aveva ordinato a Betty di preparare un bagno caldo, mentre faceva accomodare Ralph nel salone, poi aveva spedito Maya nella vasca, le aveva fatto indossare una delle sue camicie da notte di pizzo e l'aveva accompagnata a letto, dove la nipote si era addormentata all'istante. Solo adesso si prendeva il tempo di osservare più attentamente Ralph, il marito della nipote.

Dalla prima volta che aveva visto il tenente – *Santo cielo, era passato già più di un anno; mio Dio, come passa in fretta il tempo!* – egli era spaventosamente cambiato. Era smagrito, aveva il volto bruciato dal sole, le labbra screpolate come se avesse attraversato tutto il Sahara. Anche Maya aveva un aspetto tormentato; portava un vestito troppo grande di qualità mediocre ed era segnata da strapazzi fisici. *Ma forse è questo l'aspetto che si ha quando si torna all'improvviso dalla selvaggia Arabia...* ciò che tuttavia aveva spaventato Elizabeth più del resto era l'espressione che aveva letto sul volto di entrambi: grande spossatezza, soprattutto, ma anche le tracce di avvenimenti travolgenti, che avevano sconquassato in profondità il loro animo. Erano stati soprattutto gli occhi di Maya a spaventare la zia: grandi e dilatati, sembravano vuoti, come se cercassero qualcosa che non potevano trovare. *Naturale che sia voluta venire da me prima; a Gerald e Martha si sarebbe spezzato il cuore a vederla così! Allora non ha perso del tutto la ragione...* «Vorreste raccontarmi che cosa vi è accaduto?»

Fu come se la domanda impiegasse diverso tempo a raggiungere Ralph. Rimase a lungo immobile, poi fece un respiro profondo e si strofinò le mani sul viso. «Mi rincresce, Mrs. Hughes, ma non posso parlarne. Ordini superiori.»

Zia Elizabeth inspirò sonoramente dal naso. «Mio caro Ralph, posso chiamarvi Ralph, giusto? Ora fate parte della famiglia... segreto militare o no, secondo voi chi vi sta seduto davanti? Esattamente, una signora di età avanzata, che trascorre le sue giornate a bere tè, fare l'uncinetto, ricamare e frequentare la parrocchia. Secondo voi che cosa succederebbe se mi presentassi al giornale locale per rivelare i vostri tanto misteriosi segreti, spargessi la voce per la città, oppure mi presentassi al cospetto di Sua Maestà in persona per spifferare tutto? Eh? Esatto! Nessuno mi darebbe il minimo credito!» Si riempì di nuovo il bicchiere che intanto aveva svuotato e posò la caraffa di malagrazia. «Vi siete guadagnato il mio rispetto per l'audacia dimostrata nel fuggire via con mia nipote. Ma riportarmela in uno stato tanto deplorevole, per questo mi dovete una spiegazione! Allora, parlate!»

Persino il colonnello Coghlan o il tenente Playfair avrebbero quantomeno chinato istintivamente il capo di fronte a questa tonante dichiarazione. Per quale motivo allora il tenente Garrett avrebbe dovuto tenere più a lungo nascosta la verità? Così cominciò a raccontare, del rapimento di Maya e dell'ordine ricevuto da Coghlan di riportarla indietro, del suo viaggio attraverso l'entroterra arabo fino al momento in cui aveva visto Maya venirgli incontro a cavallo sull'antica via dell'incenso e aveva potuto finalmente riabbracciarla. Man mano che Ralph raccontava, zia Elizabeth inarcava sempre di più le sopracciglia, sino a sfiorare l'orlo della cuffietta vedovile. E se il suo racconto non avesse corrisposto parola per parola con ciò che lei aveva letto sul volto di Maya non avrebbe creduto a una sillaba di quanto andava dicendo. Come invidiava l'universo maschile in generale, e suo fratello in particolare, per il conforto che potevano trovare in una bella pipa. I gesti meccanici di svuotare il fornello, caricare la pipa, accenderla e fumarla con dedizione permettevano di concentrarsi completamente sull'ascolto mettendo intanto ordine tra i pensieri. Il paio di calzini cominciati, l'ennesimo delle diverse dozzine che ogni anno realizzava ai ferri per beneficenza, sarebbe stata una valida alternativa. Tuttavia non osava alzarsi per andare a prendere il cestino da cucito, per non dare a Ralph l'impressione di non prendere sul serio il suo avventuroso racconto.

«Dapprincipio sembrava esaltata e contenta», proseguì, afferrando saldamente il calice con il cognac. Zia Elizabeth era una di quelle persone con le quali anche un perfetto sconosciuto era indotto ad aprire il proprio cuore, rivelandole le paure più profonde. Ralph Garrett in questo non costituiva un'eccezione. «Ma con il passare del tempo, è diventata sempre più taciturna e triste. Come se ricordasse cose accadute durante il viaggio d'andata e ci soffrisse. Giunti a Aden poi», bevve una lunga sorsata, fece un profondo respiro e bevve di nuovo, «ha cominciato a comportarsi come una pazza. Non voleva restare lì nemmeno un giorno di più, non sopportava la mia vicinanza. Non ha permesso neppure a Styggins – voglio dire, il nostro medico, il dottor Steinhäuser – di visitarla per vedere se stava bene. Per fortuna», rivolse un cenno di ringraziamento a zia Elizabeth che gli riempì nuovamente il bicchiere, per poi versare anche a se stessa un altro goccio di cognac, «per fortuna il colonnello Coghlan mi ha concesso subito una licenza. Dei miei sessanta giorni di ferie per l'anno passato, ne ho consumati già la metà con il viaggio a Ijar e ritorno, ma Coghlan si è reso conto che sia Maya sia io avevamo assoluto bisogno di riposo, e mi ha messo in licenza fino a metà novembre.» Si massaggiò la fronte con la mano libera. «Deve essere stata un'esperienza spaventosa per lei. Almeno è ciò che immagino, perché non vuole parlarne, ma continua a ripetere testarda di stare bene. Invece non è così! Quei bastardi», s'interruppe sopraffatto dall'emozione, «quei bastardi non le hanno lasciato neppure la fede nuziale e la catena con il medaglione!» Inclinò il naso verso l'alto, se lo strofinò con il dorso dell'indice, ma rifiutò il fazzoletto di pizzo che zia Elizabeth voleva offrirgli. «E Coghlan», sul volto di Ralph comparve un'espressione di profondo disprezzo, «Coghlan non ha nessuna intenzione di intraprendere misure punitive. 'Che cosa volete ancora, tenente'», sentenziò, imitando i modi sprezzanti del suo superiore. «'Ve l'hanno restituita sana e salva! È tutto a posto!'» Ralph guardò il liquido ambrato nel bicchiere. «*Tutto a posto*», ripeté amareggiato. «Niente è a posto. Proprio niente.» Fissò zia Elizabeth e la sua voce era solo un sussurro impaurito. «Non la riconosco più, Mrs. Hughes. Non ha reagito in alcun modo neppure quando le ho detto di aver perduto i suoi importanti oggetti personali che volevo portarle. Non è più la mia Maya», aggiunse.

Ah, voi uomini e la vostra impossibile abitudine di parlare di noi donne in questo tono possessivo, come d'un cane! Il mio spaniel Lord Nelson. La mia Elizabeth. La mia Maya. E quanto vi piace lamentarvi che a un certo punto non siamo più gli agnellini innocenti che un tempo voi avete liberato! Tuttavia, alla luce delle difficili settimane che Maya e suo marito avevano superato, zia Elizabeth decise di essere clemente. «Vedrete che tornerà tutto a posto! Maya è un'autentica Greenwood, e la nostra famiglia si è sempre distinta per il suo carattere tenace.» Rivolse un'occhiata di sincera compassione al giovane militare. «Anche voi avete bisogno di riposare. Purtroppo dispongo di una sola camera per gli ospiti, ma...»

«Vi ringrazio di cuore, Mrs. Hughes.» Ralph si alzò. «Vorrei ripartire oggi stesso, per arrivare dalla mia famiglia nel Gloucestershire. Devo chiarire alcune cose e sistemare anche alcune questioni economiche. Ho acceso debiti consistenti con l'amministrazione di Aden a causa di tutta questa storia. Se non voglio rischiare di dover restare lì per sempre per rimborsare il debito con la mia paga, devo occuparmene quanto prima.» Il salario ridotto delle ferie era stato appena sufficiente per pagare il viaggio di ritorno per sé e per Maya; al momento preferiva non pensare ai debiti di gioco che doveva ancora estinguere, e per pudore non ne aveva parlato con l'energica zia.

«Per voi ci sono prospettive di un trasferimento?» Grazie a Jonathan – *che Dio abbia in gloria la sua buonanima*; zia Elizabeth non riusciva mai a pensare al nipote prediletto senza sentirsi subito salire le lacrime agli occhi – tutta la famiglia Greenwood all'epoca aveva saputo del provvedimento disciplinare toccato a Ralph. Questi annuì. «Lo spero. Il colonnello è stato sollevato che Maya volesse tornare a casa a qualunque costo. Le donne non sono ben viste a Aden. Appoggerà ai massimi gradi il mio trasferimento, come ricompensa per la liberazione di Maya.»

Era sicuramente l'aspetto migliore di tutta quella vicenda: dopo il loro ritorno dalla guarnigione, il tenente Garrett e il soldato Fisker avevano scritto il loro rapporto e il colonnello aveva avuto solo parole di elogio per loro. Come aveva sperato Fisker, era stato nominato subito caporale, non da ultimo per il suo eroico salvataggio del tenente Garrett in occasione della sua caduta da cavallo al passo di Talh. E non solo.

Ralph inizialmente aveva tentennato quando Fisker aveva proposto di scrivere una versione rivista del loro incontro con Mrs. Garrett. Voleva che la cambiassero, che dicessero che avevano strappato Maya, rischiando la vita, a un'orda di banditi armati fino ai denti. Nessuno avrebbe mai potuto dimostrare che si erano messi d'accordo se avessero presentato ciascuno per sé una bugia bella e buona allo stato maggiore di Coghlan (a parte Maya, ma era improbabile che Coghlan o Playfair l'avrebbero interpellata: dopotutto era soltanto una donna, e per di più la pietra dello scandalo). Entrambi ne avrebbero avuto grandi vantaggi, soprattutto Fisker aveva sottolineato più volte e senza mezzi termini che la sua partecipazione a quella missione logorante era principalmente colpa di Ralph. Alla fine Ralph aveva acconsentito: *tutto*, pur di andarsene da Aden. Di tanto in tanto era tormentato dai rimorsi, quando ci pensava: di certo non si sentiva proprio un eroe. Se non altro aveva raccontato la verità almeno a zia Elizabeth, e di questo ne andava fiero.

«Non preferite fermarvi almeno un paio di giorni?» insistette la donna in maniera amichevole. «Almeno finché Maya non si sentirà meglio?»

Ralph scrollò le spalle. «A che scopo? Tanto non potrei fare niente, perché mi ignora del tutto. Prima sistemerò le cose, meglio sarà anche per lei. So che con voi è nelle mani migliori, Mrs. Hughes.»

Siccome, dopo i due decenni abbondanti trascorsi accanto al suo caro marito, Elizabeth Hughes aveva imparato a non sorprendersi troppo per i comportamenti in apparenza inspiegabili degli uomini, soprattutto nei momenti di crisi, decise di non insistere più a lungo, lo salutò calorosamente e indicò a Betty di accompagnarlo alla porta. Da parte sua si mise allo scrittoio per scrivere in tutta fretta qualche riga per informare Gerald Greenwood che la figlia aveva appena fatto ritorno dalla sua avventura araba. Sana e salva, di questo non doveva preoccuparsi, ma piuttosto provata. Per questo pregava lui e Martha di aspettare qualche giorno prima di mettersi in viaggio, per riguardo nei confronti di Maya in attesa che si riprendesse un poco.

Con la penna sollevata a mezz'aria, si soffermò un attimo a riflettere circa le disgrazie che nel giro di poco tempo avevano colpito la famiglia del fratello. «Eh già», sospirò alla fine, rimettendo a posto la cancelleria e richiudendo il mobile. «Le vie del Signore sono imperscrutabili.»

Inviò Betty con il messaggio all'ufficio postale affinché inviasse un telegramma a Black Hall, poi ritornò di sopra a vegliare al capezzale di Maya.

2

Il sonoro rintocco del campanile penetrò nel dormiveglia di Maya, insistente, e quando la sua eco si fu spenta fu seguito da uno scampanellio più vivace. Era un suono familiare, e tuttavia sconosciuto, e non era quello delle campane di St. Giles. Maya sbadigliò di gusto, si stirò e si sollevò sui gomiti. Una lieve corrente d'aria le accarezzò i capelli. Piegò la testa all'indietro e guardò di lato verso la finestra socchiusa. Oltre le tende di pizzo e il vetro vide il cielo estivo e azzurro solcato da brandelli di nuvole bianche soffici come zucchero filato. Mentre il riverbero delle campane riecheggiava nella stanza, Maya udì l'ansito sibilante di una locomotiva. La linea della Great Western Railway attraversava i Sydney Gardens, su cui si affacciava la casa della zia. Maya e Ralph erano arrivati da Londra il giorno prima proprio con quella ferrovia, raggiungendo la cittadina sull'Avon, circondata da sette colline, dominata dalla celebre abbazia tardogotica e costellata di edifici georgiani. I binari, attraversati da ponti in ferro, erano incassati tra profondi muraglioni, in modo da non rovinare il panorama agli ospiti paganti dell'istituto di cura quando passeggiavano lungo i viottoli ghiaiosi tra le aiuole fiorite e i prati verdi, si accomodavano sulle seggioline bianche laccate per ordinare da bere nella hall dalle linee classiche del Sydney Hotel, oppure si incontravano al padiglione per ascoltare musica dal vivo. I visitatori passeggiavano tra boschetti cedui e abetaie tra i cui rami saltellavano scoiattoli, ammiravano le grotte e le cascate nascoste tra gli alberi, attraversavano i delicati ponti di ghisa in stile cinese, sotto i quali scorrevano le acque verdi e scintillanti del canale che collegava i fiumi Avon e Kennet, oppure per pochi penny vagavano per il labirinto di siepi di bosso. Londra aveva i Vauxhall Gardens per le passeggiate diurne e i divertimenti notturni discreti o chiassosi. E Bath, famosa fin dai tempi dell'antica Roma come città dalle calde sorgenti curative, e in epoca moderna per i suoi tavoli da gioco, aveva i Sydney Gardens.

Lo sguardo di Maya si posò su un tavolino in un angolo tra la finestra e il letto, su cui era collocato un vassoio con una tazza, un bricco di latte, una zuccheriera e una teiera panciuta coperta da un panno amorevolmente ricamato. La colazione era completata da un portauovo a forma di teiera, un piatto con fette di pane tostato, una ciotolina con riccioli di burro e altre due con marmellata d'arancia e miele e pervadeva l'aria con un profumo irresistibile di casa e ricordo. Maya sorrise trasognata. *La buona zia Elizabeth!* Non esisteva nessuno generoso e benevolo quanto lei. Da zia Elizabeth si veniva accolti a braccia aperte anche dopo mesi passati senza dare notizie, presentandosi a sorpresa alla sua porta.

Maya si mise seduta sul letto cigolante, avvicinò a sé il tavolino, armeggiò con stoviglie e posate e sospirò beata bevendo il primo sorso di tè. Era intenso, quasi amaro, con molta panna fresca e poco zucchero, esattamente come le era sempre piaciuto berlo. Niente tè troppo dolce come a Aden. *È finita. Non dovrò mai più tornare laggiù.* Ma neppure fagioli macinati con una pietra, cotti su un falò e aromatizzati con lo zenzero. *È finita.* Maya strinse la tazza con entrambe le mani e se la posò sul petto, per scaldarlo e provare ad allentare il nodo che la soffocava. Il lieve scatto della serratura le fece alzare lo sguardo, mentre un sorriso le saliva sul volto. «Buongiorno.»

«Buongiorno, cara», rispose zia Elizabeth infilando oltre la soglia anche le voluminose gonne dopo la testa e il busto. «Sono passata a farti un saluto prima di andare in chiesa. Ma visto che sei sveglia...» Fece per posare l'innario sul comò accanto alla porta e per sfilarsi i guanti neri di pizzo.

«Non preoccuparti, va' pure. Io mi terrò occupata con questa.» Maya indicò soddisfatta il vassoio della colazione.

Zia Elizabeth la esaminò attentamente e, nonostante l'espressione compiaciuta, domandò: «Come ti senti?»

Maya inclinò la testa da una parte all'altra e alla fine annuì con un profondo sospiro. «Bene. Un pochino», si massaggiò l'addome con un ampio movimento, poi dal collo alle clavicole e fino alle spalle che inarcò leggermente all'indietro, «tesa e indolenzita.» Era come se avesse il bacino spostato, il busto schiacciato. Nulla di sorprendente, dopo i chilometri percorsi a cavallo, per mare, in treno e in carrozza. «Probabilmente dipende dal lungo viaggio, e passerà presto.» Esitò. «Ralph... Ralph ti ha raccontato che cosa...» Tacque, vedendo la zia abbassare brevemente le palpebre in un cenno d'assenso. Si morse il labbro e si rigirò la tazza tra le mani, immersa nei propri pensieri.

«Ho telegrafato a tuo padre», la informò zia Elizabeth dopo una breve pausa. «Partiranno dopodomani. I tuoi genitori e Angelina.»

Maya annuì, poi aggrottò la fronte come se le fosse venuto in mente improvvisamente qualcosa. «Che giorno è oggi?»

«Domenica, 22 luglio.» Sotto lo sguardo irritato di Maya, si affrettò a precisare, «dell'anno del Signore 1855. E per la precisione sono», alzò il dito indice per ascoltare meglio i nuovi rintocchi del campanile, «le 11 e 10.» Maya ridacchiò piano nella tazza che si era portata nuovamente alle labbra. La zia la guardò affettuosamente. «Sono contenta che tu ti senta meglio.» Con un profondo respiro, che fece scricchiolare il corsetto sotto l'abito a lutto, si infilò l'innario sotto il braccio e si raddrizzò i guanti ai polsi.

«Io e Betty torneremo da St. Mary tra un'ora.»

La porta si richiuse e il sorriso che era comparso come per magia sul volto di Maya grazie all'allegria della zia scomparve, sostituito da un'espressione assorta. Posò la tazza, spalmò di burro una fetta di pane e la mordicchiò distrattamente.

22 luglio... era maggio quando aveva letto la lettera di Richard a casa del dottor Steinhäuser a Aden. L'8 maggio, se non ricordava male, giorno più, giorno meno. Ma allora perché era soltanto luglio, se lei era stata via così a lungo? Maya ripercorse tutti gli avvenimenti l'uno dopo l'altro, contò mentalmente i giorni, ma non riusciva a venirne a capo. Gettò il pane distrattamente sul piatto, si alzò e si avvicinò al piccolo scrittoio da dove tirò fuori inchiostro, carta e penna. Poi si mise a sedere sullo sgabello ricamato a piccolo punto e annotò velocemente tutte le date e gli intervalli di tempo che ancora ricordava, cercando di mettere gli avvenimenti in ordine cronologico. Provò e riprovò varie volte, ma il risultato era sempre lo stesso, anche se Maya non voleva fidarsi dei numeri. Aveva trascorso un anno a Aden, prima che Rashad e i suoi uomini la rapissero. Il viaggio fino a Ijar era durato una settimana. Togliendo il ritorno a Aden e poi il viaggio fino in Inghilterra, restavano solo due settimane all'incirca. Possibile che avesse trascorso così poco tempo nella reggia di Ijar? Le sembrava che fossero stati mesi. Maya dubitava dell'infallibilità della matematica, delle proprie capacità di calcolo, quando, con il foglio in mano, si mise a sedere sul ciglio del letto. Eppure il risultato era sempre quello: due settimane a Ijar. *E due notti nel deserto...*

Strinse involontariamente il pugno, appallottolò il foglio con tale forza fino a sentire dolore ai tendini. Girò lo sguardo per la stanza, in cerca di un appiglio. L'arredamento era tipicamente inglese, un po' antiquato e consumato, lontano mondi da ciò che Maya aveva visto e vissuto nel sud dell'Arabia. Era come se avesse trascorso quei giorni su un'altra stella, in un altro secolo. In uno spazio senza tempo, in sogno. *Ma non ho sognato... è successo davvero...* Assalita all'improvviso dalla paura di aver perso la ragione, si guardò intorno, balzò in piedi, trovò la sua valigia accanto al comò, camminò a piedi scalzi sullo scendiletto e sulle assi. Si inginocchiò, fece scattare le cerniere, tirò fuori precipitosamente lo scialle indiano, ne tastò l'orlo, armeggiò con dita febbrili su uno degli angoli. Alla fine riuscì a sciogliere il nodo che aveva fatto nel bungalow di Aden stringendo forte. Un piccolo disco metallico scivolò fuori, rimbalzò tintinnando sul pavimento di legno, girò su se stesso, sempre più lentamente fino a fermarsi. Quasi temesse di vedersela svanire tra le mani, Maya raccolse la moneta con la massima cautela. Singhiozzò, scoppiò a ridere, si asciugò le lacrime per poter vedere meglio: era la prova che era stata per davvero lì.

Nascose il volto nello scialle. Era consumato, sbiadito a un verde chiaro e color cammello, non serbava più l'odore di Ralph, come all'inizio quando lui glielo aveva ridato. Sapeva solo di sole e sabbia. *Jonathan...* era passato un anno e mezzo da quando lei era partita da Black Hall. Era stato l'anno e mezzo più lungo della sua vita, e più movimentato. All'incirca cinquecentocinquanta giorni e altrettante notti. Non aveva raggiunto le mille e una, anche se poteva darle questa impressione. *Solamente due notti...*

Maya strinse forte la moneta di Himyar, poi allentò la presa, combattuta tra la superstizione che essa serbasse ancora qualcosa di Rashad che lei poteva sentire attraverso la pelle, e il timore di distruggerlo con il semplice contatto. *Dove sarai adesso, Rashad della tribù al-Shaheen? Che cosa ti hanno fatto? Sei ancora vivo?*

Durante i primi giorni del viaggio di ritorno, Maya si era mostrata ancora valorosa, ma giunta alla pozza d'acqua dove aveva fatto il bagno con Djamila – *Sei ancora viva, Djamila? Come stai?* – i ricordi l'avevano travolta. A ogni tappa del viaggio, che fosse Nisab, la distesa sabbiosa di Al-Hadhina, il *Bilad ash-Shaitan*, sul passo di Talh e ad Az-Zara, dove Ralph, per lo sfinimento e spinto dall'istinto di protezione, con la sua uniforme rossa aveva minacciato il sultano in maniera autoritaria e convincente di una ritorsione militare da parte della sua guarnigione se non li avessero lasciati immediatamente passare, dappertutto Rashad cavalcava accanto a Maya. Più sfuggente di un miraggio, inafferrabile, e ancor più doloroso della sua spettrale presenza. L'aveva seguita fino a Lahej, i cui giardini e i campi lei vedeva per la prima volta, i cespugli di caffè con le bacche rosse e le piantagioni di cotone con i soffici batuffoli tra il fogliame. A Aden, Suez, il Cairo, Alessandria e sul mar Mediterraneo; persino lì a Bath, a casa della zia, sentiva la sua voce rauca, la sua risata. Come si poteva sfuggire a un fantasma che dimorava nel proprio intimo?

Maya scrollò energicamente il capo, come per scacciare il

pensiero di lui, l'insostenibile marea di immagini e sensazioni che continuavano a travolgerla. Non serviva a niente. Non avrebbe mai più rivisto Rashad. Era stato inghiottito dalla sua terra, con le sue strane leggi e le sue usanze, e non ne sarebbe più uscito. Due notti che non potevano più esercitare il loro potere su di lei. Che cosa contavano infatti due notti a confronto della vita che le stava davanti?

Si riscosse e tornò a coricarsi, perché all'improvviso si sentiva stanca e priva di forze. Che cosa ne avrebbe fatto di questa vita, per la quale Djamila e Rashad avevano sacrificato la propria? Non doveva tornare a Aden, Ralph glielo aveva promesso. L'anello nero del cratere l'aveva tormentata come un incubo notturno, ancora più insopportabile dopo aver assaporato la libertà del deserto. Più soffocante da quando nel suo corpo, nella sua anima si agitavano tanta rabbia, tanto dolore e tanta tristezza per la felicità sfuggita. Si era sentita dilaniare dalla loro violenza, da quando Ralph aveva fatto in modo che ci fosse sempre qualcuno con lei, per impedirle di risalire alla Torre e di scomparire di nuovo. *Forse è stato meglio così, non so se avrei sopportato di tornare lì...*

Ralph, che la curava amorevolmente, chiedendole scusa con sguardi, gesti, parole, in continuazione da quando si erano incontrati ai margini della via dell'incenso. *Ah, le lettere, ho perso molto di più di queste lettere in Arabia...* Ralph, la cui vicinanza lei non sopportava, perché non era Rashad; perché sembrava sinceramente pentito del proprio comportamento verso di lei e così facendo le ricordava senza tregua che nel deserto lei si era macchiata di un tradimento che tuttavia non riusciva a giudicare tale. Grande era stato il suo sollievo quando lui l'aveva informata di voler proseguire fino al Gloucestershire dopo aver esaudito la sua richiesta e averla lasciata a Bath, e ancora più grande la vergogna, il disgusto per se stessa, per ciò che provava. Ma non poteva cambiare le cose. *Forse, col tempo, quando potrò dimenticare...* lui avrebbe chiesto un trasferimento, possibilmente in India. E lei era libera di scegliere se seguirlo oppure restare presso la sua famiglia, come erano solite fare tante mogli dei soldati britannici in servizio in India. *Ammesso che mamma e papà mi accolgano, dopo tutto ciò che è accaduto...* ancora una volta Maya dipendeva dalla benevolenza di altre persone. Non era libera. *Cambieranno mai le cose? «Sii felice, sii libera.» Ci proverò, Djamila.*

Un giorno, si ripromise. Un giorno avrebbe dimenticato tutto quello che le era accaduto in quell'anno e mezzo. Allora sarebbe stata soltanto una fotografia ingiallita, un'ombra nella sua memoria, il ricordo di un sogno particolarmente intenso, una svolta nel corso del destino, nient'altro. *Due notti: che cosa significano due notti...*

Quando zia Elizabeth tornò dalla messa domenicale nella chiesa di St. Mary su Church Street, trovò Maya che dormiva prona. Le sfilò dolcemente lo scialle dalle dita di una mano, e Maya protestò nel sonno, girandosi supina, l'altra mano sempre stretta a pugno. La zia ripose lo scialle con cura ai piedi del letto, ascoltando il mormorio della nipote. Era un suono senza senso, che somigliava a «*Rashad. Rashad.*»

«Poverina» mormorò Elizabeth accarezzando dolcemente la chioma spettinata della nipote. «Chissà che cosa hai dovuto passare! Ma te lo prometto: il tempo guarisce tutte le ferite!»

Ma nessuna delle due poteva immaginare – l'una per proteggere se stessa, l'altra per ignoranza – che il cuore di una persona non dimentica mai qualcosa che vi ha messo radici, per quanto venga brutalmente e prematuramente strappato via. E neppure quando il destino vi semina qualcosa di nuovo.

«Betty non è riuscita a togliere del tutto la patina grigia», sospirò zia Elizabeth due giorni più tardi nel salotto, rassettando il vestito di Maya. Era uno degli abiti di mussola leggera cuciti nella sartoria bengalese di Aden che erano stati infilati in fretta e furia nel bagaglio alla partenza di Maya da lì. Arricciando il naso raddrizzò uno dei volant inamidati e stirati da Betty, spazzolandolo con le dita. «Chissà che aria mefitica doveva esserci lì, per ridurre i tessuti in questo stato! Ma la gente lì se ne intende abbastanza di cucito, è tutto ben fatto, e per oggi dobbiamo fare un'eccezione e accontentarci.» Accarezzò il braccio di

Maya e le strinse le mani nelle proprie. «Sai, ho riflettuto...» Un profondo sospiro. «Forse non dovremmo dire niente ai tuoi genitori. Di questa... *faccenda* in Arabia. Il povero Gerald era già fuori di sé non avendo ricevuto risposta alle sue due lettere. Dopo quello che era accaduto a tuo fratello...» Tirò fuori un fazzoletto dalla manica, si asciugò gli occhi di colpo umidi e si soffiò il naso rumorosamente e senza alcuna grazia femminile. Maya le accarezzò le spalle in un gesto di consolazione e la zia annuì, battendole su una mano. Si mise in ascolto, tolse le dita di Maya dalla propria spalla e le strinse forte. «È arrivata una carrozza. Devono essere loro.» Si sollevò l'abito e uscì.

Maya andò alla finestra, scostò le pieghe della tenda di pizzo lunga fino a terra e sbirciò verso il selciato di Sydney Place. Una comoda carrozza con la capote abbassata si fermò davanti all'inferriata dell'abitazione. Era tutto nero dietro i due pomellati e il cocchiere vestito di verde con il cilindro: la carrozza, gli abiti e le cuffie di crêpe delle due dame, il velo che scendeva loro sulle spalle, la finanziera di Gerald, perché non erano ancora terminati l'anno di lutto per i genitori che avevano perso un figlio e i sei mesi per la morte di un fratello.

Gerald aprì lo sportello e scese, rivolse un cenno di saluto a Betty che fece una riverenza e alzò lo sguardo serio verso la facciata della casa. Aveva un colorito grigio, che non si distingueva dai capelli sotto il cilindro e dalla barba. Offrì la mano a Martha per aiutarla a scendere. Maya non ce la fece più a resistere in salotto, ma giunta a metà della scala perse il coraggio. Si aggrappò al corrimano e guardò verso l'ingresso più in basso. Betty stava prendendo il bastone da passeggio e il cilindro di Gerald e zia Elizabeth salutava il fratello con due baci sulla guancia informandosi sul viaggio e sul loro stato in generale. Con il cuore in gola e le gambe molli, una mano stretta a pugno tra le pieghe della gonna, Maya scese gli ultimi gradini.

Gerald Greenwood fu il primo a vedere la figlia. Il suo volto rimase inespressivo, ma una luce si accese nei suoi occhi castani. Spalancò le braccia, inclinò leggermente i palmi delle mani rivolte verso l'alto. Maya lo comprese immediatamente, gli corse incontro e lo abbracciò di slancio.

«La mia bambina», lo sentì mormorare mentre la teneva stretta, «la mia stolta e sconsiderata bambina.» Com'era fragile tra le braccia di lei, com'era rinsecchito sotto il peso dell'ansia e del dolore!

«Sono tanto addolorata», singhiozzò lei, «terribilmente addolorata!»

«È tutto a posto. Tutto a posto.» Il modo in cui le passò la mano sulla schiena, a metà tra una carezza e una pacca, tradiva tutto il suo disagio e il suo tumulto interiore. «L'importante è che tu sia tornata sana e salva.»

Angelina si intromise tra di loro, separandoli, poi gettò le braccia al collo della sorella; con la coda dell'occhio Maya vide il padre passarsi il dorso della mano sugli occhi e poi soffiarsi di nascosto il naso nel fazzoletto.

«Che scapestrata», le mormorò all'orecchio la sorella, tirando su col naso. «Pensavo che non t'avrei mai più rivista. Sapessi come mi mancava la tua saccenteria!» Si affrettò subito a staccarsi dall'abbraccio con la sorella maggiore, come se si pentisse di essersi fatta prendere da questo attacco di sentimentalismo ed esaminò raccapricciata il vestito della sorella. «Santo cielo, che razza di straccio ti sei messa?» Si riassettò costernata il copricapo tenuto perfettamente al suo posto dai nastri sotto il collo. «Era proprio ora che tornassi alla civiltà!» Maya rise, cauta e circospetta. Quando vide come le ammiccava Angelina, con grandi occhi azzurri lucidi di lacrime rivelatrici, le accarezzò delicatamente il braccio e per un istante le dita delle sorelle si intrecciarono.

Restava ancora la madre. Dritta come un fuso, le mani strette in grembo nei guanti di pizzo neri, sembrava l'incarnazione vivente di un tacito rimprovero. Una statua, nel cui viso lo scultore del destino nell'ultimo anno e mezzo aveva cesellato profonde linee ai lati della bocca, aveva scalpellato così a lungo sotto gli occhi da rendere la pelle rugosa e ombrata. Ciò che Martha Greenwood non mostrava all'esterno si rifletteva sul suo viso e non era possibile dire se le ciocche luccicanti alle sue tempie fossero dorate o già argentee. Contrariamente alle aspettative, protese la mano verso la figlia. Maya le si avvicinò ubbidiente e la strinse. Martha accarezzò con l'altra mano le spalle, il braccio, la guancia e il mento della figlia, come se volesse accertarsi che Maya fosse davvero tornata integra, poi la strinse tra le braccia senza parlare. Non si lasciò sfuggire neppure un suono, ma Maya avvertì il tremito che scuoteva le spalle della madre, e fu quasi come se fosse lei a consolare e Martha a ricevere conforto. Sempre in silenzio, Martha fece un passo indietro e si schiarì la voce, per ritrovare un contegno dignitoso. Ma quando Betty annunciò che fuori era tutto pronto e zia Elizabeth invitò tutti quanti in giardino a prendere il tè, Martha Greenwood non si staccò un istante dalla figlia.

L'atmosfera era tesa quando si accomodarono sotto il ciliegio nel piccolo giardino tranquillo, protetto dalle mura, tra rododendri e roseti, accompagnati dal cinguettio degli uccelli e dal ronzare delle api. Mentre sorseggiavano il tè gustando i famosi *Bath buns* – dolcetti lievitati con uva passa e granella di zucchero – con burro e marmellata, parlarono del più e del meno, e il divario cresciuto con il tempo tra Maya e la sua famiglia venne superato solo a fatica.

«Tutto ciò che scrivevo mi sembrava piatto e inconcludente», disse Maya per spiegare il proprio silenzio. Teneva gli avambracci appoggiati al bordo del tavolo e giocherellava con il cucchiaino da tè sospirando a disagio. «Quando finalmente avevo deciso di ritornare semplicemente a casa, non avevamo soldi.»

Martha Greenwood inarcò un sopracciglio e posò la tazza sul tavolino.

«È evidente che la paga a Aden era così ridotta che tuo marito non ha potuto nemmeno comperarti un anello nuziale», osservò indicando la mano sinistra della figlia, che automaticamente richiuse le dita a pugno. Sua madre era sempre stata severa, fin da quando lei era piccola, ma quel tono velatamente sprezzante era del tutto nuovo. Addolorò Maya più che ferirla, ma era espressione della sofferenza e della protesta di sua madre rispetto alla vita che le aveva portato via il suo amato figlioccio.

«No, mamma, l'anello me l'aveva regalato. Purtroppo l'ho... perduto. Insieme», deglutì con un sorriso impacciato, mentre si grattava il collo e guardava Gerald, «insieme al medaglione della nonna.» *Perdonami, papà.*

Gerald annuì impercettibilmente, chiuse gli occhi e con la propria mimica le fece capire che la riteneva effettivamente una perdita, ma il ritorno della figlia era molto più importante per lui. «Hai sempre diritto alla tua dote. Non è molto, come sai, ma ti permetterà di soddisfare questo o quel desiderio. Oppure puoi metterla via per il futuro», le consigliò.

«Dov'è finito tuo marito, a proposito?» domandò Martha.

«È nel Gloucestershire. Aveva delle faccende da chiarire», rispose Maya sforzandosi di mantenere un tono allegro. Tuttavia si rannicchiò involontariamente sulla sedia sotto lo sguardo indagatore di sua madre, nel quale lesse chiaramente il presentimento che il matrimonio non funzionasse al meglio.

«Non è modo», protestò la madre senza esitazioni, «non si torna da un paese straniero per poi scaricare la moglie da una zia. Come... come un bagaglio ingombrante! Ti avevo già detto all'epoca...»

«Lascia fare, cara», la interruppe dolcemente Gerald, carezzandole la mano che raccoglieva invisibili briciole dalla tovaglia con gesti nervosi. «Tutti commettiamo degli errori. Tuttavia, finché», la sua voce diventò strascicata, «non hanno conseguenze irrimediabili...» Il resto della frase rimase sospeso nella tiepida aria del pomeriggio, rendendo ancora più evidente il vuoto in questa famiglia che aveva scardinato la coesione un tempo così forte tra i suoi membri. *Jonathan.*

Gerald si schiarì la voce. «Naturalmente sei sempre la benvenuta a Black Hall in ogni momento. Finché tutto non si sarà sistemato. O finché vorrai. Per noi sarebbe una gioia riaverti a casa.»

Maya non impiegò molto tempo per decidere di risalire in carrozza con i genitori e la sorella e ripartire quella sera stessa dalla casa al numero 4 di Sydney Place.

«Nel caso tu abbia bisogno di me, sono qui», le mormorò la zia mentre la salutava con un abbraccio.

E così Maya Garrett, nata Greenwood, tornava a Black Hall. Con lo stesso misero bagaglio con cui era partita in quella piovosa notte d'aprile, ma con il cuore indicibilmente più vuoto.

3

«Purtroppo non sono riuscito a convincere la mamma a conoscerti.» Ralph accarezzò il braccio di Maya intrecciato nel proprio, mentre passeggiavano tra gli alberi e i cespugli del giardino, inondati dalla luce dorata d'agosto. «Ti ritiene responsabile per il fallimento della mia carriera. Eppure le ho ripetuto instancabilmente che la responsabilità è soltanto mia. Thomas come al solito si guarda bene dallo schierarsi. Comunque non smetterò mai di cercare di convincerla», a queste parole fece scivolare la mano su quella di lei e la strinse con dolcezza. «Che cosa c'è?»

Maya si era fermata e, con la fronte corrugata, si tastava un punto sotto le costole. «Niente di che», lo tranquillizzò con una scrollata di capo, poi ricominciò a camminare. «Negli ultimi tempi soffro spesso di disturbi di stomaco. Devo averlo rovinato con il troppo caffè arabo e i cibi piccanti.»

«Sei pallida», constatò Ralph con un'occhiata penetrante, poi aggiunse in un sussurro, «ma sempre stupenda.» Maya sorrise debolmente. Non le piaceva quando lui la riempiva di complimenti; era come se le regalasse qualcosa di cui lei non poteva adeguatamente sdebitarsi.

«Sono contento che tu sia qui», proseguì lui. «Così potrai rimetterti al meglio, mentre io cerco di sollecitare la mia richiesta di trasferimento.» Maya lo aveva informato con poche righe del proprio ritorno a Oxford e lui era passato da Black Hall durante il viaggio di ritorno a Londra. «La raccomandazione di Coghlan deve avere fatto molta impressione ai funzionari del ministero, a giudicare dalla velocità con cui mi hanno fissato un colloquio. Speriamo di riuscire a convincerli che le mie capacità sono sprecate a Aden e che sarebbe molto più sensato utilizzarle altrove. Non ti preoccupare», si affrettò ad aggiungere vedendo l'occhiata scettica di Maya, «non ho intenzione di farmi trasferire al fronte. In ogni caso credo che la guerra finirà presto.»

L'assedio di Sebastopoli continuava ancora e la feroce contrapposizione tra la Russia e i suoi nemici proseguiva anche su altri teatri di guerra secondari nel Baltico, sulla costa pacifica della Russia e in Armenia, senza che nessuno dei due contendenti fosse riuscito ancora a raggiungere una vittoria decisiva; vero era che gli alleati dell'Inghilterra nel frattempo si erano rafforzati con l'arrivo delle truppe dal regno di Sardegna e dei dragoni dell'India britannica. Per questo le speranze ora erano riposte a livello diplomatico. Il primo ministro lord Aberdeen era stato messo a tal punto sotto pressione a causa delle indecenti condizioni al fronte, dovute esclusivamente a una cattiva preparazione e organizzazione della campagna, che all'inizio dell'anno era stato costretto alle dimissioni, ed era stato sostituito nei primi giorni di febbraio da Lord Palmerston. Meno di un mese più tardi era morto lo zar Nicola I, senza che fosse prevedibile la fine della guerra da lui cominciata. Alla luce delle pesanti perdite anche sul fronte russo, il figlio e successore Alessandro II si era dimostrato più aperto a trattare. Lord Palmerston aveva tuttavia giudicato troppo miti le condizioni imposte alla Russia dalla conferenza di Vienna e aveva convinto Napoleone III di Francia a mostrarsi implacabile. Presto o tardi Sebastopoli sarebbe caduta, di questo Palmerston era sicuro, e tale circostanza avrebbe offerto alla Gran Bretagna una posizione di forza per avviare nuove trattative di pace, nelle quali dettare a proprio piacimento le condizioni per la Russia.

«Ho scritto a Lumsden, nella speranza che non abbia dimenticato i servigi da me resi con le *Guides*, e sia disposto a tenerne conto. A Montpellier House ho trovato la lettera di un mio ex commilitone in cui mi informava che il contingente delle *Guides* è stato accresciuto. Forse riuscirò ad assicurarmi uno dei nuovi posti creati.» Ralph si fermò, le prese entrambe le mani e sospirò. «Maya... so di non poter cancellare il passato. Mi sono comportato in maniera vergognosa nei tuoi confronti. È stato ed è imperdonabile. Tuttavia nutro la speranza che un giorno potrai perdonarmi.» Si vedeva chiaramente che si sforzava di mantenere un contegno e di trovare le parole giuste. Gli tremava il labbro inferiore e se lo morse brevemente per fermarlo. «Dopo la tua scomparsa, quando abbiamo saputo del tuo rapimento e durante tutto il periodo in cui ti ho cercata... credo di aver compreso solo allora quanto tu sia importante per me. Non mi sarei mai perdonato se non fossi riuscito a riportarti indietro viva», aggiunse in un sussurro. «Vorrei tanto che potessimo ricominciare daccapo. E per dimostrarti quanto sia importante per me», infilò la mano nella tasca dei calzoni dell'uniforme e ne estrasse un astuccio bombato ricoperto di velluto rosso, «vorrei darti questo.» Ralph fece scattare il coperchio e offrì la scatola a Maya. Lei fissò commossa l'anello nuziale adagiato nel raso azzurro. Era più spesso del primo, d'oro più pesante e chiaramente più costoso. «Un anello migliore. Come io farò del mio meglio per essere un marito migliore. Se... se vorrai. Se *mi* vuoi ancora.»

Vedendo che Maya non dava segno di voler accettare il dono, ma restava muta, richiuse l'astuccio e lo premette nella mano della moglie. «Te lo lascio qui, in modo che tu possa ricordarti in ogni momento delle mie buone intenzioni.» Sembrava deluso e Maya lesse nei suoi lineamenti tesi lo sforzo che stava facendo per non farlo notare.

«Sarà meglio tornare», annunciò con un gesto verso la casa. «Il mio treno parte tra un'ora.» Al vederlo lì davanti a lei, inondato dai raggi del sole che filtrava tra le fronde degli alberi, facendo brillare le rifiniture e i bottoni dorati della sua uniforme, contornandolo di un alone luminoso, Maya ripensò al passato. Alla tenacia con cui lui l'aveva corteggiata, al suo traboccante, estatico innamoramento, allo splendore e alla spensieratezza di allora. Dov'era finito tutto ciò? Era davvero impossibile che tornasse, o che si trasformasse in qualcosa di più semplice, che tuttavia conservava lo stesso valore?

Lei lo abbracciò impulsivamente. «Dammi tempo», gli sussurrò all'orecchio, e lo sentì sospirare sollevato. «Tutto il tempo che vuoi», le rispose sottovoce. Riuscì ancora ad accettare i suoi teneri baci sul viso, ma quando la bocca di lui cercò la sua lei si sottrasse, piegando la testa leggermente all'indietro con più enfasi di quanto volesse.

«Sarò paziente», si affrettò a prometterle lui, accarezzandole la guancia. «Non so che cosa ti sia successo là in Arabia. Ma forse un giorno riuscirai a raccontarmelo.»

«Forse», mormorò Maya senza tuttavia la minima convinzione.

Per Maya la vita a Black Hall riprese il suo corso di sempre, come se lei non se ne fosse mai separata. Tornò a occupare la sua vecchia camera, leggeva, preparava traduzioni e scriveva lettere. Ma per il resto niente era più come prima. In segno di rispetto per il lutto della famiglia non si tenevano più le serate di discussione con studiosi e studenti come un tempo. Impensabili erano anche i ricevimenti per il tè o le cene numerose; Martha Greenwood si limitava a invitare di tanto in tanto una stretta cerchia di amiche selezionate per il tè; l'atmosfera era sottotono, ma per Martha era fonte di consolazione, perché la maggior parte delle dame presenti aveva perduto un figlio, il marito o un familiare stretto. La presenza di Maya e Angelina non era richiesta, ma apprezzata e Maya accontentava volentieri sua madre, indossando uno degli abiti neri di crêpe e georgette ordinati per lei in tutta fretta e infilandosi addirittura all'anulare sinistro la fede di Ralph. Su tacita richiesta di sua madre, la portava anche quando usciva di casa, ma non vedeva l'ora di sfilarsela insieme ai guanti non appena rimetteva piede nell'ingresso. Non da ultimo perché non trovava giusto portare quest'anello che tanto significava per Ralph, per lei al contrario così poco; simbolo di un matrimonio che si era guastato in fretta e che lei aveva infranto. Pur essendo l'unica a saperlo e a sforzarsi in tutti i modi di cancellare quel ricordo.

Con sempre maggiore sarcasmo constatava quanto fosse

cambiata la sua posizione nella buona società di Oxford: da zitella disprezzata dalle bizzarre inclinazioni, a rispettabile moglie di un valoroso soldato che sosteneva altruisticamente i genitori in quel difficile momento. Non si parlava più della sua fuga d'amore o, se capitava, lo si faceva con un sorriso condiscendente, come a dire: sì, certo il principio era stato burrascoso e poco ortodosso, ma i giovani cavalli imbizzarriti erano tornati ubbidienti sotto il giogo delle regole sociali, come si conveniva.

La casa di Black Hall, un tempo vibrante di vita, ora appariva abbandonata, troppo grande per il resto della famiglia Greenwood. Si aveva l'impressione che la morte di Jonathan avesse segnato la fine di un'era spensierata e il principio di un'esistenza silenziosa, ripiegata su se stessa. Allo stesso modo come Maya viveva silenziosa e ripiegata su se stessa. La sua precedente inquietudine, l'energia con cui in passato aveva cercato a tutti i costi di imporre la propria volontà, la febbrile attesa che accadesse qualcosa, tutto questo si era spento. Anche i sogni scintillanti di avventure in paesi lontani si erano scontrati con la realtà ed erano svaniti davanti alla disincantata valutazione di sé e della vita. Tuttavia era felice di ogni giorno che non portava novità decisive da parte di Ralph, il quale continuava a perorare la causa del proprio futuro per lettera o di persona presso i massimi gradi dello stato maggiore, mentre con parole suadenti cercava sempre di convincere sua madre ad accogliere Maya. Maya non voleva prendere decisioni, se continuare a restare lì, oppure tornare ad affrontare l'avventura in paesi sconosciuti a fianco del marito. Era soddisfatta della propria vita, della quiete trovata nella casa natale, tra i libri e nel susseguirsi regolare delle giornate. *Come una monaca di clausura*, le veniva da pensare a volte, e l'idea non le dispiaceva.

Maya aveva ripreso anche l'abitudine di tenere compagnia al padre dopo cena sedendosi a leggere nel suo studio, e questa consuetudine le risultava ancora più piacevole, dal momento che le serate di settembre erano già fresche e con le loro sfumature ramate e dorate preannunciavano un autunno nebbioso. Erano serate meravigliose, durante le quali ritrovavano il loro antico e tacito affiatamento e il silenzio della stanza era sottolineato dal ticchettio della pendola e dalle ore scandite regolarmente cui faceva eco il campanile di St. Giles. Sebbene Maya non avesse mai percepito nessun risentimento da parte del padre, nessun segnale che egli non avesse superato completamente la delusione per la sua fuga improvvisa, tuttavia tra loro l'intimità di un tempo non si era ricomposta del tutto. A volte Maya sorprendeva su di sé il suo sguardo in parte stupito, in parte distaccato. Mai senza amore, questo no. Ma con una nota impacciata, quasi non gli riuscisse di riconoscere in quella donna adulta e sposata la bambina che aveva impressa ancora così vividamente nella memoria; anche se la persona del tenente Ralph Garrett e le vicende della loro vita in Arabia trovavano difficilmente posto nelle conversazioni di famiglia.

Maya alzò lo sguardo, sentendo il padre svuotare la pipa nel portacenere e riporla sull'apposito piedistallo. Lo guardò sorridendo, le gambe ripiegate sotto la gonna sul divano rosso, mentre egli prendeva la lampada dalla sua scrivania e la posava sul tavolino davanti a lei. «Così non ti rovinerai la vista», le disse ammiccando.

«Grazie, papà.»

Invece di ritirarsi a dormire, il padre guardò il mucchio di libri impilati accanto alla lampada. «Posso?»

«Ma certo. Me li ha prestati il professor Reay.»

«Ah, il buon Reay!» esclamò Gerald prendendo in mano il volume che stava in cima alla pila. «L'ho incontrato di recente alla *Bod*. Mi ha fatto un sacco di complimenti per i tuoi progressi nelle conoscenze linguistiche.» Si mise a posto gli occhiali e sfogliò le prime pagine. «Storia dell'Arabia antica», mormorò stupito, e poi continuando a sfogliare: «*Arabia Felix*. Saba. Himyar. Hadramaut.» Posò il libro e guardò la figlia con espressione di profondo rispetto. «Un tema interessante, sebbene poco esplorato. Se non sbaglio», si passò la mano nella chioma brizzolata, che cominciava a diradarsi sulla fronte e sulla sommità del capo, «se non sbaglio ne aveva parlato Richard Burton quando era ancora studente. A te l'ha mai raccontato? Che strano... anche lui voleva fare ricerche in tal senso nell'ambito del suo pellegrinaggio. Per qualche motivo ha accantonato l'idea e non vi ha più fatto cenno. A proposito di Richard, ora dovrebbe essere in Crimea, con il reggimento dei *Beatsons' Horse*, la cavalleria irregolare.» Tacque brevemente, per inseguire i propri pensieri, prima di riprendere in mano il libro e proseguire sottovoce, «ti ci sei imbattuta, quando...» esitò, chiaramente imbarazzato a terminare la domanda.

Maya non rispose subito. Non voleva mentire a suo padre, né raccontargli che cosa le fosse accaduto veramente in Arabia, tutti gli avvenimenti che giorno dopo giorno si sforzava di scacciare e dimenticare.

«Io ci sono stata, papà», disse infine con semplicità. «Ho calpestato la sabbia che ha ricoperto gli antichi regni.» La sua voce era così carica di nostalgia, di una traccia di struggimento e di quel genere di tenerezza conosciuta solo a chi è stato rapito nell'anima e nello spirito da un luogo, da un'epoca passata, che lo sguardo di Gerald si intenerì e il suo viso si illuminò di un affettuoso sorriso.

«È lo stimolo migliore che esista per leggere e fare ricerche, per porsi domande e cercare risposte.» Posò di nuovo il libro e si chinò per dare un bacio sulla fronte della figlia. Il primo, dopo quella sera quando era scappata. «Buonanotte, mia intelligente ragazza.»

«Buonanotte, papà.»

A casa. Era tornata a casa.

4

Maya e Amy Symonds si scrivevano regolarmente; superato lo sgomento iniziale per la perdita dell'amato, Amy aveva fatto richiesta per entrare come infermiera all'ospedale di Scutari e, nonostante la sua inesperienza nella cura dei malati, era stata accettata nel corpo delle infermiere di Miss Nightingale, in quanto come figlia di un chirurgo aveva acquisito nel corso del tempo le fondamentali nozioni mediche. In un certo senso era più facile piangere Jonathan con Amy piuttosto che con i genitori, che rischiavano di crollare ogni giorno sotto il peso del dolore, mentre Amy traeva forza dal suo lavoro al lazzaretto, e nonostante tutto non aveva perso la sua voglia di vivere.

> *Spesso mi immagino come sarebbe se venisse qui a trovarmi,* scriveva a Maya in una delle sue lettere. *Chissà come mi rimprovererebbe, perché faccio questo lavoro contro la sua volontà, e vedo dolore e sofferenza! Eppure so anche che non vorrebbe neppure che ci lasciassimo inghiottire dal dolore per la sua perdita. Proprio lui, sempre così allegro, così bravo a trovare il modo di sorridere anche nei momenti peggiori, a scoppiare in una risata fragorosa anche quando fino a un momento prima non ne aveva la benché minima voglia. Proprio lui vorrebbe che lo ricordassimo, ma continuassimo a godere di quella vita che lui amava tanto. Tu che gli eri così vicina, carissima Maya, per certi versi addirittura più di me, mi dai ragione, vero?*

Maya era stata due volte al cimitero di St. Aldate, sulla lapide che ricordava Jonathan sebbene il suo cadavere fosse stato sepolto in suolo russo, diversamente da tutte le generazioni di Greenwood che riposavano lì, insieme ai nonni, il dottor John e Alice Greenwood, e alla madre di Jonathan, Emma Bailey. Tuttavia le lettere e i numeri dorati incisi nel marmo nero, ordinati da Gerald allo scalpellino locale John Gibbs di Little Clarendon Street, non davano niente a Maya, nemmeno lontanamente ciò che le trasmetteva la camera di Jonathan a Black Hall. Per rispettare la volontà di sua madre era rimasta immutata. Era come se il tempo si fosse fermato. Sembrava che Jonathan dovesse varcare la soglia da un momento all'altro, scompigliando affettuosamente la chioma della sorellina sorpresa a sfogliare i suoi testi di medicina, come era accaduto tanto spesso in passato. Al principio Maya aveva resistito solo pochi istanti in quella camera: la sensazione di ineluttabilità che la pervadeva era troppo forte. Ma ogni volta si costringeva a soffermarsi più a lungo, a trasformare il «mai più» in un «ti ricordi?» Si era sentita straziare il cuore alla vista delle lettere scritte di suo pugno custodite nella scrivania che il superiore di Jonathan aveva rispedito a Black Hall insieme agli effetti personali del defunto ufficiale medico. Provava un dolore indicibile a guardare soprattutto le ultime righe scritte dal fratello e indirizzate a lei, che non era stato più in grado di spedire perché i crampi del colera gli avevano strappato di mano la penna. Tuttavia le prendeva in mano tutte le volte, le accarezzava delicatamente con la punta delle dita, prima di riporle nel cassetto dello scrittoio, insieme a quelle che lui le aveva scritto a Aden. Le sembrava un beffardo scherzo del destino che le lettere del fratello morto fossero sopravvissute indenni nel bungalow della guarnigione, mentre le parole scritte dai vivi, Ralph e Richard, fossero andate irrimediabilmente perdute.

Ciò che le mancava più di tutto erano le conversazioni con il fratello. Con lui sarebbe riuscita ad aprire il proprio cuore, di questo era convinta, avrebbe potuto raccontargli gli eventi di Aden e il viaggio verso Ijar, quanto accaduto nella reggia del sultano. E di Rashad. Delle proprie impressioni, dei propri sentimenti, che le apparivano ancora così confusi e illogici. Jonathan avrebbe creduto a ogni parola, e non l'avrebbe giudicata per niente di ciò che aveva fatto. Al massimo avrebbe scrollato il capo, l'avrebbe afferrata per la nuca come la gatta fa con i suoi piccoli e l'avrebbe rimproverata dicendo beffardo, «Maya, sei proprio una femmina sciagurata; almeno ti vergogni di quello che hai fatto?»

Riusciva a confidarsi con lui solo col pensiero. E nonostante il proposito di voler dimenticare il più in fretta possibile, era assalita dalla paura all'idea che qualcosa delle sue esperienze potesse andare perduto. Siccome i ricordi erano ben più fugaci delle parole scritte, e si augurava di poter cancellare definitivamente dalla memoria ciò che era stato esiliato su carta, si mise seduta allo scrittoio di Jonathan e cominciò a scrivere le esperienze vissute. Dapprima furono scarabocchi affrettati, illeggibili, tanta era la furia con cui la penna volava sul foglio, per trattenere brandelli di pensieri, frammenti di frase che erano stati pensati o pronunciati. Solo in un secondo tempo si prese il tempo di cercare le parole giuste per ciò che vedeva con l'occhio della mente, per le sensazioni che le attraversavano di nuovo il corpo, per le percezioni che erano rimaste attaccate ai ricordi. Una frase dopo l'altra, un capoverso dopo l'altro, una pagina dopo l'altra, infilate come perle di vetro su un filo.

Senza rendersene conto, Maya scriveva di sé in terza persona. Non perché temesse che qualcuno potesse scoprire quel mucchio di fogli sempre più voluminoso, che tutte le volte chiudeva in uno dei cassetti di Jonathan, in una stanza dove la polvere pian piano si adagiava su tutto, perché Martha Greenwood aveva vietato a Hazel di entrare a pulire, per paura che potesse spostare o addirittura rompere qualcosa, ma perché non le sarebbe riuscito di fare altrimenti.

Forse Martha si era accorta dell'andirivieni della primogenita dalla camera del figlio perduto, del fatto che vi trascorresse interi pomeriggi; in ogni caso non disse niente. Come se si fosse verificato un assurdo ribaltamento dei rapporti precedenti, era Martha a cercare continuamente la sua vicinanza, senza in realtà fare neppure un passo verso la figlia, allo stesso modo in cui

Gerald e Maya si erano allontanati, senza che la dedizione reciproca fosse diminuita. Erano piccoli gesti: una carezza sulla mano o sul braccio, timida perché inconsueta, eppure piena di tenerezza. Durante quell'autunno ogni giorno Maya trovava sulla scrivania un piatto di mele e uva, e una volta a settimana Hazel presentava in tavola il brodo di manzo ristretto di cui già da bambina Maya era tanto ghiotta da finirne voracemente due piatti. Sguardi, dapprima indagatori, poi imbarazzati, quando Maya li sorprendeva. Erano tanti i momenti in cui sembrava che Martha Greenwood volesse dire o chiedere qualcosa, e poi non lo faceva, voltandosi invece brusca a sistemare i crisantemi nel vaso, oppure a spostare leggermente l'orologio sopra la mensola del camino.

A Black Hall intanto si andavano preparando grandi avvenimenti. Infatti, dopo che William Penrith-Jones era venuto a sapere tramite il suo socio d'affari Edward Drinkwater di Summertown che la figlia maggiore dei Greenwood, che tanto gli era piaciuta durante la festa in giardino in occasione del compleanno della zia Dora, si era sposata (Mr. Drinkwater non era sceso in particolari più precisi, per senso del pudore e riguardi nei confronti dell'onore familiare), aveva deciso, dopo una breve riflessione, di chiedere la mano di Angelina. Sebbene Mr. Penrith-Jones non possedesse il fascino di un tenente Garrett – la sua barbetta rossastra non nascondeva, anzi metteva in risalto la chioma decisamente stempiata, e la corporatura piuttosto pienotta non reggeva il confronto con quella aitante del giovane ufficiale –, egli poteva vantare in compenso qualità di pari valore se non superiori: era noto per la sua fama impeccabile, proveniva da un'ottima famiglia e Edward Drinkwater non aveva niente da eccepire su di lui, né dal punto di vista privato, né per quanto riguardava la sua conduzione degli affari (che riguardavano «finanze e commerci»). Inoltre Mr. Penrith-Jones aveva un carattere bonario, era in un'età che sapeva apprezzare i capricci di una diciannovenne e che restava imperturbabile anche se la suddetta giovane gli voltava ripetutamente le spalle e alzava il bel nasino con aria arrogante. Anche Martha Greenwood si mostrò particolarmente suscettibile alle buone maniere del quasi quarantenne. In particolare il suo modo nient'affatto insistente ma sincero con cui aveva presentato le proprie condoglianze e la sua capacità di mantenere i contatti con i Greenwood durante i primi tempi di lutto in maniera piacevole ma senza infrangere l'etichetta.

Ma William Penrith-Jones possedeva soprattutto qualcosa che Angelina reputava della massima importanza per il proprio futuro: un sacco di soldi e la disponibilità a spenderli generosamente. Nessuno perciò rimase sorpreso del fatto che Angelina a poco a poco si affezionasse a lui. E quando Mr. Penrith-Jones lesse tra le righe delle lettere della sua adorata che costei era incline a prendere magnanimamente in considerazione il suo corteggiamento, rispettò i sei mesi del previsto periodo di lutto di Angelina, lasciò passare ancora un decoroso intervallo di un mese, poi si presentò a Black Hall, per chiedere a Mr. e Mrs. Greenwood formalmente la mano della figlia, che naturalmente gli venne concessa. Con altrettanta naturalezza, si aspettò il termine dell'anno di lutto dei genitori prima di annunciare il fidanzamento; il matrimonio fu fissato di lì a sei mesi, per metà agosto. Per consolare Angelina di questa attesa ai suoi occhi infinita, il suo fidanzato – dopo aver chiesto preventivamente l'autorizzazione dei genitori – decise di lasciarle carta bianca nella scelta del suo nuovo guardaroba e del corredo. Angelina, ovviamente, non se lo fece ripetere due volte.

Per questo in quella nebbiosa mattina di metà ottobre tutti i mobili nel salone di Black Hall erano occupati da campioni di stoffa di ogni colore e qualità immaginabili: taffettà e organza, velluto e seta, raso e batista, satin e lana leggera nei colori verde foglia, giallo chiaro, azzurro e rosa, verde malachite e blu mare. Con motivi floreali, a pois, bordure, a righe a contrasto oppure tono su tono. C'erano anche nastri e strisce di pizzo, bottoni cuciti su fogli di cartone, cartamodelli e riviste di moda come *Les modes parisiennes*. Angelina stava inginocchiata per terra, sfogliava le pagine dei cataloghi, ogni tanto prendeva un campione di stoffa, mormorava qualcosa tra sé, poi balzava in piedi e cominciava a cercare freneticamente una determinata seta cinese che aveva preso in mano giusto mezz'ora prima e poi aveva distrattamente lasciato chissà dove. Nel frattempo Maya si era dovuta accontentare del poggiapiedi che aveva avvicinato al fuoco scoppiettante, con accanto un tavolino con tè e biscotti. Interrompeva spesso la lettura, per guardare la sorella oltre le pagine e rallegrarsi in cuor suo della sua gioiosa operosità.

Non c'era più traccia dei loro antichi contrasti. «Sai, Maya», le aveva mormorato Angelina in tono confidenziale mentre passeggiavano per la città, «una fuga d'amore è terribilmente romantica in effetti, ma vuoi mettere a paragone di un sontuoso ricevimento di nozze!» Era stato l'unico commento che Angelina aveva fatto a proposito del matrimonio di Maya e Ralph.

A Maya capitava spesso di pensare che la superficialità con cui Angelina affrontava la vita e le persone potesse essere anche una benedizione. Chi non volava in alto sulle ali dell'amore non correva il rischio di bruciarsi le piume per essersi avvicinata troppo al sole e di precipitare a terra in caduta libera. Le violente passioni di Angelina, solitamente di breve durata, avevano sempre fatto pensare a Maya a una bambina per la quale una bambola rappresentava la massima felicità, il cui mondo crollava quando il giocattolo perdeva una gamba oppure un occhio, e che subito dimenticava le lacrime non appena veniva riparato oppure sostituito da uno nuovo. Allo stesso modo una schiera di gentiluomini galanti aveva fatto sì che Angelina dimenticasse del tutto Ralph prima ancora che terminasse l'estate dopo la fuga di Maya. E siccome Angelina non nutriva dubbio alcuno di aver scelto con William Penrith-Jones l'uomo migliore possibile, sulla base della sua logica non esisteva più alcun motivo per tenere il broncio alla sorella maggiore.

Maya da parte sua aveva raccolto le proprie esperienze, per ciò che riguardava l'andirivieni dell'innamoramento, simile al moto ondoso di un oceano, che quando si ritirava lasciava dietro di sé un deserto su cui non cresceva più niente. Tre uomini erano entrati nella sua vita, ciascuno a suo tempo, avevano conquistato il cuore e la mente di Maya, e due di loro se ne erano andati. Ralph però era rimasto, e si sforzava di scavare una sorgente nel deserto, di portare alla luce acqua vivifica per far crescere un giardino dalla polvere in cui si era trasformato il loro matrimonio. Le scriveva lettere piene di tenerezza, nelle quali le raccontava in tono trionfale la caduta di Sebastopoli dopo un anno di assedio e il ritiro delle truppe russe da quella città, oppure le ottime prospettive che a suo parere lo attendevano dopo il felice esito dei suoi colloqui a Londra. Con sua stessa sorpresa Maya aveva provato una gioia sincera quando lui era venuto a trovarla per una breve visita a Black Hall la settimana prima, stringendo tra le braccia un grande mazzo di rose color corallo. Forse non tutto era perduto, forse lei avrebbe imparato ad amarlo di nuovo. Prima o poi.

«Lilla chiaro», la voce contrariata di Angelina penetrò nei suoi pensieri e Maya tornò a rivolgere la propria attenzione alla sorella che teneva in una mano un quadrato di taffettà di seta di quel colore e nell'altra un altro campione di stoffa. «Lilla chiaro e grigio topo! La mamma insiste perché mi vesta a semilutto fino al fidanzamento! Ma questi due colori smorzano il mio incarnato! Mi è permesso di aggiungere solo il bianco, ma un colletto bianco ha un'aria spaventosamente piccoloborghese!» Angelina gettò in terra i due campioni di stoffa con espressione infelice.

Maya scoppiò a ridere. «Sono sicura che Mr. Penrith-Jones non scioglierà il fidanzamento se per qualche mese ti vedrà vestita con colori che secondo te non ti si addicono. Pensa che, arrivata la primavera, potrai indossare di nuovo tutte le tinte che vorrai.»

«Lo farò di sicuro!» Gli occhi azzurri di Angelina lampeggiarono come due zaffiri, mentre raccoglieva una rivista e leggeva a voce alta con l'indice sollevato: «I colori più di moda del prossimo anno saranno le sete nelle tonalità scure e intense». Agitò entusiasta un pezzo di stoffa rosso granata. «Allora non verranno più a dirmi che sono troppo giovane per le sete pesanti e che dovrei accontentarmi dell'organza. E nemmeno che il rosso scuro è inadatto per una giovane nubile!» Aggrottò la fronte pensierosa, posò la rivista e rovistò con entrambe le mani nella montagna di tessuti davanti a sé, prima di estrarre un altro campione. «Guarda, questa tonalità c'è anche in velluto. Sarebbe molto carino, non trovi?» Prima che Maya avesse tempo di esprimere il proprio parere, Angelina si era alzata dal pavimento e le si era avvicinata con in mano un altro giornale. «Ecco come penso di farmi fare l'abito da sposa.» Indicò entusiasta i due figurini in colori pastello disegnati con ricchezza di particolari. «La mamma ritiene che dieci strati di volant potrebbero bastare. Ma perché dovrei accontentarmi di dieci, quando su una gonna tanto grande ce ne vanno anche dodici? Dopo tutto ci si sposa una volta sola, e quindi si possono mettere tutti i volant e pizzi che si vuole!»

«Vedrai che la mamma si convincerà», la incoraggiò Maya. «Basteranno una o due parole del tuo caro William, che già anticipa ogni tuo desiderio, per farle cambiare idea.»

Maya era felice di vedere che negli occhi della madre si era accesa una traccia dell'antico splendore, da quando in casa fervevano i preparativi per la festa di fidanzamento e successivo matrimonio. Organizzare ricevimenti, trovare un equilibrio tra buon gusto e rigidi regolamenti sociali erano sempre stati i punti di forza di sua madre, che si divertiva molto a esaminare cataloghi e compilare insieme ad Angelina elenchi di ciò che era necessario per il corredo, quante tovaglie e quante lenzuola, asciugamani di lino, porcellane e argenteria, a organizzare menù e a pensare a chi invitare tra parenti e amici.

«Anche a te servirebbe qualcosa di nuovo», dichiarò Angelina senza tanti complimenti, osservando la sorella con occhio reso più critico dalla consapevolezza dei dettami della moda.

«E perché?» Maya diede una scorsa al proprio vecchio abito di lana blu scuro con i polsini bianchi. Siccome aveva sempre avuto una predilezione per i colori spenti e scuri, Martha le aveva permesso di indossare per il periodo del semilutto il suo vecchio guardaroba blu e marrone, invece di farsi cucire abiti nuovi. Questo aveva scatenato un grido di protesta di Angelina che la madre aveva soffocato sul nascere dicendo che nel guardaroba della figlia minore non c'era niente che potesse adattarsi alle prescrizioni del semilutto. Per questo Angelina si era dovuta rassegnare controvoglia al proprio destino, che l'aveva condannata a «lilla chiaro e grigio topo».

«Ormai comincia a essere liso sulle cuciture», spiegò Angelina indicando con il dito, poi il suo viso s'illuminò. «Già che ci siamo, possiamo scegliere e ordinare qualcosa anche per te. Un paio di vestiti in più non fanno differenza. Sono sicura che William non avrà niente in contrario. Avanti, spogliati, ché ti prendo le misure!» Piena di slancio Angelina gettò il giornale sulla poltrona più vicina e si sfilò il metro che teneva appeso al collo.

«Qui in salotto?» Maya lanciò un'occhiata alla porta aperta.

Angelina alzò gli occhi al cielo, mentre sfiorava con la punta delle dita l'assortimento di biscotti nel vassoio sul tavolino accanto al tè. «Non essere tanto vergognosa! A casa ci sono solo mamma e papà e il personale di servizio, nessuno che possa volerti guardare di nascosto!» Con aria soddisfatta pescò un dolcetto ripieno di marmellata, l'ultimo rimasto, dal fondo del piatto e se lo mise in bocca. «Avanti!», esclamò a bocca piena pestando leggermente un piede per terra.

Con un sospiro Maya posò il libro, si alzò e si tolse il vestito con l'aiuto di Angelina. «Cos'è, Hazel stamattina era particolarmente di fretta che ti ha lasciato il busto così lento?» esclamò alla vista della sorella. «Così non va! Appoggiati alla mensola del camino.» Maya ubbidì e soffiò fuori dei polmoni tutta l'aria che poteva.

«Smettila, così mi stritoli», affermò subito dopo, mentre Angelina tirava con tutte le forze i lacci del corpetto, poi sbuffò sollevata quando questi si allentarono di nuovo.

«Maya, non ti offendere se te lo dico, ma stai proprio ingrassando!» Angelina scrollò le dita indolenzite per lo sforzo. «Dopo tutto però non è così tragico, visto che un marito ce l'hai già. E il tuo décolleté è più che invidiabile! A proposito, ora che mi ricordo, la cugina Mabel mi ha scritto che di recente...»

La voce petulante di Angelina fu inghiottita dietro lo scroscio che invase le orecchie di Maya, il battito assordante del suo cuore, mentre guardava il proprio corpo. I seni tendevano all'inverosimile la stoffa della camiciola che fino a sei mesi fa le stava alla perfezione, traboccavano letteralmente dalla scollatura ornata di volant, con un incavo molto profondo nel centro. Le stecche laterali del corsetto le bucavano i fianchi più larghi e sotto la punta anteriore del busto l'addome presentava un'inequivocabile rotondità. Quando aveva avuto il suo ultimo mestruo?

Maya rifletté alacremente. Durante il viaggio verso Ijar, lo ricordava ancora. Djamila le aveva fornito delle pezze di stoffa che poi aveva sotterrato in modo che nessuno degli uomini le vedesse. E poi... basta. Da quando era tornata a Black Hall, le strisce di stoffa e la cintura con i lacci a cui fissarle sotto i lunghi mutandoni erano rimasti intoccati nel cassetto del comò. Il viaggio di ritorno da Ijar era stato troppo massacrante, lo sforzo per dimenticare, per riabituarsi alla vita lì a Oxford troppo oneroso, e non aveva ancora ritrovato la cognizione del tempo. Soprattutto, però, non ci aveva badato, perché era impossibile che accadesse ciò che non poteva succedere.

Lanciò un gemito e si nascose il viso tra le mani, ricadendo a sedere sul poggiapiedi, scossa da un tremore e da una cocente vergogna. Proprio lei, che proveniva da una famiglia di medici, dove circolavano maggiori informazioni che altrove circa questo spinoso tema, se solo uno voleva stare ad ascoltare. E inoltre lei si era sempre gettata su tutto ciò che aveva trovato da leggere in proposito piena di sete di conoscenza.

«Maya?» La voce di Angelina la raggiunse da molto lontano, sebbene le stesse accanto e le accarezzasse una spalla. Turbata all'idea di aver causato tanta offesa alla sorella maggiore con la propria sconsiderata osservazione, Angelina parlava incessantemente, mentre Maya si rivestiva in tutta fretta. «Non è così grave! Ormai hai superato l'età in cui il tuo giro vita non deve superare il numero dei tuoi anni! Un motivo in più per farsi cucire abiti nuovi, che ti stiano meglio.»

«Mi spiace», mormorò Maya, «prenderemo le misure un'altra volta, va bene? Non mi sento bene e ho bisogno di sdraiarmi.»

«Maya», la chiamò invano la sorella sconvolta. Ma intanto era già corsa verso le scale, come se fosse inseguita dal demonio in persona. Angelina rimase ancora qualche istante incerta davanti al camino, mordicchiandosi l'unghia del dito indice, poi diede una scrollata di spalle e tornò a dedicarsi anima e corpo alla definizione del nuovo guardaroba adatto alla sua posizione sociale. Nel giro di pochi minuti era immersa completamente nella scelta di colori e disegni e aveva dimenticato il turbamento di Maya.

Quest'ultima intanto, seduta alla sua scrivania, scarabocchiava con dita tremanti numeri su un foglio di carta, facendo calcoli su calcoli. Doveva essere accaduto all'inizio di giugno che Rashad l'aveva condotta attraverso il deserto del Ramlat as-Sabatayn: da allora erano già passati quasi cinque mesi. Entro breve tempo il suo stato sarebbe diventato evidente a tutti. Neppure per un secondo nel corso di quelle due notti Maya aveva pensato alle possibili e gravi conseguenze del proprio gesto. Si era creduta sterile, inaridita, dopo un anno di matrimonio e tante notti d'amore senza l'annuncio di un concepimento. *Nessuno verrà mai a saperlo...*

Se non fosse stato tanto agghiacciante, si sarebbe messa a ridere di quella pazzesca ironia. Ora il figlio di Rashad le cresceva in grembo e ben presto avrebbe annunciato a tutti la sua vergogna e la sua colpa. Maya si premette un pugno sulla bocca, per trattenere il singhiozzo che le bruciava in gola. *La mia vita è rovinata.*

5

Il vantaggio maggiore di essere maggiorenne e sposata a un uomo lontano consisteva nel fatto che non doveva più chiedere il permesso a nessuno, come constatò la mattina seguente, quando a colazione annunciò la propria intenzione di trascorrere qualche giorno a casa di zia Elizabeth a Bath. Il padre era già uscito di casa, come era sua consuetudine durante il trimestre, per partecipare alla preghiera del mattino e poi tenere lezione al Balliol College. Angelina l'aveva guardata sgranando gli occhi sopra il panino, e Martha era rimasta con la tazza di tè a mezz'aria. Aveva tirato la bocca in una linea sottile, prima di rilassarla nuovamente.

«Va' pure, mia cara. Ti farà sicuramente bene», aveva replicato con grande sbigottimento di Maya, posando delicatamente la tazza sul piattino.

Avvertita da un telegramma, stavolta zia Elizabeth era ad aspettarla davanti al portoncino tinteggiato di bianco sormontato dal lucernario a semicerchio con le pietre di volta rozzamente zigrinate disposte a ventaglio tutt'intorno. Dopo i saluti, come sempre molto calorosi, Maya si era fatta taciturna finché Betty non aveva servito il tè in salotto e poi le aveva lasciate nuovamente sole.

Zia Elizabeth sorseggiava cauta la bevanda bollente guardando la nipote dal bordo dorato della tazza decorata a roselline.

«Che cosa ti porta così all'improvviso qui da me?» Non le erano sfuggite le occhiate che Maya lanciava nervosa tutt'intorno né il modo in cui si tormentava le mani posate in grembo.

«Ho fatto qualcosa di terribile, zia», bisbigliò Maya senza guardarla negli occhi.

In circostanze normali quella sarebbe stata una dichiarazione che una come lei si sarebbe sentita in dovere di sdrammatizzare con una battuta di spirito. Ma la voce di Maya, il modo in cui la nipote stava seduta rannicchiata sul divano non lasciavano spazio alcuno al dubbio che fosse in uno stato di profondo turbamento. Così Elizabeth Hughes preferì tacere, per non ostacolare il difficile cammino di Maya lungo il sottile ghiaccio della fiducia. «Aspetto un bambino.»

Le pupille di Elizabeth si dilatarono e si rimpicciolirono in rapida successione, come se lei faticasse a comprendere per intero la portata di questo annuncio. Posò la tazza, la riprese in mano, e si schiarì la voce imbarazzata. «Nonostante il rapporto ambivalente che ho nei confronti di tua madre, sinceramente fatico a immaginare che possa avervi educato in maniera tanto assurda! Il concepimento di un bambino non è davvero un atto peccaminoso! Dove andremo a finire, se fosse così... il tuo Ralph lo sa già?»

Maya deglutì convulsamente, come se avesse un groppo in gola, scrollò il capo umiliata, poi si decise ad alzare gli occhi e fissò in viso la zia.

«Non è suo.»

Le labbra dell'anziana donna si aprirono in un muto «Oh». Bevve pensierosa diverse sorsate l'una dietro l'altra. «Ne sei sicura?»

«Assolutamente sì.» Ralph aveva tentato timidi approcci già a Aden che lei aveva respinto senza eccezioni, a volte con rabbiosa determinazione, altre volte con imbarazzato rimorso. Ora rimpiangeva di non averlo lasciato fare. Sarebbe stato falso, ma l'avrebbe salvata. *Avrebbe, sarebbe, se.*

La zia annuì, fissò il te che restava nella sua tazza, poi tornò a guardare la nipote. «Mi vuoi raccontare come è accaduto?»

Maya non ebbe bisogno di ulteriori sollecitazioni. Come se una diga avesse ceduto di colpo, rovesciò fuori tutto ciò che non aveva ancora confidato a nessuno. Parlò di come il suo matrimonio con Ralph, cominciato in maniera tanto romantica, fosse avvizzito nel calore di Aden, ed era per questo che non aveva mai scritto alla zia. Raccontò del rapimento, il viaggio verso Ijar, il periodo passato nella reggia del sultano, l'astuto piano di Rashad per sottrarla al pericolo che la minacciava. E le loro due notti insieme. Maya si fermò solo per inumidirsi la gola asciugata dal lungo discorso con un sorso di tè ormai freddo. Non si rese conto neppure che fuori era scesa la sera e Betty era entrata in silenzio per chiudere le tende e accendere le lampade. E, vedendo che ce n'era bisogno, posò senza fare commenti una pila di fazzoletti ordinatamente ripiegati sul bracciolo del divano.

Don. La pendola di mogano e ottone annunciò che era scoccata la prima ora del mattino. I fazzoletti appallottolati e intrisi di lacrime si accumulavano sul tavolino, la seduta del divano, il pavimento, come se in salotto qualcuno avesse fatto a palle di neve. Maya si passò l'ultimo sul viso gonfio e rosso di pianto, ancora scossa dagli ultimi singhiozzi che si rifiutavano di smettere, poi si soffiò rumorosamente il naso.

Povera bambina mia, pensò zia Elizabeth facendo roteare nel calice panciuto il cognac che si era versata per darsi forza. *Che pesante fardello ti sei portata appresso!*

«Vorrei tanto che non fosse mai successo», sentì bisbigliare la nipote.

Zia Elizabeth si alzò con un sospiro e andò a sedersi accanto alla giovane, accarezzandole dolcemente il mento. «Non è vero, Maya. Da quello che mi hai raccontato, non te lo auguri proprio. Tuttavia è difficile vivere con le conseguenze.» Le sfiorò una guancia, poi le prese le mani, che stringevano convulsamente il fazzoletto umido. «Vedi... quando l'amore colpisce, non ci si può difendere. Non c'è niente di cui pentirsi, né rimproveri da farsi. Tuttavia decidere se sia possibile vivere veramente questo amore, ecco, questa è un'altra questione.»

«Non so che cosa fare», singhiozzò Maya massaggiandosi le tempie dove si erano appiccicate alcune ciocche di capelli.

«Proviamo a riflettere passo dopo passo.» La zia si sollevò con una smorfia, allungò la mano verso il bicchiere ancora pieno, poi tornò a sedersi sul divano. «Per prima cosa devi decidere se vuoi tenere questo bambino. Sei al quinto mese... è tardi, ma non *troppo* tardi. Una mia conoscente ha una cugina la cui figlia conosce...» Si fermò vedendo che Maya scuoteva la testa con determinazione e si portava protettivamente una mano sul grembo.

«No, zia, questo non posso farlo!»

Zia Elizabeth sorrise tra sé. *Questa è la mia Maya!* pensò. «Se vuoi puoi restare qui, metterlo al mondo, poi gli troveremo una sistemazione. Il nostro reverendo di St. Mary's conosce sicuramente un collega che...»

Maya prese in considerazione questa possibilità. Portare a termine la gravidanza, partorire con dolore e poi separarsi dal bambino... affidarlo a sconosciuti che non gli avrebbero mai rivelato le sue vere origini, né chi fossero stati i suoi genitori, non avrebbe mai saputo di essere stato concepito con amore, anche se in circostanze tanto ostili e impossibili. *Il figlio di Rashad.* Nel quale avrebbe continuato a vivere. Maya si accarezzò involontariamente la sporgenza sotto le pieghe della gonna. Per la prima volta provò un impeto di gioia, si sentì benedetta nel corpo. Sollevò gli angoli della bocca tremanti in un lieve sorriso, mentre nuove lacrime le sgorgavano dagli occhi. «Mi manca così tanto, zia Elizabeth!»

«Lo so», mormorò questa contro i suoi capelli, abbracciando forte la nipote e cullandola dolcemente. «Ma ora non puoi guardarti indietro. Da laggiù non può venire più niente. Guarda avanti e sii coraggiosa!» Maya annuì, mentre zia Elizabeth le accarezzava la testa. «Domani per prima cosa andrai dal dottor Sheldrake per farti visitare e confermare che va tutto bene. È un vecchio signore perbene, che ha aiutato a nascere già molti bambini. E ricorda», prese il volto di Maya tra le mani e la guardò intensamente, «dovesse anche crollare il mondo, qui, in questa casa, hai un rifugio. Così diventerà un autentico figlio di questa città! E che Dio abbia pietà di chi oserà giudicare mia nipote una ragazza disonorata! Non potrà più mettere piede in tutta Bath!»

La zia sembrava così agguerrita che Maya fu costretta suo malgrado a sorridere. E, sebbene fuori dalle finestre del numero 4 di Sydney Place fosse ancora notte fonda, ebbe l'impressione che il sole stesse spuntando all'orizzonte.

«Ai tuoi genitori magari possiamo dire che avranno un nipotino, perfettamente legittimo», aveva detto zia Elizabeth quella notte, quando aveva accompagnato Maya a letto. «Ma a Ralph devi confessare la verità, non puoi evitarlo! Persino l'uomo più stupido e innamorato è in grado di contare nove mesi sulle dita, soprattutto dopo che lo hai tenuto a lungo lontano da te.»

Maya richiuse lentamente il libro che in quei tre giorni le aveva offerto un prezioso svago. Il destino di Anne Elliott e del suo capitano Wentworth, infatti, le permetteva di dimenticare per un po' il proprio. Certo, non durava mai a lungo, perché spesso il suo pensiero si dirigeva altrove senza che lei riuscisse a trovare alcun sollievo. Betty aveva appena annunciato l'arrivo del tenente Ralph Garrett e Maya si era messa in ascolto con il cuore in gola, sentendo nell'ingresso la zia che accoglieva Ralph sommergendolo di domande sul viaggio, sulla sua famiglia e sulla situazione in generale, per dare a Maya il tempo di riprendersi e di affrontarlo con il miglior contegno possibile. Quando lo sentì salire di corsa la scala verso il salotto, posò il libro e si alzò. Si lisciò la gonna con un gesto familiare, evitando tuttavia di sfiorarsi l'addome arrotondato. *Buon Dio, sostienimi, anche se non me lo merito.*

«Maya!» Lui si fermò raggiante sulla soglia; raggiante il volto, l'aspetto, l'uniforme impeccabile; aveva ritrovato la sua innata allegria. La guardò come tanto tempo prima a Black Hall, come se non fosse accaduto niente, come se l'Arabia fosse stato solo un brutto incubo. *C'è ancora tempo, Maya, puoi ancora scegliere. Ralph o il bambino. Entrambi non potrai averli. Che cosa scegli, Maya?*

«Con il tuo girovagare ci hai fatto perdere una giornata insieme», esclamò Ralph ridendo, mentre la raggiungeva e le prendeva la mano. «Appena messo piede a Oxford, tua madre mi ha detto che eri qui. La carrozza mi aspetta da basso, devo partire oggi stesso per Aden, la mia licenza in pratica è finita.

Dio, quanto mi sei mancata!» le mormorò baciandole le dita. *Non rendere le cose più difficili di quanto già non siano.* «Sei sempre molto pallida. Lo stomaco ti dà sempre problemi?» Maya annuì senza entusiasmo. «Vedrai che ti sentirai subito meglio non appena ti dirò quali grandiose novità porto con me!» Scoppiò in una fragorosa risata, la strinse in vita, facendola dondolare qua e là, senza in apparenza accorgersi di come lei si irrigidiva cercando di allontanarsi il più possibile da lui. «Le nostre preghiere sono state ascoltate: i miei giorni in mezzo alle scartoffie sono contati! Sì, dovrò starci ancora qualche mese, ma nel dicembre dell'anno prossimo potrò finalmente tornare dalle *Guides*! In India, tra le mie belle montagne. Che ne dici?»

Maya non ce la faceva più, si liberò dal suo abbraccio e andò alla finestra, stringendosi le braccia al corpo per farsi forza.

«Non sei contenta?» Lui era amaramente deluso, come un bambino che non vede accolto con il debito entusiasmo il regalo di Natale costruito con le sue stesse mani.

«Certo che sono contenta per te», si affrettò a rispondere con un sorriso forzato che le fece sgorgare le lacrime agli occhi. Mordendosi nervosamente il labbro inferiore, guardò fuori verso la piazza sottostante.

«Tu... non è necessario che torni con me a Aden», lo sentì dire confuso, perplesso. «Puoi restare a Oxford, dove meglio credi. Riusciremo a superare quest'ultimo anno! Dovrai solo sopportare il fiume di lettere traboccanti d'amore che ti sommergerà.» Concluse la frase con una flebile risata che si spense subito. «Maya?»

Perdonami, Ralph. Maya si asciugò le lacrime dalle guance con le nocche delle dita e fece un profondo respiro. «Ralph, aspetto un bambino.»

Maya non aveva mai visto in vita sua niente di più raccapricciante della luce di speranza e di gioia che si accese sul volto di lui, per poi spegnersi immediatamente quando comprese, fece i calcoli, e infine l'odio esplose nel suo sguardo. «Chi è stato?» domandò brusco senza guardarla. «Quel... quel Burton?»

Maya scosse la testa, lo sguardo incatenato allo sfavillio di tinte autunnali degli alberi dei Sydney Gardens, che il velo di lacrime davanti ai suoi occhi trasformava in confuse macchie di colore.

«Mio Dio», lo sentì gemere, poi avvertì una corrente d'aria quando lui la raggiunse impetuosamente e l'afferrò per un braccio. «Chi è stato allora? Perché non hai detto niente, maledizione?» Era così sconvolto che si mangiava le parole.

Lei avrebbe sopportato tutto, tranne il singhiozzo rabbioso che lui non riuscì a trattenere. *Sarebbe tanto facile, Maya, tanto facile... una piccola bugia, e lui ti perdonerebbe, e tutto tornerebbe a posto...* Maya però non riuscì a pronunciare quella piccola bugia. Una bugia che forse avrebbe salvato il suo onore. Ma lei non era una vittima innocente. Affermarlo avrebbe significato sottrarsi alle proprie responsabilità, sporcare il legame che l'aveva unita a Rashad, macchiare il loro bambino con l'onta di essere il risultato di una violenza.

«Rispondi! Dimmi immediatamente chi è stato tra quei porci! Giuro sulla mia vita che convincerò Coghlan a impiegare l'intera guarnigione per ritrovare quel farabutto e farlo a pezzi!» esclamò.

«Nessuno», obiettò Maya con altrettanta enfasi, «nessuno mi ha fatto niente!»

Ralph, che fino a un attimo prima l'aveva stretta tanto saldamente, lasciò cadere di colpo il braccio. «Perché, Maya?»

Lei rimase in silenzio, massaggiandosi il punto indolenzito sull'avambraccio.

«Pensavi di poter ottenere la libertà in questo modo? Oppure... oppure di guadagnarti dei favori? Del cibo migliore, acqua a sufficienza?» Lui cercava disperatamente delle ragioni per giustificare il suo gesto. E ogni parola, ogni implorazione mettevano a nudo la sua anima.

Questo è il tuo purgatorio, Maya, il tuo purgatorio personale. Va' e accetta il tuo castigo.

Lui l'afferrò di nuovo, la scrollò, come se in questo modo potesse indurla a pronunciare parole risolutive. «Perché? Perché lo hai fatto, Maya?»

Non costringermi a farti ancora del male, ti prego, Ralph, non farci questo!

«Perché lo volevo», si lasciò sfuggire, ferendo anche se stessa con queste parole.

Lui la lasciò e fece qualche passo indietro, come se lei si fosse improvvisamente trasformata in un demonio. Non voleva accettare ciò che aveva appena sentito, e scrollò piano il capo. La mano con cui aveva toccato Maya sussultò all'indietro, e lui la strofinò sulla cucitura dei calzoni, come se gli fosse rimasto attaccato qualcosa di disgustoso di cui voleva liberarsi. Il suo viso, il suo bel viso dolce e dorato, si trasformò in una maschera orrenda.

«Sei... sei...» balbettò mentre Maya sentiva esplodere in sé la rabbia, leggendo nei suoi lineamenti sconvolti la parola scarlatta.

«Una puttana! Dillo pure, Ralph! Del resto tu sei un esperto in materia, giusto?» Lui trasalì, come se lo avessero frustato. «Credevi davvero che fossi così cieca o così ingenua da non rendermi conto di dove trascorrevi a volte la notte?»

«È per questo che lo hai fatto?» La sua voce era un sussurro e, vedendo Maya negare con il capo, aggiunse: «Se lo avessi saputo, mi sarei risparmiato la strada fino a Ijar. Per quanto mi riguarda saresti potuta marcire laggiù!»

Di colpo tutta la rabbia di Maya scomparve, lei si sentì fredda e perfettamente lucida. «Non fatico a crederlo. Visto come mi avevi trattato prima.» Fece un profondo respiro. «Naturalmente ora sei libero di separarti dalla tua moglie fedifraga.»

Lui la fissò incredulo. Poi scosse la testa, piegando gli angoli della bocca verso il basso. «Aveva ragione mia madre: non hai fatto altro che portarmi guai fin dal principio.»

Maya si sentì assalire da una grande stanchezza, mentre entrambi sprofondavano nel silenzio. Forse dipendeva dagli occhi lucidi di lacrime, ma aveva l'impressione che il pavimento dell'accogliente salotto fosse cosparso di schegge. Immagini frantumate, emozioni e sogni spezzati. Avrebbe avuto voglia di chinarsi a raccoglierli, ma sapeva bene che si sarebbe ferita le dita e le mani, perché non c'era nulla di più tagliente di quei frammenti appuntiti.

«È possibile che io non abbia mai saputo chi fossi tu?»

Un sorriso sfiorò involontariamente il viso di Maya. «È possibile. Ma per me è lo stesso: non ti conoscevo veramente quando ci siamo sposati.»

Lui annuì senza guardarla, gli occhi fissi a terra, come se vedesse lo stesso mare di schegge e piangesse quanto lei per ciò che entrambi erano stati un tempo l'uno per l'altra. Alzò di scatto la testa. «Addio, Maya.» Indicò con un gesto vago verso di lei. «Ti auguro ogni bene.» Poi si voltò e uscì.

Maya rimase alla finestra, udì il suono dei suoi stivali lungo le scale, poi due o tre frasi pronunciate nell'ingresso, il portoncino che si chiudeva. Fissò intensamente la sua uniforme rossa che raggiungeva la carrozza con pochi passi. Lo vide salire senza voltarsi indietro. La vettura si mise in moto, percorse la via, uscendo dal suo campo visivo. Maya fece un profondo respiro e le sue mani scivolarono involontariamente sotto la vita, a racchiudere la piccola protuberanza sotto la gonna. «Vedi», mormorò, «anche noi in futuro faremo lo stesso: non ci volteremo mai indietro.»

6

Nei mesi successivi Maya non faticò a tener fede a tale proposito. Pochi giorni più tardi, aveva fatto ritorno a Black Hall, accompagnata da zia Elizabeth, che aveva lasciato la casa di Sydney Place nelle mani di Betty. Martha Greenwood aveva trattenuto bruscamente il respiro, quando la cognata aveva annunciato la propria intenzione di fermarsi almeno fino a primavera, il che spiegava anche l'esorbitante numero di valigie e borse che Jacob aveva trascinato sbuffando dalla carrozza alla porta d'ingresso, ma alla luce della lieta notizia che Maya aveva riferito alla famiglia riunita in salotto, aveva preferito tenere magnanimamente per sé ogni obiezione e aveva sistemato Elizabeth Hughes nella camera verde da tempo rimasta inutilizzata.

Tra le due donne era sbocciata una stupefacente quanto inaspettata sintonia, mentre tiravano fuori dal magazzino la vecchia culla e la facevano restaurare, esaminavano il corredo d'infanzia di Jonathan, Maya e Angelina, eliminando ciò che era inutilizzabile, facendo lavare accuratamente e stirare ciò che era ancora nuovo. Il tutto era condito dai ricordi e Martha permetteva addirittura a Elizabeth di cingerle le spalle in un gesto di consolazione quando la pena la sopraffaceva, togliendole la voce, facendole inumidire gli occhi e facendole stringere la bocca in una sottile linea ondulata sopra il mento sporto in fuori. Naturalmente, ciò accadeva quando non c'era nessun altro. Trascorrevano interi pomeriggi insieme al grande magazzino *Elliston & Cavell*, a integrare ciò che mancava, tubavano rapite prendendo tra le dita guantate una camiciola oppure una cuffietta particolarmente graziose; spesso le accompagnava Angelina, che tutte le volte si lasciava sfuggire gridolini estatici, fuori di sé dalla gioia all'idea di diventare zia prima ancora che moglie. Il suo entusiasmo era tale che si spinse addirittura a offrirsi di svuotare la sua camera e trasferirsi in una di quelle per gli ospiti; comunque sarebbe stata una sistemazione provvisoria, perché a fine estate avrebbe lasciato la casa paterna.

Per settimane regnò una febbrile attività, l'aria era pervasa dall'odore di pittura fresca e tessuti nuovi, fintanto che Angelina non si fu sistemata nella sua nuova camera e quella in fondo al corridoio fu pronta per accogliere la nuova creatura.

Siccome gli ultimi modelli di carrozzine erano incredibilmente più raffinati di quelli con cui i bambini Greenwood erano stati portati a spasso per le strade di Oxford – un veicolo alquanto semplice, più pratico che alla moda, in sostanza simile a una tinozza su ruote con una maniglia – ne fu acquistata una nuova che fu portata a Black Hall. I ferri da calza tintinnavano con alacrità, mentre le due cognate realizzavano scarpine e berretti e minuscole manopole, facendosi concorrenza a vicenda nel creare i pizzi più elaborati. Le uniche controversie nascevano sul fatto se fosse meglio che Maya mangiasse più o meno spinaci, limitasse il consumo di tè e sostituisse carne bianca a quella rossa; in questi frangenti Martha tirava fuori sempre la carta vincente, ovviamente, avendo a sua volta messo al mondo e cresciuto dei figli. Zia Elizabeth accoglieva l'obiezione con un'espressione degna di quella di Napoleone Bonaparte dopo la battaglia di Waterloo, ma alla fine cedeva.

L'unico argomento fondamentale sul quale regnava un'insanabile divergenza tra Martha Greenwood ed Elizabeth Hughes era il sesso del nascituro. La madre di Maya insisteva che sarebbe stato un maschio, mentre la zia non aveva dubbi sul fatto che la nipote avrebbe messo al mondo uno «splendore di bambina», come era solita dire, in tutto e per tutto simile a Maya. Erano capaci di discutere animatamente per ore sulla questione, analizzando il rapporto tra il portamento di Maya, le sue abitudini alimentari, il suo colorito e il sesso del bambino. Siccome nessuna delle due era disposta a prendere in considerazione l'ipotesi dell'altra, continuavano tenaci a realizzare, accanto a molti capi bianchi, indumenti rosa oppure azzurri. Martha ricamava ostinata pulcini e fiorellini azzurri nei ciripà, zia Elizabeth roselline e nastri.

Era invece difficile capire che cosa accadesse nella mente di Gerald. Era rimasto in silenzio, quando Maya aveva annunciato di avere in grembo una nuova generazione, si era premuto di nascosto il fazzoletto sugli occhi, mentre Maya era circondata dagli abbracci, dai baci e dalle esclamazioni entusiaste di Angelina e Martha. Mantenne il consueto rapporto di solido affiatamento con la figlia, non sembrava affatto infelice per l'arrivo di un nipote, al contrario; eppure Maya aveva l'impressione che si ritirasse più spesso e più a lungo nel suo studio rispetto a prima. A volte lo sorprendeva a posare lo sguardo pensieroso sulla sua figura in rapido cambiamento e le sembrava di scorgere un'ombra di paura nei suoi occhi. Non riusciva a capire se dipendesse dal pensiero di diventare presto nonno, oppure dalla consapevolezza che lei non sarebbe mai più stata la sua bambina. La cosa la turbava, anche se sperava che si sarebbe adattato alle nuove circostanze al più tardi quando sarebbe nato il bambino.

Per Maya furono mesi fantastici, durante i quali il bambino cresceva in lei e lei era accudita e protetta con amorevole abnegazione da tutti, compresi Hazel, Rose e Jacob. Le piaceva la sensazione di pesantezza del suo corpo, che le dava l'impressione di mettere radici più profonde nel terreno, e che la riempiva di una forza finora sconosciuta. Spesso si soffermava ad ascoltare dentro di sé, per sentire il battito del cuore di suo figlio, scoppiava a ridere quando lo sentiva agitarsi e uno dei suoi movimenti le solleticava l'inguine, oppure tratteneva il fiato quando la colpiva allo stomaco, alla vescica oppure contro le costole. La cosa più bella, tuttavia, era che Black Hall aveva ritrovato la vita, come un albero morto che germoglia di nuovo, sebbene fuori fosse ancora inverno.

Erano passati due anni da quando Jonathan aveva portato a casa Ralph in occasione delle festività natalizie. Un anno da quando lei era stata infelice a Aden e Jonathan era morto a Sebastopoli. Se il suo allontanamento dal marito e il periodo in Arabia erano serviti a concepire nel deserto, sotto la luna color zafferano questo bambino che aveva riportato il sorriso sul volto di Martha, faceva soffermare Gerald assorto sulla soglia della camera rimessa a nuovo e aveva risvegliato Black Hall dal suo sonno voluttuoso, allora era stato giusto farlo.

Tuttavia non ci sono rose senza spine e anche la vita di Maya come futura mamma ne possedeva alcune. Almeno in principio era tormentata dai rimorsi di aver taciuto ai familiari la vera paternità di quel bambino, così come aveva deciso di fare su consiglio della zia. Inoltre temeva che potessero venire a saperlo da Ralph. Pian piano, tuttavia, si radicò in lei il pensiero che era soprattutto figlio *suo*, di Maya, e indipendentemente da chi fosse il padre, era nipote di Gerald e Martha. A lungo aveva temuto di ricevere lo scritto di un avvocato oppure una lettera di Ralph in cui lui le annunciava l'imminente divorzio. Ma non accadde niente del genere. In realtà non ricevette neppure una singola riga dal marito. Martha si era accorta di come la figlia esaminasse la posta che le portava Hazel piena di timore e di speranza, poi di sollievo e delusione perché anche le righe che dopo lunghe settimane di incertezza aveva indirizzato al *Capitano Richard Burton, Beatsons' Horse, Campagna di Crimea*, piene di un'esitante richiesta di riconciliazione, erano rimaste senza risposta. Le uniche che riceveva erano le lettere di Amy, ancora al lavoro nella lontana Scutari a svuotare vasi da notte, lavare e arrotolare bende, a sua volta traboccante di felicità alla notizia che Maya aspettava un bambino:

> *Dimmi che posso considerarmi una futura «zia» anche senza la benedizione della Chiesa e sebbene i nostri incontri siano stati solo fugaci. Dopotutto siamo legate da qualcosa di molto più profondo: il ricordo di una persona che entrambe abbiamo tanto amato...*

Martha non faceva commenti sul fatto che lo sposo e futuro padre non desse notizie di sé, ma ci rifletteva in segreto. Sapeva di aver avuto ragione nelle sue catastrofiche previsioni, ma questo non le dava alcuna soddisfazione; provava soltanto compassione e un affetto sempre maggiore nei confronti della creatura che aveva messo al mondo, che le era rimasta sempre così estranea e che ora a sua volta aspettava un bambino.

«Sì, continua a camminare avanti e indietro così!» Maya si voltò sorpresa verso la porta della camera, dove si era affacciata la testa con l'inconfondibile cuffia vedovile della zia. «Vedrai che il bambino ti uscirà fuori senza che te ne accorga nei prossimi giorni.»

Con espressione colpevole Maya si portò le mani sull'addome prominente che riempiva addirittura l'abito cucito apposta per le ultime settimane di gravidanza, anche se era solo febbraio.

«Non fare quella faccia sorpresa», sbuffò zia Elizabeth con lo stesso tono affettuoso. «Hai il passo così pesante che ti si sente in tutta casa!»

«Smetterò», mormorò Maya tornando a sedersi alla scrivania. La sedia scricchiolò pericolosamente sotto il suo notevole peso. Fissò irritata la frase lasciata a metà sul foglio di carta, che non riusciva a concludere con le parole giuste. Era questo che l'aveva spinta ad alzarsi e camminare avanti e indietro, per dominare l'inquietudine in attesa di un'improvvisa ispirazione.

«Che cosa stai scrivendo?» fu la domanda che provenne, titubante ma decisamente curiosa dalla porta.

Maya scosse la testa. «Niente di particolare.»

«Niente di particolare», ripeté zia Elizabeth sbuffando sarcastica. «Non prendermi in giro. Sono settimane che te ne stai seduta nella tua cameretta a scribacchiare instancabile. Sembra che sia qualcosa di importante, almeno per te.»

Maya si chinò involontariamente sul foglio scritto e appoggiò i gomiti sulla cartelletta con la copertina marmorizzata e gli angoli neri già piena, quando con la coda dell'occhio vide la zia che si avvicinava. «Posso leggere?»

Maya ebbe un attimo di esitazione, poi scrollò di nuovo il capo. «È ridicolo.»

«Lascia che sia io a giudicarlo, dopo che l'avrò letto», obiettò la zia.

Maya si oppose ancora qualche istante, mordendosi il labbro inferiore, poi sollevò il braccio dalla cartelletta e la porse alla zia senza guardarla.

Appoggiata ai cuscini, l'enorme cuffia da notte posata sull'esile treccia grigia, Elizabeth Hughes cominciò a leggere prima di andare a dormire alla luce del lume. Rapita dalle vivaci descrizioni del lontano regno di Himyar, che si era alleato con i beduini e aveva preso le armi per liberarsi dal giogo dell'occupazione degli aksumiti, la zia di Maya si perse nelle vaste distese dell'*Arabia Felix*. Conquistata dalla bellezza delle figure femminili, dal valore degli uomini, dai loro destini finemente intrecciati, continuava a tirar fuori il fazzoletto dalla manica per soffiarsi discretamente il naso. Erano personaggi di carta, che tuttavia sembravano vivi, tra i quali Elizabeth Hughes si muoveva mentre passava la notte. Solo poco prima dell'alba spense la luce, rammaricandosi all'idea di dover aspettare di sicuro parecchi giorni prima di sapere come proseguiva la vicenda; era anche addolorata, per la nostalgia verso quei luoghi lontani che aveva letto tra le righe.

«È bello», disse semplicemente quando restituì la cartellina a Maya due giorni dopo. «Continua così.» Uscì dalla camera con passo affrettato, tacendo a Maya di aver copiato l'intero manoscritto con la sua scrittura chiara e ordinata.

«Santo cielo, Maya, tra un po' scoppi!» ridacchiò Angelina, infilandosi in bocca un'altra pralina al tartufo, in apparenza incurante della propria linea. La scatola di legno rotonda decorata a peonie, piena di una incredibile quantità di simili prelibatezze avvolte in carta velina rosa acceso, era un presente del suo fidanzato che poteva vantare orgogliosamente questo titolo già da una settimana, dal primo di marzo. Era stata una festa sontuosa, che da allora aveva tenuto Angelina in uno stato di costante euforia, in contrasto ai suoi consueti sbalzi d'umore.

«Aspetta e vedrai», gemette Maya dietro il pancione, che a lei stessa sembrava un barile di birra, «al massimo tra due anni ti ritroverai nelle mie stesse condizioni sdraiata sul divano della vostra casa di Belgrave Square!» Per lei la festa di fidanzamento era finita presto; la schiena e i piedi le dolevano a tal punto che aveva preferito arrancare su per le scale e sdraiarsi. Aveva impiegato un'eternità, a corto di fiato com'era ormai, ma non se n'era pentita neppure per un istante. Per ballare era diventata troppo grassa e in ogni caso le donne in stato *interessante* non ballavano mai: se ne restavano sedute in un angolo della sala, con lo scialle drappeggiato sull'addome, in modo da non offendere la vista altrui. Ma per Maya sarebbe stato impossibile farlo a così breve distanza dalla presunta data del parto. Tuttavia aveva voluto essere presente, quando Angelina e William Penrith-Jones, dinanzi alla famiglia e agli amici, si erano scambiati gioiosamente la promessa di fedeltà e tutti avevano brindato alla coppia con coppe di champagne dal fine *perlage*. Il fatto poi che a casa Greenwood sarebbe arrivato nel giro di pochissimo tempo un nipotino costituiva un ulteriore motivo per festeggiare. Peccato che l'orgoglioso padre in fieri non potesse essere presente alla nascita, del resto era il nobile sacrificio da accettare per l'onore dell'impero britannico.

Angelina si chinò sulla scatola, pescò un altro bonbon, ne mordicchiò dapprima l'esterno, poi rimase a osservare beata il ripieno di crema. Così facendo lo sguardo le cadde sul vistoso brillante che le ornava l'anulare. Ingoiò il resto della pralina e si strofinò la pietra preziosa sulla gonna dell'abito color fiore di ciliegio per farla scintillare. «Senti, Maya», cominciò impacciata, «volevo chiederti una cosa...» si guardò intorno nel salotto, come se dietro la porta o dietro le tende potessero esserci orecchie malevole. In realtà sapeva perfettamente che la madre era a prendere il tè da Miss Pike insieme a zia Elizabeth, il padre lavorava alla *Bod*, Hazel e Rose erano impegnate in cucina nelle pulizie di primavera e Jacob era in giardino a potare i rami che si erano seccati durante l'inverno, come lasciava capire il rumore regolare che entrava attutito dalla finestra. Angelina afferrò decisa i braccioli della poltrona e l'avvicinò al divano. «Come sarà», bisbigliò con le guance avvampate, «voglio dire, la notte di nozze... fa male?»

Maya scosse la testa. «No, Lina, non fa male. Sentirai solo tirare un po', questo sì.»

Angelina si era aspettata informazioni più precise, questo era chiaro, e assunse un'espressione delusa vedendo che Maya taceva. «La mamma», lanciò un'occhiata alle proprie spalle, quasi si aspettasse di vedere quest'ultima incombere dietro di lei, «la mamma dice che è meglio se non so troppe cose al riguardo. Altrimenti William potrebbe giudicarmi... non illibata. Però... mi piacerebbe tanto sapere! Vorrei fare tutto nel modo giusto», si affrettò ad aggiungere.

«In camera di Jonathan c'è un libro», replicò Maya, «dove potrai trovare tutte le informazioni più importanti. Te lo darò. Aiutami ad alzarmi.» Angelina afferrò prontamente la mano protesa della sorella e unendo le forze Maya si sollevò dal divano.

«Sembri una balena spiaggiata», commentò Angelina senza riuscire a trattenere una risata, guardando Maya avanzare barcollando verso la porta.

«Molto divertente!» rispose Maya con una risata che subito si trasformò in un gemito. Si fermò sorreggendosi con una mano allo stipite della porta, mentre si premeva l'altra sul fondoschiena. Da un paio di giorni avvertiva una fastidiosa sensazione al basso ventre. Il dottor Symonds, al quale Maya aveva affidato se stessa e il bambino, le aveva assicurato dopo l'ultima visita che era tutto a posto e che il termine era molto vicino. Il dolore che l'aveva appena assalita, però, era qualcosa di diverso. Era come se una mano le avesse afferrato le carni da dentro tirando dolorosamente gli organi qua e là.

«Ti senti bene?» domandò la sorella preoccupata.

«Magnificamente», sbraitò Maya facendo qualche passo verso l'ingresso. Fece in tempo a raggiungere le scale quando un'altra fitta l'assalì, con una curva ascendente per poi affievolirsi di nuovo.

«Stai bene davvero?» Angelina la sorresse accarezzandole la schiena. «Non è che», trattenne il fiato e spalancò gli occhi, «non è che ci siamo?»

«Come faccio a saperlo io, è il mio primo bambino», rispose acida Maya, assalita da un improvviso terrore per ciò che le stava accadendo e che forse l'aspettava.

«Ti aiuto a salire in camera», si offrì Angelina, e Maya trasalì quando la sorella si mise a gridare proprio accanto al suo orecchio in direzione della cucina, la voce stridula per l'agitazione, «Hazel, corri a chiamare il dottor Symonds! Rose, va' a prendere la mamma e zia Elizabeth. E manda Jacob alla *Bod* per avvertire papà! Il bambino sta per nascere!»

«Non ne posso più», piagnucolò Maya diverse ore dopo che le erano parse come giorni o un'intera settimana. La camicia da notte, che Angelina le aveva infilato durante le prime contrazioni, le aderiva al corpo intrisa di sudore. Le doglie non le avevano dato tregua per tutta la sera e la notte. Era come se un feroce predatore l'avvinghiasse con fauci e artigli, lasciandole pochi attimi di tregua per poi tornare a colpire con una nuova crudeltà. Aveva tutti i muscoli sfiniti, era tesa e affaticata, le mancava il respiro, non aveva più neppure la forza di gridare.

«Devi e ce la farai», le ordinò la madre che la sosteneva da dietro e le teneva la mano destra, mentre zia Elizabeth si era seduta sull'altro lato del letto e le stringeva quella sinistra.

«Noooooo», gemette Maya quando la contrazione successiva si placò e lei posò sfinita il capo sul braccio della madre, mentre annaspava per riprendere fiato.

Il dottor Symonds tirò fuori le mani da sotto il telo che copriva il grembo di Maya. «Avanti, coraggio Maya! Hai ancora un po' di salita da affrontare, ma presto sarà tutto finito.» Sembrava soddisfatto e di ottimo umore.

Maya lo guardò piena di odio, mentre lui si avvicinava al comò con passo baldanzoso, si bagnava le mani in una bacinella, le insaponava accuratamente e indicava a Hazel con un cenno del capo di versargli sopra l'acqua tenuta in caldo in una brocca, prima di asciugarsele con un panno pulito. *Chissà se useresti quel tono così disinvolto se al mio posto ci fosse Amy*. La contrazione successiva, affilata come rasoio e rovente, costrinse Maya a gettare la testa all'indietro stringendo i denti.

«Hai sentito», sentì la madre che le sussurrava all'orecchio, «ce l'hai quasi fatta. Tra poco il bambino nascerà!» Avvertì il massaggio che la madre le faceva sulle spalle, un bacio sulla guancia, poi le sue percezioni affondarono nuovamente, la sua coscienza fu annebbiata dalla sofferenza delle doglie. Era come se un macigno le premesse da dentro contro il bacino, scardinandole le ossa, costringendola ad allargare le gambe.

«Spingi, Maya, spingi», sentì ordinare dalla voce profonda del dottor Symonds. «Spingi!»

«Sto spingendo, maledizione!» sibilò Maya a denti stretti. Le vene sulle tempie le si erano gonfiate per lo sforzo, minacciando di scoppiare da un momento all'altro. Ma ciò non era niente paragonato alla forza che le dilaniava lentamente ma implacabile il basso ventre. Maya si spezzò, si aprì in due e ciò che aveva dentro si riversò sul letto, ne ebbe una chiara percezione. Con il successivo affannoso respiro provò un sollievo così immenso che avrebbe voluto gridare, se ne avesse avuto ancora la forza, e allora scoppiò a piangere in silenzio, convinta di essere sul punto di morire.

Maya morì e rinacque madre quando un vagito le arrivò all'orecchio, dove tutto era scroscio e palpito, poi un grido più limpido e forte, seguito da altri più flebili e indignati, a metà tra il singhiozzo e la protesta.

«Il bambino! È nato, Maya, ce l'hai fatta.» La voce di sua madre, attutita eppure assordante, baci, dappertutto sul suo viso inondato di lacrime e di sudore. Con un enorme sforzo aprì le palpebre, sbatté gli occhi, per mettere a fuoco le pupille che per la stanchezza le si erano rovesciate all'indietro. Le venne posato accanto un fagotto da cui spuntava una testina, rossa e rugosa come una mela del raccolto precedente.

«È un maschio.»

Maya lo osservò incredula, poi gli accarezzò piano la guancia con dita tremanti e la testolina si girò verso di lei. Maya strinse istintivamente a sé il bambino, se lo appoggiò sul petto, strappò la scollatura della camicia da notte.

«Bambina mia, non vorrai... non sta bene...»

«Lasciala fare, Martha!»

«Non dovrebbe... le macchie non andranno più via...» il sogno di Martha era sempre stato quello di sistemare le due figlie così bene, via dalla borghesia nel ceto superiore, in modo che potessero risparmiarsi tra l'altro il faticoso onere dell'allattamento, così difficile da conciliare con gli impegni mondani.

«Santo cielo, Martha, non dire così! Piuttosto aiuta tua figlia!»

Martha Greenwood, che fino a quel momento aveva sperato che la figlia accettasse la sua offerta di trovare una balia per il bambino, si abbandonò al proprio destino e mostrò a Maya come doveva collocare il neonato. La commozione che provò fu più grande di quanto avesse immaginato.

Maya sospirò, quando le labbra infantili trovarono il capezzolo scuro del turgido seno. Quando cominciò a succhiare, le provocò un bruciore lancinante, come di mille aghi, e insieme un senso di trazione che da lì si propagò in tutto il corpo, con un fremito e un pizzicore dalla radice dei capelli alla punta delle dita dei piedi. Fissò stupefatta il volto, il braccio rugoso con la minuscola mano perfetta, le dita complete di unghie che scintillavano come madreperla. Accarezzò dolcemente la folta chioma nera, che aderiva umida al corpo. *È arrivato. Mio figlio. Tuo figlio, Rashad al-Shaheen.*

Maya reclinò la testa all'indietro e pianse e rise insieme.

Martha Greenwood si trascinò stancamente giù per le scale. Il fuoco in salotto era spento da tempo, le lampade si erano consumate. Ma uno scintillio argenteo da una delle finestre con le tende tirate inquadrava una sagoma, un'ombra nera davanti al davanzale: suo marito.

Martha aveva il vestito stropicciato, macchiato e bagnato di sudore, di Maya e di se stessa. Folte ciocche di capelli si erano sfilate dall'acconciatura, le aderivano alle guance oppure le scendevano sciolte, ma lei era ignara di tutto ciò.

Il fruscio del suo abito ridestò Angelina che si era appisolata rannicchiata sul divano. «È nato?» Vedendo la madre annuire, balzò in piedi, ma Martha la trattenne per un braccio.

«Non è uno spettacolo adatto a te. Aspetta che sia stato tutto ripulito e...» ma Angelina si era già liberata e aveva salito le scale. Martha rimase ad ascoltare la quiete del mattino che avvolgeva la casa, sorridendo soddisfatta quando udì il bisbiglio energico di Hazel, la voce baritonale del dottor Symonds e poi una porta che si chiudeva, seguita da un brontolio indistinto in corridoio.

Il marito era rimasto immobile alla finestra e guardava fuori il nuovo giorno che sorgeva. Era domenica. Le campane di St. Gile's risuonavano liete, quasi volessero dare il benvenuto al bambino venuto alla luce a Black Hall in quel 9 marzo 1856. Martha ringraziò il Signore, per la solidità della casa. La forza con cui Gerald stringeva lo stipite della finestra avrebbe già fatto crollare un edificio meno robusto. Gli si avvicinò e gli posò una mano sulla spalla. «È un maschio, Gerald. Stanno entrambi benissimo.»

Lui sembrava non averla sentita, continuò a restare immobile. Lei stava per ripetere quanto appena detto, quando lo sentì sussurrare: «Stavo così anche nella casa di Turl Street, aspettando e pregando. Con... con Jonathan non ancora. Ma quando tu mettesti al mondo nostro figlio e le due ragazze.» Deglutì, poi proseguì con voce rotta, «all'epoca non te lo avevo raccontato, perché non volevo spaventarti. Ma Emma... Emma morì di parto. Mise al mondo una bambina morta e due settimane dopo perse la sua battaglia contro la setticemia. Non te l'ho mai raccontato, perché desideravo tanto una figlia femmina. Oltre... oltre al maschio che avevo già».

Martha rimase in silenzio, perché non voleva interrompere Gerald, né sapeva che cosa avrebbe potuto dire. Quella notte aveva fatto riaffiorare il ricordo dei tre parti da lei stessa superati. Un figlio maschio che avevano dovuto seppellire troppo presto, e due femmine, delle quali una oggi aveva a sua volta dato alla luce un figlio. *Ne è valsa la pena*, pensò, *ogni secondo di dolore*. E sarebbe stata disposta a sottoporsi di nuovo a quel martirio, senza esitazioni, se fosse servito a riportare in vita il figlioccio.

«Dopo... dopo che ci è stato portato via Jonathan...» proseguì Gerald con un profondo sospiro, «non voglio perdere anche Maya. Non la mia bella, intelligente, caparbia ragazza.»

«La *nostra*», lo corresse Martha, «la *nostra* ragazza. Non la perderemo. Oh, è stata così coraggiosa, Gerald! È così forte e tenace: sopravvivrà a noi tutti, anche se dovesse mettere al mondo altri dieci bambini belli come questo!» Le mancò la voce.

Gerald si girò verso di lei. I primi raggi del mattino gli accarezzavano le guance. La strinse tra le braccia e, appoggiata alla sua spalla, Martha Greenwood scoppiò a piangere.

7

«Svegliati! Svegliati!» Aveva le palpebre pesanti, tanto pesanti, le ciglia incollate. Ma la mano che lo scosse, la voce che lo chiamava non gli davano pace. Strinse i denti e aprì gli occhi, per serrarli subito dopo quando il chiarore lo trafisse come una lama rovente. Penetrò spietato dentro di lui, ormai abituato solo alla tenebra. «Svegliati!»

Con un gemito intraprese un altro tentativo, socchiudendo gli occhi nella luce abbagliante. Dappertutto un chiarore dorato. Sopra di lui, intorno a lui, sotto di lui. La mano destra, che poggiava accanto a sé, affondò nel terreno, afferrando una polvere calda e vellutata. Udì il sibilo del vento che lo aveva accompagnato fin dalla culla. Aprì la bocca, la curvò in un sorriso. Allora era quello, *Achira*, l'aldilà! Ma non era possibile che fosse il paradiso, no, non per lui. Quello non era un rigoglioso *Ryadh*, un giardino percorso da ruscelli, dove scorrevano acqua fresca, latte e miele, pieno di palme da datteri e melograni, come le sacre scritture assegnavano a quanti avevano condotto una vita in rettitudine. Non somigliava però neppure all'inferno, il luogo dei dannati, costretti ad alimentare per l'eternità il fuoco ardente, che ricevevano cibi e bevande come ferro fuso e abiti di rame liquido. Aveva già gettato via gli strumenti di tortura come catene e ceppi. Il sorriso si allargò sul suo volto riarso. No, non era finito in nessuno dei due luoghi d'eterna dimora. Nella sua sconfinata bontà, Allah doveva averlo condannato all'*A'raf*, il mondo di mezzo, finché non veniva deciso se il suo posto fosse all'inferno o in paradiso. *Dunque Allah ha visto che, accanto alle mie mancanze, ho agito rettamente. Lodato sia Allah!*

«Riesci ad alzarti?» volle sapere la voce.

Lui rotolò ubbidiente sulla spalla sinistra, sussultando per il dolore che lo trafisse ai muscoli e all'articolazione. Ma aveva già sofferto pene più grandi, *prima*. Alzò lo sguardo verso il punto di provenienza della voce. Una figura scura si chinò su di lui, circondata da un'aureola luminosa. Era forse un *Malak*, un angelo di Allah? Se così era, allora gli angeli avevano i lineamenti delle persone che ciascuno aveva avuto più vicino durante la vita, le stesse espressioni, la stessa voce.

«Salim?» gracchiò Rashad incredulo.

«*Mahraba*, bentornato», rispose Salim con un sorriso smagliante.

«Dove... dove siamo?»

«Ai margini del *Al-Rimal*. A tre giorni di viaggio da Ijar.»

Rashad si sollevò da terra aiutandosi con il braccio destro e si mise a sedere, accarezzandosi le gambe pustolose e le strie rosse intorno alle caviglie. Aveva le dita dei piedi gonfie, rosse o giallastre. Qualcosa si muoveva pizzicandolo intorno al collo, in parte fresco, in parte rovente, con un lieve tintinnio. Posò lo sguardo sul braccio sinistro, tenuto fermo ad angolo retto davanti al corpo da una benda costituita da una striscia di tessuto bianco incrostata di sangue in diversi punti; bianca era anche la lunga tunica che Rashad indossava e che guardò aggrottando la fronte.

«Non sei più un al-Shaheen», gli spiegò Salim con voce rotta. «È stata la decisione degli anziani, come mi ha riferito Ali.»

Rashad annuì senza parlare. Non si era aspettato niente di meno. Chi calpestava l'onore della propria tribù, gli arrecava *'ayb*, onta, poteva essere scacciato. In un paese in cui la vita era regolata da una strettissima rete di leggi e appartenenze tribali, equivaleva a una condanna a morte. Chiunque d'ora in poi avrebbe potuto fare ciò che voleva con Rashad, addirittura ucciderlo, senza temere la vendetta della sua tribù. E Rashad non poteva andare da nessuna parte, fin dove si estendeva tale rete, perché non aveva più il diritto di entrare nel territorio di un'altra tribù né di chiedervi protezione. Era un fuorilegge. Pur sapendo che la decisione degli anziani di esiliarlo era stata più mite che lasciarlo tornare tra di loro con il marchio dell'ignominia a condurre una vita senza onore, come accadeva di solito, provò rimorso di essere ancora vivo. Senza fucile, senza spada, soprattutto senza la sua *djambia* che il padre gli aveva affidato quando era stato accolto nella cerchia degli uomini. Ma l'onta più grande era stata dover guardare negli occhi come prigioniero, senza onore, pieno di vergogna, i suoi stessi uomini, che aveva così a lungo comandato e per i quali era stato un modello da imitare. Come era accaduto a Rashad quando si era diretto ai margini di *Al-Rimal* verso i suoi uomini e quelli del sultano, per consegnarsi nelle loro mani. *Da fiero guerriero a delinquente disonorato.*

«Nashita ha proclamato il divorzio», fu la notizia successiva che gli comunicò Salim e Rashad annuì di nuovo. Aveva immaginato anche questo. Nessuna donna di al-Shaheen era disposta a restare sposata con un uomo privo d'onore, inaccettabile anche per i figli. Era stato dunque ragionevole da parte sua ricorrere a ciò che le spettava di diritto e mettere fine al matrimonio senza che nessuno potesse obiettare, come era consuetudine nella tribù di al-Shaheen e nella maggior parte delle popolazioni beduine, in cui i due sessi godevano di pari diritti.

«Come stanno i miei figli e mia figlia?»

«Non hanno subito conseguenze negative. Per tua figlia è stato trovato un buon marito. Il figlio minore di Hakim ibn Abd ar-Rahman. Il matrimonio sarà celebrato l'anno prossimo.»

«Bene.» Lui e Nashita possedevano un numero considerevole di capre e pecore; inoltre lei era considerata una delle più abili tessitrici e cucitrici della tribù, quindi non avrebbero patito la fame. Ancora carina e attraente, sarebbe stata addirittura un ottimo partito per un nuovo marito. Lui non si lasciava dietro terra bruciata, bensì una famiglia, che comunque aveva sempre visto di rado, ben rifornita e ancora ben vista. Fu invaso da un'ondata di sollievo all'idea che nessun altro avesse sofferto per causa sua.

Girò il capo mentre Salim si allontanava di qualche passo

per avvicinarsi a uno dei due cammelli accovacciati nella sabbia con espressione oziosa e offesa. Avvertì di nuovo quella sensazione metallica intorno al collo, udì un lieve tintinnio. Guardò verso il basso, tastò la catena, il medaglione piatto e ovale e l'anello, e se li rigirò a lungo tra le dita come se li vedesse per la prima volta.

«È stata quella a salvarti la vita», dichiarò Salim mettendosi seduto a gambe incrociate sulla coperta stesa accanto a Rashad, tenendo in mano un otre d'acqua. «Te l'avevano tolta quando ti avevano gettato in prigione, e l'avevano consegnata al sultano. Lui era fuori di sé per la collera. Non solo perché avevi infranto il patto, privandolo dell'ostaggio per le trattative con i *farangi*. Voleva sapere se l'avevi rubata», Salim indicò la catena che Rashad portava al collo, «oppure se te l'eri presa come pagamento. Si capisce chiaramente che è un oggetto realizzato in un paese lontano, con quell'immagine dentro. Io non sapevo che cosa dire, non sapevo se un sì oppure un no avrebbe significato la tua immediata condanna a morte. Allora ho deciso di dire la verità: un guerriero non si mette al collo un gioiello femminile se lo ha ottenuto con la forza o in cambio di qualcosa, bensì lo nasconde nella bisaccia. Se lo indossa, allora significa che è stato un pegno d'amore. Dapprincipio la mia spiegazione servì solo ad aumentare la collera del sultano. Ho avuto l'impressione che egli avesse già», Salim esitò, cercando la parola giusta, «scelto quella donna per sé e che tu gliel'avessi sottratta. La tua condanna a morte era già decisa. Ma dopo un paio di giorni non l'aveva ancora formulata, e sembrava averci ripensato. Ordinò ad Ali di chiedere agli anziani di al-Shaheen come comportarsi con te. Quando Ali tornò con la loro sentenza, il sultano si dichiarò d'accordo e affidò a me il compito di portarti lontano da Ijar e di ridarti il gioiello che per tutto quel tempo lui aveva sempre tenuto con sé.»

Rashad lo aveva ascoltato in silenzio, sempre immerso nella contemplazione del medaglione. Senza volerlo, quasi automaticamente, il suo pollice schiacciò la goccia dorata della chiusura e il coperchio si aprì di scatto.

«Non è il suo ritratto. Però le somiglia. Forse è sua madre.»

Forse fu qualcosa nella sua voce, o nel suo volto, che indusse Salim a chiedere piano: «Non si trattava semplicemente del *rafiq*, vero?» Vedendo che Rashad non rispondeva, aggiunse: «Ne valeva la pena?»

Senza guardarlo, Rashad replicò: «Sai se è arrivata sana e salva a Aden?»

Salim esitò, poi rispose: «Sì. Ma mi è stato riferito che poco tempo dopo è tornata con il marito nel suo paese».

Rashad richiuse il medaglione con un gesto deciso e lo nascose sotto il colletto della tunica. «Allora ne valeva la pena.» Da quel momento si proibì di pensare a lei, che era tornata nella lontana isola piovosa e accanto al marito conduceva la vita che le spettava e che ben presto le avrebbe fatto dimenticare la sua avventura in Arabia. O di sicuro avrebbe fatto sbiadire in lei il suo ricordo, esattamente come lui aveva intenzione di fare.

«Resterai con me fino alla fine?» domandò lanciando un'occhiata di sottecchi a Salim.

Salim lo guardò con un'espressione sbigottita, abbassando l'otre da cui stava bevendo. Poi comprese, gettò la testa all'indietro e scoppiò a ridere. «No, Rashad, non te la caverai tanto facilmente! Non ho invocato per settimane la misericordia del sultano per poi lasciarti morire qui nel deserto. Avresti potuto farlo molto più facilmente e più in fretta nelle segrete del palazzo!»

Ora fu la volta di Rashad di guardarlo stupito. «Che cosa ci facciamo qui allora?»

Salim posò l'otre e si passò il dorso della mano sulle labbra luccicanti d'acqua, sulla barba umida, scoprendo così un sorriso astuto, prima di passare il contenitore a Rashad. «Aspettiamo.»

Rimasero seduti sotto il sole ora dopo ora, finché Rashad non riuscì più a trattenere le parole che gli bruciavano nell'animo. «Perdonami per averti deluso, Salim.»

Salim ondeggiò gravemente la testa sotto il turbante indaco. «Ormai ti conosco da molto tempo. Sei sempre stato un ottimo comandante, il migliore che avrei potuto desiderare. Non sei il tipo da gettare via la sostanza di una vita intera, solo per un capriccio. Di sicuro avevi motivazioni così pesanti che ti hanno impedito di agire altrimenti. Questo mi basta. Non c'è niente da perdonare.»

Il sole stava cominciando la sua discesa, quando udirono un rumore: cammelli, parecchi, la maggior parte con qualcuno in groppa. Passò tuttavia diverso tempo prima che riuscissero a scorgerne le sagome tremolanti, e ancora di più prima che fossero abbastanza vicini. Salim si alzò, agitò le braccia sopra la testa incrociandole ripetutamente e gridando, «Heda! He! He!»

I cammelli rallentarono l'andatura e il primo si diresse verso di loro. Chi lo conduceva si fermò davanti a Salim e Rashad, si sporse leggermente sulla sella e si tolse dal viso il lembo della *keffiyeh* a disegni rossi e bianchi, scoprendo un naso imponente sopra una barba brizzolata, con la punta rivolta verso il basso a pochi centimetri dal mento all'insù. Non era più giovane, ma nemmeno anziano.

«Siete viaggiatori in difficoltà e avete bisogno di aiuto?» si informò con voce lamentosa. Gli mancava un canino superiore e questo gli conferiva un'aria furba. Dall'accento si capiva che era originario dell'Arabia occidentale.

«Il mio amico effettivamente sì», spiegò Salim indicando Rashad. «Dove siete diretti?»

Il capo carovaniere indicò dritto davanti a sé. «Verso ovest, e poi verso nord. In direzione della Mecca e di Medina.» Come se avesse indovinato il pensiero di Salim, scrollò la testa. «No, non siamo pellegrini, siamo mercanti.»

«Potreste portare con voi il mio amico?»

Il cammelliere scrutò Rashad da capo a piedi, poi schioccò la lingua sprezzante di fronte al suo stato pietoso. «Non mi sembra che sia in grado di camminare a lungo. Se gli offrissi un posto su uno dei miei cammelli... vi costerà qualcosa!»

«Prendetelo lo stesso, in un gesto compassionevole. Ha superato tempi difficili.»

Per tutta risposta il mercante fece una risata beffarda. «Questo lo vedo!» Socchiuse gli occhietti furbi e fece un cenno del capo in direzione di Rashad. «Il braccio gli guarirà? In effetti mi servirebbe qualcuno per fare la guardia.»

«Il suo braccio praticamente è come nuovo», si affrettò ad assicurare Salim, poi aggiunse orgoglioso: «È uno dei migliori fucilieri del paese, esperto di lotta e parla diverse lingue! Persino quelle straniere! Dategli un fucile e vi potrebbe portare anche le stelle che di notte brillano in cielo».

Rashad si sentiva come una merce in vendita in un *suk*. Anzi, peggio: come uno schiavo a un'asta. Il mercante schioccò di nuovo la lingua.

«Se lo dite voi. Però può scordarsi di andarsene tra un anno, perché è stanco di continuare a spostarsi da un luogo all'altro: con me non esiste!»

«Ho nelle vene sangue di beduino», lo apostrofò Rashad alzandosi lentamente. Si accorse di riuscire a stare in piedi meglio di quanto credesse.

«Tanto meglio», gracchiò il cammelliere, poi spronò l'animale facendogli compiere un ampio cerchio per poi dirigersi di nuovo verso i suoi. «Di sicuro potrà fare con le sue gambe i pochi passi fino alla carovana.»

Era il momento dell'addio. Dopo tanti anni.

«Sarò eternamente in debito con te, Salim», disse Rashad mentre si stringevano la mano.

«Che Allah ti protegga», replicò Salim.

Ciascuno andò per la propria strada, senza voltarsi indietro: Salim verso i due cammelli che li avevano portati fin lì, Rashad zoppicando fino alla carovana, dove gli venne offerta una sella su uno degli animali. Il gruppo si rimise in marcia attraverso *Al-Rimal*, le sabbie del Rub al-Khali.

«Ehi, tu», gli gridò il mercante dopo un po', girando la testa verso di lui. «Hai anche un nome? Io sono Yusuf. Yusuf bin Nadir, che compra e vende tutto ciò che si può trasformare in denaro.»

Rashad esitò. *Rashad.* «Colui che si comporta con rettitudine.» Così era stato un tempo.

«Abd ar-Ra'uf», rispose subito dopo. «*Servitore del misericordioso.*»

Senza padre. Senza famiglia né tribù. Senza passato. *Un nuovo nome. Una nuova vita.*

«*Marhaba* tra di noi, Abd ar-Ra'uf», rispose il mercante con un'occhiata furba, poi si voltò sulla sella con un sorriso caprino, proseguendo la marcia verso il disco rosso del sole al tramonto.

8

Con un sorriso Maya saltò di slancio gli ultimi gradini. Tutta la casa riverberava di strilli divertiti che si trasformavano in argentine risate. Si avvicinò in punta di piedi alla vetrina tra le porte del salotto e della sala da pranzo e sbirciò senza farsi vedere sporgendo la testa oltre lo stipite. La madre vestita di grigio chiaro era seduta sul divano e dondolava il nipotino sulle ginocchia, tubava e gorgheggiava, roteava gli occhi e sbatteva le palpebre, faceva smorfie e lasciava cadere all'indietro il bambino sorreggendolo saldamente tra le braccia. Il piccolo emetteva un grido stridulo a metà tra la gioia e la paura, e poi entrambi scoppiavano a ridere. Gli occhi di Maya si posarono teneramente sull'immagine di sua madre e del bambino.

Suo figlio. Rispettando la tradizione di famiglia, secondo la quale il primogenito di una generazione portava il nome Jonathan oppure John, e in ricordo del fratello, Maya aveva scelto il primo e poi aveva deciso di dargli il nome di battesimo completo del fratello. Per questo il nuovo venuto era stato battezzato nella chiesa di St. Giles come Jonathan Alan Greenwood Garrett.

Per evitare che sorgessero equivoci con l'altro Jonathan, mai dimenticato seppure morto, il piccolo in famiglia veniva chiamato semplicemente Jonah. Ma quando Maya si trovava da sola con lui, lo chiamava *Tariq*, «stella del mattino», perché aveva emesso il suo primo vagito all'alba, ma anche perché la sua nascita ormai più di sei mesi prima era stata un lieto presagio carico di speranza.

Quello stesso mese, nel marzo 1856, la conferenza di Parigi aveva proclamato un armistizio che poi era sfociato in un trattato di pace. Le sue principali condizioni rispecchiavano la stanchezza e lo sfinimento delle parti coinvolte nel lungo conflitto: i territori occupati dovevano essere restituiti ai precedenti proprietari, per esempio Balaclava e la rasa al suolo Sebastopoli alla Russia, e la provincia armena del Kar all'impero ottomano, la cui integrità doveva essere d'ora in poi garantita nel trattato di pace. Il mar Nero fu dichiarato zona neutrale e poteva essere solcato solo da navi mercantili di tutte le nazionalità, ma non da navi da guerra. Il principato della Moldavia e la Valacchia furono messi sotto la protezione comune delle grandi potenze. La Russia non fu obbligata a pagare risarcimenti di guerra, e la questione su chi dovesse custodire i luoghi sacri della cristianità in territorio ottomano, che aveva acceso il conflitto poi sfociato nella guerra, continuò a restare irrisolta. Le vittime dello scontro bellico ammontavano a trecentomila unità su entrambi i fronti; più di ventimila erano i caduti dell'esercito britannico, di cui soltanto cinquemila in battaglia o per le ferite riportate in combattimento. Gli altri erano morti di freddo, di fame e di colera oppure di altre malattie. Tante vite umane, solo per ripristinare a parte piccoli dettagli lo status quo precedente all'aggressione della Russia. Se non altro la terribile guerra di Crimea era finalmente terminata, ed era tornata la pace.

«Vi state divertendo?» domandò Maya varcando la soglia.

Martha la guardò con espressione raggiante. «Immensamente! Non è così, tesorino mio», tornò a guardare il piccolo Jonah, «*immensameeeeente!* Sì, piccolino? Sì-sì-sì-sì!» Jonah confermò le parole della nonna gorgheggiando entusiasta, poi allungò le manine verso il suo viso e cercò di afferrarle gli orecchini. Maya si morse le labbra e rise tra sé. Era incredibile come fosse cambiata la madre da quando c'era il nipotino, in passato sempre attentissima alle apparenze. Ma non era l'unica: tutta Black Hall, compreso Gerald, faceva il possibile per far divertire Jonah e viziarlo in ogni cosa. «Finalmente in questa casa sono tornate la vita e la felicità», aveva sospirato Hazel poco tempo prima, sedendosi al tavolo di cucina a gustarsi una tazza di tè con Rose. Anche ospiti, professori e studenti, infatti, erano tornati a frequentare Black Hall per intavolare accesi dibattiti con il professor Greenwood, ampliare le proprie conoscenze e gustare il roast beef e la mitica salsa di Rose.

«È uguale a te da piccola», osservò ora la madre. Una frase che ripeteva spesso riferita al nipote. «Proprio come la mamma!» si sentiva dire Maya tutte le volte che usciva portando Jonah nella graziosa carrozzina di vimini con il tettuccio verde pastello e le sospensioni simili a quelle di una carrozza, quando parenti e amici di famiglia si sporgevano ad ammirare per la prima volta il neonato.

Ed era proprio così, come Maya tornò a constatare ancora una volta quando Jonah girò la testolina verso di lei, protese le braccine grassocce e rise, mostrando il suo primo dentino simile a un chicco di riso sul labbro inferiore, per poi tornare serio ed emettere un gorgheggio pieno d'amore. Aveva ereditato i capelli scuri e l'incarnato dorato di Maya e gli occhi castani dei Greenwood. Soltanto Maya sapeva che la sua boccuccia un giorno si sarebbe trasformata in quella piena di suo padre, che le sue guance paffute nascondevano il profilo marcato degli zigomi di Rashad. E solo Maya sapeva che l'equilibrio interiore del piccolo, che a volte, unito alla sua rotondità, gli conferiva l'aspetto di un piccolo Buddha cinese, non era da ricondurre soltanto a lei, o perché tutte le persone intorno a lui si sforzassero per farlo felice, bensì derivava anche dal fatto che nelle sue vene scorreva il sangue lento e controllato di un guerriero arabo, che si era lasciato andare solo per due notti. Era stata un'illusione pensare di poter dimenticare. Jonah glielo rammentava in continuazione, eppure rendeva più sopportabile il ricordo.

«Esci?» domandò la madre, notando l'abito da pomeriggio color caramello e il cappellino intonato che Maya indossava.

«Sì, prendo un tè con Amy.» Dopo la partenza degli ultimi soldati inglesi dal lazzaretto di Scutari, anche Amy a luglio aveva fatto le valigie ed era tornata in patria. A Oxford però non si trovava più a casa sua e stava valutando che cosa fare della propria vita. «Vieni, tesoro, dobbiamo andare.» Maya protese le braccia verso Jonah.

«Ma no, lascialo qui», la pregò Martha, stringendo a sé il corpicino caldo. «Voi ragazze di sicuro avrete un sacco di cose di cui parlare, e così avrai modo di divagarti per qualche ora dai tuoi doveri di madre.»

Maya avrebbe voluto ribattere, ma l'arrivo di Hazel con un vassoio d'argento la interruppe. «Posta per lei, Miss Maya!» annunciò la donna.

«Grazie, Hazel.» La cameriera fece un inchino, ma non uscì dal salotto senza aver rivolto un sorriso ammiccante a Jonah che rispose con un allegro «Hehehe!»

«Oh, una cartolina da Angelina», annunciò Maya ridendo e sventolandola in aria. Dopo lo sfarzoso matrimonio due mesi prima, che aveva riempito Back Hall e il suo giardino di una quantità incredibile di ospiti e visitatori chiassosi provenienti da ogni dove, la novella Mrs. Penrith-Jones si trovava in viaggio di nozze: Madera, Roma, Milano, Venezia, Firenze, Marsiglia. «Da Parigi. 'Mi sono fatta fare così tanti abiti nuovi, ho comprato così tanti cappelli e scarpe che tornerò a Londra con due bauli in più'», lesse Maya ridacchiando. «E poi mi consiglia caldamente di decidermi a comprare una di queste nuovissime crinoline, mi minaccia di non farsi più vedere in pubblico con me se continuerò a portare delle semplici sottogonne. Un bacio dalla tua madrina, tesoro mio», disse poi a Jonah, soffiandogli un bacio.

«Che cos'è?» Martha Greenwood si alzò preoccupata tenendo Jonah in braccio, vedendo la figlia impallidire mentre esaminava la lettera che teneva in mano.

«È di Ralph», bisbigliò. «È stata imbucata nel Gloucestershire.»

«Finalmente! Il grande conquistatore si ricorda di avere una moglie e un bambino qui!» fu il commento immediato di Martha.

Dopo la nascita di Jonah, aveva agito di propria iniziativa e, all'oscuro di Maya, aveva inviato al genero poche righe per comunicargli che Maya aveva dato alla luce un maschio in perfetta salute, con la brusca asprezza di penna che la contraddistingueva e che era in grado di colpire il destinatario con la violenza di un ceffone. Ma evidentemente Ralph non aveva capito l'antifona, aveva continuato ostinatamente a tacere, fino a quel giorno di ottobre.

«Avanti, aprila! Mi interesserebbe molto sapere che cosa ti scrive ora il tuo signor marito!»

«Chiede il permesso di venirmi a trovare.» Maya abbassò la lettera con occhi sgranati. «La prossima settimana, se possibile.»

«Sarebbe ora, finalmente!» Martha continuava a non capire neppure lontanamente che cosa fosse successo tra la figlia e il genero per causare tutto quel gelo. Ma Martha Greenwood non aveva il minimo dubbio che la colpa di quel dissapore fosse da attribuire in toto a Ralph Garrett. «Ti va di vederlo?» aggiunse piano.

Maya non le rispose. *Il divorzio, sicuramente viene per chiedere il divorzio!* erano le parole che le martellavano in testa. Martha, che evidentemente si era accorta dell'angoscia della figlia, le si avvicinò e l'afferrò per un braccio. «Qualunque cosa possa volere, non potrà farti niente! Noi Greenwood siamo radicati qui a Oxford, abbiamo già superato tante difficoltà, se necessario affronteremo un altro piccolo scandalo!» Baciò la figlia sulla guancia. «Non ti preoccupare, ma passa un pomeriggio spensierato insieme a Amy, d'accordo? Salutala tanto da parte mia.»

«D'accordo», sospirò Maya ricambiando il bacio della madre, poi premette le labbra sulla guancia rosea e morbida di Jonah. «Fai il bravo con la nonna!»

«Ma che cosa dice la mamma? Jonah è sempre un bravo bambino, vero, angioletto?» Maya uscì dal salotto sorridendo, mentre all'interno sua madre riprendeva a coccolare e vezzeggiare il nipotino. «Che cosa facciamo oggi pomeriggio insieme, eh? Ci mordicchiamo le dita? Sta spuntando un altro dentino e ti fa la bua? Cattivo, cattivo dentino!»

«Ma-ummm», le rispose Jonah.

In silenzio si fronteggiavano in salotto. Era quasi trascorso un anno dall'ultima volta che si erano visti in un altro salotto, a Sydney Place a Bath. Un incontro che aveva lasciato una profonda ferita in entrambi. In Maya e anche in Ralph, come si poteva leggere nei suoi occhi grigi, il cui sguardo appariva ancora scosso.

«Ti trovo bene», disse lui alla fine. Era la verità. Maya conservava ancora un po' di chili della gravidanza, ma le stavano bene, le donavano una femminilità del tutto nuova. La gonna a balze verde scuro con la giacchina sopra la camicetta verde prato dalle maniche a sbuffo mettevano in risalto il suo incarnato, i suoi colori forti e decisi. I capelli lucenti erano raccolti semplicemente ai lati del capo e intrecciati con nastri verdi che le scendevano sulla schiena.

«Grazie, anch'io te.» Anche tale complimento era più che veritiero. Sembrava che le difficoltà non riuscissero a lasciare segni permanenti in Ralph: neppure l'anno trascorso di nuovo tra le scartoffie di Aden aveva scalfito il suo aspetto piacente e giovanile. Era in abiti civili, con un vestito color cioccolato molto indicato ai capelli biondi e alla lieve abbronzatura.

Ralph annuì, stringendo le labbra, visibilmente imbarazzato, passandosi il cilindro da una mano all'altra. Alla fine fece un profondo respiro. «Maya, sono venuto per scusarmi con te. Per... per il mio comportamento a Bath. Per me è stato... un terribile shock. E una indicibile umiliazione», mormorò con lo sguardo fisso sul cappello.

«Anche per me», replicò Maya sottovoce. Lui fece per aggiungere qualcosa, ma lei lo precedette. «Non solo per le tue parole. Ma anche per ciò che avevo da dirti. Che in quel momento non è stato possibile risparmiarci.»

Ralph annuì senza alzare gli occhi. Gonfiò le guance e soffiò rumorosamente l'aria.

«Nei mesi trascorsi a Aden, ho avuto modo di riflettere molto.» Rise, scuotendo la testa con se stesso. «Di sicuro penserai che tutte le volte che ti faccio le mie scuse, subito dopo ti offendo di nuovo. Ti faccio promesse che poi non so mantenere. Questa volta non voglio prometterti niente, Maya. Soltanto...

chiederti se... se riesci a immaginarti di poterci perdonare a vicenda. Non oggi, non domani, ma forse dopodomani.»

«Non lo so», rispose Maya sincera dopo una breve pausa di riflessione.

«Neppure io», riconobbe Ralph con disarmante schiettezza. «Però spero che possiamo riuscirci. Prima o poi.»

Maya gli doveva una risposta, ma la sua espressione non denotava né collera né rifiuto, bensì confusione. Lui esitò, poi chiese timidamente, «Posso... posso vederlo?»

«Ma certo.» Maya lo precedette su per le scale, all'ultimo piano girò a destra, aprì cauta la porta e si portò un dito alle labbra.

Era una stanza luminosa, con un fasciatoio e un armadio dipinti di bianco, al pari della scaffalatura aperta decorata con intagli a forma di tralci fioriti, già riempita da bambole di pezza, due palle, una mucca fatta di ritagli di stoffa colorati e un asino di velluto grigio, accanto alle scatole dove dormivano i soldatini di piombo di Jonathan, blocchetti di legno da costruzione, animaletti dipinti di una fattoria e una ferrovia con i vagoni che potevano essere montati in successione diversa dietro la locomotiva. In un angolo c'era un cavallo a dondolo, non più nuovo, ma risistemato, e una poltrona di pelle; nell'altro una poltroncina di vimini con un tavolino rotondo. Le tende gialle arricciate davanti alla finestra davano l'impressione di diffondere un alone di sole anche nelle giornate scure e fredde.

Si avvicinarono entrambi in punta di piedi alla culla che stava in mezzo alla stanza. Jonah dormiva sereno, la boccuccia socchiusa curvata in un sorriso sognante. La sua chioma corvina suscitava in zia Elizabeth espressioni di rammarico tutte le volte che andava a trovarlo, perché non era una femminuccia, dato che sarebbe stata perfetta ornata di nastri rosa. Ciò tuttavia non le impediva di abbracciarlo e coccolarlo senza soste. Teneva i pugnetti ai lati della testa, e uno di essi guizzava ritmicamente, come le palpebre, talmente delicate da lasciar intravedere la rete di sottili venuzze che le percorrevano e ornate da folte ciglia.

Maya vide Ralph osservarlo con grande attenzione. Come se

cercasse di individuare gli aspetti esteriori appartenenti a Maya, e quelli provenienti dallo sconosciuto rivale arabo che aveva posseduto sua moglie e l'aveva fecondata con il proprio seme, mentre il loro matrimonio era rimasto sterile. Quale uomo avrebbe mai potuto perdonare un'onta simile?

Ralph abbassò lentamente la mano aperta sul corpo abbandonato nel sonno, la tenne sospesa sopra l'addome arrotondato del bambino, che si sollevava e si abbassava regolarmente sotto la coperta di lana azzurra, quasi volesse catturarne il calore. Maya sentì i muscoli tendersi, pronta a strapparlo via dalla culla senza batter ciglio nel caso egli volesse far del male a suo figlio. Il mento di Ralph si protese in avanti, si sollevò, si corrugò, vibrò sotto gli angoli della bocca curvati verso il basso, e i suoi occhi si riempirono di lacrime.

«Dio, quanto vorrei che fosse mio», si lasciò sfuggire con un singhiozzo. Chiuse le dita e allontanò la mano dalla culla. Maya gli posò la propria sul braccio, sentì il fremito del tumulto interiore che lo scuoteva, poi, non incontrando resistenza da parte sua, lo abbracciò, nel tentativo di trasmettergli qualcosa del profondo amore che provava per il figlio.

«Che cosa ci è successo, Maya?» lo sentì mormorare, mentre ricambiava l'abbraccio. «Com'è stato possibile arrivare fin qui?»

«Non potremo mai cancellare quanto accaduto», bisbigliò lei in un improvviso impeto di dedizione, più simile a quello di una madre o una sorella che di una moglie, ma che comunque stava a indicare che non aveva ancora smesso del tutto di volergli bene.

Lui staccò il busto da lei, senza lasciarla andare, e girò lo sguardo velato di lacrime verso la culla, dove il piccolo stava sbadigliando senza aprire gli occhi. «Come si chiama?»

«Jonathan. Però lo chiamiamo Jonah.» *Io lo chiamo Tariq.*

Ralph storse la bocca, senza tuttavia riuscire a sorridere. «È un bel nome.» Deglutì. «Sicuramente non riuscirò mai a dimenticare che non è figlio mio. Forse però potrò abituarmi alla cosa e amarlo lo stesso. Ti assomiglia moltissimo.» Si voltò e la guardò in viso. «Forse non ti conosco ancora. Probabilmente non ci riuscirò mai. Ma di una cosa sono sicuro: mi fai provare emozioni che non ho mai provato né mai proverò con nessuna donna. Per questo mi è tanto difficile starti vicino, e ancora di più rinunciare a te.» Le prese la mano sinistra e se la portò alle labbra. «Vorrei tanto che un giorno portassi di nuovo il mio anello. Ma solo quando ti sentirai legata a me.»

«Io...» cominciò lei con voce arrochita, ma lui scosse la testa.

«No, Maya, non ora. Abbiamo bisogno di tempo, entrambi. E ne avremo. Tra cinque giorni mi imbarcherò per l'India. Quando sarò di nuovo tra le mie *Guides*, troverò la distanza sufficiente per ripensare di nuovo a tutto quanto. Vorrei solo pregarti di fare lo stesso qui. Non è possibile che finisca tutto così.»

Maya lo strinse a sé. «Abbi cura di te.»

«Lo farò. Per te e...» inclinò la testa leggermente verso Jonah che grugniva piano nel sonno, «per il piccolino. Dopotutto ha bisogno di un padre. Anche di uno», sul suo volto comparve un debole sorriso che si trasformò in una smorfia, «imperfetto come me.» Ralph baciò lievemente Maya sulla guancia, poi le strinse le mani prima di staccarsi da lei. «Ti prego di rimanere qui, ora che me ne vado. Vorrei portare con me quest'immagine: te davanti alla culla.»

Quando se ne fu andato, Maya si chinò sul figlio e gli accarezzò un braccio con le nocche delle dita. *Ti prego, mio Dio, lasciami almeno quest'uomo, dopo che mi hai portato via Rashad. Colpa per colpa, le sue mancanze per le mie, così saremo pari. Fa' che io riesca a far crescere dal seme della dedizione qualcosa che sia sufficiente per un matrimonio. Ti prego Dio, ti chiedo solo questo. Io e Jonah non abbiamo bisogno d'altro. Ti prego.*

A volte Dio resta sordo alle nostre suppliche, perché ha in mente altri progetti per noi. Oppure lascia mestamente che l'irragionevolezza umana faccia il suo corso.

9

Il *Corps of Guides* sotto il comando di Lumsden era cambiato durante i tre anni di assenza del tenente Ralph Garrett. Il reggimento si era trasferito da Peshawar a Mardan, una quarantina di miglia più a nord-est. Il grigio era il colore predominante della zona. Grigie erano le aride colline a nord-est, le rocce, la ghiaia e la polvere che copriva ogni cosa. Grigie anche le foglie e i rami delle tamerici che crescevano rigogliose. Macchie di colore leggermente diverse erano create dal fogliame delle acacie d'un verde tenero ricoperto di polvere, dai boschi fitti e lontani e dai piccoli campi terrazzati che occupavano il terreno collinoso e fertile verso sud-ovest e ora, all'inizio di maggio, erano coperti da banchi di nebbia saliti dai fiumi e dai canali d'irrigazione scavati nel terreno. L'umidità dell'aria rendeva il calore ancora più insopportabile. Le temperature sarebbero scese solo a ottobre; tra dicembre e gennaio avrebbe fatto molto freddo, con precipitazioni nevose, e poi i violenti temporali e le grandinate avrebbero annunciato il ritorno delle temperature più miti. Era la terra dei leopardi e degli sciacalli, delle capre selvatiche che si arrampicavano tra le pietre dei pendii montuosi e delle scimmie con i loro salti acrobatici. Se si aveva molta fortuna, mentre si passeggiava era possibile scorgere anche un fagiano che incedeva superbo.

Soprattutto i tempi degli alloggi provvisori erano finiti. Ai margini della vecchia città di Hoti Mardan, attraversata dal fiume Kalpani, era stato eretto un forte, con una pianta come una gigantesca stella a cinque punte. Quattro di esse erano destinate agli alloggi degli ufficiali, mentre la quinta era riservata al magazzino e al piazzale delle esercitazioni. Cespugli di bosso e giovani alberi, accuratamente annaffiati, avrebbero ingentilito negli anni e nei decenni successivi il volto del forte, conferendogli un aspetto simile ai giardini della lontana Inghilterra. Intorno al centro del forte, sotto le tettoie sporgenti, si trovavano i semplici alloggi dei soldati del posto. Si trattava di diverse centinaia di uomini, pashtun, punjabi, sikh. Come dappertutto nel paese, l'esercito della corona era costituito nei ranghi superiori esclusivamente da ufficiali britannici; i ranghi inferiori e la truppa invece erano formati quasi del tutto da abitanti del posto, denominati *sepoy*. Tra di loro c'erano per esempio gurkha, membri di un popolo guerriero dell'Himalaya, musulmani e indù provenienti dall'intero subcontinente. Era un sistema che funzionava, nonostante le diverse religioni e usanze. La bandiera inglese sventolava fiera sul pennone del forte, un altro simbolo ben visibile con i suoi colori vivaci della supremazia britannica in quella regione di confine ancora selvaggia, dove conflitti e sanguinose faide tra i diversi ceppi etnici erano all'ordine del giorno.

Il tenente Ralph Garrett era felice lì. Quello era il suo posto, il suo mondo, lì dove il confine indo-britannico tracciato sulle mappe segnava la linea tra amici e nemici. Come nemico era catalogato tutto ciò che proveniva dall'altra parte del confine, e quindi chiaramente riconoscibile. Lì si parlava in prevalenza inglese, la lingua dei dominatori coloniali e dei militari, in seconda battuta anche indostano, urdu e due o tre dialetti locali. Si era ambientato rapidamente nel reggimento, adattandosi senza fatica alla routine quotidiana tra appello del mattino, addestramento, esercitazioni a cavallo e di tiro. Non aveva dimenticato nulla, e dopo sei mesi di servizio era tornato al massimo della forma fisica. Aden era dimenticata; aveva saldato i propri debiti, concluso il proprio servizio come da disposizioni ricevute e poi voltato le spalle con sollievo alla città. Restavano solo i rimorsi, per aver ricevuto ingiustamente l'encomio per un'impresa eroica che tale non era stata, e la nostalgia per Maya, che cresceva più a lungo le stava lontano.

Era passato mezzogiorno, il sole ardeva sui muri e sulle pietre, scintillando sui tetti di lamiera ondulata roventi. La vita nel forte procedeva oziosa sotto quell'immenso calore. Chi aveva ancora qualcosa di urgente da sbrigare cercava di lavorare all'ombra, oppure in uno dei bungalow, come Ralph, con finestre e porte spalancate per ottenere almeno un filo d'aria. Aveva appeso la giacca dell'uniforme cachi allo schienale della sedia, accarezzando ancora una volta fiero il tessuto raffinato, le guarnizioni rosse e le corone scintillanti agli angoli del colletto, poi aveva arrotolato le maniche della camicia prima di sedersi al tavolo del soggiorno e prendere in mano carta e penna. Nei sei mesi passati c'era stato uno scambio di corrispondenza tra Mardan e Oxford. Jonah cresceva forte e vispo, aveva cominciato a camminare e Angelina, che si era perfettamente ambientata a Londra, aspettava a sua volta il primo figlio.

Quell'anno Ralph non aveva dimenticato il compleanno di Maya all'inizio del mese, le aveva comperato al *chowk*, il mercato, un braccialetto di placche cesellate completato da pendenti a goccia e lo aveva spedito a Black Hall. Stava ancora aspettando la risposta di Maya in proposito, ma non voleva attendere oltre per comunicarle ciò che aveva deciso.

Mardan, 13 maggio 1857

Carissima Maya,

sono passati più di sei mesi dall'ultima volta che ci siamo visti. Un intervallo di tempo sufficiente per ambientarmi e anche per riflettere su tante cose. Mi pento sinceramente di ciò che è accaduto, di quello che ho fatto e ho detto, questo lo sai.

Si fermò. Uno scalpiccio frettoloso s'insinuò nella sua mente, ma egli non ci badò, non fece caso neppure alle voci concitate all'interno del forte, ma intinse di nuovo la penna nell'inchiostro.

Non voglio più stare senza di te. Nella guarnigione qui vicina, a Nowshera, vivono molte mogli di soldati con i loro bambini. Vieni qui a vivere con me, come avevamo progettato un tem-

po. Quella volta a Summertown, in occasione del compleanno di tua zia Dora, quando mi dichiarai, te ne ricordi? Ti ho parlato molto del territorio qui intorno. Che cosa ne dici, pensi che ti piacerebbe? Ti prego, vieni, e vieni con Jonah. Mi sforzerò di essere un buon padre per lui. Sarò in grado di amarlo, ne sono sicuro. Perché è figlio tuo, devo amarlo per forza, così come amo te e ti ho sempre amata. Anche se non sono mai riuscito a dimostrartelo come meritavi.

La campana sul piazzale delle esercitazioni suonò l'allarme. Ralph alzò la testa dalla lettera e aggrottò la fronte. Che cosa poteva essere? Di sicuro un equivoco; nelle ultime settimane era stato tutto tranquillo nella zona. Talmente tranquillo che Lumsden era stato inviato con suo fratello minore in missione diplomatica dall'emiro di Kandahar. Un rumore di passi affrettati che si avvicinavano, dei colpi alla porta del bungalow. «Tenente Garrett, *sahib*! »

Si voltò. Uno dei suoi soldati, Samundar Khan, un pashtun con l'uniforme cachi e il turbante, lo salutò brusco e poi lo investì con un fiume di parole: «Una ribellione nel paese, tenente-*sahib*! Delhi è caduta in mano ai ribelli! »

Ralph lo guardò incredulo. «Non è possibile! »

«Invece sì, tenente-*sahib*», il pashtun era trafelato, «è appena arrivato un messaggero da Lahore, lì hanno deciso di disarmare i *sepoy* per sicurezza. Ci sono stati molti morti a Delhi e si teme che i ribelli vogliano marciare su Agra.» *Agra, una delle più grandi guarnigioni del subcontinente!*

«Vengo subito! » Ralph si alzò in piedi, stava per precipitarsi fuori dal bungalow, quando tornò impetuosamente sui propri passi per afferrare la giacca dell'uniforme dalla sedia, quindi seguì impaziente Samundar Khan verso il piazzale delle esercitazioni.

La corrente d'aria causata dalla giacca sollevata di slancio catturò il foglio con la lettera appena cominciata, lo fece indugiare in precario equilibrio per una frazione di secondo sullo spigolo del tavolo, prima che scivolasse dolcemente ondeggiando sotto il tavolo, dove sarebbe rimasto inosservato.

Sei ore più tardi quasi tutti i cavalli del reggimento erano stati caricati, compreso quello del tenente Garrett, che si era offerto volontario. Alle sei della sera, insieme a una manciata di alti ufficiali e più di cinquecento soldati, sotto il comando del capitano Henry Daly, partì alla volta di Rawalpindi, dove si trovava la guarnigione più grande. Lungo il tragitto avevano l'ordine di rendere sicure le altre due postazioni militari più piccole, prima di ricevere altri ordini. Il resto delle *Guides* aveva il compito, insieme a soldati di altri reggimenti, di prevenire eventuali disordini almeno a Mardan e nei dintorni.

Ti scriverò mentre sono in viaggio, Maya. O al più tardi al mio ritorno. Non ci vorrà molto!

Quella stessa notte una tempesta di sabbia spazzò Hoti Mardan e il forte, come capitava spesso in quella stagione, facendo sbattere le finestre che nella fretta dell'improvvisa partenza non erano state chiuse. La forza del vento riuscì persino a spalancare alcune porte, lasciando così campo libero alla corrente d'aria che sferzò pavimenti e mobili. Con le dita polverose raccolse anche la lettera di Ralph a Maya e la trasportò lontano, verso l'Hindu Kush.

A Mardan, Peshawar e Rawalpindi, dove si era sempre in allarme, a causa dei probabili attacchi da oltre confine, e si tenevano d'occhio costantemente le pendici montuose, la notizia della ribellione giunse del tutto inattesa. Nelle guarnigioni all'interno del paese, invece, sarebbe stato possibile prepararsi, se solo si fossero colti i segnali premonitori. L'atmosfera nei villaggi, nelle città e nelle guarnigioni si era deteriorata già da tempo. Circolavano voci che la fine del dominio britannico fosse vicina, con l'approssimarsi del centenario della battaglia di Plassey, nella quale gli inglesi avevano riportato la vittoria definitiva del subcontinente. Un'antica profezia affermava che, proprio nel centesimo anno, la potenza coloniale in India sarebbe crollata. Soprattutto si vociferava che i bossoli di carta delle cartucce dei nuovi fucili Enfield in dotazione all'esercito fossero stati ingrassati con sego bovino e strutto, un sacrilegio per tutti i musulmani e gli indù che per caricare le armi dovevano strappare i bossoli con i denti. Tuttavia questi erano aspetti secondari, a paragone della crescente diffidenza nei confronti dei dominatori stranieri, e del timore che la cultura, le usanze e la religione locali potessero essere ridotte se non addirittura distrutte dalle nuove leggi diramate dagli inglesi. C'erano state piccole rivolte, all'inizio dell'anno e in primavera, sparse per tutto il paese, ma erano state soffocate rapidamente e senza grande fatica. Niente di serio, si diceva. Nonostante le voci in circolazione, l'esercito e l'amministrazione si sentivano al sicuro. Da tempo. Da troppo tempo.

Era stato un incidente quasi irrilevante a scatenare un effetto a catena: un gruppo di soldati della guarnigione di Meerut, nei pressi di Delhi, si era rifiutato di utilizzare i nuovi fucili e aveva ricevuto una punizione draconiana. I compagni non avevano accettato passivamente tale decisione e la sera del 10 maggio avevano messo a ferro e fuoco la guarnigione, uccidendo uomini, donne e bambini, razziando e appiccando il fuoco a bungalow e magazzini. Il mattino dopo erano partiti alla volta di Delhi, raccogliendo seguaci e imitatori che a loro volta avevano razziato, distrutto e ucciso tutti gli europei che avevano incontrato, avevano indotto gli altri alla fuga e si erano impadroniti della città.

Delhi o il Punjab, dov'era più urgente intervenire? Era questa la domanda a cui trovare una risposta a Rawalpindi. Delhi, fu la decisione presa dopo un paio di giorni dai vertici dei diversi reggimenti. Chi possedeva Delhi aveva il controllo dell'India, era sempre stato così, prima ancora dell'avvento al potere degli inglesi. I ribelli si concentravano a Delhi e finché ci restava anche Bahadur Shah, dal quale i rivoltosi prendevano ordini e che nel frattempo era stato proclamato imperatore dell'India, la ribellione possedeva un volto, ovvero quello dell'ultimo Mogul dell'India. In realtà si trattava solo di un vecchio malato, un sovrano fantoccio, dedito all'oppio e mantenuto dai soldi degli inglesi, ma tuttavia la sua forza simbolica era incommensurabile. Delhi, fu la risposta. Se gli inglesi fossero riusciti a riconquistare Delhi, a far prigioniero o uccidere Bahadur Shah, avrebbero così dimostrato la loro superiorità, colpendo i ribelli nel loro punto più debole.

Così gli uomini del *Corps of Guides* lasciarono Rawalpindi all'una del mattino del 19 maggio. A piedi, per percorrere le infinite cinquecentottanta miglia lungo il secolare *Grand Truck Road*, sotto il sole e la polvere, fino a raggiungere il 9 giugno le mura di Delhi sotto le quali si erano già accampati i primi reggimenti delle altre guarnigioni. Altri ne seguirono nel corso dell'estate, perché la città, costruita in origine come roccaforte dei Mogul, si dimostrò inespugnabile. E nonostante un gruppo di audaci soldati britannici avesse fatto saltare la santabarbara all'interno della città l'11 maggio, il giorno del grande massacro, i ribelli sembravano possedere ancora munizioni più che sufficienti per difendersi a oltranza.

Le truppe di tutti i reggimenti resistettero valorosamente. Al caldo e sotto i monsoni, flagellati dalle malattie e dalle scaramucce ricorrenti che fecero molte vittime anche tra le *Guides*. Passò giugno, luglio, agosto. Lunghe settimane durante le quali Maya a Black Hall sperava e si struggeva, scorrendo ogni giorno le pagine dei giornali alla ricerca di una sola parola che potesse darle un indizio su dove si trovasse Ralph con precisione e su come stesse. Tutte le volte che arrivava la posta sussultava, poi tirava un sospiro di sollievo constatando che non c'erano lettere dall'India per lei. Nessuna nuova buona nuova, alla luce della brutalità con cui soldati e ribelli combattevano per la supremazia in India.

Ralph vide il capitano Daly cadere ferito, vide molti dei suoi *sepoy* morire fin dal primo giorno. Ma non si scoraggiò. Perché apparteneva alle *Guides* e perché la notizia della loro ardita marcia attraverso mezzo continente li aveva preceduti ed essi erano stati accolti come eroi dai compagni dell'accampamento nella pianura di Delhi, sulle rive dello Yamuna. Era qui l'avventura che aveva sognato per tutta la vita. Con vista sulle mura cittadine di calcare rosso, dietro le quali si rifugiavano i ribelli, sulle cupole e i minareti delle moschee, e le torri del *Lal Qila*, il forte rosso residenza di Bahadur Shah. Sotto le torri e i padiglioni era in attesa la sua eccezionale possibilità di scrivere la storia, grazie al favore del destino e per mezzo delle proprie forze. Era questo ad animarlo, insieme al pensiero di Maya. La sua Maya. Non gli bastava più ottenere e ricevere sincero pentimento e perdono: voleva presentarsi ai suoi occhi come un eroe, purificato dalle sue mancanze e santificato dallo splendore di un combattimento vittorioso. E lui sapeva che la sua ora sarebbe giunta.

Essa giunse, infatti, dopo che nelle prime due settimane di settembre era arrivata l'artiglieria pesante che aveva aperto brecce nei bastioni e nelle mura a forza di cannonate e colpi di granata. Le munizioni degli insorti sembravano agli sgoccioli, come pure le loro provviste e il loro spirito combattivo. Era la mattina del 14 settembre quando dalle porte della città risuonò l'ordine di carica.

Spari e cannonate, voci che impartivano ordini e grida di dolore squarciarono il giorno appena cominciato, mentre nuvole di fumo oscuravano il cielo. «Carica», gridò Ralph spronando i suoi uomini contro i ribelli che venivano loro incontro in massa dalla porta di Kabul. Erano piccole figure sporche e lacere, nelle quali era impossibile riconoscere i soldati del glorioso impero britannico di un tempo. Ralph sparava senza sosta con entrambe le sue pistole. «Non fermatevi, avanti!» esortava da tutte le parti, mentre con la coda dell'occhio vedeva i suoi *sepoy* avanzare passo dopo passo, nemico ucciso dopo nemico ucciso. Si sentiva ardere di febbre della battaglia, il cuore gli batteva forte e gagliardo, il sangue gli ribolliva nelle vene, sazio di esaltazione, affamato di prede.

Quando la pallottola lo colpì, non se ne accorse quasi. Un violento colpo, da qualche parte tra lo sterno e lo stomaco, che lo fece barcollare. Nient'altro. Nessun dolore. Davanti a lui vide chiudersi i ranghi cachi delle sue *Guides*, mescolati con i colori di altri reggimenti e gli stracci dei ribelli, una tenace lotta che imperversava intorno a lui.

Delhi sarebbe caduta quel giorno, lo sentiva. Delhi sarebbe caduta e la ribellione sarebbe stata soffocata. Ralph sorrise cadendo in ginocchio, le pistole gli scivolarono dalle mani, il rumore intorno a lui si affievolì, fino a spegnersi completamente. Silenzio e luce, prima che da tutte le parti avanzasse l'oscurità.

Ce l'ho fatta, Maya. Sono un eroe.

10

«Non avrei dovuto lasciarlo partire.» Maya tormentava il ruvido crêpe nero dell'abito con le dita gelide. Un vestito a lutto, un vestito da vedova. Sottogonna nera, crinolina, con sopra metri di ruvida stoffa increspata che le irritava la pelle, persino sulla nuca, dove strofinava ripetutamente il velo di georgette trasparente che le scendeva sulla schiena. Una veste di penitenza per la peccatrice. Tutta nera, senza il minimo accenno di colore. Come si meritava.

La riconquista di Delhi aveva effettivamente segnato il punto di svolta nella ribellione dei *sepoy* e, a poco a poco ma con costanza, l'ago della bilancia della guerra stava tornando favorevole agli inglesi. La massiccia resistenza degli insorti di fronte alla porta di Kabul aveva causato ingenti perdite in numerosi reggimenti della colonna d'assalto ed erano stati necessari dei rinforzi per riuscire a conquistare la porta e sfondarla. Dei cinquecentocinquanta soldati di Mardan, la cui marcia su Delhi era già diventata leggenda, avevano perduto la vita in trecentotré durante l'attacco alla città. Tra essi anche il tenente Ralph William Chisholm Garrett.

«Sciocchezze!» La voce di zia Elizabeth risuonò carica di indignazione. «Sapeva benissimo a che cosa andava incontro. Santo cielo, bambina mia, era un soldato!» Si alzò con un sospiro dalla poltrona e si avvicinò allo stipo dove il fratello teneva gli alcolici, armeggiò con un tintinnio cristallino e tornò con due bicchieri pieni, porgendone uno a Maya mentre si sedeva accanto a lei sul divano. «Bevi, tesoro, vedrai che ti aiuta.»

Maya sorseggiò ubbidiente il liquido ambrato che le causò un colpo di tosse soffocato. La zia, giunta a Black Hall in tutta fretta dopo aver ricevuto per telegrafo la notizia della morte di Ralph Garrett in India, le batté piano sulla schiena. «Passerà.» Non specificò a che cosa si riferisse.

Maya racchiuse il bicchiere cilindrico tra le mani, fissandone il contenuto. «Non saprei come», commentò l'esortazione della zia circa la morte di Ralph.

«Prova a seguire il mio ragionamento, Maya. Se non vi foste mai conosciuti, lui sarebbe rimasto con il suo reggimento indiano, e sarebbe comunque caduto durante questa rivolta anche senza il tuo intervento. Oppure sarebbe andato in Crimea. Ed entrambe sappiamo fin troppo bene come sarebbe andata a finire lì.» Zia Elizabeth bevve qualche piccola sorsata, poi posò di scatto il bicchiere. «Ora ho capito!» esclamò a mezza voce, premiando la propria perspicacia con un generoso sorso di whisky, prima di rivolgere un'occhiata partecipe alla nipote accarezzandole un ginocchio. Abbassò la voce a un sussurro: «Ti senti in colpa perché amavi un altro più di lui».

Maya posò il bicchiere sul tavolino e si alzò in silenzio, attraversò il salotto e si fermò davanti alla finestra. «È possibile», mormorò vaga.

Ben coperto, Jonah scorrazzava tra l'erba umida e le prime foglie cadute. Contemplava assorto e stupefatto le proprie gambette che si muovevano, quasi non riuscisse a capacitarsi che ubbidivano alla sua volontà. Forse però ammirava semplicemente i nuovi stivaletti neri o i caldi calzoni di flanella. Di tanto in tanto perdeva l'equilibrio, cadeva in avanti e si reggeva con le mani finché non si sentiva di nuovo sicuro. Quando si risollevava, aveva le manine piene di foglie colorate e le porgeva con espressione trionfante a Jacob che lo indirizzava verso il mucchio che aveva già radunato in un angolo del prato. Jonah vi gettava sopra il proprio carico e, anche se la maggior parte delle foglie finiva sparsa in giro, Jacob lo elogiava generosamente.

«Pensi ancora spesso a lui?» chiese alle sue spalle la voce della zia. Questa volta non c'erano dubbi a chi si riferisse. Maya strinse gli occhi, si morse le labbra, finché la fitta di dolore che l'aveva assalita si placò.

«Tutte le volte che guardo Jonah», alitò contro il vetro della finestra.

Quando zia Elizabeth le andò vicino, le ultime tracce della facciata composta che Maya aveva faticosamente mantenuto negli ultimi giorni andarono in frantumi. «È tutto così sbagliato», esclamò con la voce rotta dal pianto. Afferrò la stoffa del suo abito. «Questo. E questo.» Alzò la mano sinistra a mostrare la pesante vera d'oro all'anulare. «È sbagliato e insieme giusto. Vorrei dimostrare rispetto per Ralph, eppure mi sento un impostore, perché ero vedova già da molto prima, ma non potevo farlo vedere a nessuno, e ora sono felice di poterlo fare. Piango per la morte di Ralph, ma non ne sento la mancanza. Quando... quando lasciai l'Arabia, sapevo di aver chiuso un capitolo della mia vita. Un piccolo capitolo, ma così importante. Ora che Ralph... ora si è concluso un capitolo ben più grande, e non oso pensare a ciò che mi aspetta ancora.» Fece un profondo respiro. «Mi sento tanto male, zia, perché non riesco a dimenticare e... e perché il mio dolore mi appare così falso. È tutto così... così confuso, diverso da come dovrebbe essere...»

La zia le accarezzò la guancia rigata di lacrime. «Dipende dal fatto», spiegò dolcemente, «che i sentimenti non si possono guidare, e non si piegano alla nostra volontà. Martha m'ha detto che sua madre ha risposto al tuo messaggio di condoglianze con una lettera piena di cattiverie.»

Maya annuì, mentre si soffiava il naso nel fazzoletto orlato di nero. «È lì sul tavolino. Puoi leggerla se vuoi.»

Una come Elizabeth Hughes non se lo fece ripetere due volte. Restando in piedi tirò fuori il biglietto dalla busta aperta. «Che indecenza!» esclamò poi, mentre ripiegava il foglio, con il quale Mary Ann Chisholm Garrett informava Maya in tono gelido a nome di tutta la famiglia di non desiderare altri futuri contatti con lei, con la quale il signor figlio caduto in battaglia aveva disgraziatamente concluso una deplorevole unione. Qualunque pretesa di Maya rispetto a legami familiari o rivendicazioni economiche erano terminati con la sua eroica morte, e questo valeva anche per il pargolo. «Ebbene, ognuno reagisce al lutto a modo suo», sospirò la zia mettendo via la busta. «Ma se questa *persona* è stata altrettanto velenosa e snob quando Ralph era vivo, magari fin da quando era bambino, non mi sorprende che non sia mai riuscito a diventare un vero uomo.» Levò le mani in un gesto di scusa, cogliendo lo sguardo severo di Maya. «Sì, lo so, non bisogna dir male dei morti! Ma devi ammettere che Ralph era tutt'altro che un angelo! Forse ne aveva l'aspetto e magari si sarà meritato anche l'epitaffio 'per l'onore e la gloria della patria' sulla sua tomba a Delhi.»

Raggiunse nuovamente Maya alla finestra e le accarezzò le spalle. «Bambina, credo che tu abbia bisogno di un cambiamento d'aria. Ti farà bene svagarti.» Vedendo Maya scuotere la testa energicamente, con un'espressione quasi sgomenta, si affrettò ad aggiungere: «Sarebbe del tutto comprensibile! Se continuerai a portare il lutto e non farai baldoria, tutto rimarrà nell'ambito del decoro».

«Mi piacerebbe andare in Italia», disse Maya dopo un po'. «Sono sicura che piacerebbe anche a Jonah.»

«In Italia? Ma l'Italia è roba antiquata, ormai. Non ci va più nessuno che voglia essere *à la page*! Di recente ho letto su una rivista... qual era? Il *London Illustrated News*? O il *Frazer's Magazine for Town and Country*? No, quello di sicuro no... Accidenti, dove l'ho letto... La memoria comincia a giocarmi brutti scherzi davvero. Quasi quasi, vengo direttamente con te, visto che l'età comincia a farsi sentire. Ho già qualche doloretto alle ossa, e non è ancora inverno... Comunque, avevo in mente Il Cairo.»

«Il Cairo?»

Zia Elizabeth non si lasciò scoraggiare dallo sguardo perplesso di Maya, soprattutto perché vi aveva colto un lampo di interesse. «Esatto, Il Cairo. Tu ami il mondo arabo, giusto? E Il Cairo sta vivendo un periodo di grande sviluppo. La costruzione del canale di Suez è ormai cosa fatta. Vedrai, in un paio d'anni Il Cairo diventerà *la* metropoli sul Mediterraneo! Mondana come una seconda Parigi!»

L'entusiasmo della zia strappò a Maya un sorriso divertito.

Ciononostante scosse la testa. «Non posso permettermelo. Praticamente sono nullatenente.»

«Se non sbaglio ricevi una piccola pensione di vedova, no?» Maya stava per ribattere, ma la zia non le diede il tempo di parlare. «Sì, ho letto quello che ti ha scritto la *persona* del Gloucestershire. Ma non andrà come vuole lei. All'esercito non interessa se il vostro matrimonio funzionava oppure no. Una vedova è una vedova, e nemmeno la suocera più inacidita può cambiare questo fatto.»

«Ma non me la sento...»

«Vuoi tacere? D'accordo, non sei stata una santarellina, ma neppure il tuo Ralph! Ti sei certamente meritata quelle poche sterline per tutti i giorni di infelicità che hai passato durante il matrimonio. E poi io mi vado chiedendo già da qualche tempo se ho davvero intenzione di trascorrere la mia vecchiaia qui a Bath. La città non è più quella di un tempo. La casa di sicuro mi frutterà una bella somma. O quanto meno una discreta rendita... A proposito, ora che ci penso...» si mise a rovistare nella borsetta ed estrasse una busta aperta ripiegata in due per il lungo. «Leggi qui, per favore.»

Maya prese la busta aggrottando la fronte. «Chi mi scrive con il mio nome da ragazza al tuo indirizzo?»

«Non fare tante domande, leggi!»

Gentilissima Miss Greenwood... è con grande piacere che Vi informo che il Vostro manoscritto intitolato... Vi offriamo un anticipo nella misura di cento sterline... gradite altre opere...

Maya si lasciò cadere sulla poltrona, fissando incredula la lettera.

«Allora, sono stata brava?» Zia Elizabeth era raggiante. «Hai letto che cosa scrive del tuo 'elegante stile' e degli 'argomenti non convenzionali'? E che gradirebbe avere altri tuoi scritti? C'è molta richiesta di romanzi ambientati in Oriente!» Di fronte al silenzio sbigottito di Maya, la zia proseguì costernata: «Non volevi che sottoponessi il tuo scritto a un editore? So che non avrei dovuto farlo alle tue spalle, ma pensavo... Ecco perché ho usato il tuo nome da ragazza, mi sembrava meglio... puoi anche rifiutare l'offerta, se...»

«No», la interruppe Maya scrollando il capo, mentre gli occhi le tornavano umidi, stavolta di lacrime di gioia. «No! Io... ecco, al momento non saprei che cosa dire.»

«Non ha importanza.» La zia si alzò e le batté su una spalla. «Ti lascio sola a riflettere, e vado a vedere dov'è tua madre. A quest'ora avrà finito di fare la lista della spesa con Rose. Mi raccomando», sulla porta si voltò ancora una volta, «pensa al Cairo.»

«Il Cairo?» esclamarono all'unisono Gerald e Martha Greenwood una settimana dopo a cena, scambiandosi un'occhiata sgomenta. Si capiva che per loro era assodato che Maya sarebbe rimasta a Black Hall con Jonah; a maggior ragione ora che Angelina, diventata da poco madre di una bambina, aveva abbandonato la casa natale per Londra.

«È escluso, è troppo pericoloso!» aggiunse prontamente Gerald, allontanando da sé il piatto e rivolgendo alla sorella un'occhiata severa. «Anche per te, mia cara Elizabeth.»

«È sicuramente sporca», rincarò la dose Martha, guardando raccapricciata la figlia. «Non penserai di portarci anche il bambino? No, Maya, non posso permetterlo, in nessun caso! Chissà quali malattie si prenderebbe e per lui fa troppo caldo laggiù. E ci sono anche un sacco di insetti nocivi. No, Maya, non lo permetterò!»

Al tavolo da pranzo dei Greenwood si accese un violento dibattito che si prolungò fino a notte fonda.

«Il Cairo?» Amy Symonds si fece andare di traverso il boccone di torta e si affrettò a bere del tè, per sciacquarsi la gola irritata. Guardò l'amica da sopra il fazzoletto di pizzo con i suoi grandi occhi azzurri, mentre continuava a tossire. «Ah, come ti invidio!» sospirò infilandosi il fazzoletto nella manica del vestito. Lo sguardo le si velò trasognato. «Il Cairo, sa di... di sole e caldo, di antiche architetture arabe. Di vivaci mercati... di... ah, semplicemente di tutto ciò che Oxford *non* è.»

Maya la guardò con espressione assorta. Amy era sempre la giovane graziosa che in passato aveva incontrato di tanto in tanto durante le occasioni mondane in città. Col viso a forma di cuore, l'incarnato rosa pallido e perfetto e la folta chioma liscia color miele, era l'emblema della *English rose*. Era così bella che i gentiluomini della città si struggevano ancora per lei, sebbene con i suoi ventisei anni – due più di Maya – si fosse ormai lasciata alle spalle l'età in cui poteva essere considerata un ottimo partito. Segnata dalla prematura morte della madre, che suo padre non era mai riuscito a superare, cresciuta come Maya in una casa fondata su libri e istruzione (e, inoltre, appartenente, anche se sul gradino più basso, alla nobiltà di campagna), non era mai stata incline alla superficialità. Ma la morte di Jonathan e il periodo trascorso a Scutari l'avevano cambiata.

«Sai», disse pensierosa, «appena tornata dalla Crimea ho provato una grande felicità e riconoscenza a poter avere di nuovo una stanza calda. Un letto morbido. Cibo a sufficienza. Santo cielo, a volte ci mancavano anche generi di prima necessità nel lazzaretto, sia ai pazienti sia a noi infermiere. Non c'erano soldi. Sebbene possa suonare poco cristiano: ero contenta di essere tornata in un mondo sicuro. Senza feriti, senza malati né moribondi. Senza sangue e puzzo di putrefazione, senza membra amputate. Ma», fece un profondo respiro, «dopo qualche tempo ho cominciato ad avvertire un senso di oppressione. Mandare avanti la casa per mio padre, gestire la servitù, organizzare mercatini e concerti per la parrocchia, frequentare ricevimenti per il tè... non può ridursi tutto a questo! Oxford è...» fece una pausa di riflessione. «Da quando sono tornata, è come se la mia vita fosse un vestito che mi è diventato troppo piccolo. Per quanto mi sforzi di stringere i lacci del busto, di trattenere il fiato, di rimpicciolirmi, non c'entro più.»

Rimasero entrambe in silenzio per un po', ciascuna immersa nei propri pensieri. Poi ricominciarono a parlare insieme. «Non oso chiederti se... di certo è sfacciato da parte mia, ma potresti considerare...» «Di sicuro zia Elizabeth non ha niente in contrario, e io men che meno...» «Potrei anche rendermi utile... altrimenti rischieremmo di vederci solo...»

Scoppiarono a ridere e Amy si premette la mano sulla bocca, poi la abbassò.

«Sareste davvero disposte a portarmi con voi?» domandò cauta, quasi temesse che quell'idea fosse soltanto una bolla di sapone destinata a scoppiare appena la si toccava.

«Il Cairo!» si infervorò Frederick Symonds qualche giorno più tardi, dopo che nell'elegante casa di Beaumont Street erano scoppiate accese quanto insolite discussioni tra padre e figlia. «Perché proprio Il Cairo?»

Gerald Greenwood si alzò dalla poltrona, diede una pacca compassionevole sulla spalla del chirurgo e si accinse a versare a entrambi un bicchiere di whisky corroborante.

«Potresti versarmi uno sherry?» gli domandò la moglie e lui si voltò costernato. Uno sherry di pomeriggio, quand'era stata l'ultima volta che Martha l'aveva bevuto... già, quando?

«In Crimea avete permesso a vostra figlia di andare», obiettò Martha Greenwood, ringraziando con un cenno il marito quando le porse il bicchiere.

«Grazie, Gerald.» Frederick Symonds bevve una generosa sorsata. «Ottima annata! Dopo la morte di Jonathan lo ritenevo sensato. Aveva bisogno di un'occupazione, la sensazione di poter fare qualcosa di utile. Tuttavia è stato un grande sollievo per me quando è tornata a casa sana e salva. Ma Il Cairo, così, senza motivo?» Scrollò la testa e posò il bicchiere.

Martha Greenwood esaminò il proprio sherry con aria assorta. «Maya e Amy appartengono a una generazione diversa dalla nostra. Per loro l'ignoto non ha niente di minaccioso. I giovani d'oggi hanno più coraggio e spirito battagliero rispetto a noi alla loro età. Non si lasciano sommergere dall'angoscia, ma cercano nuove vie.» Avvicinò le labbra al bicchiere a stelo lungo e dichiarò: «Secondo me non dovremmo trattenerle».

Difficile dire quale dei due gentiluomini era più sbigottito. Comunque fu a Gerald che Martha si rivolse. «Avanti, ammettilo, è già da molto tempo che accarezzi l'idea di visitare le piramidi! In questo modo avremmo un duplice motivo per andarci.»

Gerald Greenwood era senza parole. Sua moglie, che per decenni si era rifiutata di mettere piede su un'imbarcazione che la portasse lontano dall'Inghilterra, ora proponeva un viaggio del genere! *Proprio vero*, pensò, *non esiste niente di altrettanto insondabile e misterioso della mente femminile!* Ma la sua gioia fu incommensurabile, quando scorse il lampo di entusiasmo negli occhi della moglie, quello stesso che quasi trent'anni prima lo aveva fatto innamorare e che con il tempo era fatalmente scomparso.

L'inverno trascorse tra preparativi di viaggio e bagagli. Zia Elizabeth aveva trovato rapidamente un acquirente per la sua dimora al numero 4 di Sydney Place. Betty, che apparteneva a quella vecchia scuola di personale di servizio che non contemplava altra ipotesi se non di seguire la propria padrona fino all'ultimo giorno, rifiutò indignata l'offerta di ritirarsi in una casa di riposo e preparò la propria valigia per Il Cairo. Quando Gerald vide in corridoio davanti alla porta della camera di Maya una cassa di libri con i volumi di Richard Francis Burton del suo pellegrinaggio alla Mecca e Medina dove restava ancora un po' di posto, si grattò la testa, scese nel suo studio e scelse quattro libri che sperava potessero interessare la figlia, poi li infilò insieme agli altri senza dire niente.

In un meraviglioso giorno di primavera alla fine del marzo 1858, le dame inglesi salirono con Jonah a bordo del piroscafo della P&O Company dopo un lacrimoso commiato sul molo. Quando la nave scomparve fuori dalla vista, Martha Greenwood si tamponò ancora una volta gli occhi e il naso e si aggrappò al braccio del marito.

«Speriamo che possa essere felice», disse Gerald sottovoce pieno di malinconia.

«Sicuramente. Non è partita da sola, ma in ottima compagnia.» Nonostante queste parole, si capiva che anche lei soffriva per quella separazione. «Ora le nostre bambine hanno lasciato entrambe il nido.» Lanciò un'occhiata a William Penrith-Jones che teneva in braccio la piccola Anna, mentre Angelina cercava di sistemarle sulla chioma rosso acceso la cuffietta verde pisello abbinata all'abitino di ottima fattura, cosa che la neonata di sei mesi non sembrava gradire affatto; in ogni caso agitava la testolina in qua e in là, con un'espressione scontenta che sarebbe potuta esplodere da un momento all'altro in un pianto assordante. Martha avvicinò la spalla a quella del marito. «Che cosa facciamo adesso tutti soli in quella grande casa?»

Lui le accarezzò la mano che lei teneva posata sul suo braccio. «Mia cara, ci faremo venire in mente qualcosa. Dopo tutto non sono così lontane. Potremmo andare a trovare Maya a Natale. E Londra è di strada.»

Si guardarono per un momento negli occhi e sorrisero complici.

«Venite? Di sicuro Hannah ci aspetta già con il tè», annunciò Angelina impaziente. «Non sopporto quando l'acqua non è alla temperatura giusta.»

11

Hassan era davvero un esperto in fatto di dame inglesi. Per sfamare la moglie e gli otto figli lavorava come guida turistica per gli stranieri e forniva anche alloggi. In genere si trattava di dame sole di una certa età, che volevano vivere ancora qualche esperienza, si riunivano in gruppo, oppure viaggiavano accompagnate da figlie e nipoti, con l'immancabile cameriera al seguito. Ogni anno il loro numero aumentava. Venivano a vivere l'atmosfera orientale della città, visitare le piramidi, fare una crociera fino a Luxor oppure semplicemente una piacevole tappa intermedia durante il viaggio da o per l'India. Con le donne accompagnate dai mariti, c'era poco da fare, perché i gentiluomini rifiutavano altezzosi i servigi di una guida e comunque sapevano cavarsela da soli. Le inglesi erano sostanzialmente tutte uguali: preferivano casa con colonne, pavimenti a mosaico, avevano la fissa per gli affreschi alle pareti e l'acqua corrente. Portavano grandi cappelli o caschi coloniali con uno scialle gettato sopra e usavano i parasole chiusi come sciabole per fendere la folla per le strade. Il cibo non doveva essere troppo piccante e Hassan doveva mantenere la calma anche quando spiegava per la ventitreesima volta perché una cittadina dell'impero britannico non avesse accesso ovunque volesse andare. Paragonare la separazione degli ambiti maschili e femminili con la tradizione inglese dei club per gentiluomini serviva alla comprensione, ma procurava quasi sempre un passeggero dissapore e, nel peggiore dei casi, una mancia meno cospicua.

Tuttavia le quattro dame alle quali oggi stava mostrando la stretta e alta casa nel cuore chiassoso della città non corrispondevano nel loro complesso allo stereotipo che conosceva. Certo, avevano una cameriera al seguito, Hassan la riconobbe subito grazie al suo occhio esperto. Anche la dama più anziana vestita a lutto, energica e pragmatica, era più o meno come si aspettava. Una delle due signorine più giovani, con i capelli biondi lucenti e i grandi occhi azzurri, era graziosa, estremamente graziosa. Il bambino di circa due anni che teneva in braccio apparteneva chiaramente alla quarta del gruppo, quella che irritava Hassan più di tutte. Anche lei era abbigliata all'inglese, anche lei a lutto, ma non sembrava affatto inglese, con il suo incarnato scuro e i suoi occhi come ambra. Una copta, forse? Oppure una spagnola o un'italiana? Ciò era smentito dal suo inglese impeccabile, che usava per parlare con le altre, e dall'arabo con cui comunicava con Hassan. Arabo colto, ma con un'inflessione che sembrava provenire dall'altra parte del Bab el-Mandeb.

L'inquietudine di Hassan aumentò quando vide la giovane osservare con occhio critico le crepe nel pavimento, i mosaici danneggiati e valutare con aria quantomeno in apparenza esperta tubazioni e scarichi. In genere i piccoli difetti o i fenomeni di usura venivano sempre liquidati con l'esclamazione «Oh, com'è pittoresco!» Hassan si schiarì la gola e indicò una delle finestre nella parte posteriore della casa. «Da qui potete vedere il cortile interno.»

La dama che si era presentata come Mrs. Garrett gettò un'occhiata fugace fuori, poi continuò a esaminare le stanze dai soffitti alti, uscendo sul balconcino dove provò la robustezza della ringhiera in ferro battuto ed esaminò le imposte di legno. Hassan soffocò un gemito.

«Quanto avete detto che dovrebbe costare?» gli chiese senza preamboli Mrs. Garrett. Lui le disse il prezzo. Lei sorrise e scosse la testa. «È troppo.» Alzò la mano senza parlare, mostrando con le dita la cifra che era disposta a pagare.

Hassan cominciò subito a lamentarsi: «Ma la casa vale molto di più! È una vecchia casa, solida, costruita con cura».

La sua possibile acquirente rise. «Che è vecchia lo vedo! Ci sono molti lavori e molte riparazioni da fare.» Alzò di nuovo la mano per far comprendere quale valore attribuiva alla casa.

«Pensate anche a me e ai miei figli», esclamò lui, facendo appello alla sua compassione, cosa che in genere funzionava molto bene con le inglesi. «Se non porto l'intera cifra al padrone di casa, lui mi darà meno denaro. Allora come farò a sfamare i miei bambini?» Assunse un'espressione accorata. Mrs. Garrett scosse la testa con espressione divertita e insistette nella propria offerta.

«In ogni caso», fece vagare lo sguardo per la stanza con l'intonaco scrostato in alcuni punti, «avrò bisogno di artigiani. Se me ne procurerete di bravi, naturalmente vi pagherò un extra.»

Hassan s'illuminò in viso. Ecco una dama come piaceva a lui! Le si avvicinò baldanzoso, con l'addome prominente che ondeggiava nell'ampia camicia sopra la cintura dei pantaloni a sbuffo, e insieme proseguirono il giro della casa. «Ho un cugino che fa il carpentiere... e mio cognato si intende di pittura. E suo nipote è fabbro! Potrei passarci subito...»

Effettivamente Hassan ci sapeva fare con le dame inglesi. Ma una come Mrs. Garrett non l'aveva mai incontrata prima. Per questo, dopo il perfezionamento del contratto per l'acquisto della casa e l'assunzione degli artigiani, passava spesso a bere una tazza di tè o un bicchierino di caffè, per chiacchierare e informarsi sullo stato di avanzamento dei lavori di ristrutturazione. Ne approfittava sempre per strigliare gli artigiani affinché si spicciassero: non volevano certo lasciare Mrs. Maya, Miss Amy, Mrs. Elizabeth, Miss Betty e soprattutto il piccolo *said* senz'acqua corrente ancora a lungo!

Anche Maya e le altre si resero conto ben presto che con Hassan avevano trovato un ottimo aggancio iniziale. Lui sapeva sempre dove acquistare la frutta e il mais migliori del quartiere e quale macellaio evitare perché vendeva la carne di due giorni prima. Procurò loro anche una cuoca di nome Fatma che inizialmente faticò a lavorare sotto lo sguardo severo di Betty, finché non si giunse a un compromesso: avrebbero cucinato alternativamente, un giorno cucina arabo-egiziana, un altro inglese.

Hassan aveva saputo che un ospedale cristiano aveva urgente bisogno di infermiere: Amy Symonds sembrava un dono del cielo. E incontrava in continuazione turiste dalla spiccata curiosità che non volevano farsi dare lezioni da un uomo, ma prendevano molto volentieri lezioni di arabo da Maya, restavano ancora più volentieri per il tè e, tornate a casa, consigliavano la simpatica Mrs. Garrett a conoscenti e familiari in procinto di recarsi al Cairo. Il romanzo di Maya su Himyar non raggiunse vendite stupefacenti, ma l'editore in Inghilterra era contento dei risultati, concesse a Maya un incentivo e la pregò di scrivere qualcosa del Cairo, dal momento che ora ci abitava. E se la sentiva di cimentarsi con una traduzione dall'arabo?

I proventi ottenuti, sommati alla pensione dell'esercito britannico e ai risparmi di zia Elizabeth, erano sufficienti a coprire le loro necessità quotidiane. Secondo gli standard inglesi era un introito modesto, ma lì al Cairo consentiva di vivere bene.

Come se una ventata avesse afferrato il libro della vita di Maya, le pagine ora scorrevano molto più veloci di quelle accuratamente sfogliate dell'infanzia, della giovinezza e della prima età adulta. Forse perché aveva tante cose da fare: leggere i volumi della sua biblioteca in lenta ma costante crescita, scrivere e tradurre, dare lezioni.

Zia Elizabeth aveva avuto ragione: Il Cairo stava per diventare una seconda Parigi. Soprattutto ora che il nuovo viceré Isma'il Pasha, cinque anni dopo l'arrivo di Maya, si accingeva a ricostruire la città sul modello della capitale francese, con ampi viali, grandi parchi e vaste piazze su cui si affacciavano edifici dalle facciate elaborate secondo lo stile architettonico europeo, che di notte si illuminavano sfarzosamente. L'inaugurazione della ferrovia per Alessandria aveva reso la città più attraente anche per i turisti e, da quando Thomas Cook aveva incluso Il Cairo nelle sue offerte di viaggio, c'erano sempre più inglesi in giro per le strade. Artisti affascinati dalla vita di strada e dall'ospitalità degli abitanti, dalle bellezze architettoniche che riunivano elementi di tutto il mondo, influssi del Mediterraneo, dell'Oriente e dell'Africa, di Francia e Inghilterra; sontuose moschee ed eleganti palazzi, caffè e *suk* colorati, preghiere di muezzin e rintocchi di campane.

Ben presto si sparse la voce che in mezzo all'attività della città vecchia, in un anonimo palazzo nei pressi delle vecchie mura cittadine di Bab Zuweila, abitava Maya Greenwood Garrett, scrittrice e traduttrice, e così spesso le capitava di ricevere visite dall'Inghilterra di sconosciuti spinti dalla curiosità. Qualcuno si tratteneva per un po' di tempo al Cairo, magari metteva addirittura radici, come aveva fatto a suo tempo Maya; la maggior parte però proseguiva il viaggio, annotando tuttavia spesso le sue impressioni.

Certamente dipendeva anche da Jonah se il tempo passava così veloce. Spesso Maya avrebbe voluto gridare: «Fermati, smettila di crescere, ti voglio conservare a quest'età, come sei ora, ancora per un po'», ma non sarebbe servito a niente. Il paffuto bambino di due anni si era allungato, dapprima in un piccolo monello, poi in un ragazzo fatto e finito, esile e alto, e così scuro che a volte veniva scambiato per un piccolo egiziano o un francese del sud. Aveva imparato l'arabo da Fatma e Maya gli aveva insegnato il resto; aveva messo tutti i denti e aveva già perso quelli da latte. Betty non faceva in tempo ad allungargli i calzoni né a rammendarglieli, da quando aveva scoperto la passione per il gioco del pallone, al quale si dedicava nel vicolo con i suoi coetanei, con di tanto in tanto qualche piccola rissa. Andava a scuola, sebbene non proprio volentieri, era svogliato ma imparava in fretta e perciò se la cavava sempre.

Tutti gli anni sfuggivano all'insopportabile calura estiva tornando a Black Hall, dove si riunivano con Angelina e William Penrith-Jones provenienti da Londra. Dopo quattro parti Angelina aveva perso completamente la linea, ma non sembrava averne ancora abbastanza e parlava con desiderio di un altro bambino. Di sicuro anche perché sperava di averne uno che alla fine le somigliasse; a parte i suoi grandi occhi azzurri, infatti, Anna, Jeremy, Evelyne e Philip avevano preso tutto dal padre: erano bonari, robusti e rossi di capelli. I cinque cugini Greenwood imperversavano nei giardini di Black Hall, facendo a gara per vedere chi riuscisse a rimpossessarsi per primo della nuova altalena montata sotto il melo.

Dopo ogni Natale, che trascorrevano nella dimora londinese di Belgrave Square, Martha e Gerald andavano a trovare la figlia. Maya, che ricordava perfettamente il rigetto di sua madre per ogni tipo di viaggio, era stupefatta dall'entusiasmo con cui passeggiava insieme al marito, la cognata – che qui al Cairo era diventata persino più energica e giovanile che a Bath – la figlia e il nipote per la città, passando davanti a moschee e antichi palazzi. A volte erano accompagnate da Amy che era diventata come una terza figlia. Proprio Martha era instancabile nel girare per i *bazaar*, si spingeva audacemente nel mare di turbanti bianchi e rossi, superava asini carichi di otri e mattoni che potevano cadere da un momento all'altro e finirle su un piede. Era stata conquistata in particolare dal *bazaar* delle sete, anche se Maya le aveva spiegato dozzine di volte che i tessuti sgargianti che si lasciava scivolare tra le dita con aria sognante provenivano da Lione. Tutte le volte Martha voleva visitare anche il *bazaar* dei profumi, coperto e buio, frequentato da pochi clienti, animato da personaggi dall'aria truce, anche solo per ammirare i mazzi di striscioline di carta dorata da matrimonio appesi al soffitto che scricchiolavano e frusciavano alla minima corrente d'aria, oppure per annusare gli unguenti e le essenze più incredibili ed esaminare tutte le varianti possibili di hennè e kajal per gli occhi. Sembrava che la madre desse per scontato che non potesse accaderle niente lì, fintanto che Maya era con lei, dal momento che la figlia ci abitava. Tuttavia continuava a rabbrividire disgustata quando la vicina di casa Najmah cucinava con molto aglio e nigella e gli odori entravano in casa dal cortile.

Andavano all'opera e alla Comédie française, spesso salivano fino alla cittadella, dove accanto alle rovine sorgeva il sontuoso palazzo del precedente viceré, dalle cupole scintillanti e circondato da slanciati minareti, e da cui si godeva una vista spettacolare sull'intera città. Ammirarono la «chiesa sospesa» del quartiere copto, costruita tra le case in cima a una scalinata, che custodiva sotto i due campanili gemelli volte a tutto sesto riccamente arabescate e un antico muro difensivo romano. Visitarono il museo egizio del quartiere di Bulaq, dove si soffermarono impressionati di fronte ai manufatti di antiche culture esistite prima di loro: quelli dei faraoni, che avevano fatto costruire anche le piramidi di Giza, giganteschi monoliti per sfidare l'eternità, e la sfinge, la monumentale creatura leggendaria che fissava il deserto dalle sue orbite vuote. Tutti monumenti che alla terza o la quarta visita risultavano persino più impressionanti della prima volta. Si spinsero fino a Saqqara, dove sorgeva la piramide a gradoni, e fecero escursioni fino ad Alessandria. Maya rimase profondamente colpita alla vista dell'espressione orgogliosa negli occhi di Gerald quando gli porgeva uno dei libri scritti da lei, oppure quando osservava Jonah. gli spiegava qualcosa al museo o viceversa il nipote gli raccontava la storia di un determinato edificio come l'aveva appresa dai suoi amici oppure a scuola.

Jonah le aveva chiesto notizie del padre un paio di volte. Maya aveva risposto in buona fede che era morto, esattamente come lo zio di cui aveva preso il nome, e il ragazzo per il momento sembrava essersi accontentato di queste notizie. Prima o poi avrebbe chiesto di nuovo, avrebbe voluto sapere più dettagli, su questo Maya non si faceva illusioni. Ma avrebbe pensato al momento a che cosa rispondergli.

Non portava mai il braccialetto indiano che Ralph le aveva inviato da Mardan; esso infatti le ricordava quella sanguinosa rivolta durante la quale lui aveva perso la vita. Però portava la fede nuziale all'anulare sinistro, per Ralph, la moneta di Himyar infilata in una collana, per Rashad e il lutto per entrambi. Continuava a vestirsi di nero. Anno dopo anno. Ora comprendeva perché zia Elizabeth continuasse a preferire quel colore nonostante tutto il tempo passato. Non c'era niente che desse a Maya più libertà dell'abito a lutto, simile a un bastione della decenza che cancellava tutti i limiti che avevano tanto esasperato Maya da ragazza. Era stata una libera scelta di Ralph quella di arruolarsi soldato, era stato il suo destino di perdere la vita nella rivolta dei *sepoy*. Con la sua morte, tuttavia, le aveva fatto involontariamente il dono più grande: l'aveva resa libera. Libera di andare dove voleva, di fare ciò che preferiva, senza che i mille occhi della società vegliassero sulla sua virtù.

Ma Maya continuava a vestire di nero perché esisteva una forma di lutto che non passa mai. Come esistono sentimenti e ricordi che non sbiadiscono, ma che al massimo si affievoliscono. Aveva smesso di voler sfuggire al passato, dato che esso era fondamento del presente e del futuro. Jonah ne era la prova vivente.

Nella biblioteca di Maya si trovava anche un'edizione dell'opera di Richard Francis Burton, *First Footsteps in East Africa*. Spesso la prendeva e sfogliava la prima pagina. «*Secondo me uno dei momenti più felici della vita di un uomo è la partenza per un lungo viaggio in paesi sconosciuti...*» leggendo sorrideva tra sé, si ricordava di lui, che le aveva dato la materia per i sogni della sua infanzia e della sua giovinezza, pensava alla sua stessa partenza da Black Hall e successivamente a quella per Il Cairo.

Le cronache del *Times* e le informazioni che suo padre, ancora sempre instancabile professore del Balliol College, otteneva da altri studiosi, le avevano permesso di seguire la vita di Richard. Era uscito incolume dalla guerra di Crimea, per fare ritorno a Bombay, poi si era recato a Zanzibar, per realizzare il proprio sogno: una spedizione alle sorgenti del Nilo nell'Africa orientale. Poi era stata la volta di un viaggio nell'America del nord, quindi la nomina a console prima nell'Africa occidentale e poi a Santos in Brasile. Non aveva risposto a una lettera di Maya né alle congratulazioni sincere che lei gli aveva inviato in occasione del suo matrimonio con Isabel Arundell nel gennaio 1861. Dopo tutto quel tempo aveva provato una fitta di gelosia alla notizia di quelle nozze. Ma quello che la faceva soffrire maggiormente era che non le scrivesse più neppure una riga. Non gli teneva il broncio, in ogni caso: per lui provava solo ricordi nostalgici e gratitudine. Non era stato forse lui a indicarle la strada che l'aveva condotta fino a lì, con Jonah?

Maya aveva trentasei anni e si era scoperta i primi capelli grigi allo specchio. Era felice, finalmente soddisfatta della sua vita, e finalmente radicata, lì nel punto di cesura tra Occidente e Oriente.

A volte, quando il vento spazzava il vicolo e dalla finestra aperta portava fino alla sua scrivania un alito di sabbia, chiudeva gli occhi e vedeva Rashad davanti a sé. C'erano momenti in cui, camminando per strada, si bloccava con il cuore in gola perché nella folla aveva scorto un uomo che a prima vista le era sembrato somigliargli ma, a guardare meglio, in realtà non aveva niente a che fare con lui. I momenti più dolorosi erano quelli in cui Jonah era concentrato o occupato a fare qualcosa. I suoi occhi allora si socchiudevano, una ruga compariva alla radice del suo naso, e Maya credeva di avere di fronte il padre del ragazzo da giovane. Era insopportabile quando Jonah smetteva all'improvviso di fare qualcosa e sembrava mettersi in ascolto, dentro di sé e contemporaneamente fuori nel mondo. Come se avvertisse il richiamo del deserto che gli scorreva nel sangue e nel quale era stato concepito. Allora Maya doveva uscire dalla stanza, perché non ce la faceva. Il cuore non dimentica mai. La nostalgia rimane a entrambe le estremità del nastro strappato.

12

Il canto delle cicale riempiva la notte e con la sua sconfinata ridondanza, con la tonalità argentea con cui si propagava, creava un contrappunto terreno al cielo stellato. Uno dei cammelli grugnì tra sé, come se quel concerto di insetti disturbasse il meritato riposo. La fascia costiera della Tihama, la «terra calda», un territorio composito di pietraie, *wadi*, campi rigogliosi e paludi di mangrovie alternativamente sommerse dall'alta marea e affacciate sull'ampia distesa salmastra quando il mare si ritirava, era immerso nell'oscurità. Faceva sempre caldo lì, a metà strada tra il porto di Al Mokha e il Bab el-Mandeb, dove l'Arabia aveva tratti africani: nell'incarnato dei suoi abitanti, nel loro dialetto, nelle usanze e costumi, nella chiassosa esuberanza dei colori dei batik che tessevano, tingevano e indossavano in quel clima caldo umido. Solo quando le cicale tacevano brevemente, quando l'orecchio si era abituato all'improvviso silenzio, era possibile sentire il mare poco distante, che gorgogliava, scrosciava su sabbia e roccia. Per il resto c'era il crepitare delle fiamme, quando la carovana, stanca dopo una lunga giornata di viaggio, si fermava a rifocillarsi con carne di capra arrosto e pane.

Rashad, che ora rispondeva al nome di Abd ar-Ra'uf, si chinò in avanti e conficcò sotto le fiamme un ramo che si era spostato e il fuoco si avventò vorace su quel nuovo nutrimento. Il ciondolo della collana gli scivolò fuori dalla scollatura della tunica, luccicando illuminato dalle fiamme. Non se ne accorse, perché il calore dell'oro sulla pelle, il tintinnio quasi impercettibile dell'anello contro il medaglione gli erano diventati nel corso degli anni così familiari come il battito del suo cuore che solo lui poteva sentire.

Invece Yusuf bin Nadir, che comprava e vendeva tutto ciò che si poteva trasformare in denaro, lo vide eccome.

«Bel ciondolo quello che porti, Abd ar-Ra'uf», raspò sopra il fuoco.

Con apparente distacco e senza fretta Rashad afferrò il ciondolo e lo fece scivolare sotto il tessuto un tempo bianco e ora chiazzato di ocra e grigio per la polvere, il sudore e la sabbia, poi si ritirò nell'ombra ai margini del falò.

«Ormai sono molti anni che viaggiamo insieme per il paese, e ancora non so niente di te», proseguì tenace il mercante, socchiudendo gli occhi per vedere meglio il volto del suo interlocutore al di là del fumo e della luce guizzante delle fiamme. Rashad non batté ciglio.

«Sapete quel che basta», rispose dopo una breve pausa, cortese e distaccato, mentre Yusuf gli aveva dato del tu fin dal primo giorno. «Io difendo e proteggo la vostra vita e le vostre merci con le mie armi. Solo questo conta.» Non appena la spalla lussata dai soldati del sultano di Ijar era guarita, Yusuf gli aveva affidato una spada e un fucile e di entrambi lui aveva fatto uso spesso in ogni angolo della penisola arabica. Yusuf rise, quella sua risata inconfondibile simile al belato di una capra.

«Questo è vero! Mi rendi preziosi servigi come guardiano. Ma come accompagnatore sei piuttosto taciturno.»

«Voi mi pagate per fare il guardiano, non il buffone.»

Yusuf rise di nuovo. «Anche questo è vero, Abd ar-Ra'uf. Ma è altrettanto vero che in questi anni ho finito per conoscerti molto bene. Senza che tu mi abbia mai parlato di te.» Con i pochi denti che gli restavano – ne aveva persi cinque con il passare del tempo – addentò un pezzo di carne grondante grasso e parlò a bocca piena: «Che avevi imparato il mestiere delle armi fin da bambino, me ne sono accorto subito, e anche a cavalcare. Dovevi essere un maestro in entrambe le cose. Il denaro che ti do lo regali al primo mendicante che incontri, non lo metti da parte come tutti i miei accompagnatori precedenti che, quando erano assaliti dalla nostalgia di casa e avevano racimolato un gruzzolo sufficiente, si compravano un pezzo di terra oppure qualche capra e qualche pecora e mettevano su famiglia. Ho anche notato che conosci molto bene le strade del sud. Tuttavia nemmeno sui sentieri più pericolosi hai mai prestato neppure metà dell'attenzione che hai quando ci troviamo a sud, dove non ti togli la *keffiyeh* dalla faccia neanche per un secondo. In particolare intorno al sultanato di Ijar».

Rashad continuava a tacere e Yusuf non scorse neppure un fremito in lui quando pronunciò quel nome. La sua voce cambiò immediatamente tonalità, si fece più calda, quasi intenerita.

«Da che cosa fuggi, Abd ar-Ra'uf?»

Il suo interlocutore rimase immobile e muto.

«Di quale colpa ti sei macchiato?»

«Se avete a cuore i miei servigi, allora lasciate perdere.» Il tono di Rashad era decisamente contrariato. Yusuf trattenne una risatina, ma lasciò libero sfogo al sorriso che l'accompagnò.

«Io non ho figli, non ho mai trovato una moglie che volesse condividere la sua vita con me, né una i cui genitori mi reputassero degno. Forse non ti piacerà sentirlo... ma se avessi avuto un figlio, avrei voluto che fosse come te.»

«Non sapete quello che dite», fu la risposta.

«E tu non sai che ci sono segreti che avvelenano il cuore se si custodiscono troppo a lungo. Tu ci sei quasi arrivato, Abd ar-Ra'uf, o qualunque sia il tuo vero nome. Te lo leggo negli occhi.» Yusuf sospirò e aggiunse più piano: «Si tratta di una donna, vero?»

«Che cosa ve lo fa pensare?» L'inconfondibile dolore che Rashad, un tempo guerriero di al-Shaheen, riuscì a sopprimere, commosse Yusuf. Il mercante rise bonariamente.

«Ah, ragazzo mio, il bisbiglio di una bella donna può essere più assordante del ruggito di un leone. Non sei un uomo che commette un crimine per fama o per denaro, anche questo so di te. E finora sei stato l'unico dei miei uomini che non si è girato di fronte a un paio di begli occhi dietro un velo o per fissare i volti scoperti delle ragazze della Tihama.»

«Non fa differenza se ve lo racconto oppure no.»

«In questo caso, allora puoi confidarti tranquillamente con me», obiettò Yusuf, in tutto e per tutto uomo abituato a mercanteggiare da una vita. «Forse però troveresti finalmente la pace. Qualunque cosa tu abbia fatto, il tempo vi ha già depositato sopra uno spesso strato di sabbia. E inoltre», si pulì la mano destra nella sabbia e fece un rutto, «non puoi lasciare un vecchio come me nell'ignoranza. Non te lo perdoneresti mai, se dovessi morire senza che tu abbia soddisfatto la mia curiosità.»

Rashad tacque. Quella notte e le due successive. Ma la quarta notte del loro viaggio, alla luce di un altro falò, cominciò a raccontare.

«Mi chiamavo Rashad ibn Fahd ibn Husam al-Din, ed ero un guerriero di al-Shaheen, al servizio del sultano di Ijar...»

E, come era accaduto a Sherazade, gli occorse più di una notte per raccontare la sua storia. Anche se furono meno di mille e una.

13

Jonah Garrett si dondolava sulle gambe esageratamente lunghe soffocando un sospiro, mentre aspettava in piedi accanto alla scrivania di Maya al secondo piano della casa che sua madre controllasse il quaderno dei compiti. Non vedeva l'ora di togliersi definitivamente la ruvida uniforme scolastica e la stupida cravatta che si era già allentato non appena varcato il portone della scuola e infilarsi la stretta e lunga tunica di cotone azzurro che tutte le volte gli strappava un sospiro soddisfatto.

«Tariq! Tariq», lo chiamò una voce giovanile dal vicolo animato, superando il brusio e il rumore del traffico e salendo fino alla porta finestra aperta sul balcone. «Tariq! *Yalla!*» esclamò una seconda voce con un acuto volontario alla fine della frase, perché Abbas, il figlio del fruttivendolo, stava cambiando voce. Jonah cominciò a saltellare irrequieto, facendo una smorfia spazientita. Possibile che sua madre dovesse essere sempre tanto scrupolosa con i compiti! Eppure lo sapeva che lui portava a casa bei voti anche senza eccessivo sforzo! Guardò il suo viso di profilo, notò le prime rughe intorno agli occhi in parte nascosti dalla montatura degli occhiali che portava dall'inverno precedente quando era alla scrivania. Se non altro era riuscita a fare in modo che l'insegnante non gli mettesse più una nota per la sua irrequietezza durante l'ultima ora di lezione. «I ragazzi della sua età hanno bisogno di movimento, ed è solo colpa vostra, se non fornite loro sufficienti occasioni di sgranchirsi tra un'ora e l'altra!» aveva protestato Maya di fronte a tutta la classe, poi aveva concluso con un energico «andiamo, Jonah!» e si era allontanata superba nel suo abito nero.

«Molto bene» disse infine, e Jonah si lasciò sfuggire un sospiro di sollievo quando lei gli restituì il quaderno. Veloce come il vento corse in camera sua, cambiò il quaderno con il pallone di cuoio che aveva portato con sé da Black Hall dopo le ultime vacanze estive, si infilò i sandali e scese di corsa le scale. «A stasera!» sentì dire da sua madre.

«Sì-ììì», fu la sua risposta distratta. Con la mente pensava già alla partita di pallone con gli amici. *Clip-clop, clip-clop, clip-clop*, risuonavano le suole sui gradini, e poi *bonk!*, quando atterrarono sulle piastrelle dell'ingresso. La palla ben stretta sottobraccio, spalancò la porta e uscì di slancio, andando a finire direttamente contro un abito maschile color marrone. L'impatto gli fece sfuggire la palla ma l'uomo l'afferrò abilmente e gliela restituì. Jonah deglutì. Era un uomo dall'aspetto terrificante! Un viso affilato e spigoloso. Folte sopracciglia nere sopra gli occhi torvi e sottili e profonde cicatrici a destra e a sinistra dei baffi spioventi neri e lucidi. Jonah rimase spaventato e nel contempo affascinato da questa faccia e non si accorse che lo sconosciuto lo stava osservando con altrettanta intensità. Vedeva lisci capelli altrettanto neri che gli ricadevano sulla fronte, un viso giovanile che non conservava più alcuna morbidezza e lasciava intuire l'uomo che sarebbe diventato, ma nella sua forma ovale ricordava quello della madre come pure i grandi occhi, scurissimi, ma con un lieve alone dorato. Aveva un naso decisamente marcato e labbra piene. Jonah si era ripreso, ma esitava ancora, non sapendo in quale lingua ringraziare. Infatti, sebbene lo sconosciuto avesse l'aspetto di un abitante del luogo, era vestito decisamente all'inglese con tanto di cappello. Alla fine Jonah optò per un borbottio incomprensibile che avrebbe potuto essere qualunque cosa, persino un'imprecazione. «Tariq! Tariq!» lo chiamarono gli amici saltellandogli incontro. Jonah stava per raggiungerli, ma l'uomo lo fermò appoggiandogli una mano sulla spalla.

«Tua madre è in casa?» gli domandò in arabo fluente. Jonah aggrottò le sopracciglia. Che cosa poteva volere quell'oscuro personaggio da sua madre? Era abituato alla presenza di sconosciuti in casa, viaggiatori che avevano bisogno dell'aiuto di Maya Greenwood Garrett come interprete o per una traduzione. A volte arrivavano quelli che avevano letto i suoi libri e, trovandosi al Cairo, le chiedevano un autografo. Ma questo visitatore lo inquietava. E, ricordando il discorso di zia Elizabeth sul fatto che lui era l'uomo di casa, fece un cenno agli amici affinché lo aspettassero poi si spinse all'indietro verso la porta, accertandosi di bloccare l'ingresso con le gambe. «Mamma», chiamò in inglese sporgendosi oltre la soglia. «C'è un uomo che vuole parlarti!»

«Chi è?» domandò la voce di sua madre.

«Sono io, il tuo vecchio briccone!» esclamò l'uomo con una voce rauca e in un inglese perfetto, mentre Jonah lo guardava esterrefatto.

Per qualche istante la casa rimase spaventosamente silenziosa, poi Jonah udì i bassi tacchi delle babbucce di cuoio ricamate che sua madre portava in casa scendere precipitosamente le scale. Voltò la testa e la vide fermarsi sull'ultimo gradino, le mani premute ai lati della bocca, gli occhi accesi da una luce che il ragazzo non aveva mai visto prima.

«Richard!» esclamò lei ridendo e lasciando cadere le braccia e Jonah credette di vedere luccicare delle lacrime nei suoi occhi. Guardò dall'uno all'altra e intuì una specie di legame dal quale lui restava escluso e che gli fece provare una fitta di gelosia. «Sali; ti preparo del tè, oppure preferisci un caffè?»

Con espressione irata Jonah si spinse oltre questo «Richard», uscì in strada e lanciò la palla facendola rimbalzare sempre più in alto. Una volta raggiunti gli amici, tuttavia, la spensieratezza dei suoi tredici anni gli aveva già fatto dimenticare la ragione del proprio malumore.

«Ti sei sistemata proprio bene», disse Richard Francis Burton quando Maya lo condusse nel suo studio, che ospitava anche la sua biblioteca in alti ripiani aperti. Posò il cappello sulla scrivania, fece vagare lo sguardo incuriosito sui documenti, le carte, i libri sparsi in giro, poi si accomodò in una delle due poltroncine accanto al tavolino tondo, accavallando le gambe. Rimasero a guardarsi per diverso tempo con un misto di stupore, gioia nostalgica e sincero apprezzamento; Richard, seduto, e Maya, con un abito nero di stoffa leggera, in piedi di fronte a lui. Ciascuno passò in rassegna molto di ciò che avevano vissuto insieme ma anche separati.

Maya si accorse che Richard aveva un aspetto invecchiato e malaticcio. Era esaurito, più ancora del loro ultimo incontro a Aden, come se ogni anno avesse lasciato un profondo segno su di lui. Ma ciò che la spaventò più di tutto fu la stanchezza del suo sguardo, che in precedenza non aveva mai visto.

«Quanto tempo è passato?» bisbigliò. «Più di tredici anni?»

Richard annuì assorto. «Doveva essere il febbraio del '55. Per la precisione quattordici anni e mezzo.»

Maya ringraziò con un cenno del capo Betty che teneva in equilibrio un vassoio con teiera, tazze, dolci speziati a forma di cuore e biscotti di mandorle dolci, oltre al cognac dell'inesauribile scorta di Elizabeth Hughes, un bicchiere e per finire un posacenere, come richiesto da Maya. Si sforzò di non guardare con troppa insistenza l'ospite sconosciuto, che aveva spinto la sua padrona a chiedere con tanta urgenza un tè. Ma non fece in tempo a uscire dalla porta con una riverenza, che subito scese di corsa in cucina dove zia Elizabeth l'aspettava impaziente per farsi riferire fin nei minimi particolari.

«Non hai mai risposto alle mie lettere», constatò Maya senza alcun rimprovero nella voce, mentre versava il tè.

«Ho avuto molto da fare, sono stato molto in giro», rispose Richard vago mentre si accendeva un sigaretto e aspirava profondamente il fumo e poi si versava un po' di cognac. «Sei ingrassata», osservò con un'occhiata penetrante.

Maya rise, nient'affatto offesa, mentre riempiva l'altra tazza. «Non ho più perso i chili presi in gravidanza.»

«Davvero un giovane notevole, tuo figlio. Ha preso tutto da te. Di suo padre non ha molto.»

«Dici.» Maya posò bruscamente la teiera e si mise seduta di

fronte a Richard. «Voi non avete figli, tu e Isabel?» domandò per pura cortesia, benché conoscesse perfettamente la risposta.

Richard scosse la testa mentre si arrotolava il sigaretto tra le dita. Purtroppo una delle malattie contratte nel corso degli anni lo aveva reso sterile. Isabel, che come lui amava i bambini, riversava tutte le sue attenzioni sui numerosi nipoti e gli animali domestici. «Non era destino», rispose. «Sicuramente è meglio così, visto che ci spostiamo sempre.» Alzò gli occhi e notò la catena con la moneta che scintillava dalla scollatura dell'abito di Maya. «Bel ciondolo.»

«Avrei dovuto immaginare che ti piaceva, è una moneta di Himyar. L'ho portata con me dall'Arabia.»

«È strano, mi sembrava che tu portassi sempre quel medaglione al collo. Quello che un tempo...»

«Non lo porto più», tagliò corto Maya, mentre un'ombra le passava sul viso.

«Himyar», riprese lui il filo del discorso, riempiendosi letteralmente la bocca con il suono di quella parola. «Ho letto i tuoi libri. Ben scritti e frutto di accurate ricerche, ma un po' troppo romantici.»

Lo sguardo di Maya lampeggiò, quando fissò Richard da oltre il bordo della tazza. «Romantici, dici. Presumo dunque che per te *romantico* sia sempre sinonimo di *con troppo sentimento*?»

Richard increspò le labbra sotto la barba, poi le curvò in un sorriso malizioso, senza tuttavia rispondere.

«Perché vieni a trovarmi dopo tutti questi anni?» domandò Maya mentre posava la tazza.

Il sorriso scomparve dal volto di Richard che la guardò socchiudendo gli occhi oltre la cortina di fumo.

Sarebbe stato il momento giusto per parlarle di Isabel, che era in tutto e per tutto l'opposto di Maya: di costituzione generosa, il volto rotondo e le labbra sottili, i capelli biondo rossicci e gli occhi azzurri espressivi, proveniva da una famiglia cattolica di antica nobiltà. Ciò che aveva in comune con Maya erano sogni di paesi esotici e di avventura, di libertà sconfinata e del grande amore, e la profezia di una zingara, che le aveva detto:

«Viaggerai per i mari e ti ritroverai nella stessa città con il tuo destino, senza saperlo. Incontrerai degli ostacoli e una serie di circostanze avverse che tu dovrai superare con tutto il coraggio, tutta la forza e tutta la razionalità che possiedi... porterai un nome della nostra stirpe e ne sarai fiera. Sarai come noi, ma più grande. La tua vita sarà il vagabondare, l'avventura. Un'anima con due corpi, nella vita come nella morte, mai a lungo separati. Mostra tutto ciò all'uomo che vorrai sposare». La zingara che aveva fatto questa profezia si chiamava Hagar Burton. E mentre era in vacanza a Boulogne con la famiglia, Isabel aveva incontrato il proprio destino nella persona di Richard Francis Burton, che corrispondeva fino al minimo dettaglio al suo uomo ideale e portava effettivamente lo stesso cognome della zingara.

«Quest'uomo mi sposerà», bisbigliò alla sorella e da allora aveva investito tutta la propria esistenza per diventare effettivamente sua moglie. «Se fossi un uomo, sarei Richard Burton. Ma siccome non lo sono, mi tocca sposarlo.» Aveva raccolto ogni cosa di lui, libri, per quanto concessole dai genitori, e articoli di giornale, annotava nel diario sogni profetici su di lui che la spronavano a inseguire più tenacemente il suo obiettivo. Inoltre componeva minuziosi elenchi e progetti su come si sarebbe comportata in quanto sua moglie, su che cosa avrebbe fatto nella vita di lui. Non appena lo avesse sposato.

Avrebbe potuto raccontarle di essersi sentito lusingato, quando, dopo il ritorno dalla Crimea, aveva incontrato Isabel e sua sorella al giardino botanico di Kew nei pressi di Londra, e Isabel gli aveva dimostrato di conoscere tutti i suoi libri e i suoi viaggi, passo passo. Di come lei lo adorasse, baciasse il terreno su cui lui passava. Di come tutto di lei, i suoi gesti, i suoi sguardi, la sua voce, lo supplicava solo di essere il suo dio, che lei voleva servire, fino alla morte. Sì, era completamente diversa da Maya che si era contrapposta a lui, mostrando una caparbietà e un libero arbitrio pari al suo. Isabel era la moglie ideale per la vita che conduceva, incondizionatamente sottomessa, pronta a sostenerlo, a pagare i debiti, a fare i bagagli e a seguirlo dovunque andasse.

Così aveva chiesto la sua mano, non aveva avuto ripensamenti neppure nei quattro anni di fidanzamento segreto in attesa che Isabel diventasse maggiorenne e lo sposasse contro il volere dei suoi genitori. Richard amava Isabel, tuttavia era anche spaventato dall'adorazione di cui lei lo sommergeva. Ma tale timore a poco a poco si ridusse, man mano che i fallimenti della vita e gli strapazzi dei viaggi lo indebolivano. Ormai Isabel era diventata la più forte, era il suo sostegno, la sua fortezza contro la società tanto avversa nei suoi confronti. L'unica persona che gli sarebbe rimasta ciecamente fedele, fino alla morte. Con una certa dose di autoironia, una volta lui la ritrasse in groppa a un leone con le briglie strette in mano, e questo leone aveva i suoi tratti. Lui l'amava, ma non tanto quanto aveva amato Maya. E la speranza che Isabel potesse cancellare le tracce di Maya nel suo cuore era rimasta un'illusione.

Avrebbe potuto raccontarle tutto questo in quella casa del Cairo, in quel giorno di settembre del 1869. Invece non lo fece. Ciò che aveva nel cuore gli risultava effettivamente romantico. Troppo pieno di sentimento e non era mai stata la sua specialità. Perciò si limitò a scuotere la testa e si chinò in avanti per scrollare la cenere del sigaretto sul bordo del posacenere di cristallo.

«Sono stato a Boulogne e Vichy, con Swinburne, il poeta. Poi a Torino e Brindisi e ora sono in viaggio per la Siria. Sono stato nominato console di Damasco. Isabel mi aspetta già lì e si occupa dei preparativi per il mio arrivo. Il Cairo mi era di strada.»

Si dilungò a descrivere l'interminabile e faticoso addestramento durante la guerra di Crimea; era arrivato troppo tardi per essere coinvolto in battaglie vere e proprie. Parlò del suo grande safari in Africa, durante il quale insieme al suo compagno John Hanning Speke avevano scoperto il lago Tanganika. La malaria e altre malattie tropicali avevano causato una temporanea cecità a Speke e una momentanea paralisi a Burton, che era stato costretto a farsi trasportare da portantini locali. Durante il viaggio di ritorno Speke aveva compiuto una deviazione senza Richard, scoprendo un secondo lago al quale aveva dato il nome di lago Vittoria in omaggio alla regina.

Dopo un soggiorno a Zanzibar per riprendersi dagli strapazzi del viaggio, Richard era tornato in Inghilterra, dove aveva constatato che Speke, rimpatriato prima di lui, si era già attribuito tutti i meriti della comune spedizione. Tra i due era scoppiato un violento dissidio e la cattiva reputazione di Richard – nonostante non fosse stato possibile attribuirgli nessuna responsabilità per la fallita missione a Berbera – unita alla impeccabile fama di Speke erano stati i fattori decisivi per influenzare l'opinione pubblica e quella della Royal Geographic Society. Richard se n'era andato pieno di amarezza, per visitare l'America settentrionale, mentre Speke, dopo un'ulteriore spedizione, affermò di aver trovato le sorgenti del Nilo. Burton lo confutò ferocemente e allora fu organizzato un dibattito pubblico tra i due ex amici ora insanabili avversari davanti alla Royal Geographic Society. Ma tale confronto non si svolse mai: Speke morì in un incidente di caccia ferendosi con il proprio fucile. Non fu mai chiarito se si trattò di una fatalità o di un suicidio.

Richard aveva viaggiato nell'Africa occidentale e nel Congo in missione diplomatica, era stato console nella brasiliana Santos, da lì aveva esplorato il Sudamerica, aveva scritto e pubblicato diversi volumi e molti articoli. E ora era la volta di Damasco. Senza requie. Inseguito dal demonio. Come era sempre stato e come avrebbe continuato a fare fino al termine dei suoi giorni.

Maya lo ascoltò con attenzione, ma più lui raccontava, più lei era sconvolta dalla luce febbrile nei suoi occhi, che non derivava da una malattia, dal vuoto che c'era dietro, dalla piega amareggiata e sprezzante delle sue labbra, quando sosteneva di essere stato vittima di ingiustizie sempre e dappertutto. Non era più lo studente di bell'aspetto, fiero e ribelle, che le aveva fatto battere il cuore da bambina. Non era più il giovane e audace soldato dell'esercito britannico in India che con i suoi baci aveva risvegliato in lei qualcosa che era stato appagato solo da Rashad. L'uomo che le stava seduto di fronte era spento e vecchio, logorato dalla sua battaglia contro il mondo che non gli avrebbe mai dato ciò a cui lui anelava da sempre: la considerazione.

Gli uomini che si mettono alla ricerca delle sorgenti di un fiume in realtà cercano la sorgente di qualcos'altro, di cui sentono una struggente mancanza, pur sapendo che non lo troveranno mai. Le tornarono in mente le parole che lui aveva pronunciato tanto tempo prima a Aden. *Sai che non lo troverai mai, vero Richard? Sei spinto da una fame che non verrà mai saziata. Qualunque cosa la vita ancora ti riservi, per te non sarà mai abbastanza. Mai.*

Provò quasi sollievo quando lui si alzò per andarsene, misto però a una struggente nostalgia. Per un attimo si fronteggiarono, poi lui protese le mani verso di lei, ma le lasciò ricadere, inerte, come se lo ritenesse inutile. A lunghi passi raggiunse lo scrittoio e raccolse il cappello. «Ti ringrazio per il tempo che mi hai dedicato, Maya. No, non ti scomodare, trovo la strada da solo.» Era esattamente come a Black Hall, tanti anni prima, in occasione del loro primo addio e poi dei tanti che erano seguiti nel corso del tempo.

Prima che lei avesse tempo di dire qualcosa, lo sentì scendere frettolosamente le scale, come se fosse in fuga. Uscì sul balcone e guardò verso il basso, lo seguì con gli occhi, mentre si calcava il cappello in testa e si allontanava. Un cappello in mezzo a un oceano di turbanti e fez, che a un certo punto scomparve nel frenetico viavai della folla serale: l'inglese che non aveva mai voluto essere, senza tuttavia aver mai deciso di essere qualcos'altro.

«Abbi cura di te, Richard, vecchio briccone», bisbigliò nell'aria. Sapeva che non l'avrebbe più rivisto.

14

Damasco. La città che secondo la leggenda dei beduini era stata fondata da Uz, nipote di Sem, figlio di Noè; che esisteva già prima dell'epoca di Abramo, una delle più antiche città del mondo. Adagiata nel verde di una valle collinosa punteggiata di fiori di camomilla e boschetti di albicocchi; circondata dal deserto riarso dal sole, una città di un bianco scintillante sotto cupole panciute ed eleganti minareti, incoronata dalle mezzelune che brillavano al sole e attraversata dalle acque del Barada. Era piena di giardini leggendari e rinfrescata dall'acqua delle fonti. Si diceva che lo stesso profeta Maometto avesse voltato le spalle allo sfarzo di questa città, perché l'uomo può entrare una volta sola in paradiso ed egli preferiva aspettare il paradiso di Allah. Qui si trovavano anche la strada che la Bibbia definiva Diritta e la casa di Anania, che aveva imposto le mani e restituito la vista a Saulo accecato dall'apparizione di Dio, e anche la tomba del leggendario sultano Saladino, l'avversario del re Riccardo Cuor di Leone. Un labirinto di vicoli in cui le finestre con le sbarre si sfioravano sopra la testa dei passanti che erano arabi, ebrei, turchi, beduini, persiani, curdi, anatolici e africani. Mercanti d'acqua e lattai magnificavano la propria merce, asini e cammelli si confondevano tra la gente e i cani randagi, che si contendevano tutto ciò che sembrava commestibile, si azzuffavano tra guaiti e latrati. Era la città degli *hammam*, i bagni turchi, e degli *harem*, gli alloggi femminili.

Però Damasco era soprattutto la città dei *suk*, sgargianti e chiassosi, e proprio ai margini di uno di questi Yusuf bin Nadir stava agitando l'indice ossuto nell'aria permeata di spezie. «Spostalo più a destra. Sì, così.» Fece un profondo respiro, come se non fosse stato Rashad, bensì egli stesso a issare sui cammelli i sacchi stracolmi di gioielli, tessuti e stoviglie. «Come sono bravo!» si complimentò con se stesso. «Abbiamo guadagnato una bella somma vendendo le nostre merci e ne abbiamo comperate altre a buon mercato. Un ottimo guadagno! Io lo dico sempre: Damasco val bene un viaggio!» Con un'espressione estremamente soddisfatta sul viso rugoso, diede una pacca al cammello appena caricato, poi scoppiò a ridere. «Pensa un po' che cosa mi ha appena raccontato uno dei miei clienti: il nuovo console di Damasco è un inglese pazzo che da giovane ha partecipato a un pellegrinaggio alla Mecca travestito da arabo! Hai mai sentito niente del genere?»

Rashad girò di scatto la testa, come se avesse visto un fantasma, e fissò Yusuf. «Come hai detto?» Dopo aver svelato tutti i propri segreti, Rashad aveva rinunciato a ogni formalità. Ma prima che Yusuf potesse rispondergli, lo incalzò, «Quest'uomo si chiama Burton? Richard Burton?»

Ora toccò a Yusuf guardarlo stupefatto. Si infilò l'indice nell'orecchio, poi sotto la *keffiyeh* per grattarsi la testa. «Credo... è possibile... ma perché...» continuò a parlare, ma Rashad non l'ascoltava più.

Rashad aveva l'impressione che tutte le parole usate per raccontare a Yusuf la sua storia fossero state come acqua per le radici inaridite del suo cuore. Senza rendersene conto, questo aveva ricominciato a germogliare. E ora che esisteva la possibilità che Richard Burton, l'amore giovanile di Maya, di cui lei gli aveva raccontato tanto tempo prima sotto un cielo stellato nel deserto, si trovasse per davvero a Damasco, la vecchia ferita si aprì all'improvviso. Sussultò, quando Yusuf gli agitò le mani davanti al viso. Rashad aveva la bocca secca, anche se si era appena dissetato alla fontana.

«Yusuf... credo di avere qualcosa da fare qui. Possiamo fermarci per un po'? Oppure se vuoi puoi ripartire e io ti raggiungerò.»

Yusuf inarcò le sopracciglia cespugliose sino a sfiorare il bordo del sudicio turbante. «Per Allah, allora i miracoli esistono ancora! I tuoi occhi sono vivi! Certo che restiamo!»

Abd ar-Ra'uf, un tempo Rashad il guerriero, impiegò solo poche ore per scoprire l'indirizzo del nuovo console britannico a Damasco e non molto di più per sapere quali luoghi frequentasse abitualmente. Ma, dopo aver cercato per anni di spegnere ogni emozione, ogni ricordo, ora ne era sopraffatto e impiegò due giorni per raccogliere il coraggio e staccarsi dall'ombra delle case. Sapeva che quello intrapreso era un cammino senza ritorno.

«*As-salamu aleikum*. Siete voi Richard Burton, il nuovo console di Damasco?»

Quando si guardarono negli occhi, i due sconosciuti trasalirono per una frazione di secondo, convinti di vedere riflessa la propria immagine in uno specchio magico che trasformava l'uno in un inglese con l'abito chiaro e il panama e l'altro in un arabo dalla lunga veste bianca con il turbante rosso e bianco.

«*Wa-aleikum as-salam*», fu la risposta che infranse l'immagine dello specchio. «Sono io.»

«Siete lo stesso che ha compiuto un pellegrinaggio alla Mecca travestito? Che da giovane studiava a Oxford?»

«Esattamente.» Richard fece involontariamente un passo indietro, quando l'arabo estrasse la mano destra da dietro la schiena, dove l'aveva tenuta sino a quel momento, ma si tranquillizzò subito quando vide che teneva sul palmo calloso un gioiello, probabilmente intenzionato a venderlo. «Lo riconoscete, *said*?»

Richard deglutì riconoscendo il medaglione. Era un oggetto che si era impresso bene nella sua memoria, troppe volte lo aveva visto al collo di lei e, quando l'arabo con il pollice fece scattare la chiusura, non ci furono più dubbi.

«Come l'avete avuto?» Quella domanda era stata pronunciata con una nota di inconfondibile minaccia.

«Non l'ho rubato, *said* Burton. Me lo ha dato lei. Tanti anni fa.»

Richard guardò meglio l'arabo. Non era più giovanissimo, avrà avuto più o meno la sua età, al massimo un paio di anni di meno. Aveva la tunica macchiata, la *keffiyeh* sbiadita e sfrangiata. Il volto era percorso da cicatrici, meno profonde delle sue, delle quali una gli tagliava un sopracciglio. I capelli neri lunghi fino alle spalle erano striati di bianco al pari della barba. «Non la porto più», era stata la risposta che gli aveva dato Maya quando era stato a trovarla al Cairo, più di sei mesi prima. A ripensarci, gli tornò in mente il tono bizzarro con cui aveva pronunciato quelle parole.

Con un cenno del capo indicò sull'altro lato della strada. «Là c'è un buon caffè. Raccontatemi come siete venuto in possesso del medaglione.»

Il caffè era ormai freddo quando Rashad terminò la sua storia. Non aveva raccontato tutto, solo lo stretto necessario, ma Richard Francis Burton non faticò a immaginare i particolari mancanti: il figlio di Maya, che non assomigliava per niente al tenente dai capelli color sabbia, che aveva visto a Aden. Poche parole in cui vibrava qualcosa che prima non c'era stato. L'attimo fuggente in cui un'ombra aveva oscurato il suo volto, e i suoi occhi avevano mostrato una grande sofferenza. La moneta di Himyar.

Richard sentì crescere dentro di sé la gelosia e non sapeva dire che cosa lo angustiasse di più: il fatto che Maya lo avesse eguagliato nel condurre una vita avventurosa, forse a suo modo lo avesse addirittura superato, perché nonostante tutto aveva trovato la felicità mentre lui non c'era riuscito. Oppure la scintilla dell'amore che aveva visto nei suoi occhi, ma non era riuscito a comprendere, perché non assomigliava a quella con cui lo guardava da giovane, e che adesso ritrovava negli occhi dell'arabo, tanto simile a sé eppure tanto diverso. Erano accomunati solo dalla lingua. E da questa donna che nessuno dei due era riuscito a cancellare dal cuore e dalla testa. Fino a quel giorno.

«Vi sarebbe possibile farle avere il medaglione?» sentì chiedere ora dall'arabo. «In modo che lei sappia che sono ancora vivo.»

Richard tacque, rimase seduto immobile, mentre con gli occhi seguiva l'instancabile viavai lungo la strada. «Sapete qual è il nemico più pericoloso dell'amore?» Parlò a bassa voce, in tono quasi incomprensibile, forse più rivolto a se stesso che al proprio interlocutore. «L'orgoglio. L'orgoglio è il più grande nemico dell'amore.» Il suo corpo fu scosso da un brivido mentre rovistava nella tasca del panciotto e gettava qualche moneta sul tavolo accanto al medaglione, poi afferrava il cappello posato sulla sedia tra lui e l'arabo.

«Portateglielo voi stesso», disse alzandosi con voce roca. Si calcò il cappello sul viso. «Abita al Cairo. Chiedete dell'inglese che scrive libri.»

Senza dire altro, se ne andò. Esteriormente era identico a qualche ora prima, ma dentro di lui qualcosa si era spento. Per sempre.

«Ci andrai?» Yusuf fissava Rashad senza battere neppure le ciglia, tanta era la sua trepidazione.

Quest'ultimo scrollò le spalle guardando le colline di fronte alla città, sulle quali si erano accampati, mentre il sole tramontava. «Non lo so.»

«Che cosa aspetti ancora? Sono anni che attendi questo momento! No, non negarlo!» Rashad non disse niente e questo fece aumentare l'agitazione del mercante. «Ho capito, ti vergogni! Non ti ritieni all'altezza! Vuoi risparmiarti un rifiuto da parte sua. Vuoi...»

«Basta così», lo interruppe Rashad.

Per un po' rimasero in silenzio, poi Yusuf chiese dolcemente: «Che cos'hai da perdere, Rashad? Se ti manderà via, finalmente troverai la pace. E», aggiunse in tono provocatorio, «lo sai: in ogni città d'Arabia tutti conoscono Yusuf bin Nadir, che compra e vende tutto ciò che si può trasformare in denaro. E che ha sempre bisogno di una guardia per i suoi tesori».

Rashad sorrise suo malgrado. Invece di rispondere domandò: «Posso prendere in prestito uno dei cammelli per stanotte? Vorrei andare là». Indicò verso il deserto.

«Ma certo, ma certo!» rispose Yusuf disponibile.

Il suo compagno di vecchia data si alzò e anche Yusuf fece altrettanto.

«Spero solo che torni con la decisione giusta!» lo sentì esclamare Rashad alle proprie spalle, mentre si allontanava.

Rashad rimase a lungo seduto nel deserto, sotto un cielo punteggiato di stelle, mentre all'orizzonte si levava una luna di un giallo carico, come un disco colorato di zafferano. Non poteva più essere una coincidenza, piuttosto era un segno di Dio che gli indicava la via. Gli sembrò di ridestarsi da un lungo sonno, di essere tornato improvvisamente vivo. Yusuf aveva ragione: non aveva niente da perdere. Non più ormai. Aveva già perso tutto ciò che un tempo aveva riempito la sua vita. Ma per la prima volta si sentiva anche libero. Libero dai doveri e dalle leggi della sua tribù, del suo popolo.

Era un uomo libero, libero di andare dove voleva. Erano stati necessari tanti anni di vagabondaggi per comprenderlo. Lì, a Damasco.

Maya era seduta alla scrivania, ma quel giorno non riusciva a concentrarsi. Negli ultimi tempi era stata assalita da una inquietudine interiore che non riusciva a spiegarsi. Si tolse gli occhiali e li posò sul foglio scritto a metà, poi si massaggiò gli occhi e la radice del naso. Una folata di vento entrò lieve dalla porta del balcone, portando profumo di sabbia e polvere. Non era la prima volta quella settimana. L'estate si stava avvicinando ed era quasi il momento di tornare a casa in vacanza; per riposarsi in seno alla famiglia e ammirare il figlio numero sei di Angelina, venuto al mondo l'inverno scorso. Maya trasalì credendo di udire lo stridulo richiamo di un falco. Spostò di scatto la sedia all'indietro e corse verso il balcone a guardare il cielo. Niente. Naturale. Un'illusione, uno scherzo giocatole dalla mente affaticata. Nonostante il calore del tardo pomeriggio, improvvisamente fu percorsa da un brivido e si strinse le braccia al corpo. Si sentiva prossima alle lacrime.

«Sì?» rispose sentendo bussare alla porta. Amy infilò la testa dentro la stanza.

«So che non vuoi essere disturbata, ma di sotto c'è un arabo che vorrebbe parlarti. Dice che è importante.»

Maya sospirò e alzò le spalle con rassegnazione. «Non importa, fallo salire. Tanto oggi non riesco a lavorare.»

Mentre sentiva i pesanti passi avvicinarsi lungo le scale, si lisciò i capelli scostando dal viso le ciocche ribelli e si rassettò la gonna. Poi, le mani riunite in grembo, attese che l'inaspettato visitatore comparisse sulla porta.

Il tempo trascorso fu cancellato quando si guardarono negli occhi, Maya e Rashad. Lo stesso fece lo studio, la casa e la città intera. Tutt'intorno a loro si estendeva il deserto del Ramlat as-Sabatayn, una distesa infinita di sabbia fino all'orizzonte, fusa in oro puro sotto i raggi del sole. Il sole tramontò, trasformò il deserto in un oceano di petali di rosa e cespugli di lavanda. Le stelle si accesero sopra di loro, cristalli in un cielo d'indaco, e la luna di zafferano li inondò con i suoi raggi.

Senza rendersene conto, si andarono incontro, si abbracciarono, quasi volessero accertarsi che non si trattava di un sogno, bensì della tangibile realtà. Non si lasciarono neppure quando la sabbia sotto i loro piedi scivolò via, il pavimento, le pareti, uno scrittoio ingombro di carte ricomparvero intorno a loro insieme ai contorni delle librerie e da ultimi i suoni del vicolo sottostante. Maya accarezzò le cicatrici sul viso di Rashad, quelle vecchie che conosceva e quelle nuove; gli accarezzò la pelle sotto gli occhi, percorsa di rughe, le due profonde pieghe ai lati della bocca e le sottili strie d'argento nei capelli, nella barba. Allo stesso modo lui disegnò con le dita i capelli grigi tra i riccioli di Maya, le piccole rughe intorno agli occhi, il profilo più pieno delle guance che cercava invano di asciugare dalle lacrime che non volevano smettere. I suoi capelli gli rimasero impigliati nelle mani callose e anche la stoffa nera del suo abito vedovile quando afferrò la moneta di Himyar mentre lei racchiudeva le dita intorno alla catena che lui portava al collo con il medaglione della nonna e la sua vecchia fede che avevano compiuto un viaggio così lungo. Ma incommensurabilmente più breve rispetto a quello affrontato da lei e da Rashad.

«Allora è vero», lo sentì mormorare e il cuore le si sciolse al suono della sua voce, molto più bella di quella che per anni aveva udito dentro di sé. «Alla fine ogni viaggiatore è sempre diretto a casa.»

«Chi l'ha detto?» bisbigliò Maya.

«Yusuf. Un mio amico. È stato lui a mandarmi da te.»

Maya scrollò la testa. «È stato Allah. Allah ti ha mandato e Dio ti ha riportato da me.»

Rashad sorrise e chinò la testa. «*Al-hamdu li-illah*. Sia lodato il Signore.»

Epilogo

Mortlake, vicino a Richmond, Inghilterra, 15 giugno 1891

Una tenda beduina in pietra e marmo alta come due persone. Ogni piega del tessuto riprodotta con assoluta precisione nella dura superficie. All'interno un altare con ritratti e vasi traboccanti di fiori. Quattro lanterne arabe appese al soffitto. Vetri colorati con intelaiature di ferro battuto dietro i quali ardevano fiamme che spargevano una luce viola, rossa e verde per il piccolo ambiente e che si fondeva con l'alone delle lanterne posate sul pavimento e con i raggi del sole che entravano dalle piccole finestre piombate. Sul lato sinistro era collocato un sarcofago di pietra ricoperto di fiori, tutte le varietà prodotte dall'estate inglese in ogni forma e colore, sormontati da un mazzo di non ti scordar di me. Nell'aria permaneva ancora un sentore d'incenso. Maya posò accanto al feretro una foglia di palma e tirò fuori dalla tasca un sacchettino. Sabbia. Meno di una manciata, ma sufficiente per distribuirla tutt'intorno dalla mano aperta. *È solo del Cairo, mio caro, ma spero che ti possa rallegrare, dovunque tu sia. Purtroppo la bonaccia mi ha impedito di arrivare in tempo per la sepoltura. So che non ti piacciono gli addii, quindi sarò breve.*

Con un profondo respiro tirò il cordone con i sonagli da cammelli. Un ultimo saluto dall'Arabia. Poi uscì. Jonah le lanciò un'occhiata trepidante, sempre immerso nella contemplazione della iscrizione sulla lapide. Sopra l'epitaffio e sotto il crocifisso di pietra grigia un libro di marmo aperto, inserito nella parete anteriore della tenda. Maya si accostò al figlio e osservò a sua volta l'iscrizione sul lato sinistro.

Capitano sir Richard Francis Burton
K.C.M.G., F.R.G.S.
Nato il 19 marzo 1821
morto a Trieste
il 19 ottobre 1890
RIP

«Lo conoscevi bene?» chiese Jonah, che a casa dei genitori e nei vicoli del Cairo continuava a essere chiamato Tariq, ma nell'ospedale della stessa città in cui lavorava era il dottor Jonah Garrett, come stava scritto anche sul suo certificato di nascita. Aveva trentacinque anni, era sposato con una donna incantevole e padre di tre figlie. Girò lo sguardo sulla madre, che superava di una spanna abbondante. Era persino più alto di suo padre, al quale con il passare del tempo somigliava sempre di più, anche se portava i capelli corti e vestiva quasi sempre all'occidentale. Era rimasto stupefatto dalla commozione e dal dolore manifestati dalla madre alla notizia della morte di Richard Francis Burton. Burton, il famoso esploratore, linguista, scrittore e diplomatico, membro della Royal Geographic Society, cinque anni prima nominato *knight commander* dell'Ordine di San Michele e San Giorgio e quindi autorizzato a farsi chiamare «sir», «una vuota onorificenza», come era stato scritto in tono indignato in uno dei suoi numerosi necrologi. Burton, che subito dopo la sua dipartita a Trieste aveva ricevuto una solenne processione pari a quelle riservate ai grandi statisti ed era stato trasferito in Inghilterra non appena il monumento funebre era stato completato permettendo di inumarlo lì. La notizia giunta con poco preavviso della cerimonia prevista per quel giorno aveva gettato nel panico la madre di Jonah; nonostante la fretta dei preparativi, un ritardo del piroscafo le aveva impedito di essere presente alla celebrazione.

Maya inclinò leggermente la testa sotto il minuscolo cappellino nero con la veletta posato sulla chioma ormai striata di bianco.

«Se l'ho conosciuto bene...» mormorò, facendo quindi un cenno d'assenso. «Direi di sì. Ha svolto un ruolo importante nella mia vita, per quasi vent'anni. Che dico, di più. Richard era... come un angelo scuro. Un'ombra che mi accompagnava sempre, anche quando non c'era fisicamente. Senza di lui... non oso immaginare quale altra strada avrebbe preso la mia vita senza di lui.» Sorrise e per un istante Jonah credette di vedere che aspetto avesse la madre da giovane. «Senza di lui non avrei conosciuto tuo padre, e non saresti nato né tu né tua sorella.»

Elizabeth, in tutto e per tutto identica a sua madre, era stata battezzata con il nome della prozia ma, per motivi incomprensibili a Jonah, al Cairo veniva sempre chiamata «Djamila». Aveva vent'anni e studiava letteratura all'università di Londra, da dieci anni aperta anche alle donne.

«Richard Burton ha anche permesso che io e tuo padre ci ritrovassimo.»

Jonah osservò pensieroso sua madre. Aveva compiuto cinquantotto anni l'anno prima ed era sempre un mistero per lui. Esattamente come suo padre, ricomparso dal nulla quando lui aveva quattordici anni. Non era morto, come gli aveva fatto credere sua madre, ma sapeva che lei glielo aveva detto in buona fede. Jonah comunque si era affezionato velocemente al padre; forse ciò che si diceva in Arabia era vero: il sangue non è acqua. A ripensarci adesso, gli sembrava che Rashad si fosse assentato solo per un breve periodo e che lui, il figlio, avesse sempre saputo che sarebbe tornato presto. Rashad aveva portato Jonah con sé nel deserto in un paio di occasioni, pur trattandosi di quello egiziano, e Jonah, pur non avvertendo lo stesso fascino del padre per quel luogo, si era sentito vicino a lui come in nessun altro posto. Nel deserto, dove Rashad si trovava anche ora, come succedeva tutte le volte che Maya tornava in Inghilterra. Rashad non aveva mai messo piede sull'isola fredda e lontana; Maya invece lo accompagnava di tanto in tanto nelle sue escursioni in mezzo alla sabbia e alla polvere e Jonah aveva la sensazione che questo servisse a rinsaldare il legame tra i genitori.

Per Jonah restava sempre un grande mistero ciò che attirava vicendevolmente il padre e la madre, soprattutto date le loro origini così diverse. Il fatto che si amassero era evidente in ogni momento che trascorrevano insieme, come se dovessero sfruttare il doppio ogni giorno che potevano stare vicini, dopo la loro lunga separazione. Jonah non sapeva ancora se fossero sposati, di fronte ad Allah, oppure a Dio, o quantomeno davanti alla legge. Non gliel'aveva mai chiesto; il fatto che la sorella tanto più giovane portasse il suo stesso cognome, Garrett, secondo lui era perché un nome inglese rendeva le cose un po' più facili nel mondo.

«Una volta è venuto anche a trovarci. Al Cairo. Avrai avuto all'incirca tredici anni.»

Jonah cercò di ricordare, poi scrollò la testa. «Non mi ricordo.»

«Certo, è passato tanto tempo.» Maya accarezzò la manica della giacca del figlio. Jonah le strinse la mano e si scambiarono una lunga occhiata prima di girarsi nuovamente verso la tomba.

«Una volta mi disse che avrebbe voluto essere seppellito come i parsi, per tornare nel circolo degli elementi», mormorò Maya. «Ma trovo che questa sia un'ottima soluzione.»

«Lo amavi?»

Il volto di sua madre si rilassò. «Sì, Jonah, l'ho amato molto. Sempre.»

«Ma non tanto come papà.» Per quanto fosse adulto, Jonah aveva bisogno di tale rassicurazione.

Maya rise piano. «No, non come tuo padre. L'amore che nutro per tuo padre è possibile provarlo una volta sola nella vita.» Tornò seria posando lo sguardo sull'iscrizione della lapide.

Quante tombe... quella di Jonathan da qualche parte nei pressi di Sebastopoli. Quella di Djamila a Ijar. Quella di Ralph davanti alle mura di Delhi. Quella di Gerald e Martha nel cimitero di St. Aldate a Oxford.

Un sorriso le curvò le labbra al ricordo di come avessero fatto in fretta Rashad e suo padre a diventare amici, mentre al contrario Martha inizialmente aveva faticato ad accettare l'idea che un arabo fosse il nuovo compagno di sua figlia. Erano state necessarie diverse visite da parte dei genitori, molte buone parole di Gerald e gli sforzi di Rashad prima che Martha lo considerasse con maggiore benevolenza. Alla fine però aveva imparato a volergli bene e lo aveva tenuto nel cuore fino al termine dei suoi giorni. Lo stesso valeva per Amy, che non se l'era presa con Maya per il fatto che questa le aveva taciuto per tanti anni l'esistenza di Rashad, fino al giorno in cui lui si era presentato alla sua porta, sebbene l'amica avesse sospettato da sempre che Maya nascondeva un segreto. Amy che continuava a vivere insieme a loro nella stessa casa, dedicandosi sempre al suo lavoro di infermiera.

Sul letto di morte zia Elizabeth aveva strappato a Maya la promessa di essere seppellita al Cairo, e Betty, che l'aveva seguita poco dopo, aveva chiesto lo stesso. William Penrith-Jones era deceduto di infarto due anni prima e Angelina aveva dovuto seppellire anche una delle sue figlie, Evelyne. Era stato un colpo dal quale non si era mai ripresa. Per Maya era una consolazione sapere che sua figlia Elizabeth vivesse con la sorella e con la sua innata allegria riuscisse a rinfrancarla, insieme alla schiera sempre crescente di nipoti. Elizabeth, la bella figlia impetuosa che Maya e Rashad avevano ricevuto in dono così tardi, che sembrava avere ereditato la passione di entrambi per i viaggi nei paesi lontani e che aveva abbandonato tanto presto il nido per poi tornarci tutte le volte traboccante di vita e piena di nuove impressioni ed esperienze.

Prima o poi toccherà anche a noi, Rashad. Ma è ancora presto... è ancora presto. Abbiamo sempre da recuperare tantissimo tempo. Anche dopo ventuno anni trascorsi insieme. Non voglio stare senza di te.

Quando Rashad si recava nel deserto, lo faceva anche per pensare alla sua prima famiglia che aveva perduto per amore di Maya. Maya sapeva che Rashad soffriva ancora per il peso di questa colpa, come si sentiva responsabile di non essere riuscito a salvare Djamila. E in quelle occasioni pensava anche alle sue due vite precedenti, quella di Rashad ibn Fahd ibn Husam al-Din e quella di Abd ar-Ra'uf. Ora era Rashad al-Shaheen e sembrava felice. Liberato.

«Sii felice, sii libera.» Ce l'abbiamo fatta, Djamila. Dio solo sa come. Ma lo ringrazio ogni giorno per questo.

«Vuoi andare?» Maya fece un cenno d'assenso e prese sottobraccio il figlio.

«Riportami a casa», mormorò. *Al Cairo. Da Rashad.*

«Quando ti deciderai a raccontarmi che cosa accadde allora tra di voi?»

«Molto probabilmente non mi crederesti neppure...»

«Potresti almeno provarci...»

Le loro voci risuonavano nel cimitero nella chiesa cattolica di St. Mary Magdalen's a Mortlake. La tiepida aria estiva le trasportò sino a una donna corpulenta vestita a lutto, con gli occhi arrossati di pianto sotto la veletta del cappello. Si fermò sorpresa e osservò la coppia. Madre e figlio, decisamente... *il figlio di Richard avrebbe potuto somigliare a lui... così moro...* pensò come trafitta da una stilettata.

Premendosi il fazzoletto sulla bocca, riprese a camminare, tornando in pellegrinaggio sulla tomba del marito a poche ore di distanza dalla sua sepoltura. Lo avrebbe fatto ancora spesso, nei pochi anni che le restavano prima di riposare per sempre accanto a lui, all'interno della tenda beduina di marmo.

Era sera. Nei giorni successivi Isabel Burton si sarebbe seduta e avrebbe scritto una lettera aperta a tutti i lettori delusi che aspettavano la pubblicazione della nuova traduzione, stavolta non censurata, dell'opera erotica *The Perfumed Garden of the Shaykh Nefzawi* con il titolo *The Scented Garden*. Spettava a lei diffondere la spiacevole notizia che, poco tempo dopo la morte del marito, aveva esaminato le sue carte e aveva bruciato ciò che secondo lei ne avrebbe danneggiato la reputazione.

Poco dopo il loro matrimonio era già scoppiato un incendio nel magazzino dov'erano custodite le testimonianze cartacee della sua giovinezza, del suo periodo di studio e dei primi viaggi in India e in Arabia, distruggendo ogni cosa. Isabel non ne era rimasta sconvolta e anche Richard lo aveva interpretato come un castigo divino.

Aveva tuttavia conservato uno dei diari del marito, profondamente commossa da una poesia che il suo compagno, il suo dio, l'essenza stessa della sua vita doveva aver scritto diversi anni prima. Era strano, perché nel testo lei non veniva citata affatto. Si era sentita ferita a leggere quei versi, e tuttavia non aveva trovato il coraggio di distruggerli. Non riusciva neppure a spiegarsi come mai sentisse l'esigenza di leggerli proprio quel giorno, la sera del funerale.

Si inginocchiò davanti alla cassa dov'erano conservati i diari, gli appunti e i documenti di Richard e tirò fuori il quaderno, si mise seduta al tavolo e lo aprì alla pagina corrispondente.

Amori passati

È impossibile citare per nome
tutte le dame del mio cuore.
Cercherò pertanto con eleganza
di raccogliere in pochi istanti
dettagli delle avventure galanti
che al passato han dato sostanza.

La prima fu Caterina,
occhi di fuoco, chioma corvina;
mi aveva incendiato il cuore.
Ma l'amore finì infranto,
io ero povero e lei altrettanto;
ci separammo senza rancore.

Il ricordo serbo di un'innocente fanciulla,
che catturò il mio cuore fin dalla culla
e mai smise di tenerlo prigioniero.
Ancora una volta orgoglio e povertà
ci obbligarono all'assurda atrocità
di imboccar separati un diverso sentiero.

Dopo anni difficili di vagabondaggi
trascorsi in ambasce, in luoghi selvaggi
tornai finalmente al suo cospetto.
Com'era cambiata, che differenza,
di un tempo sparita la confidenza,
mutato e distante era il suo aspetto.

Isabel fece scorrere lo sguardo sulla pagina. Le tremavano gli angoli della bocca, per lo struggente ricordo del marito, e per il dolore. Non erano i versi migliori che avesse composto durante la vita, in alcuni punti erano zoppicanti, come se fossero stati scritti in fretta e furia. E tuttavia niente di quanto uscito dalla sua penna spiegava meglio di questa poesia l'essenza di Richard Francis Burton e il suo modo di vivere, fino all'ultimo verso.

Or la mia vita si avvicina al traguardo,
vino, donne, amici, carte e biliardo,
più niente che possa ubriacarmi in taverna.
Mi considero pertanto soddisfatto?
Oh sì. Ho vissuto la mia vita, ho svuotato il piatto,
non mi resta che attendere la notte eterna.

Isabel Burton rimase a riflettere ancora un po' su queste parole, prima di intingere la penna nell'inchiostro. Cancellò a mano l'ultima riga e vi annotò sotto con la sua nitida calligrafia:

a una moglie lascio tutto ciò che ho fatto.

Aspettò che l'inchiostro si fosse asciugato, poi chiuse dolcemente il diario e lo rimise al suo posto, lentamente, quasi temesse che qualcuno potesse sentirla.

Nella sua testa riecheggiarono ancora a lungo questi versi:

Il ricordo serbo di un'innocente fanciulla,
che catturò il mio cuore fin dalla culla
e mai smise di tenerlo prigioniero.

Nota conclusiva

Un'opera poetica fonde a suo modo
verità e imitazione,
vissuto e sentito dire,
immaginazione, biografia.
PHILIPPE LABRO

In questo romanzo fatti e invenzione sono strettamente intrecciati. Accanto ai personaggi fittizi con i quali ho trascorso tanto tempo e ai quali mi sento legata, ciascuno a suo modo – Maya, Jonathan e la famiglia Greenwood, Ralph Garrett, Rashad al-Shaheen e Djamila, oltre a tutte le figure di contorno –, compaiono anche persone realmente esistite.

A partire dal professor Stephen Reay e dal dottor Bulkeley Bandinel, all'epoca custodi dei tesori della Bodleian Library di Oxford, che nel 1853 aveva l'aspetto che ho descritto, per arrivare al comandante S.B. Haines, che occupò Aden in nome della corona britannica nel 1839, come raccontato nel romanzo. I suoi successori furono il colonnello J. Outram e il colonnello W. Coghlan. Le gesta del suo braccio destro il tenente R.L. Playfair e del cappellano G.P. Badger hanno un fondamento storico come l'attività del dottor John «Styggins» Steinhäuser come medico della piccola colonia britannica al margine sudoccidentale della penisola arabica. Le mie descrizioni di Aden sotto il dominio britannico all'epoca si fondano in gran parte sul libro di R.J. Gavin, *Aden under British Rule, 1839-1967* (Londra, 1975). Le lettere di Jonathan dalla Crimea e il suo destino si basano a loro volta su avvenimenti storici, al pari delle esperienze di Ralph in India prima e durante la rivolta dei *sepoy*.

Sembra inconcepibile, ma ancor oggi sappiamo incredibilmente poco sull'entroterra della zona meridionale dell'Arabia, dove si svolge una parte di questo romanzo. Fino a un passato recente alcune zone del sud dell'attuale Repubblica dello Yemen erano interdette ai viaggiatori stranieri e a tutt'oggi in alcune regioni turisti e archeologi non sono ben visti ed è pericoloso compiervi viaggi: la moderna entità statale deve ancora combattere con il fatto che i tradizionali diritti tribali siano più forti delle norme costituzionali.

Le ricerche per ottenere un'immagine del paese e della gente del XIX secolo sono state lunghe e faticose. Ma ciò che sono riuscita a raccogliere è stato sufficiente per creare il sultanato di Ijar, la cui capitale omonima ho collocato grosso modo nel punto in cui si trova realmente la città di Bayhan al-Qisab. Storia, amministrazione, costumi e paesaggio provengono dalle notizie che sono riuscita a trovare sui sultanati meridionali effettivamente esistenti all'epoca. I documenti e le relazioni che ho raccolto tratteggiano un quadro variopinto e sfaccettato del sud dell'Arabia, con costumi, stili di vita, abbigliamento e abitudini niente affatto univoci. Spero di essere riuscita a trasmettere nel mio romanzo almeno una minuscola porzione di questa incredibile varietà.

Anche la tribù di al-Shaheen è una mia invenzione; le sue usanze e la sua cultura derivano da cronache di viaggio risalenti al periodo compreso tra la metà del XIX secolo e l'inizio del XX, e su studi antropologici più recenti. Grazie alle cronache di viaggio storiche con le relative cartine, mi è stato possibile pianificare il tragitto compiuto da Rashad e Maya durante il loro viaggio verso Ijar. Sebbene alcune tappe di questo viaggio siano attualmente indicate con altri nomi sulle carte, altre non siano più identificabili, oppure difficilmente localizzabili, come il passo di Talh o l'altopiano sabbioso di Al-Hadhina, ho deciso di conservare i toponimi dell'epoca.

I rigidi concetti d'onore delle tribù come *'ird*, *sayyir* e *rafiq* sono reali e valgono ancor oggi. Per noi, che apparteniamo a una cultura affatto diversa, sono spesso di difficile comprensione e altrettanto difficile delimitazione; un prezioso aiuto in tal senso è stato il libro *Honor* di Frank Henderson Stewart (Chicago, 1994).

In tutto il romanzo, e non solo nella vita di Maya, la personalità storica di Richard Francis Burton occupa un ruolo di grande spessore. Ho cercato di tratteggiare nella maniera più precisa possibile la sua vita, che si intreccia ripetutamente con quella di Maya, e il suo carattere, che ha svolto un influsso così profondo in lei, basandomi su approfondite e puntuali ricerche. Le tappe che ho citato dei suoi molti viaggi, le sue avventure e i suoi compagni di viaggio come J.H. Speke, la figura della moglie Isabel sono tutti dati storici. È esistita persino la zingara di nome Selina nel bosco di Bagley. Per descrivere i pensieri e le emozioni di Burton mi sono basata sulla inesauribile fonte rappresentata dalle sue opere pubblicate e dalla sua corrispondenza, che ho citato spesso nelle lettere fittizie inviate da Burton a Maya e nei loro dialoghi.

Mi sono imbattuta nella poesia di Burton citata nell'epilogo e dedicata ai suoi «amori passati» solo dopo aver delineato la trama del romanzo. È una circostanza che continua a turbarmi profondamente. Sottoscrivo appieno la casualità della magia dell'arte narrativa, dove in ultima analisi fatti e finzione si legano a creare qualcosa di nuovo dotato di una sua propria verità.

Nicole C. Vosseler
Costanza, aprile 2008

Indice

JAEL MCHENRY
LA CUCINA DEGLI INGREDIENTI MAGICI

Dopo l'improvvisa scomparsa dei genitori, Ginny, una ventiseienne riservatissima e patologicamente timida, abituata a vivere in un suo mondo protetto fra le pareti domestiche, cerca consolazione nella cucina di casa e fra le ricette di famiglia. Da sempre cucinare è per lei una scappatoia dall'angoscia, ma questa volta il profumo corposo e piccante della zuppa della nonna fa apparire in cucina il fantasma della nonna stessa, morta vent'anni prima, che le sussurra: «Non permetterglielo!» prima di scomparire. L'ammonimento la mette in allarme. Che cosa non deve permettere? E a chi? Forse alla sorella Amanda, che abituata a organizzare tutto, ha deciso di vendere la casa in cui hanno vissuto i genitori fino a quel momento? Vedendo sconvolto il suo rassicurante quotidiano, svuotato della presenza dei genitori e pieno degli oggetti che li identificavano e che sono rimasti lì a ricordarglieli, Ginny incomincia a prendere coscienza di sé e dei suoi rapporti con le cose e le persone (poche) che la frequentano, a partire dalla sorella. In questa quasi involontaria ricerca scopre segreti sepolti negli angoli più remoti. Via via più desiderosa di conoscere la verità, pensa di trovarla nelle parole dei suoi cari richiamandone i fantasmi attraverso le ricette da loro ereditate.

CORBACCIO

Fotocomposizione:
Nuovo Gruppo Grafico s.r.l. - Milano

Finito di stampare
nel mese di gennaio 2012
dalla Mondadori Printing S.p.A.
Stabilimento N.S.M. - Cles (TN)
Printed in Italy